学术期刊出版理论及实践

主　编　占莉娟
副主编　胡小洋

武汉理工大学出版社
·武　汉·

图书在版编目(CIP)数据

学术期刊出版理论及实践/占莉娟主编. —武汉:武汉理工大学出版社,2024.1
ISBN 978-7-5629-6891-7

Ⅰ.①学… Ⅱ.①占… Ⅲ.①学术期刊—出版工作—中国—教材 Ⅳ.①G237.5

中国国家版本馆 CIP 数据核字(2023)第 252297 号

项目负责人:杨 涛
责任编辑:刘 凯
责任校对:李正五
排版设计:正风天下
出版发行:武汉理工大学出版社
社　　址:武汉市洪山区珞狮路 122 号
邮　　编:430070
网　　址:http://www.wutp.com.cn 理工图书网
经 销 者:各地新华书店
印 刷 者:武汉邮科印务有限公司
开　　本:710×1000 1/16
印　　张:23.5
字　　数:463 千字
版　　次:2024 年 1 月第 1 版
印　　次:2024 年 1 月第 1 次印刷
定　　价:68.00 元

前　言

学术期刊是一种刊载和传播创新性学术成果的重要载体，具有鲜明的学术性、创新性和专业性，是科学创新知识体系建设的重要高地，在国民经济与社会发展中发挥着越来越重要的作用。2021 年 5 月 18 日，中宣部、教育部、科技部在联合印发的《关于推动学术期刊繁荣发展的意见》中明确指出，学术期刊是开展学术研究交流的重要平台，是传播思想文化的重要阵地，是促进理论创新和科技进步的重要力量。加强学术期刊建设，对于提升国家科技竞争力、文化软实力和构筑中国精神、中国价值、中国力量均具有重要的作用。

当前，世界百年未有之大变局进入加速演变期，中国科技硬实力和文化软实力不断增强，学术期刊理应承担更多新的历史使命。在国家争创世界科学中心的伟大征程中，学术期刊已成为现代化国家创新体系、文化传承体系和信息安全保障体系建设的重要组成部分。世界一流学术期刊已是组织、汇聚、传播世界一流创新成果的最重要载体，是凝聚世界一流专家、培育世界一流学者的重要园地，是争夺国际高水平知识产权，培植全球经济、科技、文化话语影响力的重要平台，其在汇聚全球卓越的科学家资源、促进更加开放高效的国际交流合作、引领世界学科前沿发展方向、推进高科技创新成果落地转化和国家科技信息安全保障体系建设中发挥着更加重要的作用。

据《中国学术期刊评价研究报告（第七版）》相关统计数据显示，截至 2023 年 12 月 31 日，我国拥有国内外公开发行的学术期刊约 7000 种（其中中文学术期刊约 6500 种，英文学术期刊约 500 种），在学术期刊规模上处于世界第 2 位，在学术期刊质量和影响力上虽与美英德荷等发达国家还有一定差距，但在近些年的建设中所取得的进步已让世界有目共睹。这得益于国家层面对一流期刊建设的高度重视，和地方层面对期刊发展的协力推进。

为推进学术期刊繁荣发展，我国从 20 世纪 90 年代初开始便陆续启动各类学术期刊资助政策，“十一五”后资助力度更加强劲。如从 2012 年末开始，全国哲学社会科学规划办公室实施了“国家社会科学基金重点学术期刊资助项目”，每年拿出 0.8 亿～1 亿元资金直接连续资助 200 余种（每年有少量增减）国内优秀的社会科学学术期刊，已累计资助超 10 亿元；同样也是 2012 年，中国科协联合财政部、教育部、原国家新闻出版广电总局、中国科学院、中国工程院等部门启动“中国科技期刊国际影响力提升计划”，前后连续资助两期，分别资助 2.91 亿元和 3.15 亿元；2016 年，中国科协等在“中国科技期刊国际影响力提升计划”的基础上，又启动了以创建“世界一流科技期刊”为直接目标的“中国科技期刊登峰行动计划”，直接资助了 13 个自然科学学科的 16 种国内顶尖学术期刊，发力冲刺“世界一流科技期刊”目标，3 年共计资助金额高达 6000 万元。2019 年，为了加速“世界一流科技期刊”建设，中国科协等七部委联合推出“中国科技期刊卓越行动计划（2019—2023）”，截至 2024 年 5 月，共计资助 439 刊，资助经费超 11 亿元。此外，在国家层面的有序引导下，各省市也积极投身到世界一流期刊的建设中，近年来先后有上海、浙江、湖南、陕西、湖北、重庆、广东等省、市启动了相关的一流期刊建设政策。

在这些政策的积极引导下，我国学术期刊事业在出版业务流程优化、出版模式创新、出版技术升级、出版传播服务能力提升以及出版体制机制改革等方面取得了诸多成绩，也涌现出了一大批优秀的学术期刊出版实践案例。为科学记录和总结这些优秀的办刊成果，我们特推出《学术期刊出版理论及实践》一书，以期为大众读者提供一个有关学术期刊的全景式认知地图，帮助他们全面了解学术期刊出版理论和实践知识，同时也为学术期刊出版领域的专业读者（如高校师生、学术出版从业人员、管理人员等）全面掌握学术出版领域的最新动态提供一个全新的版本记录。

本书的内容构建基于一个宏观的大出版视角，涵盖了学术期刊出版全流程，包括内容生产、传播、服务和评价等各个环节。全书分为绪论篇和上、中、下三篇，共八章内容。其中，绪论篇，聚焦学术期刊出版的本质和功能、出版活动构成、出版体制机制概况介绍；上篇为生产篇，主要探讨学术期刊出版中的选题策划、组稿、审稿与编校等微观活动；中篇为传播与服务篇，聚焦于学术期刊内容传播与社会服务的理论及实践案例剖析；下篇为评价篇，主要从期刊管理评估与第三方评估两个层面展开深入探讨。学术期刊内容生产、传播、服务、评价四个环节不是割裂、孤立的存在，而是上下承接、彼此关联的一体循环。具体来说，内容生产是整个出版流程的基础和起点，它决定了学术期刊的质量和水平；内容传播则是学术期刊实现其价值和影响力的重要手段；出版服务则体现了学术期刊的社会目标和使命；而期刊评价则是对学术期刊质量、影响力、贡献、价值等作出的重要反馈，而这种反馈又会反过来作用于学术期刊的内容生产、传播和出版服务过程。这种宏观的大出版视角不仅有助于读者更加清晰、系统地认知学术期刊出版的全貌，也有效地避免了传统的局部或细微视角可能导致的片面和割裂。

在本书的编写过程中，我们始终坚持理论与实践相结合的原则，在理论剖析的同时融入大量的实践案例，力求为读者提供有参考价值的信息和观点。为确保本书的编写质量和水平，我们特别邀请了一批既擅长理论研究又具有丰富实践经验的学界和业界人士共同完成本书的撰写工作，他们分别来自武汉大学、武汉理工大学、湖北大学、浙江传媒学院、湖北省林业科学研究院、河北北方学院等高校和研究所，在此，向他们的努力和付出表示衷心的感谢。教材撰写的具体分工是：占莉娟编撰第一章和第三章；陆朦朦编撰第二章；郑京津编撰第四章；王晓醉编撰第五章；治丹丹编撰第六章；胡小洋编撰第七章和第八章。全书的统稿工作由占莉娟、胡小洋完成，硕士生万可卓、龚鹏程参与全书校对。

由于时间和水平有限，我们在编写过程中难免会出现一些疏漏或差错，诚恳地希望广大读者在使用过程中及时地提出宝贵的意见和建议，以便让我们不断对本书进行改进和完善。同时，我们也衷心希望本书能够为推动学术期刊出版事业发展和繁荣做出应有的贡献。

编　者

2023 年 12 月

目　　录

下篇 评价篇

绪　论　篇

第一章　学术期刊概述

第一节　学术期刊

学术期刊是本书的研究对象，也是本章探讨的核心概念。本章将从学术期刊的起源开始，依次阐述学术期刊的发展历程、功能、申请与创办，学术期刊出版的构成要素，最后，阐述我国学术期刊出版的整体概况，按照理论到实践的逻辑思路勾勒学术期刊的整体样貌。

一、 学术期刊的诞生

学术期刊作为科学研究发展的产物，其诞生、发展和壮大离不开科学的长足进步和发展。因此，追溯学术期刊的源头，我们需要回到科学发展的历程中探寻。

（一） 学术期刊起源及产生背景

1. 学术期刊起源

1665 年 1 月，法国议院参事戴・萨罗在巴黎创办了《学者杂志》（图 1-1）。该刊首次在刊名中采用期刊（journal）一词，因此被多数学者认为是世界上第一份学术期刊。

《学者杂志》为周刊，后来改为月刊（1724 年更新刊期）。它除了向读者报道一些新书出版动态、目录和文摘，也向读者介绍物理、化学、解剖学实验结果，以及记录的气象情况等。其办刊宗旨是满足人们的好奇心，使读期刊成为不用花费多大气力就能学到东西的一种手段。世界上第一个由科学家组成的编委会诞生，以协助编辑评审稿件，并形成了期刊同行评议体制的雏形。但后来《学者杂志》由于干涉法律和神学相关事务被查禁。虽然办刊历史不长，但其作为学术期刊的开创者，在学术期刊发展历史上占据重要地位。

时隔 2 个月，即 1665 年 3 月，英国皇家学会的亨利・奥尔登伯格创办了

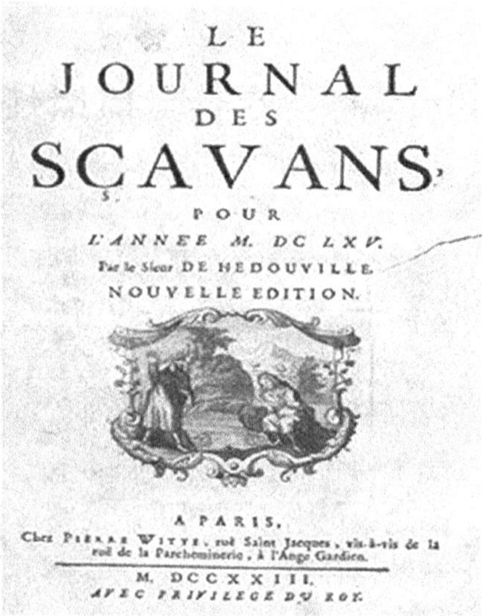

图 1-1　《学者杂志》影印本

《哲学汇刊》（也译作《理学汇刊》，图 1-2）。该刊的内容主要包括会员投交的论文和摘要、各方观察到的奇异现象报道、与外国研究者的学术通信和争论以及最新出版的科学书籍的介绍。牛顿、李斯特、富兰克林、普利斯特利、瓦特、赫歇尔、戴维、吉尔伯特、法拉第、焦耳等十余位科学巨匠都曾在该刊发表过具有重要意义的学术论文（表 1-1）。

图 1-2　亨利・奥尔登伯格和《哲学汇刊》

表 1-1　部分发表在《哲学汇刊》上的重要学术论文

时间	作者	发表重要学术论文
1672 年	[英] 牛顿	光与色彩的新理论
1753 年	[美] 富兰克林	风筝-雷电试验
1784 年	[英] 瓦特	蒸汽试验
1865 年	[英] 麦克斯韦	电磁场研究
1832 年	[英] 法拉第	电学研究

1776 年，该刊更名为《皇家学会哲学汇刊》（*Philosophical Transactions of the Royal Society*），现仍在出版，成为世界上连续办刊时间最长的杂志。这本刊物改变了以往通过书信传播科学知识的方式，并以刊登署名的观察和实验结果，保护知识产权，确定科学发现的优先性，对于科学研究成果的保护具有先进意义。

亨利·奥尔登伯格与第一卷《哲学汇刊》

亨利·奥尔登伯格出生于英国不来梅，1656 年进入牛津大学。1659 年，他和拉尼拉夫勋爵曾在巴黎参与"芒模学院"（法国亨利·路易斯·哈勃特·芒模发起的学术聚会）的活动，于次年返回伦敦。

1662 年 7 月 15 日由国王特许，奥尔登伯格被委派为英国皇家学会第一批会员、理事会成员和秘书。他是一位优秀的语言学家和很有工作能力的人，他负责学会的通信事务和记录工作，并负责《哲学汇刊》的出版工作。

1665 年 2 月底，皇家学会的职员们讨论了出版学会刊物的事宜。1665 年 3 月 1 日，理事会决定：《哲学汇刊》由奥尔登伯格负责，如果他有充足的材料，就要在每月的第一个星期一出版，稿件由学会理事会根据特许状的许可范围审定，再由理事会指定会员复审。会长批准其中的论文，这些论文初稿要写在对开纸上，然后，由学会的印刷工人约翰·马丁和詹姆斯·艾利斯特里印刷。

第一卷《哲学汇刊》于 1665 年 3 月 6 日星期一出版，它共有 16 页的 4 开纸，其中有准予印刷的字样。其内容包括：罗马完成了光学玻璃的改进；英格兰观察到木星某个区域里有一个黑点；对最近彗星运动的预言；关于地球寒冷历史研究的许多新观察和新实验项目；关于温度计；一个奇怪而又巨大的冰山的一系列考察情况；德国的特种铅矿石；匈牙利的大药丸和亚美尼亚的大药丸效力相同；百慕大群岛的美国新式捕鲸船；海中测量经度的摆表制造成功；摆表专利权报道；在图阿劳斯的康塞劳尔出版的哲学书目录集；等等。奥尔登伯格为创刊号特别写了导言，载于刊首位置。从中可知，这些稿件的学科性质分别是：物理学2篇；天文学2篇；动物学2篇；金属学1篇；航海和时间度量技术1篇。从此之后，《哲学汇刊》除因主编者去世短暂停刊以外，一直连续出版至今，已有350多年的历史，成为世界上连续办刊时间最长的杂志。

在办刊过程中，尽管由于奥尔登伯格缺乏科学训练和有关的实验知识而经常遇到困难，但他还是兢兢业业、小心谨慎地履行他的职责。即使在1665年伦敦遭受鼠疫灾害，许多会员隐居到农村的情况下，奥尔登伯格也一直住在帕尔·梅尔他的寓所里，把学会的论文和书籍编成目录，并包装起来，以便必要时转移出去。而且他还和波义耳及其他人就科学事务继续通信。尽管他承担了学会的大量工作，但常常连每年40英镑的薪金都难以保证。1667年夏，他疑似因与外国人通信而被逮捕，在伦敦塔被拘留了两个半月之久。此后直到1677年9月逝世为止的10年中，他为学会做出了巨大的贡献，使学会在国内外享有盛誉。

从1665年他被学会委托定期编辑出版《哲学汇刊》起，到去世之前他一直负责编辑这一刊物。皇家学会至今仍保存着他的肖像。1717年，学会送给他儿子一件礼物，以作为对他的父亲长久而有价值服务的感谢。

此后，学术期刊迅速发展，欧洲各地相继出现各类学术期刊，如《法国科学院会议录》《柏林科学院院报》《物理科学进展年报》等。学术期刊产生初期，主要为综合类期刊，随着科学的发展、学科的分化，才出现专业期刊（表1-2、表1-3）。

表1-2　17—20世纪期刊的学科分布①

时间	社会科学期刊（种）	理科期刊（种）	工科期刊（种）	合计（种）
17世纪	0	3	0	3
18世纪	3	4	2	9
19世纪	228	421	421	1070

① 黄晓鹂，刘瑞兴. 科技期刊工作研究［M］. 北京：中国科学技术出版社，1997：44-48.

续表1-2

时间	社会科学期刊（种）	理科期刊（种）	工科期刊（种）	合计（种）
20 世纪	5680	6922	6523	19125
合计	5911	7350	6820	20081

表 1-3 不同分类的世界第一本学术期刊（部分）①

	时间	国家	刊名	刊名翻译
世界第一本专业期刊	1671	法国	*Nouvelles Decouvertes Sur Toutes les Parties de la Midicine*	《医学各科新发现》
世界第一本物理专业期刊	1790	德国	*Journal der Physik*	《物理杂志》
世界第一本化学专业期刊	1778	德国	*Chemical Journal*	《化学杂志》
世界第一本机械专业期刊	1823	英国	*Mechanics Magazine*	《机械学杂志》

2. 学术期刊产生背景

科学交流的重要媒介——学术期刊，在 300 多年前诞生，其产生是由政治、经济、文化、技术等多方背景因素共同促成的，其中有两个要素是学术期刊产生最直接的促成要素。

第一，印刷技术的突破。中国是最早发明造纸术和活字印刷术的国家。早在东汉时期，蔡伦通过改变纸张的制作材料，改造纸张的制作工艺，发明了“蔡侯纸”。纸的广泛使用，对传播文明和记载历史具有重要意义，促进了教育和科技的发展。造纸术和印刷术传入西方，在德国，1448 年，古登堡发明了手工铸字设备和印刷机，建立了第一个印刷企业。此后，印刷所在欧洲广泛建立，改变了传统手抄书籍的出版方式。活字印刷术的广泛推广和印刷所的建立，为科学文化的发展与传播奠定基础，为学术期刊的出现提供了技术条件。

第二，科学学会的出现。15 世纪到 18 世纪，欧洲进入科学革命时期，近代科学诞生并快速发展。16 世纪，近代自然科学诞生，一批有代表性的新的科学理论、经验方法、科学发明产生，诸如培根的经验主义方法、笛卡尔的推理方法——数学演绎法，显微镜、望远镜的发明等。这些科学成就显示了科学革命的强大力量，也对科学组织提出了更高的要求。这一时期，由于近代科学刚刚起步，科学研究主要以个人为单位进行，科学家之间合作较少，学术交流形

① 黄晓鹂，廖志江．世界上最早的科技期刊 [J]．中国科技期刊研究，1996，7（4）：47.

式主要表现为学者间的通信、互访以及不定期的聚会，如意大利那不勒斯的“自然奥秘协会”的聚会。

随着科学研究的深入发展，原来充满不确定性和随机性的学术交流已不能满足科学家交流的需要。如何及时地、广泛地传播最新的科学成果成为随之而来的问题。为了更为及时充分地进行交流，科学家们自发组织聚会，不定期举办非正式的聚会，这种聚会发展成为历史上著名的无形学院。无形学院即某一科学研究领域中，具有共同目的和兴趣的科学家自发形成的，进行情报传播交流的非正式团体。“无形学院”（Invisible College）一词首先出现于化学家波义耳（Robert Boyle）于 1646 年和 1647 年写的两封信中。从 1644 年底起，一批对科学感兴趣的人就经常在伦敦集会，他们自愿聚集到一起讨论问题，无拘无束，在某种有形的科学组织出现之前以一种无形的组织存在着，波义耳称其为“无形学院”。早在 16 世纪，一些欧洲国家就产生了文学俱乐部和讨论哲学问题的团体，也被称为“科学沙龙”“周末茶话会”等，形成的非正式的学术社团和柔性信息交流网络，实际上就是波义耳所说的无形学院。

无形学院作为科学研究非正式组织，有着区别于传统正式学术群体的特点。第一，无形学院既无教学楼，也无校牌校徽，是一个没有围墙的“名牌”大学。虽然无形学院具有共同的专业领域，但它不像一般的科学社会组织有固定的、直接的科学交流和合作的场合，有正式的组织结构和人际关系，其存在空间跨度大、社会结构松散和非正式等特点。其名为“学院”，实则无师生之分，因为在探索科学真理面前人人平等。第二，无形学院研究讨论的学科和专业取决于个人的兴趣和爱好，没有约束和限制，研讨问题的自由度很大。而且往往是多学科的，强调交流借鉴，排他性并不强。第三，无形学院“只恋科学，不求名利，潜心钻研，自由来去”。无形学院本身是在科学信息的交流过程中出现的，它的强大作用也是通过科学知识的交流和传播来实现的。任何大学科中都有这种小规模的、百人左右的无形学院，他们互送未定稿、通信、交流信息，或进行教学和科研上的互访、合作来加强联系，科学知识是通过新的科学思想在科学家之间的非正式网络联系中进行积累的。第四，无形学院代表着复杂的和易变的研究及交流的前沿。在学科前沿，往往是由少数人的非正式交流系统的无形学院创造出新知识，然后由正式的交流系统来评价它、承认它、传播它。科学交流从不定期举办的聚会逐步转向了有组织的聚会，出现了一批以不同形式开展交流或研究的团体。

由于无形学院并没有固定的交流合作场合，也没有正式的组织结构，所以无形学院多以“科学沙龙”“假日聚餐会”“周末茶话会”“学术车间”“业余闲聊”等形式出现。其中闻名世界科苑的无形学院有：德国物理学家劳厄喜欢的“卢茨咖啡馆”，意大利伽利略首创的“山猫学会”，日本科学家汤川秀树组织的“混沌会”，爱因斯坦为“院长”的“奥林匹亚科学院”，英国剑桥的“卡文迪许实验室”和“三一中心”等。

无形学院吸引了一大批志同道合的研究人员，学术合作与交流迅速增加，这也大大提升了科学发展的速度和科学研究的效率，激发了更大规模、更高效的科学交流需求。此背景下，无形学院逐步发展成为国家特许乃至拨专款建立的官方科学组织，比较有代表性的组织有英国皇家学会、法兰西科学院、柏林科学院等，这些正式的、有建制的科学学会定期组织会议、讲演，并有规律地出版科学期刊和图书。这些正式建制的科学学会，为学术期刊的出现奠定了组织基础。他们出版的原始期刊（primary journal）主要有两种形式：一种是Journals，即刊载原始研究报告及研究论文的定期连续出版物，刊名通常带有Transactions、Memoirs或Journal of the society等字样；另一种是Periodicals，即为会员间交流和讨论共同感兴趣的问题而出版的刊物，主要刊载最新研究的简要报告，通常也会报道最新消息、趋势及会议的议题等，刊名中通常含有Newsletter、Bulletin of the society等。

（二）学术期刊的内涵及本质特征

了解学术期刊的本质特征，首先需要厘清什么是期刊，期刊有哪些类型，学术期刊在期刊体系中的位置，在此基础上探讨学术期刊不同于非学术期刊、不同于非期刊类出版物的本质特征。

1. 什么是期刊

关于期刊的内涵有多种不同的说法，1983年版《现代汉语词典》中“期刊”的定义是：定期出版的刊物，如周刊、月刊、季刊。1990年版《中国大百科全书（新闻出版卷）》中“期刊”的定义是：有固定刊名，以期、卷、号或年、月为序，定期或不定期连续出版的印刷读物。联合国教科文组织1964年11月19日在巴黎举行的大会上所通过的决议对期刊有如下定义：凡用同一标题连续不断（无限期）定期或不定期出版，每年至少出一期（次）以上，每期均拥有期次编号或注明日期的称为期刊。原国家新闻出版总署颁布的《期刊管理暂行规定》（2005年修订发布）规定：期刊又称杂志，是指有固定名称，用卷、期或者年、季、月顺序编号，按照一定周期出版的成册连续出版物。此外，不同学者也给出了他们对期刊内涵的界定，如“期刊，是面向公众，定期或不定期成册连续出版的印刷品，刊期往往在一周以上，一年以内，有固定名称，以卷、期或年、月顺序编号出版，每期版式基本相同”①，再如“期刊是一种具有明确的编辑方针，刊登文章内容呈多样性，刊名、版面与开本有固定性，并以卷、期与年、季、月（旬、周）相联编序，定期连续印装成册的出版物”②。

上述对期刊内涵的表述虽然不同，认识却具有一定趋同性，认为期刊应具备下述特征：一是按一定周期出版，即各期之间的间隔是相对固定的；二是有固定名称；三是以卷、期或者年、季、月等顺序编号；四是有固定版式；五是内容具有多样性，即刊发稿件不是一篇，而是多篇，多个主题，但这些多样化内容都是在期刊共同的编辑方针之下，具有内在的联系性。具备上述特征的出版物，可视为期刊。但是，随着网络技术的发展，期刊的特征发生着变化，其中较明显的是第三点，即期刊以卷、期或者年、季、月等顺序编号，实际上未来的期刊可能不以卷、期形式编号出版，如当前学术期刊的网络首发，确定一篇，即以单篇形式在网络上进行出版，有的学术期刊按专辑或专栏形式出版，而不按卷、期形式呈现。可见，随着互联网及相关技术的发展，学术期刊呈现出新的特征，期刊的内涵也应随其更新与完善。

期刊、图书与报纸是常见的出版物类型，探讨三者之间的异同，有利于对期刊内涵的理解。第一，期刊与图书的异同。期刊与图书存在较明显的区别：首先，期刊是定期连续出版物，图书则不是。其次，期刊刊发的内容具有多样性，是由多位作者撰写的多个主题的文章；图书则为一个作者或几个作者，就一个主题，采用同一体裁，共同探讨同一个问题。最后，期刊的时效性明显强于图书。图书的出版时间按文化市场需求来限定，其时效性弱于期刊，即使后续更新出修订版本，周期也较长；期刊按期出版，周期从每周到每年不等，半年刊、年刊少见。两者的相似点主要表现为都是装订成册出版发行，但采用的装订方式不同，期刊一般采用骑马订，图书多采用铁丝订、线订等。第二，期刊与报纸的异同。期刊与报纸相似点包括：同是定期连续出版物；同是时效性出版物；均有固定的名字，一旦确定不会变更或不允许轻易变更。期刊与报纸区别在于：首先，两者虽然都具有时效性，但报纸时效性远强于期刊，它的出版周期明显短于期刊，报纸多为每日更新，而大量期刊为旬刊、月刊、双月刊等，更新频率远低于报纸。其次，两者的主体功能不同，报纸主要是报道各类

---

① 周康．期刊策划教程［M］．北京：知识产权出版社，2018：3-4．

② 龚维忠．现代期刊编辑学［M］．北京：北京大学出版社，2014：26-27．

信息，快速传播各类新闻，包括社会、政治、科技、文化、教育、体育、文艺及与公众生活、工作和学习等有关的新闻信息；期刊则是专门研究、论证、阐释科学文化问题，或全面介绍体育娱乐文化内容，如就某专题或系列问题进行探讨、综述或全面评论等。再次，两者出版的开本形式不同。报纸出版的开本多为 4 开或 8 开，期刊多以 16 开为出版开本，也有少部分采用 32 开和大 16 开、24 开。最后，两者成品的装订形式不同。报纸多以散装折叠出版发行，期刊以装订成册出版发行。期刊与报纸、图书的异同对比，凸显出期刊的独特特性，有利于我们更准确地把握期刊的特性。

2. 期刊的类型及学术期刊在期刊体系中的位置

厘清期刊的类型，有利于明确学术期刊在期刊类型体系中的位置，以及它与其他类型期刊的关系。对于期刊的分类有多种不同的观点，分类依据不同，期刊的类型就不同。如依据期刊的刊期划分，可分为年刊、半年刊、季刊、双月刊、月刊、半月刊、周刊等；依据期刊的开本划分，可分为大 16 开本、16 开本、大 32 开本、32 开本、24 开本等。不同的划分依据及具体类型见表 1-4。

表 1-4　不同分类依据下的期刊类型

侧重点	分类依据	期刊类型
期刊外在属性	期刊的开本	大 16 开本、16 开本、大 32 开本、32 开本、24 开本等
	期刊的刊期	年刊、半年刊、季刊、双月刊、月刊、半月刊、旬刊、周刊
	期刊的刊型	大型期刊、中型期刊、小型期刊
期刊内在属性	内容层次	高级期刊、一般性期刊、通俗性期刊
	内容性质	社会科学类期刊、自然科学类期刊
	读者对象	按年龄划分，青少年期刊、青年期刊、中老年期刊；还可按性别划分、按读者的职业类型划分等

本书探讨的是学术期刊，学术期刊与学科紧密相连，下文重点围绕依据期刊内容性质划分的类型（社会科学类期刊与自然科学类期刊）展开讨论。自然科学类期刊，也称科技期刊，一般可分为五种类型，即学术性期刊、技术性期刊、科普性期刊、医学性期刊、综合性期刊。其中，将医学性期刊单列，是由于在自然科学类期刊中，医学学科的期刊数量又远多于其他学科的刊物，且医

学性期刊的编排规范有其专门的学科体例要求，严格区别于其他自然科学类期刊。但需要说明的是，医学性期刊也分学术性期刊与非学术性期刊。社会科学类期刊，一般可划分为五种类型，即学术性期刊、文学性期刊、教辅性期刊、时政（指导）性期刊、综合（文化）性期刊。其中，时政（指导）性期刊是指时事、政治理论及行业部门指导性的期刊，对读者政治学习和业务工作有较强的指导性作用。综合（文化）性期刊是指艺术、生活与文摘性质的期刊，如《绘画》《音乐》《艺术天地》《家庭》《健美》等。自然科学类与社会科学类期刊各自划分为五种类型，显示了不同学科的特征、功能与作用。两者都有的类型是学术性期刊和综合性期刊，而自然科学类期刊中的技术性期刊、科普性期刊、医学性期刊分别与社会科学类期刊中的文学性期刊、教辅性期刊、时政性期刊相对应，凸显了两大类不同学科的期刊特性。

3. 学术期刊的本质特点

学术期刊作为期刊的类型之一，与其他非学术类期刊有着本质的区别。学术期刊是科学交流的载体、媒介，是随着科学交流规模日趋扩大，交流内容日趋增多而产生的，并以促使科学家之间更充分、及时、高质量的交流为目的。学术期刊发展至今已有350多年历史，虽然它已增添不少新时代的印迹，如载体的变化、内容传播技术的更新，但是无论怎样发展，学术期刊产生的初衷和本质不应被忽视。本书从学术期刊历史起源的视角探讨其本质特征，有利于我们深入理解学术期刊的本质。学术期刊具备以下两个本质特征：

第一，较快的更新频率。在学术交流规模不断扩大的背景下，正式学术团体成立，学术交流的信息越来越丰富，为了更好地服务学术团体会员，学术团体创办了服务于会员交流的科学杂志，第一本学术期刊产生在这样的历史背景下。可见，学术期刊自产生之日起即为科学家交流的媒介，从“具有最短的情报间隔时间”① 的非正式交流中发展而来，为满足科学家交流的需要，同样注重时效性。

期刊不同于其他类型出版物，它对新知识反应快，尤其在当前科学迅速发展的情况下，一些重要文章往往先在期刊上发表。它作为科学情报的来源，在其他科学出版物中已牢固地居于首位。在科学家和专家们所利用的全部科学情报中，由其提供的已占据一大部分。若学术期刊不能跟上科学发展的步伐，不能为科学家实时提供最新的科学情报，难以满足他们交流科学信息的需求，将

① 米哈依诺夫，乔尔内，吉里列夫斯基. 科学交流与情报学［M］. 徐新民，张国华，孙荣科，等译. 北京：科学技术文献出版社，1980：52.

失去其应有的价值。如果学术期刊不能保证时效性，不能满足科学交流的需要，科学家们可能会寻找另外的替换路径，学术期刊在科学交流中的地位将可能被取代。可见，学术期刊保证较快的更新频率，是科学交流对学术期刊的重要需求，也是学术期刊保持其在科学交流中地位和作用的重要保障，是其本质特征之一。国际顶尖学术期刊很好地做到了这一点。例如，全球顶尖期刊《科学》刊发的文章从投稿到发表时间为 2～3 个月，《自然》从收稿到发表需要 12 天，重要稿件只需要 3 天时间，国际知名的医学杂志《美国医学会杂志》的重要论文可以在 60 天内刊出。遗憾的是，我国学术期刊的平均出版时滞远远不止 60 天。

当今加快期刊内容发布频率的多种出版路径出现，在一定程度上表明学术期刊更新频率的重要性。例如，中国知网提供的优先出版服务，实现电子版比纸质版的优先问世，使得期刊内容以更快的信息发布速度服务于科学交流。2017 年，该企业在优先出版技术基础上推行周期更短的网络首发工程，即稿件一经录用，期刊编辑部就可将其提交给中国知网，以《中国学术期刊（网络版）》（CAJ-N）的形式出版。网络首发论文从定稿至发布，社会科学领域的论文只要 5～7 天，自然科学领域的论文只要 2～3 天。可见，新型的出版技术使得学术期刊能够更好地为科学交流服务，也反映了科学交流对学术期刊更新频率的需求。

第二，严格的质量控制。确保学术期刊的质量，似乎是一个不言而喻的问题，如拥有高质量的内容，将有利于打造学术期刊的品牌，扩大期刊的学术影响力。这一认识固然是合理的，但是其仅从学术期刊本身谈原因，未能从学术期刊产生的本质上探究深层次原因，无法体现严格的质量控制是学术期刊的本质特征。由前文分析可知，学术期刊产生于正式的学术团体交流的需要，学术团体是由早期的“无形学院”发展而来，通过学术期刊向会员定期提供各类科学情报。此时的学术期刊相对于“无形学院”小规模交流的手稿、预印本、书信而言，它的内容更为规范，有着严格的质量控制。因为分发的对象是大规模的科学家会员，且以正式的学术团体组织形式分发，具有较高的权威性和公信力。17 世纪，英国伦敦皇家学会设置专门的编辑委员会对《哲学汇刊》刊发的文稿质量进行严格把关。严格的质量控制是学术期刊作为正式的、较大规模科学交流载体的标志性特征。若学术期刊失去严格的质量控制，失去权威性和公信力，那么其跟会员交流的书信、手稿虽形式不同，但又有何本质区别。

综上，学术期刊因科学交流的需要而产生，以对科学交流服务的功能与价值为其存在的根基。失去较快的更新频率与严格的质量控制这两个本质特点，学术期刊将难以发挥其在科学交流中的作用，失去其独有的地位与价值。此类期刊也不宜称为学术期刊。例如，没有同行评议的网络开放存取期刊，虽然拥有快速的发布频率，但是其发布的信息只是经过编辑的简单审核，缺乏严格的质量控制机制，内容质量令人担忧。笔者以为，只有同时具备上述特征的学术期刊，才能被称为真正意义上的学术期刊，否则仅为名义上的学术期刊。

（三）中西方学术期刊的发展

1. 西方学术期刊

西方学术期刊发展历程可简要划分为早期科学学会出版的学术期刊、工业革命时代的学术期刊、数字时代的学术期刊三个阶段。

（1）早期科学学会出版的学术期刊

代表性的期刊为1665年1月在法国出版的科学期刊《学者杂志》（1665—1792年），1665年3月英国皇家学会的会刊《哲学汇刊》（1665年至今）。西方早期期刊主要由科学团体出版，主要呈现以下特点：一是具有强烈的通讯性。早期学术期刊脱胎于书信交流模式，注重学术信息的及时传递，促进研究人员间的沟通和交流。二是具有较强的内容综合性。早期的科学研究对于学科尚无明确的学科分类概念，受古代学者的影响，自然科学也被算作哲学的研究范畴。因此，此时的学术期刊内容包罗万象，从自然科学到人文科学，从科学实验到书评、新闻，内容广泛。三是发挥着科学信息的存储功能。科学发明和发现，通过论文的形式呈现并通过学术期刊的方式公开发表，不仅能够扩大科学信息的传播广度，更能够帮助科学成果以期刊形式加以长期保存。可见，早期的期刊不仅是知识传播的渠道，亦是知识存储的载体。

（2）工业革命时代的学术期刊

工业革命带来学术期刊的迅速发展，进入18世纪下半叶，随着蒸汽机的轰鸣，又一个人类科学技术腾飞的时期就此到来。在第一次工业革命之后，以英国、法国为代表的西方资本主义国家进入近代资本主义工业国家的行列。科学领域的技术革新和突破性理论的应用与推广，影响着整个社会的发展。紧随其后的第二次工业革命中，电力技术的广泛运用，带领人类从蒸汽时代进一步跨越到电气时代。

科学研究对技术革新有着不可磨灭的贡献，同时技术的发展也进一步促进了科学研究的发展。具体对期刊而言，经过近一个世纪的发展，科学期刊成为科学交流的主要媒介。主要体现在三个方面：一是学术期刊数量持续增长。工业革命带来了交通方式的变化，扩大了人类的活动空间，也为广泛的跨地区学术交流活动创造了可能。乘坐车、船跨国或国内参观访问、短期学习、开会旅行和查找资料变得更加方便快捷；学术会议和各种学术交流活动频繁。得益于此，18—19 世纪，期刊数量迅速增长，在 18 世纪末全世界已有 1000 余种，到 19 世纪末约有 10000 种期刊。二是学术期刊有专业化的发展趋势。学术研究与生产实际的紧密结合，使学术期刊的学科覆盖面越来越广，同时促使科学学科快速分化为独立的学科，科学家的研究逐步转为单一、专门的研究，向纵深方向发展，从前综合性的科学学会也转向专门学会。随着学术界专门化的趋势，到 18 世纪下叶，学术期刊也向专业化方向发展，分离出不同学科的专业期刊。1671 年在法国创刊的《医学各科新发现》是世界上第一种专业期刊。三是功能性较强的期刊类型出现，即综述性期刊和检索性期刊的出现。为适应科学发展的需要，减轻学者研究中文献分散造成的大量阅读的压力，综述性期刊（一般以“进展”“年评”“述评”等为名）和检索性期刊（如文摘类期刊、目录索引和题录索引类期刊）应运而生。其中，综述性期刊所登载的文章往往由一些科学家来撰写，主要是将分散发表在各种刊物上的、同一学科的学术论文汇集起来，加以综合分析，提出自己的看法，预测未来发展趋势；文摘类期刊是专门刊登有关学科领域的原始科学文献的摘要或简介的定期出版物。这些期刊可以帮助学者快速了解学科研究进展，提高文献查找与阅读效率。

（3）数字时代的学术期刊

随着计算机技术、网络技术的更新迭代，人类社会出现前所未有的变化，大大地方便了广大学者和科研人员。随着互联网兴起，传播媒介和传播方式被改变，学术期刊迎来了前所未有的发展动力和发展空间，也深刻影响到科学交流方式，为学术期刊的发展带来了新的机遇。新兴技术和期刊出版交融，出版传播方式发生重大创新，新型平台发挥重大作用，主要表现为电子期刊和网络期刊的出现，数字化出版模式的多元化，详述如下。

① 电子期刊和网络期刊的出现

20 世纪 60 年代，利用计算机技术，美国化学文摘社出版了以提供近期发表的化学文献篇名和检索途径为主的期刊——《化学题录》（*Chemical Titles*）。随着全文数据库的兴起，电子期刊功能由检索型向全文型发展，出现了单机型光盘版（CD-ROM）期刊。20 世纪 80 年代后期，一种生产、出版、发行和阅览全过程都通过互联网进行的电子期刊出现，标志着以电子形式存在的纯电子期刊的诞生。

1987 年，意大利锡拉库扎大学的研究生 Michael Ehringhaus 和 Bird Stasz 发布了电子学术期刊《成人教育新视野》（*New Horizons in Adult Education*）

（图 1-3），这可能是第一份成功运行的以电子形式出版的设置同行评审的学术期刊。该刊第一期是通过成人教育网（Adult Education Network）向外界发出的，后来改为通过万维网发行。

电子期刊不断发展，刊物数量不断增加。1991 年 7 月美国研究图书馆协会发布的《电子期刊、通讯和学术讨论列表的目录》（*Directory of Electronic Journals, Newsletters, and Academic Discussion Lists*）第一版列出了电子期刊 110 种，电子论坛 517 种；到 1997 年发布第七版时，电子期刊已经增加到 2459 种，其中同行评审电子期刊 1049 种，7 年增长了 23 倍；到 1999 年已达到万余种①。20 世纪 90 年代，纸质期刊出版商将期刊数字化并通过网络为用户提供服务。网络电子期刊以传播及时、成本低廉、多向互动、信息海量、超文本与链接的检索功能等特点，日益受到科研工作者的青睐。网络电子期刊打破了时间和空间的限制；出版周期短，传递速度快，提升了信息传播的效率；提供了更为方便的检索体验；利于信息存储，节约出版成本。同时，超文本、声像型期刊的出现也使得论文以多版本重复存在，一篇论文可以用多种形式、多种文字发表，更易于被获得和利用。可以说，网络电子期刊的出现，改变了传统期刊的传播形态，为学术资源共享与广泛扩散做出贡献。

卢恩与最早的电子出版物

第一次国际科学信息会议（ICSI）于 1958 年 11 月在华盛顿召开。卢恩在会上发放了题为《参考文献和索引：有关信息检索和机器翻译的文献》（*Bibliography and Index: Literature on Information Retrieval and Machine Translation*）的材料，其中包含“用题内关键词法标引的题录”（*Titles Indexed by Key Words-in Context System*）。

他使用一台 IBM 650 计算机和自己研制的 9900 索引分析器及通用卡片扫描仪演示了依照他首创的题内关键词标引法自动编制索引的技术。他还和 IBM 研究部同事用电子数据处理设备演示了文摘自动生成和当场打印的技术，除了输入和输出文档的处理外，编制过程无需人工的介入。他的演示引起了轰动，受到美国媒体的广泛报道。

会后，化学文摘社在卢恩的协助下，用题内关键词技术进行编辑出版电子期刊的试验。1961 年，化学文摘社正式出版新创刊的《化学题录》双周刊，在出印刷版的同时发行磁带版，这是世界最早的电子

---

① 徐佳宁. 数字环境下科学交流系统重组与功能实现［M］. 北京：光明日报出版社，2011：04.

出版物，同时也是电子期刊的起点。

《化学题录》1961年正式出版，为双周刊，一年24期，订阅费一年30美元。《化学题录》同时出磁带版和印刷版，单位和科学家个人均可订阅。当年提供68400篇文章的题录，平均每期约载3000篇，选自世界各国理论化学、应用化学和化学工程方面的期刊（20世纪末21世纪初《化学题录》选录的期刊增至近千种）。它是在《化学文摘》出版之前使读者及时了解化学各领域科研最新进展情况的快报型检索工具，自收到现刊从中选择文章到《化学题录》出版不超过21天。

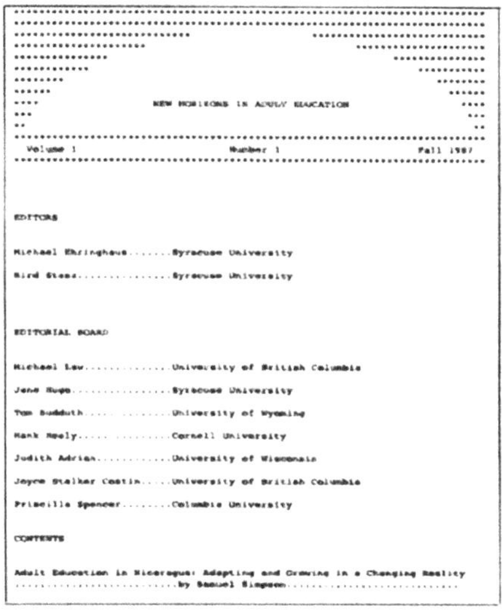

NEW HORIZONS IN ADULT EDUCATION

Volume 1 Number 1 Fall 1987

EDITORS

Michael Ehringhaus......Syracuse University
Bird Stasz..............Syracuse University

EDITORIAL BOARD

Michael Law.............University of British Columbia
Jane Hugo...............Syracuse University
Tom Sudduth.............University of Wyoming
Hank Neely..............Cornell University
Judith Adrian...........University of Wisconsin
Joyce Stalker Costin....University of British Columbia
Priscilla Spencer.......Columbia University

CONTENTS

Adult Education in Nicaragua: Adapting and Growing in a Changing Reality
..........by Samuel Simpson..........

图1-3 意大利锡拉库扎大学与第一种电子期刊的截图

② 数字化出版模式多元化，主体多样化

西方学术期刊出版的模式主要有大型出版集团（公司）出版、专业学会/协会出版两种：

a. 大型出版集团的出版模式。以斯普林格（Springer-Verlag）、励德·爱思唯尔（Reed Elsevier）、约翰·威立（John Wiley & Sons）和泰勒-弗朗西斯（Taylor & Francis）四大出版商为代表。如爱思唯尔集团是全球最大的专业信息提供商，其总部设在荷兰阿姆斯特丹，前身可追溯到16世纪在荷兰莱顿市创立的一个家族式的作坊，其现代公司则在1880年正式创立，产品在全球180多个国家进行销售，并且在全球拥有7300多名员工，组织协调约7000名主编、70000名编委会成员、300000审稿人紧密协作，每年出版大量期刊和图书。它的期刊内容专注于科学和技术，其中比较著名的有《细胞》《柳叶刀》《四面体通讯》《格雷氏解剖学》《纳尔逊儿科》等多种科技期刊。

此外，还有世界著名顶刊《自然》（*Nature*），由自然出版集团（Nature Publishing Group，NPG）创办于1869年11月4日，其办刊宗旨是“将科学发现的重要结果介绍给公众，让公众尽早知道全世界自然知识的每一分支中取得的所有进展”。不同于专一学科的科学杂志，它是少数依然发表来自多个科学领域一手研究论文的杂志之一。随着多年的不断发展，《自然》杂志出版了系列的其他类别期刊，例如，《自然》旗下的研究类刊物，如评论性期刊《自然综述-材料》（*Nature Reviews Materials*），在线出版物《自然中国》（*Nature China*）等。

b. 专业学会/协会出版模式。如美国电气电子工程师学会（Institute of Electrical and Electronic Engineers，IEEE），总部位于美国纽约，是一个国际性的电子技术与信息科学工程师的协会，也是全球最大的非营利性专业技术学会，其使命为“鼓励技术创新，为人类谋福祉”。IEEE拥有全球160多个国家和地区的近42万名会员，过半数会员来自美国以外的国家和地区，已在中国、印度、日本、新加坡、俄罗斯、奥地利和美国设立办公室。IEEE的学术出版业务主要涉及IEEE Xplore数字图书馆、期刊、会议论文集3个模块。2000年5月，IEEE Xplore数字图书馆正式启动。截至2019年底，IEEE Xplore已出版200余种期刊、4000余种电子书，举办会议1900多场，每年出版约25万篇论文，文档总量超过520万个，年度下载量逾1.5亿次。它主要提供计算机科学、电机工程学和电子学等相关领域文献的索引、摘要以及全文下载服务。它基本覆盖了电气电子工程师学会（IEEE）和工程技术学会（IET）的文献资料。

另外，还有期刊《科学》（*Science*）。《科学》是美国科学促进会（American Association for the Advancement of Science，AAAS）出版的一份学术期刊，为全世界最权威的学术期刊之一，是发表最好的原始研究论文、综述和分析当前研究和科学政策的同行评议的期刊之一。该杂志于1880年由爱迪生投资1万美元创办，于1894年成为美国最大的科学团体——AAAS的官方刊物。全年共51期，为周刊，全球发行量超过150万份。该刊主要出版重要的原创性科学研究和科研综述，此外也出版科学相关的新闻、相关科技政策和科学家感兴趣的观点。《科学》发表稿件是免费的，其资金来源共有三部分：AAAS的会员费、印刷版和在线版的订阅费、广告费。它和《自然》期刊一样，不专注于某一特定领域，而涵盖多个学科，发展了一系列子刊。《科学》旗下子刊有《科学信号》（*Science Signaling*），《科学转化医学》（*Science Translational Medicine*），《科学进展》（*Science Advances*），《人工智能》（*Science Robotics*），《免疫学》

(*Science Immunology*)。

《自然》成功的原因：科学和通俗并非对立

《自然》杂志的成功原因之一，是把科技知识的抽象严谨与生动可读结合起来，把科技对社会的广泛影响揭示出来，最大限度地扩展受众群体，增加发行量，获取发行收入。

《自然》杂志上的很多论文，行文清晰简洁又通俗易懂，排除专业术语，很多论文即使是高中毕业生也能通读，完全不同于我们想象中的抽象艰深的科学论文。

当一篇论文被决定采用之后，文件编辑（或副编辑）会对这篇论文做出版前的准备，他们会对文章进行推敲、润色，以便文字和图片具有可读性，对领域外的读者来说也是清晰明白的，并且让论文符合期刊的风格。文字编辑将为非英语母语的作者提供建议，并且小心地编辑这些论文。需要强调一点，这种文字加工处理以服务科学真理为目的，而非哗众取宠。所以，《自然》杂志的文章尽管通俗耐读，但基本风格仍是庄重、严谨的。

通俗化还有一个好处就是它可以在一定程度上防止虚假科研论文的出版。现阶段科学研究的分工越来越细，很多专业的前沿研究论文同行评审也很难保证不会出问题。虽然对一些实验数据和实验方法不能完全一一验证，但通俗化的编辑方针会让作者避免含混晦涩的表达，尽力把基本的科学逻辑阐释清楚，以便同行能作出客观的评判。

《科学》(*Science*) 发表的众多记录科技发展的里程碑式论文

1970 年，整期报道阿波罗计划（Apollo Program）。

1992 年，刊登彼得·阿格雷（Peter Agre）等人对“细胞膜水通道”的研究（2003 年诺贝尔化学奖）。

1995 年，刊登 M. H. Anderson，J. R. Ensher，M. R. Matthews，C. E. Wieman，E. A. Cornell“波色-爱因斯坦凝聚的实现”（2001 年诺贝尔物理奖）。

2000 年刊登 Thomas A. Steitz 等人的“染色体的结构与功能”相关研究成果（2009 年诺贝尔化学奖）。

2004 年，刊登 Andre Geim 和 Konstantin Novoselov 等人“石墨烯的合成”相关研究成果（2010 年诺贝尔物理学奖）。

2016 年，通过网上公开投票，刊登了发现引力波的论文——《二元黑洞合并的引力波观测》。

2017 年，刊登中国科学院武汉物理与数学研究所詹明生团队首次实现两个异核原子的量子纠缠成果。

2. 中国学术期刊

中国是历史悠久的文明古国，发明了造纸术和印刷术，是世界上最早出现报纸的国家。根据李约瑟的考证，中国纸的发明比西方早 100 年，雕版印刷术早 600 年，活字印刷术早 400 年，金属活字印刷术早 100 多年。但中国的期刊并没有如西方一样在具备了基本的条件后产生，相反，中国的期刊晚于西方 100 多年出现。

我国学术期刊的产生既有本土文化积淀的影响，如中国古代的报纸、丛书，又受到西方舶来品的影响，如传教士的报刊，多源的外部环境。这些都对我国学术期刊的发展产生了独特的影响。

我国期刊产生的三大源流

（1）邸报

邸报，又有“邸抄”“朝报”“条报”“杂报”之称，是专门用于朝廷传知朝政的文书和政治情报的新闻文抄，如唐代《开元杂报》、宋代《邸报》和清代《京报》等。

（2）丛书

丛书，又称丛刊、丛刻或汇刻等，指的是按一定的目的，在一个总名之下，将各种著作汇编于一体，如宋代《百川学海》《儒学警悟》等。

（3）西方传教士报刊

18 世纪末和 19 世纪初，西方资本主义迅速发展，一些海外传教士纷纷来到中国创办报刊，这类传教士报刊以宣传宗教为主，兼以传播科学知识，如《察世俗每月统记传》《东西洋考每月统记传》。

关于我国期刊的起源有两种观点，一种观点认为明代的《朱翼》是我国最早的期刊。据称，《朱翼》由安徽省原徽州府婺源县（现隶属江西省）一位叫江旭奇的学者在 1616 年创办，比《学者杂志》早 49 年。《朱翼》全 12 册，不分卷次，在每册每页中缝底部均刻有地支，现存的 7 册地支顺序是子、卯、辰、巳、午、戌、亥。持这种观点的学者有我国著名的目录版本学家王重民。他认为不论对于早期期刊还是现代期刊来说，衡量期刊的重要特征都是内容的多样性。这个观点不占主流。更多研究倾向于另外一种说法，即《吴医汇讲》是中国最早的期刊。这种观点最初是由祝芪梅、金寿山等在1955年提出的，同时他们认为《吴医汇讲》是最早的中医杂志。

18世纪末，清朝苏州雕版业兴盛，名医云集，大兴讲学之风。唐大烈从中受到启发，广泛征集医门佳作，在1792年创办了我国重要的医学文献——《吴医汇讲》，至1801年停刊，共出版11卷，卷次顺序不是按出版时序，而是按照作者归类成卷。正如《吴医汇讲》“凡例”中所说：“诸公所著……各分版页，不相连属，以便续增”；《吴医汇讲》收集名医之作，并不遗余力地对中医著名的温病学派的代表作《温症论治》精心编辑加工，起到整理和保存文献的作用。“集前辈名医及诸同人著作，汇为一编，名之曰《吴医汇讲》。”后人肯定的，也是唐大烈作为编者把分散的文献资料搜集并加以整理。

《吴医汇讲》是在中国传统的丛书、丛刊基础上发展起来的，不同于以往图书总集的出版物，既带有丛刊的某些特征，更具备了绝大部分近现代期刊的元素，标志着中国期刊的萌芽，被大多数人认为是“中国第一份中文期刊”。

《吴医汇讲》和唐大烈

《吴医汇讲》的主编唐大烈，字烈三，号笠山（又号林嶝），苏州府长洲县（今江苏省苏州市吴江区）人，清代秀才，被选授苏州府医学正科。他是乾隆嘉庆年间江南具有丰富临床经验和一定的中医理论知识、勤于著述的名医。唐大烈生活的时代和地区，文化学术氛围浓厚，名医辈出。由于相互交流渠道不畅，医家的医疗技能难以推广。唐大烈对此挂在心上，他一边悬壶济世，一边抽时间征集名医手稿，分卷编辑出版年刊《吴医汇讲》，为医界提供了学术交流和争鸣的园地。唐大烈从1792年编辑刻印第一期《吴医汇讲》，至1801年病逝共出版了11卷，刊登论著106篇，作者达40余人。

唐大烈编发稿件“必须反复细阅，再商之二三老友，考订尽善，方始付梓”，从收录范围到文体形式及排列顺序都精心策划。在《吴医汇讲》的稿件内容方面“凡例”中有如下说明和规定：

一是要具有创新性，题材广泛。“凡属医门佳话，发前人所未发，可以益人问者，不拘内、外、妇、幼各科，无不辑入。”而对“其有人云亦云者，旧籍已繁，兹不多赘”。

二是要在稿件标题前，写出作者简历（包括姓名、地址、职业等）。

三是所刊文稿排列次第不分老少，不以地位高低分先后，“随到随镌”。

四是允许作者各自有不同观点，只要言之有理，编者不轻易取舍，“不妨两说并采”，由读者自己去定夺。

五是反对作者抄袭前人的旧说，但允许引用资料。

六是稿件文体不强求一致，不论“文辞典雅”或“简直随俗”，“唯各适其宜，取其达意”即可。

此外，西方传教士创办中文期刊对我国期刊发展有着重要影响。传教士来华，他们创办期刊，以传教为主，兼具传播西方科学技术的功能，“西学东渐”之风在我国兴起。

1815年8月5日，《察世俗每月统记传》（*Chinese Monthly Magazine*）在马六甲创刊，由传教士马礼逊和米怜编辑，中国刻工梁发刻印编辑，内容主要是宗教，兼有新闻、科普知识，每期5至7页，约2000字，初印500册，后增至1000册。该刊出版后，一部分被带至广州分发，另一部分免费在南洋华侨中分发，于1821年停刊，共出80多期。该刊发表有《论日居中》《论行星》《论侍星（卫星）》《论地为行星》《论地周日每年转运一轮》《论月》等文章。其中，许多文章从内容到形式已与当今科普文章无异。这是由外国人创办的以中国人为读者对象的第一份中文近代报刊，是中国近代报刊的肇始。

《察世俗每月统记传》呈现出以下特点：一是重视研究读者对象，根据读者对象的不同层次，选择不同的内容。对读者的分层，实际上也是对刊物自身的定位。视读者的接受能力的差别，文化程度的高低，时间多少的差异，编辑内容深浅、难易不同的文字，以适合不同层次读者的需要。二是适合中国人的阅读习惯，追求宣传效果。编者注意把刊物办得尽量适合中国人的口味和阅读习惯，从内容到形式，都力求使中国普通老百姓能接受。如注意使有些文章具有故事情节，若是长文章则进行连载，采用中国传统章回小说手法等。三是文章短小，语言精练。由于篇幅有限，内容不能网罗无遗。文章大多篇幅短小，多者一千余字，少者只有几百字、几十字。四是争取社会力量，广泛征稿。米怜在谈到如何办刊时认为：“欲使本报随时改良，以引起读者之兴味，非竭教士一人半月之时间以从事于斯不为功，且须征求外来稿件，以补其不足……他日国人之习华文者日多，当有佳作以光本报之篇幅。”① 该刊重视读者反应，对读者提出的疑问，编者及时作答。

中国在境内创办的第一份中文近代报刊是1883年德国教士郭士立在广州办的《东西洋考每月统记传》，内容以介绍西方文化、新闻、文学等为主，侧重登载工艺、农业、动植物学等科学知识，如“火蒸车”“水内匠笼图说”“纤桥”“推务农之会（指耕作方法）”“求五绝（指急救方法）”。其办刊目的，郭士立

① 戈公振. 中国报学史［M］. 北京：中国传媒大学出版社，2016：63-64.

认为，要使中国人认识到西方的工艺、科学和道义，从而清除他们那种高傲和排外的观念，让中国人相信，他们需要向西方学习的东西还是很多的。

这一时期西方传教士创办的刊物，宣传西方宗教和科学技术，有一定粉饰侵略的作用。但我们也需要看到它们的积极作用：它们传播西方先进科技知识和政治制度，启发了知识分子学习西学，向西方学习；为中国近代期刊的创办和编辑提供借鉴经验，激发国人自主创办近代化期刊与西方刊物竞争，形成两股出版力量，助力维新变法和救亡图存，促进我国出版事业的发展。

学界争鸣：《察世俗每月统记传》的期刊地位

对于中国最早期刊的归属，在新闻传播领域，多数学者认为《察世俗每月统记传》是中国最早的期刊（有的表述是最早的中文期刊）。《察世俗每月统记传》由英国传教士马礼逊和米怜于1815年创刊于马来半岛西部城市马六甲，创刊时间、创刊地点、创办人在学术界已经成为定论。

关于《察世俗每月统记传》在期刊史中历史地位的表述尚不一致。

有出版史方面的专著这样表述：以《察世俗每月统记传》的创办为标志，到2015年中文期刊已经走过了200年的历史。

有些著作直接把《察世俗每月统记传》作为我国的第一本报刊。如1927年出版的《中国报学史》这样表述：“若在我国而寻求所谓现代的报纸，则自以马六甲所出之《察世俗每月统记传》（原名 *Chinese Monthly Magazine*）为最早。”有的百科全书这样表述：这一时期外国人在中国办有中文报刊《察世俗每月统记传》等70余种，外文报刊《广州记录报》等约150种。还有很多著作、学位论文、学术论文对其表述也不一致，简单地归纳为：最早的中文期刊、汉文期刊、华文期刊或最早的中国期刊。

《察世俗每月统记传》用中文出版，对中国期刊的发展有重要影响，但出版地在海外，表述为中国最早的期刊不够科学严谨，也容易引起外交纠纷。究竟哪本期刊是中国最早的期刊，学术界还有争议，尚需进一步研究（有期刊界以及医学领域学者们经过考证，认为1792年创刊于苏州吴县，由我国的医学家唐大烈创办的《吴医汇讲》是我国最早的期刊）。另外，汉文期刊的表述也不合适，中文是中华民族的语言文字，用汉文或者华文来代指中文，在书面用语中也不规范、不恰当。准确表述应该是：《察世俗每月统记传》是海外出版的最早的中文期刊。

二、 学术期刊的功能

学术期刊是开展学术研究交流的重要平台，是传播思想文化的重要阵地，是促进理论创新和科技进步的重要力量。加强学术期刊建设，对于提升国家科技竞争力和文化软实力，构筑中国精神、中国价值、中国力量具有重要作用。

自 1665 年，世界第一本学术期刊《哲学汇刊》出现，学术期刊承担着 4 项基本功能：①注册登记功能，即学术成果通过在学术期刊上发表，为成果做好注册登记工作，确立学术成果的首发权。也正因如此，禁止一稿多发、尊重署名权等。②评价功能。学术期刊发布的内容之所以不同于其他平台发布的内容，是因为学术期刊发布的内容是经过同行专家评价后的学术信息，具有一定的权威性和规范性，这也体现了学术期刊的评价功能。其评价功能主要通过同行评议机制实现，同行评议模式区分为单盲模式、双盲模式、开放评审模式，具体介绍见第三章相关内容。③传播功能。对学术期刊而言，重要的工作是组织收集前沿的、最新的学术成果，并以有效的方式进行广泛传播。当今，众多学术期刊为其刊发的学术论文建立了全方位的传播矩阵，从个人电脑（PC）端的知网、万方、维普等数据库的传播，到移动端的微信公众号、微博、哔哩哔哩等；从官网、权威数据库的官方渠道，到抖音号、视频号等大众社交媒体平台；从文字、图表形式的传播，到音频讲解、视频展示等多种形式的传播，不断拓宽内容的传播渠道，丰富传播形式，扩大传播范围，提升学术期刊的影响力。④存档功能。即学术期刊可以永久记录作者的研究成果，一旦发布意味着学术成果将被永久存储至相应的数据库及学术期刊存档的纸质版本中，因此，学术期刊具有明显的信息存档功能。

除了上述 4 项基本功能外，一本优秀的学术期刊还应具备以下作用，主要包括：①学术引领。学术期刊不同于一般大众传媒，是一种特殊的传播媒体，担负着繁荣学术思想、引领科技发展方向和推动社会进步的重要职责。中共中央宣传部、教育部、科技部联合印发《关于推动学术期刊繁荣发展的意见》（中宣发〔2021〕17 号）提出，学术期刊要“提升学术引领能力。引导学术研究立足中国实际，回应现实关切，把论文写在祖国的大地上，紧密服务党和国家中心工作和战略任务”。学术期刊通过选题策划设置议题，“围绕重大主题打造重点专栏、组织专栏专刊”。鼓励原创，聚焦前沿领域，引领学科发展方向。此外，学术期刊还需承担起学术不端内容“出口”的控制作用。学术期刊是传播学术信息，发表和传递学术成果的重要渠道，对把握住学术失范作品“出口”

有重要意义。学术期刊通过学术不端查重系统、各类图片学术不端检测软件及人工识别，及时发现学术不端问题，避免此类信息向社会公开发布。②青年学者培养。学术期刊作为传递和整合古往今来学者思想的重要渠道，作为刊发思想产品的关键载体，具有培养青年学者的优势。一方面，学术期刊可以论文稿件为媒，构建青年学者与同行专家的交流平台，促使青年学者论文写作及学术研究能力的提高；另一方面，以组织学术会议为媒，搭建起学者之间交流互动的平台，为青年学者提供平台和机会。学术期刊对青年学者的培养还体现在对未来将步入学者生涯的硕士生、博士生的培养上，不少高校学术期刊为本校硕士生、博士生开展学术论文写作规范与诚信的培训，还为其提供学术期刊兼职编辑的机会，为其近距离接触相关领域学者、出版者创造实践机会等。总之，学术期刊可充分利用其资源优势、专家优势，发挥其学者聚集的平台功能，助力青年学者成长。随着数字出版技术的发展，学术期刊的功能或作用将围绕用户的需求不断演进与发展，承担包括学术评价、成果转化、文化建设等更多的社会功能，将更好地服务学术交流与传播。

三、 学术期刊的申请与创办

我国学术期刊实行的是审批制，因此学术期刊的申请与创办需要遵守国家相关管理规定，按照要求、程序等申请刊号，获得公开出版发行的资质。在申请刊号的同时，办刊人还需要做好创办期刊的相应准备，如确定刊名、成立编辑部、组建编委会等，因此，本节将从两个方面来讨论学术期刊的申请与创办，一是从政策文件层面阐述学术期刊申请的条件、程序等，即学术期刊申请；二是从办刊实践层面探讨学术期刊创办初期的准备工作，即学术期刊筹划。

（一）学术期刊申请

我国学术期刊实行审批制，只有经过国家新闻出版署审核批准，获得统一分配的刊号的期刊，方可面向国内外公开出版发行。《期刊出版管理规定》第二章围绕期刊创办和期刊出版单位设立等内容展开，对创办期刊的条件、程序、提交资料等做出明确规定。其中，第二章第九条提出，创办期刊、设立期刊出版单位，应当具备下列条件：①有确定的、不与已有期刊重复的名称；②有期刊出版单位的名称、章程；③有符合新闻出版署认定条件的主管、主办单位；④有确定的期刊出版业务范围；⑤有 30 万元以上的注册资本；⑥有适应期刊出版活动需要的组织机构和符合国家规定资格条件的编辑专业人员；⑦有与主办单位在同一行政区域的固定的工作场所；⑧有确定的法定代表人或者主要负责人，该法定代表人或者主要负责人必须是在境内长久居住的中国公民；⑨法律、行政法规规定的其他条件。除前款所列条件外，还须符合国家对期刊及期刊出版单位总量、结构、布局的总体规划。第二章第十二条明确提出，期刊创办，需要由期刊主办单位提交8项资料：①按要求填写的“期刊出版申请表”；②主管单位、主办单位的有关资质证明材料；③拟任出版单位法定代表人或主要负责人简历、身份证明文件及国家有关部门颁发的职业资格证书；④编辑出版人员的职业资格证书；⑤办刊资金来源、数额及相关的证明文件；⑥期刊出版单位的章程；⑦工作场所使用证明；⑧期刊出版可行性论证报告。

另外，《期刊出版管理规定》对审批程序做出了明确规定，第二章第十条提出，中央在京单位创办期刊并设立期刊出版单位，经主管单位审核同意后，由主办单位报新闻出版署审批。其中，中国人民解放军和中国人民武装警察部队系统创办期刊并设立期刊出版单位，由中国人民解放军总政治部宣传部新闻出版局审核同意后报新闻出版署审批。其他单位创办期刊并设立期刊出版单位，经主管单位审核同意后，由主办单位向所在地省、自治区、直辖市新闻出版行政部门提出申请，省、自治区、直辖市新闻出版行政部门审核同意后，报新闻出版署审批。

（二）学术期刊筹划

学术期刊申请到刊号，表明在国家政策层面允许公开出版发行期刊，但并不意味着期刊创办工作结束，实践中需同步大量准备工作，主要包括组建办刊团体（编辑队伍、审稿专家队伍及编委会队伍），确立稿件编辑流程（从选题与组稿、初审、复审、终审、编辑加工、校对、排版、印刷到传播发行）等。英文刊与中文刊创办准备工作不尽相同，它还涉及合作出版商的选择、国际编委会的组建等。

相较于英文刊，中文刊创办及运营经验已有多年，相对成熟。随着我国建设世界一流科技期刊的步伐，未来将有更多的英文期刊创办，因此，我们以英文期刊创办为主要讨论对象。学术期刊界不少办刊人总结期刊创办的成功经验。如南京农业大学程宗明教授自2014至今，先后创办了四本优秀的英文科技期刊，分别是 *Horticulture Research* ［《园艺研究》，2014年创办，与Nature集团合作出版，科学引文索引（SCI）收录，期刊引证报告（JCR）名列前茅］，*Plant Phenomics* ［《植物表型组学》，2019年创办，与美国科学促进会（AAAS）合作出版，SCI收录］，*BioDesign Research* （《生物设计研究》，2020年创办，与AAAS合作创办），*Food Materials Research*（《食品原料研究》，2021年创办，与Maximum Academic Press合作出版）。他将英文期刊创刊步骤归纳为8步：确定刊名、市场调研和定位、确立目标和建立期刊文化、选择商业出版模式（订阅模式或开放获取模式）、争取办刊单位支持、选择合作出版商、创刊主编确定、组建国际编委会。中国化学会创办*CCS Chemistry*（《中国化学会会刊（英文）》），编辑将该刊创办筹划经验总结为以下几个方面：聘任国际知名专家，组建高水平编辑团队；组建国际顶尖编委团队，坚持高标准同行评议；与国际期刊服务商合作，自建出版平台；钻石开放获取（Diamond OA），多渠道提升服务水平；媒体融合出版，扩大期刊品牌影响力和号召力；利用会议资源，多管齐下扩大宣传；创办特色栏目，传递科学精神等。上海大学期刊社编辑提出，创办英文科技期刊，应从争取主办单位支持、编辑团队建设、国际出版商选择与合作、学科服务层面做工作。天津大学期刊中心编辑基于英文科技期刊*Smart Mat*（《智能材料（英文）》）创办经验，将重要的筹划工作总结为组建分布广泛、工作高效的编辑队伍，建立流程清晰、职能明确的工作体系（包括约稿审稿、编校出版、宣传推广、数据支持、社会服务5个方面），重视新媒体建设，增强读者黏合度。综上可见，内容质量（稿源）控制、办刊队伍建设、制度设计、服务与传播优化四个方面是创办英文期刊的重点筹划工作。

第二节　学术期刊出版

研究学术期刊出版，不仅涉及学术期刊，而且涉及对出版的理解。关于出版的内涵，不同研究主体给出不同的表述。《中国大百科全书（简明版）》将出版界定为，通过一定的物质载体，用印刷或其他复制方法，将著作、图画、声频、视频、符号等制成各种形式的出版物，以传播科学、文化、信息和进行思想交流、发表见解的一种社会活动。学者袁亮提出，出版即为编辑和复制作品向公众传播。尽管具体表述不一致，但对出版特点的理解具有趋同性，如内容得以复制，被广泛传播等。本书将采用罗紫初教授的观点对出版内涵进行阐释，即认为出版内涵由以下基本内容组成：第一，出版是对已有的作品进行深层次开发的活动。第二，出版是对原作品进行编辑加工，使其具有适合读者消费的出版物内容的过程。第三，出版是对加工好的已有作品进行大量复制，使其具有能供读者消费的载体形式的过程。只有经过大量复制，作品中所含的知识信息才能被众多读者接受。如档案工作也需要编纂、整理，但是它不是出版，因为它没有大量复制的过程。第四，出版还是一个将出版物“公之于众”的过程。综上可见，出版离不开编辑、复制、传播三类活动。出版学上将出版具体表述为，借助于传播载体，将文字、图形、影像等信息进行编辑、复制并且公开传播的过程与活动。从流程上看，出版可分为编辑、复制和发行三个阶段；从传播载体上看，可分为纸质出版、电子出版、手机出版、网络出版和音像出版等。

因此，学术期刊出版，可理解为借助于期刊的载体，将学术信息进行编辑、复制并且公开传播的过程与活动。在理清学术期刊出版内涵的基础上，我们还需要进一步探明学术期刊出版主体、客体、流程、平台等构成要素，方可更深入地了解学术期刊及学术期刊出版过程。

一、 学术期刊出版主体与客体

（一）出版主体

我国学术期刊出版主体有两个：一是主管单位，二是主办单位。其中，主办单位是期刊编辑部或期刊社的上级领导部门，主管单位是主办单位的上级主管部门。我国期刊的主管单位是依行政隶属关系而设定的，中央单位主办的期刊，其主管单位是副部级以上（含副部级）单位；地方主办的期刊，其在省一级的主管单位是厅局级以上单位，在各地、市及行政公署的主管单位是局处级以上单位，在县级行政区域的主管单位是县处级单位。例如，《武汉大学学报（哲学社会科学版）》主办单位是武汉大学，武汉大学的行政主管部门是教育部，因此，《武汉大学学报（哲学社会科学版）》的主管单位是教育部。

我国学术期刊主管单位、主办单位包括科研机构、学会/协会、高校、行政事业单位等，期刊社或编辑部是期刊的选题策划、组约稿、审稿、编辑加工、排版、印刷、发行等具体出版业务的直接执行部门。主办单位对期刊编辑部或期刊社有直接监督权和领导权，体现在对期刊的资金筹措、设备场地人员管理、经营核算等方面的支持管理，及对期刊的选题策划、组约稿、审稿、编辑加工、排版、印刷、发行等流程的监督管理。主管单位的主要职能包括对主办单位的监管、对创办期刊和期刊变更或停办等重要事项的申请审核。主管单位对期刊内容等方面出现的严重错误和其他重大问题，承担领导责任，同时应对期刊主办单位的直接负责人做出严肃处理。

期刊主管单位的职能及失去主管权力的情况

一、期刊主管单位的主要职能

1. 申请创办期刊。主管单位负责依照《出版管理条例》的有关规定审核期刊主办单位的资格，并向国家新闻出版行政管理部门提出创办期刊的申请。

2. 对期刊主办单位的监管。主管单位对期刊主办单位的工作进行检查、监督和指导，并可提出意见或作出决定。期刊的主管单位与主办单位之间是领导与被领导的关系，不能是挂靠与被挂靠的关系。

3. 审批和决定期刊的有关事项。主管单位审批期刊重大宣传报道计划及重要稿件的刊发。决定期刊主办单位领导成员的任免，决定期刊是否发行，决定期刊的变更或停办，并向国家新闻出版行政管理部门提出书面申请。

4. 对期刊进行审读。主管单位应对所属期刊进行定期审读，将审读情况及时上报。对违规出版或内容有重要问题的期刊，提出处理意见并报国家新闻出版行政管理部门。

5. 协助登记机关办理期刊年度核验。主管单位依照相关规定，协助期刊所在地的新闻出版行政管理部门，对期刊进行年度检验。

6. 负责期刊终止出版的善后工作。主管单位与主办单位共同负责期刊停办后的资产清算、人员安置和其他善后工作。

二、什么情况下主管单位将丧失主管单位的资格

出现下列三种情况时，主管单位将丧失主管权力：

1. 期刊社因严重亏损，无力清偿到期债务，主管单位又不代替清偿的，主管单位应决定其停办，并报新闻出版行政管理部门，对该出版单位注销登记，依法进行清算。

2. 主管单位决定不再履行职责时，应及时上报新闻出版行政管理部门，对该出版单位注销登记。

3. 主管单位因各种原因不能履行其职责，而致使期刊社丧失继续出版条件的，由新闻出版行政管理部门对该出版单位撤销登记。

（二）出版客体

出版的客体即为出版物，本书讨论的出版物即为学术期刊，是经过同行评议的定期连续出版物。学术期刊可依据是否公开出版、所属学科、期刊主办单位级别、数据库收录等标准划分为不同类型，详见表 1-5。

表 1-5 不同分类标准下的学术期刊类型

分类依据	类型	特征
是否公开出版	公开发行期刊	拥有国内统一刊号（CN 号）与国际标准刊号（ISSN 号），可面向国内外公开发行
	内部发行期刊	没有 CN 号，仅限单位内部传阅
所属学科	自然科学类	刊发的内容在理学、工学、农学、医学领域
	社会科学类	刊发的内容在文学、史学、哲学、法学、管理学、经济学、教育学、军事学、艺术学领域
期刊的主办单位级别	国家级	党中央、国务院及所属各部门或中国科学院、中国社会科学研究院、各民主党派和全国性人民团体主办的期刊及国家一级专业学会主办的期刊
	省部级	由各省、自治区、直辖市及其所属部、委办、厅、局主办的期刊以及由本、专科院校主办的学报（学刊）
	地市级	指由地市级行政区政府的新闻出版局主管主办的刊物
数据库收录	国际重要数据库收录期刊	国际公认有影响力的重要数据库，如科学引文索引和社会科学引文索引（SCI、SSCI）、工程索引（EI）、艺术与人文科学索引（A&HCI）
	国内重要数据库收录期刊	国内公认的重要数据库，如中文社会科学引文索引（CSSCI）、中国科学引文数据库（CSCD）
	其他期刊	未被上述重要数据库收录的学术期刊

二、 学术期刊出版流程与平台

（一）出版流程

期刊出版流程与图书出版流程具有一定的共性，例如，都始于选题策划，要经历审稿、编辑加工等环节；但也有其独特的个性，如期刊的审稿过程比图书的更加复杂，一般情况下每一篇稿件都要邀请编辑部外部的、至少两位同行专家审稿；但期刊的装帧设计比图书简单，且每期装帧设计具有稳定性和一致性。

一般而言，学术期刊的出版流程主要包括选题策划、组稿、审稿、编辑加工、排版、校对、装帧设计、印刷、发行九道工序。其中，发行分为纸质版发行与网络发行。随着学术期刊全流程的数字化，发行工作更多的是网络发行，强调学术成果通过网络快速传播，更好地服务学术交流，本书也专设一章讨论期刊的传播。在具体实践中，不同学术期刊生产流程中各环节的顺序不完全一致，如有的编辑部内部有排版人员，先排好版再进入三校环节，而有的编辑部无排版人员，需要将稿件发往排版公司完成排版后，再进入三校环节，但主要的流程基本相似。其中，编辑部参与较多的出版环节是选题策划、组稿、审稿、编辑加工、排版、校对六道工序。对于装帧设计、印刷、发行三道工序，编辑部参与较少。期刊的装帧设计风格稳定，一旦确定下来，从封面、开本到版式等每期保持一致，部分期刊会定期更换封面图片，但周期相对较长；印刷工序主要由印刷厂执行，学术期刊编辑部定稿后，将印制需求告知印刷厂即可；发行环节中，学术期刊主要通过中国知网、万方数据库、维普等数据集成商等平台实现网络版发行，纸质期刊发行量较小，主要通过邮局向相关单位或个人（如作者）赠送发行。因此，下面将主要介绍前面六道工序，呈现学术期刊编辑出版的流程。

1. 选题策划

选题策划是指以实现期刊宗旨为目标，围绕期刊整体定位，有组织、有计划、有设计、有构思地提出选题方案、实施选题方案和检验选题方案效果的编辑过程。正是由于选题策划的不同，不同期刊设置不同的主题栏目，栏目可划分为常设栏目与动态栏目，或依据策划的选题，找不同的作者组稿。但需要说明的是，不是每个学术期刊都设置选题策划环节，如有的期刊只是等待作者的自然投稿，根据最终录用稿件的主题设置栏目，甚至有的期刊未区分栏目。但是，对于一本优秀的学术期刊，选题策划是必不可少的环节，它是学术期刊办刊宗旨与办刊理念的体现，是确立期刊特色，塑造期刊品牌的重要抓手。一个没有集中办刊思想、特色的学术期刊，难以成为一本出色的学术期刊。

2. 组稿

组稿是选题策划得以实现的关键环节，是期刊编辑根据选题策划的内容主动寻找并联系作者最终获得稿件的过程。学术期刊编辑组稿策略多元化，例如，通过各类学术会议组织稿件，针对期刊优质作者约稿，编委会推荐作者人选等。诸多研究探讨了学术期刊组稿的策略及注意问题，如《高电压技术》编辑提出，组稿应注意以下问题：严格控制组稿数量，严格把关稿件质量，杜绝人情稿，对会议推荐论文进行二次审核和对约稿对象、约稿文章类型和方向进行把控。《中国癌症研究》英文版编辑专门就学术会议组稿提出，期刊编辑需在参加学术会议的前、中、后期精心策划和准备，并创新组稿的方式、方法，才能提高组稿成功率。

随着计算机技术和大数据的发展，除了传统的组稿策略外，学术期刊编辑可借助各类先进的软件和技术辅助组稿。例如，有期刊编辑通过科研管理分析工具 SciVal 的文献数据挖掘技术来提炼研究热点并发掘核心团队，为其选题和组稿提供多元化的方法支持，也为大数据时代期刊的高质量发展提供有效途径。还有的期刊编辑将互联网和人工智能技术运用于期刊运营中，通过更加富有创意和人性化的方法，尽量贴近受众需求，提高期刊选题策划、组稿和内容分发效率和质量。

3. 审稿

在期刊编辑出版全流程中，审稿环节占据重要位置，也是期刊内容质量控制的核心环节，而且各个编辑部的具体操作差别较大。早在 2001 年，原国家新闻出版总署在《关于严格执行期刊“三审制”和“三校一读”制度保证出版质量的通知》(新出报刊〔2001〕142 号) 中明确规定：“期刊出版单位应建立健全编辑机构和内部管理制度，进一步完善和规范稿件的编发审核制度，严格执行稿件‘三审制度’，切实做好稿件的初审、复审和终审工作。对稿件编排的各个技术环节，都要规范操作，杜绝事故隐患。”该文件明确规定了期刊出版的具体流程，即初审、复审和终审的三审制度。

期刊审稿环节包括初审、复审与终审三道工序，但是，三审制并不等同于三个审次，实践操作中往往存在四个、五个乃至更多的审次，以确保期刊出版内容的质量。三道工序可视为三个审稿阶段，即初审阶段、复审阶段及终审阶段，阶段的划分是根据审稿工作任务进行的（表 1-6）。

表 1-6 学术期刊的审稿流程

审稿阶段	任务	可能的操作者	审稿次数
初审阶段	初选出有复审必要的稿件	责任编辑；主编；指定相关专业人员	≥1 次
复审阶段	①初审人选择对应领域的同行专家审稿；②专家客观评价稿件并形成审稿意见；③初审人分析专家意见后形成编辑部处理意见	对应领域的同行专家	≥1 次

续表1-6

审稿阶段	任务	可能的操作者	审稿次数
终审阶段	决定稿件是否采用	主编；主编授权的副主编、资深编辑；召开定稿会	≥1次

在不同的审稿阶段，由于具体操作者不同，各个期刊的审稿流程差异较大，尤其是初审阶段与终审阶段。例如，在初审阶段，初审者可能是责任编辑，亦可能是主编或编辑部指定相关专业人员，还可能是这三类人员的组合。可能先由责任编辑根据期刊办刊宗旨、用稿范围、学术不端检测结果等初步筛选部分稿件，再由编辑部提前指定的栏目编委（对应专业的学者）从内容的学术质量进行筛选；或者主编先进行第一轮初筛，再由对应栏目的栏目编委筛选后将稿子发送给同行专家。对于复审，一般情况下主要由编辑部外部稿件对应领域的同行专家承担，但也有少数期刊复审由编辑部内部较资深的编辑承担。不同学术期刊，同行专家邀请的流程和数量也不同。一般而言，编辑部同时邀请2位及以上的专家进行审稿，若评价结果差异较大，则需要再邀请1～2位专家审稿，终审将同时参考多位专家意见做出决策。终审阶段，既可以是主编直接终审，也可以是主编先终审，再提交定稿会，或者先上定稿会，再由主编终审等，具体的流程不尽一致。

4. 编辑加工

编辑加工泛指编辑对稿件内容和形式的审查及加工处理等过程，有广义与狭义之分。狭义的编辑加工指对经过三审后拟录用稿件从内容、文字及形式等方面进行加工的过程，一般包括内容加工、技术加工与文字加工三个方面，在后续编辑加工章节将详细展开。广义的编辑加工，不仅包括对拟录用稿件的编辑加工，还包括对同行评议后退修稿件的编辑加工，即编辑根据评审专家的意见，对退修稿件的内容、文字表述、图表格式、统计学处理、参考文献等全方位编辑加工并提出详细的意见。由于退修稿件的编辑加工贯穿在稿件审稿过程中（复审阶段），因此，本书将该部分内容置于审稿环节中阐释，后续探讨的编辑加工主要采取狭义的含义。

5. 排版

排版即将原稿件按照要求组成规定版式的工艺。社会科学类期刊排版主要以文字排版为主，自然科学类期刊除文字外，还涉及大量公式、图表等更为复杂内容的排版。

编辑加工完成后，稿件进入排版环节。不同的学术期刊，承担排版工作的人员不完全相同。若期刊编辑部配置专职的排版人员，则由其承担排版工作；若无排版人员，有的期刊排版工作由对接的排版公司承担，编辑将编辑加工后的当期要发表的稿件、版权页、目录页及稿件上转下接安排等内容，打包发给排版公司（实践中该过程被称为发排工作），由其完成排版工作。还有少数期刊由编辑本人承担排版工作。例如，有的自然科学类期刊涉及公式非常多，编辑与排版人员沟通导致稿件运转效率降低，则由编辑同时承担责编稿件的排版工作，以缩短稿件运转周期。总体上看，大多数学术期刊编辑主要承担的是发排工作，具体排版工作由与其编辑部对接的排版公司承担。当前应用较多的排版软件包括北大方正书版和 Latex 等，后续排版章节将详细阐述。

6. 校对

校对是期刊编辑工作流程中相对重要的环节，是在编辑加工后、印刷前对内容、文字的最后一道质量把关工序，是期刊编校质量控制的关键环节。一般期刊需要经过初校、二校、三校三个校次，不同编辑部每个校次的具体承担人不尽相同，有的中间设置互校、通校等模式，期刊通过一轮又一轮的校对，将差错率降至最低。国家新闻出版署 2020 年印发的《报纸期刊质量管理规定》也明确指出："期刊编校差错率不超过万分之二的，其编校质量为合格；差错率超过万分之二的，其编校质量为不合格。"校对是将差错率控制至规定范围中的关键程序。正因为这一硬性的考核要求，我国学术期刊编辑在校对环节投入较多的时间和精力。

随着大数据、人工智能技术的迅速发展，学术期刊的编辑出版流程中融入技术元素，以提高各环节的效率。例如，学术期刊《民用飞机设计与研究》基于大数据的出版流程在各个环节注入了大数据要素。

基于大数据的科技期刊出版流程实践①

大数据技术的迅速发展，给科技期刊出版带来新的技术与方法，上海飞机设计研究院主办的学术期刊《民用飞机设计与研究》编辑部，利用大数据开展学术期刊传统出版流程的改造实践，以提高出版效率，主要在选题策划、组稿约稿、审稿专家选择和编校 4 个环节引入大数

---

① 周洁. 利用大数据优化科技期刊出版流程的实践与思考 [J]. 中国科技期刊研究，2018，29 (2)：144-147.

据分析技术和工具，改进现有工作流程。

1. 选题策划环节：编辑善于利用各种网络工具获取大量数据并进行深度加工分析，对数据进行归类、整理和优化，拓宽选题视野，优化期刊选题。

2. 组稿环节：大数据技术的出现，为编辑组稿与约稿提供基于数据分析结果的参考依据，强化组稿的精准性。

3. 审稿环节：构建学者画像，精确选择审稿专家。即基于学者的基础信息和行为信息对应匹配，据此为学者构建详细的画像，从而较为精确地判断学者的科研能力、学术动向、合作关系、审稿意愿等。

4. 编校环节：将大数据技术引入编校环节的参考文献校对工作中，可大大提高效率。参考文献校对是一项非常烦琐的工作，包括引文著录格式的校对和引文内容的校对。此时可利用大数据技术进行辅助。如中国知网的腾云期刊协同采编系统将大量数据纳入参考文献比对库，系统可以自动将稿件的参考文献信息与中国知网比对库文献进行比对，审核参考文献内容是否准确属实、格式是否完整正确，并且给出推荐著录格式等。

（二）出版平台

随着学术期刊数字化转型，大量期刊出版单位采用期刊采编与发布平台，消除了过去传统的手工采编耗时长、效率低等弊端，实现了投稿、审稿、编辑加工、发布等全流程的数字化。采编与发布平台的功能可从稿件的选题策划、作者投稿、稿件采编、审稿与同行评议、编辑加工、排版校对到期刊发布，乃至后续的稿件统计管理、质量评价工作等实现出版过程的全覆盖，采编与发布平台成为学术期刊出版过程必不可少的技术平台。

当下实践中常用的期刊出版平台分为两类：一类是国内学术期刊出版平台，主要服务于中文学术期刊，应用比较普遍的有中国知网腾云协同采编系统、玛格泰克采编与发布系统、勤云远程稿件处理系统、三才期刊采编系统；另一类是国际学术期刊出版平台，主要服务于英文期刊，包括 ScholarOne Manuscipts、Editorial Manager、Elsevier Editorial System 等。

1. 国内学术期刊出版平台

（1）中国知网腾云协同采编系统

腾云协同采编系统是由中国知网主持研发的面向期刊采、编、审、校、发全流程业务的综合性服务平台。该系统免费向编辑部提供服务，它通过稿件中心、统计中心、交互中心、用户中心、费用中心、出版中心等成熟的功能模块，依托大数据、云计算、人工智能等先进技术，为编辑、作者和专家用户提供全流程稳定的专业服务。编辑在使用系统前需要与系统后台人员沟通，根据期刊自身的运转流程，定制自己需要的流程步骤、稿件人员信息字段、邮件模板、单据模板、功能模块、界面风格等，实现刊物的个性化配置。

腾云协同采编系统的系统模块及具体功能

【稿件中心】提供审稿、组版、DOI管理、约稿、学术不端检测、参考文献审校等诸多与稿件密切相关的管理功能，是编辑日常办公最频繁使用的模块。

【用户中心】帮助编辑部管理所有类型的用户信息。

【费用中心】帮助编辑部管理与稿件相关的所有费用。支持版面费、审稿费、作者稿费、专家审稿费和编辑费五类费用的管理。

【评价中心】通过多维的评价数据全面、客观地展示期刊的发展现状，为编辑部制定未来的发展策略提供准确、客观的依据。

【出版中心】帮助编辑部实现定稿稿件的在线多渠道发布，实现一键出版。

【专家遴选中心】帮助编辑部组织或更新编辑部的审稿队伍。

【交互中心】提供向编辑部成员、作者、专家自动发送邮件和系统公告的功能。

【统计中心】提供当前编辑部的稿件情况、人员情况、编审情况、文献传播情况、编辑部工作量情况等的统计分析数据。只需进入相应子栏目，选择相应的统计条件，点击统计按钮即可得到清晰的统计报表。

【数据维护中心】帮助编辑部完成稿件的导出备份、导出排版、导出加工标引、导出合作出版等工作。

【参数设置中心】帮助编辑部基于自身需求灵活设置流程环节、信息字段、应用模板、权限控制、界面展示等。

此外，腾云协同采编系统拥有智能化、移动化工具，来辅助期刊编辑部的业务决策，具体包括：①智能推荐审稿人。该系统按专家近年公开发表的学术成果和按专家过去在该刊的审理历史两种维度进行智能推荐，为编辑专家遴选过程提供可供选择的审稿专家。推荐的模式有3种，包括智能推荐（编辑部库）、普通检索（编辑部库）、智能推荐（CNKI 学者库）。该智能推荐功能主要关联的是中国知网的大数据，主要应用于中文期刊。但其智能推荐的精准度还有待提高，推荐的结果不尽精准，需要结合编辑人工筛选，方可实现稿件与审稿专家的精准匹配。②参考文献审校工具。该系统能够对自定义格式的稿件参考文献提供自动、高效、精准的引文在线审校，大大减少编辑参考文献校对的工作量。该系统能实现双语审校，并推荐中英文题录，支持推荐题录导出。③学术不端检测工具。该系统可以将被审稿件与海量文献进行比对，生成检测报告，报告中提供“文字复制比”“重复字数”等抄袭检测信息，帮助办刊人员快速做出判断。编辑不需要再单独登录学术不端检测系统，对来稿进行查重，可直接在该采编系统查看稿件的文字重复情况，简化了编辑的工作程序，提高稿件运转效率。④费用管理。该系统提供费用管理功能，对编辑部常用的审稿费、版面费、作者稿费、专家审稿费、编辑稿费设置了独立的管理模式，提供了更完善的信息管理，更简化的配置流程，编辑可以实现一键导出费用情况，大为提高工作效率。⑤嵌入网络首发标准化流程。自 2015 年《中国学术期刊（网络版）》（CAJ-N）创刊，知网已经与多本期刊达成了网络首发合作。新版腾云协同采编系统为这些签约用户免费嵌入网络首发的标准化流程，编辑只需登录系统，就能实现稿件从初审到首发的全流程管理，无须跨平台操作，让录用稿件更快进入传播通道。⑥发文检索、相似文献检索。该系统通过与知网总库文献资源的有效链接，使编辑能在审稿过程中随时查看来稿作者的发文情况，以及与来稿相似的文献信息，方便全面客观地了解文章选题的新颖性以及作者的学术研究水平。

综上，腾云协同采编系统通过其功能设置及智能化的工具，实现期刊生产过程的数字化，相较于过去纸质版的稿件运转过程，大幅度提高了稿件运转效率，缩短稿件运转周期。

（2）玛格泰克采编与发布系统

该系统是由北京玛格泰克科技发展有限公司（以下简称玛格泰克）开发研制，也是国内推出的第一套期刊稿件采编系统（1999 年）与第一套网刊发布系统（2001 年）。该系统主要包括两个产品，即期刊稿件采编系统（Journalx）与网刊发布系统。其中，Journalx 主要功能模块包括系统后台管理、作者中心、审稿人中心、主编中心、编辑中心。其中作者中心主要服务于作者投稿，作者可通过该模块注册并登录，实现提交稿件、查询稿件进度、与编辑部交流、提交稿件版面费及支付稿酬等功能；审稿人中心、主编中心、编辑中心分别对应服务审稿专家、主编及编辑，审稿专家通过该模块查收待审阅稿件、提交审稿意见等，编辑通过编辑中心实现稿件的管理（从稿件的登记、初筛、查重到送外审、终审的全程操作）、编辑加工（支持文本编辑和Word编辑，并保留修改痕迹。系统可自动区分原稿、流程稿和阶段稿）、组版管理等编辑处理稿件所需的主要功能，主编通过主编中心可终审稿件、签发稿件等。除此外，它还提供期刊相关信息的统计分析（稿件统计、审稿统计、作者统计、编辑/编委工作量统计、参考文献情况统计）、费用管理（版面费、稿酬等）等功能。网刊发布系统是以稿件采编系统为基础的一套功能强大、操作简洁、易维护的发布和管理平台。该发布系统试图为期刊建立一个与读者互动、为读者提供服务和主动宣传的基础平台，实现网上预出版、超前出版、现刊和过刊的浏览、查询等，并提供E-mail Alert、RSS等高级服务功能。

（3）勤云远程稿件处理系统

该系统由北京勤云科技发展有限公司研制，主要产品模块及功能：①作者中心模块，为作者提供投稿服务，该模块基于最新的碎片化技术和云计算技术，文章和作者信息全部由系统自动抽取，参考文献也由系统自动提示作者一一校对。②审稿中心模块，帮助编辑快速找到合适的审稿人，让审稿人保质保量地快速审回；利用勤云庞大的数据资源及语义分析技术，查找以往审过相关稿件的审稿专家，发现相关的作者同行，帮助编辑快速找到合适的审稿人；审稿人可通过微信审稿，利用碎片化时间审稿；此外，系统可自动向审稿人推送相关文献，提高审稿人效率，缩短审稿周期。③编辑中心模块，帮助编辑实现从接收来稿到正式发表的整个流程的管理；与万方数据无缝对接，自动注册DOI号；多种途径检测不端文献；可智能推荐相关参考文献。④发行中心模块，除了将过刊与现刊在网站上发布外，还通过云计算技术将分散期刊汇聚成集群网络，网络内期刊网站互联互通，读者共享。

（4）三才期刊采编系统

三才期刊采编系统是由西安三才科技开发。相较于上述系统，三才期刊采编系统具有以下特色：一是重视系统的安全性。该系统采用业界评价安全的软件框架和编程技术，可以防止密码被暴力破解，实现密码加密传输和保存、上传病毒文件检测等功能。二是支持移动阅读与移动办公。该系统可实现屏幕的自适应，支持读者手机阅读，支持作者手机投稿、查稿，支持专家手机审稿等。三是实现采编系统与微信平台的融合。该系统可实现微信登录，即通过微信“扫一扫”，作者、专家、编辑就可以登录系统查稿、审稿、处理稿件；实现微信工作通知，即作者投稿后，编辑收稿发邮件的同时，给作者发微信版的收稿通知，向专家派审后，给专家发微信告知。四是可帮助实现不同期刊的数据共享和服务共享。即采用模块化结构，使一个机构、一个行业的多个期刊，可以在保持自己独立性的同时，构建集约化期刊群，实现数据共享（如审稿专家、作者黑名单、引用分析等数据共享）、服务共享（如文章关联推荐），乃至稿件推荐转投，并且这个期刊群的数据属于期刊群自己。然而在实践中，有的期刊集群平台上期刊无法获取自己的后台数据。五是实现 XML 论文数据结构化。可以把图表、公式、数据进行结构化处理，为未来大数据分析提供数据支撑，便于被搜索引擎和未来的专业数据库收录，提升期刊传播效果和影响力。六是推广数据库的深度合作。帮助期刊在 CrossRef、ResearchGate、Mendeley、PubMed、百度学术、Google Scholar、DOI 等专业数据库提交论文数据，有利于提升期刊内容的传播效果。另外三才科技拥有 NoteFirst 的版权，可以为作者提供参考文献自动形成等服务。七是集成引文分析。三才期刊采编系统和 SCI、EI、PubMed、CSCD（中国科学院引文数据库）、知网、万方数据库实现引文信息关联，对期刊引文进行分析，为期刊发展提供决策数据支撑。八是实现“一键”预出版。除了传统的预出版外，系统支持基于录用稿件的自动预出版，自动把稿件最新版本转化为 PDF 进行发布，自动抽取稿件元数据，支持预出版一键完成，以减少编辑工作量。

2. 国际学术期刊出版平台

投审稿平台是国际学术期刊出版中的重要组成部分，国际上应用较为广泛的在线投审稿平台有 ScholarOne Manuscripts、Editorial Manager（EM）、Elsevier Editorial System（EES）等，它们为不同的出版集团服务。如汤森路透集团采用 ScholarOne Manuscripts 投审稿平台，斯普林格集团采用 EM 平台，爱思唯尔集团采用 EES 平台，具体见表 1-7。通过在线的投审稿平台，实现投审稿全流程的数字化管理，方便作者、编辑、审稿人实时查询、审核及其他操作处理，简化了相应流程，提高了出版效率，是学术期刊出版不可或缺的平台。

表 1-7 国际在线投审稿系统的比较

名称	投稿类型	网址	应用的出版机构
ScholarOne Manuscripts	PDF、WORD、PS、HTML、RTF 等 26 种格式	www. mc. manuscriptcentral. com/fmc	汤森路透集团
Editorial Manager	PDF、WORD、PS 及 JPG 与 BMP 等	www. editorialmanager. com	斯普林格集团

续表1-7

名称	投稿类型	网址	应用的出版机构
Elsevier Editorial System	PDF、WORD、PS、RTF及JPG与BMP等	www.elsevier.com/editors/home	爱思唯尔集团

（1）ScholarOne Manuscripts

ScholarOne Manuscripts是由汤森路透为学会和出版社推出的在线投稿和审稿工作平台。汤森路透是著名的科学引文索引（Science Citation Index，SCI）的出版者，它研发的ScholarOne Manuscripts是世界相对领先的在线投审稿系统，能够实现流畅规范的审稿流程管理和Web of Science智能信息支持，提高审稿速度和质量，实现EndNote参考文献管理和撰稿工具的集成。该系统提供了多个用户中心，涵盖了稿件处理过程中作者、编辑、审稿专家、管理员、编委等所有角色，可实现投稿、审稿、编辑、出版等过程的全程电子化运作管理。

作者通过该系统完成稿件投递后，编辑将通过初审的稿件进行送审处理。编辑可以利用ScholarOne Manuscripts系统设置需要的审稿专家人数，同时系统显示了专家审稿的状态，使每篇稿件的进度一目了然。

学术期刊编辑人员，除了利用ScholarOne Manuscripts的审稿功能，还可以利用该系统遴选合适的审稿专家并充实期刊的专家库。

第一，ScholarOne Manuscripts的专家遴选办法。ScholarOne Manuscripts可由作者填写推荐审稿人名单，也可由系统直接推荐审稿人，Review Locator系统是ScholarOne Manuscripts稿件处理系统中为选择审稿专家而开发的系统。进入稿件邀请审稿人阶段之后，Review Locator系统会根据文章的标题或者关键词与Web of Science中已发表的文章进行匹配，进而给出候选审稿人名单列表。这对于科技期刊编辑邀请审稿人尤其是不太熟悉的领域的审稿人有较大的帮助。但是，对于Review Locator系统推荐的审稿人，编辑需要仔细研究甄别，防止有误。因为系统是根据审阅稿件的题名、关键词来推荐Web of Science数据库中关联度较高的文章的作者，推荐的专家有时候也不准确，或者不是“小同行”。另外推荐的审稿专家有时是专业相近文章的第一作者，有时是第二或者其他作者。一般编辑需要根据系统提供的信息进行详细的检索后再进行遴选。首先检索意向审稿人的开放研究者与贡献者身份识别码（ORCID），查询他过去有没有开展类似的研究，以及最新的研究方向和工作动态，从而做出选择。另外还可以通过审稿人全面认证系统Publons查询他的详细审稿信息。Publons系统除了列出科研人员的研究领域、出版的论文，还会记录他过去的审稿经历。综合考虑这些因素可以帮助期刊选择合适的审稿人。该系统在推荐审稿人时，有的审稿人会有红旗标识显示该审稿人和文章作者有冲突，点击小红旗有详细的说明，列出哪些审稿人不适合作为这篇文章的审稿人，尽量避免可能的利益冲突。此过程方便编辑寻找新的审稿专家，增加审稿专家的同时宣传期刊，争取了更多的读者和作者。

ScholarOne Manuscripts 审稿系统可嵌入 Publons 关于审稿专家的审稿记录及相应的评价。该系统在推荐审稿人时，会出现两个信息：审稿人个人的 ORCID 号码，记录了他在 Web of Science 中的论文数量和具体的论文题目以及出版期刊；审稿人在 Publons 中被记录的审稿数量。点开之后我们可以看到该审稿人具体为哪些期刊审阅了稿件，这些审稿历史将为编辑准确高效地遴选审稿人提供重要参考。编辑在搜索到合适专家并邀请专家审稿时，可通过该系统询问审稿人是否愿意在 Publons 记录其审稿工作，如果审稿人选择愿意，他的审稿记录就会被自动加入他的个人信息中，以此记录并认证审稿人做出的审稿贡献，有利于激励专家的审稿积极性。

第二，利用 ScholarOne Manuscripts 系统建立、完善专家库。ScholarOne Manuscripts 能自动生成审稿专家库，保存下每位审稿专家的审稿记录。ScholarOne Manuscripts 提供了 R-score 评分系统，由编辑为审稿专家打分。R-score 评分由 4 部分组成，每部分 1～5 分，R-score 评分为 4 个部分的平均分。这 4 个部分问题分别为：审稿人是否讨论了论文问题的重要性和原创性；审稿人是否指出了论文实验方法的优缺点，以及是否对结果部分进行了评论；审稿人的评论是否具有建设性，是否使用了合适的例证支持；审稿意见的综合评价得分。审稿专家进行审稿时，除了给出具体的审稿意见，还可对稿件评分，即 M-score 评分。M-score 评分分为 4 种：接收、小修、大修和拒稿，每种分高、中、低三个等级分别给分。M-score 评分可以反映出审稿专家的拒稿率。这两种评分系统对审稿专家的审稿意见和拒稿率进行了量化评价，对编辑遴选合适的专家提供较好的参考。

此外，ScholarOne Manuscripts 系统对审稿流程亦有时间限制，一旦过期，稿件会自动移入“Overdue Reviewer Scores”文件夹，且系统会自动向审稿专家发送邮件提醒，避免了人为延误，进而保证稿件的审稿周期在预先确定的时间范围内。

（2）Editorial Manager

Editorial Manager（EM）是 Aries Systems 公司旗下产品之一，从 20 世纪 90 年代的 Editorial Assistant（一款期刊桌面稿件追踪软件）发展而来。2001

年，基于 Web 的 Editorial Manager 正式启动，迅速受到众多学会和出版商的欢迎。Editorial Manager 每月故障时间平均不超过 3 分钟，每年升级 2 次，功能丰富，灵活性强，期刊用户超 6000 家。

该系统涵盖投稿、编辑、审稿到出版的整个流程，为作者、编辑、审稿专家和出版者提供了便利。编辑又细分为编辑部（Editorial Office）和主编（Editor-in-Chief）两个环节。作者在系统上投稿后，编辑部对稿件进行初审，若通过初审，此稿件将被分配给主编，同时系统自动生成稿件编号。主编（或承担同行评议工作的编辑）组织稿件的同行评议，或者将稿件发送给各学科方向的编委，或者直接邀请评审专家。审稿人接到邀请函后，选择是否接受邀请，提交意见成功后，主编可以查看文章的审稿意见并选择接受稿件，此稿件最终出现在出版者的主界面下。这就是一份稿件从投稿到录用的全过程。

第一，审稿专家遴选方式。Editorial Manager 搜索专家有三种模式：投稿与专家专业匹配模式、个人分类模式和作者推荐模式。作者在投稿过程中，系统会有关于文章专业类别或关键词的填写要求；而专家在注册时，也会有关于专业领域的填写要求。当双方均合理、准确填写后，系统会进行相应的匹配，帮助编辑找到合适的专家人选。同时，编辑也可以根据自己对文章的把握，用关键词进行搜索，并从符合专业类别的专家中确定合适的人选。此外，作者也能自荐审稿专家，既可以作为当前稿件的专家备选，也可丰富期刊的专家库。在三种模式的基础上，该系统对专家进行了性质（常规专家、统计专家、语言专家、编委会成员、潜在专家和双盲要求专家等）和标准（姓名、邮箱、职位、部门、机构、城市、州省、国家、个人分类和个人关键词等）的细分，进一步增强了搜寻工作的针对性。在一定情况下，编辑还可以为特定的专家进行代理注册，直接邀请其参与同行评议。同时，Editorial Manager 强大的数据处理能力可以动态地统计分析每一位审稿专家的已审稿件数量、在审稿件数量、待邀请审稿数量、终止审稿数量、最近同意审稿时间、平均审稿完成时间、最近拒绝审稿时间、平均审稿完成天数等信息，并向编辑显示每一篇审稿的文本记录。这种强大的数据处理能力有助于提高专家库的管理层次。如编辑可以查看所有拒绝审稿的记录，从评议专家、时间、专业等方面系统整理动态的原因，进而提高送审的针对性。另外，编辑对专家按邀请（Invited）、指定（Assigned）、备用（Alternated）和推荐（Proposed）进行的分类，也影响着专家的评议进程。其中前两类设定审稿周期，超期则可从后两类中实现更换，不需重新处理稿件，使得专家管理更加清晰、有效。

第二，多措并举，控制审稿质量。该系统采取多种办法进行同行评议质量控制，具体包括：①提供评审专家快速检索服务，帮助编辑高效精准地匹配审稿人，并进行专家库的实时更新。该系统集成 Google Scholar、PubMed 等数据库查询审稿人，可以根据机构、姓名及稿件的关键词等多途径来查找并匹配审稿人，找到合适的审稿人后可直接更新到专家库。②防止虚假同行评议。当前存在着利用伪造的审稿人邮件信息造假的虚假同行评议问题，为应对同行评议造假的不端行为，系统引入 ORCID，还有 Ringgold 和 FundRef，保证审稿人身份信息的唯一性，也可以用于追踪学者的学术成果。③优化操作体验，提高稿件运转效率。Editorial Manager 设置了三个连续的步骤保证审稿结论提交的准确：预览专家评议；对话框确认，检查无误后点击"提交编辑部"；重启评议，当编辑发现信息缺失或阐释不足时，有权重启评议，要求专家修改评议并重新提交。

此外，为便于审稿专家审稿，该系统也采取了一系列措施。该系统设计了类似导航的同行评议专家在线审稿流程，系统中有从电子邮件直接越过登录系统进入工作页面的深度链接（Deep Link）设计，有助于专家准确进行与审稿有关的一系列操作，专家可通过深度链接初步了解稿件的基本信息（如题目、关键词和摘要）和附加信息（如是否原创、是否有利益相关方、基金资助来源），也可参照其他专家对同一稿件的审读意见。

（3）Elsevier Editorial System（EES）

Elsevier 科学出版公司是全球性出版商、信息供应商 Reed Elsevier 集团旗下的一家科学信息出版商。Elsevier Editorial System（EES）是 Elsevier 科学出版公司所属 1200 多种期刊通用的编辑系统，它为作者、审稿人、编辑和出版者提供了一个方便、快捷的信息交流平台，极大地提高了期刊编辑出版的效率。

EES 设置了作者模块、审稿人模块、编辑模块和出版者模块 4 个模块。作者通过作者模块注册，即可实现在线投稿、查看稿件处理流程和状态、提交修改稿等，并可以实时获悉稿件状态，实现与编辑部或编辑的及时沟通。在提交新稿件的时候，EES 中很多期刊会要求绑定 ORCID，并且只支持单个文件上传。审稿人模块可以方便审稿人在线审阅，随时上传审稿意见。编辑模块可实现多编辑同时在线处理稿件，一旦作者或审稿人上传稿件或意见，编辑可及时处理，缩短了处理周期。此外，EES 系统是完全连通的，可实现不同期刊、不同身份的转换。只要登录 EES 中的某一期刊，不但可以实现不同身份的自由切换，还可以通过 My EES Hub 按钮切换至其他期刊，前提是已经在其他期刊注册。

EES 和一般采编系统一样，在稿件处理上会有初审、外审、终审、退修、接受、发稿等流程，但该系统也有自己的特点。EES 允许编辑部根据各自的需要，对工作流程进行个性化设置，但是一旦设定不可任意修改。另外，系统中所用单据模板不能任意修改，如果想更改内容，只能在发送单据时，选择修改单据发送。此外，EES后台链接Scopus数据库，编辑能便捷地进行稿件查新、查重和人员信息共享等工作，这也是该系统一个较大优势。

在同行评议方面，该系统建立EES审稿专家库或Scopus检索，提供Find Reviewers Tool检索工具，审稿专家库的审稿人信息包括学术简历和评审记录，如所选审稿人是否与稿件作者有合作利益关系、接受审稿概率、审稿态度、审稿质量等，支持按照接受审稿概率和审稿效率检索审稿人。为防止学术造假行为，EES系统也引入了ORCID，建立在ORCID身份验证基础上的审稿专家库，不仅能够实现在世界范围内选择最合适的优秀专家学者担任审稿人，而且在一定程度上预防同行评议造假行为。

由上述分析可知，采编系统实现学术期刊生产全过程的数字化，大幅提高期刊出版单位工作效率，缩短稿件运转周期，已成为现代学术期刊运行必不可少的平台。不同出版商或数据集成商推出各具特色的采编系统，本节分别介绍了国内4种和国际3种较为常见的采编系统，不同采编系统具有各自的优势和特色，期刊出版单位可根据各自期刊稿件的采编需求及部门的采购预算（7个系统中除了腾云协同采编系统免费外，其他皆收费）决定选用哪一种采编系统。随着人工智能、大数据及数字出版技术的发展，采编系统功能将会不断地更新与迭代，成为学术期刊出版过程中越来越重要的构成要素。

第三节　我国学术期刊出版概况

一、我国学术期刊的管理体制

我国学术期刊的管理体制主要包括审批制度、主管主办制度和属地管理制度。其中审批制是学术期刊管理体制的基石，即只有取得国家分配的刊号（CN号）才能合法地出版期刊，并面向国内外公开发行。期刊审批制开始于20世纪50年代，1951年12月21日政务院颁布的《期刊登记暂行办法》中就明确规定我国期刊的管理模式为“审批制”。该管理体制不同于国际上众多国家采取的期刊登记制，即只要具备了法定设立的条件，直接向有关机关登记注册即可。在审批制度基础上，我国对学术期刊的基本管理体制是主管主办制和属地管理制，详细情况阐述如下。

（一）刊号审批制度

1. 起源与演进

中华人民共和国成立后第一个期刊出版管理政策是1951年12月21日政务院颁发的《期刊登记暂行办法》，这个办法明确了我国期刊的管理模式为审批制，这一制度延续至今。凡经新闻出版署审核批准、履行登记注册手续，领取“报刊登记证”，编入“国内统一刊号”的期刊，即被视为正式期刊。正式期刊的发行分为“公开”和“内部”两种。公开发行的正式期刊可以在国内外公开征订、销售；内部发行的正式期刊只能在国内按指定范围征订、发行，不得在社会上公开征订、陈列和销售，禁止向国外发行。

期刊审批制度自发布后，期刊审批部门发生多次调整：20世纪50年代中期，国务院因没有专设新闻出版管理机构而由中宣部代为行使新闻出版管理的职责，当时，中宣部把管理职责委派文化部的出版局（新闻出版总署前身）和国家科委分别行使对社会科学出版物和自然科学出版物的管理职能。“文化大革命”期间，科技期刊的出版几乎陷于停顿状态，1972年，少量科技期刊开始恢复出版。1976年，科技期刊恢复出版。1978年国家科委恢复，中宣部进一步明确科技期刊由国家科委负责管理。1979年，因科技期刊数量猛增，国家科委无力承担，经国务院批准，科技期刊实行分口审批：学会主办期刊、全国性科普类期刊由中国科协审批，全国科技情报类期刊由中国科学技术情报编译出版委员会审批，全国自然科学类期刊和各类型的地方性期刊分别由各部委和各省、直辖市自行审批。1982年，因分口审批出现了重复办刊现象，中宣部发出《关于改变期刊审批办法的通知》，确定中央单位主办的科技期刊仍由国家科委负责审批。1984年，国家科委颁发了《全国自然科学技术期刊管理办法（试行稿）》，确定了科技期刊实行“分口审核，总口审批”的两级管理原则，并把科技期刊分为公开发行、限国内发行、内部发行三种。1987年，在原文化部代管的出版局基础上，国务院设立了新闻出版专门机构——国家新闻出版署，行使全国新闻出版管理职责，对全国新闻出版业统一管理。1988年，新闻出版署出台了《期刊管理暂行规定》，规定全国性自然科学技术类期刊仍由国家科委审批。1991年，国家科委和新闻出版署联合颁发了《科学技术期刊管理办法》，规定科技期刊不分全国性的还是地方性的，统一由国家科委管理，首次将地方性科技期刊划归全国统一管理，但管理原则仍实行“分口审核，总口审批”。1996年，国务院颁发《关于加强新闻出版、广播电视业管理的通知》，停止新刊的审批。此后，科技期刊的管理逐步演变为形式上仍由国家科委审批，但实际的审批权归新闻出版署，国家科委仅仅行使审核职能。2005 年新闻出版署颁布了《期刊出版管理规定》，明确科技期刊管理审批工作直接由新闻出版署负责。

2. 审批制的弊端

世界大多数国家对期刊管理采取登记制，包括我国在内的少数国家执行期刊审批制。审批制有一定的益处，例如，有效控制新办期刊的总量，有利于对期刊进行整体的规划和布局，便于质量监管等。但同时存在明显的弊端，不少研究对此展开讨论。有研究提出，由于国家实行严格的审批制，对期刊的进入和退出都有严格的规定，使得刊号成为稀有资源。一方面，有的期刊不论其质量效益多差，都会一直办下去，不愿放弃刊号，造成社会资源的浪费；同时有办刊基础和实力的单位却因为刊号这个瓶颈的掣肘，只能徘徊在这一新兴的文化产业之外。另一方面，审批制导致期刊出版单位之间的竞争不充分，绝大多数学术期刊难以实现集约化的规模经营，市场机制不能充分发挥作用，刊物的优胜劣汰得不到落实①。有的研究认为，审批制制约期刊的发展，导致期刊难以适应市场变化，该批的期刊没有批；刊号成为权力寻租的对象，一些不够条件的期刊却批了下来；刊号成为稀缺资源，期刊发展受到主办单位的一些不利影响。② 有研究也提出，审批制缺乏灵活性，人为干预期刊发展的正常生态环境；造成期刊的垄断经营、条块分割和地区封锁，不利于主办单位主观能动性和积极性的充分发挥。③ 综上可见，审批制于 20 世纪 50 年代被提出，与当时的计划经济时代背景相适应，随着市场经济的快速发展，审批制的弊端日益显现，管理体制的改革或优化升级将成为未来需要持续探讨的话题。

（二）主管主办制度与属地管理制度

相对于审批制，主管主办制度与属地管理制度比较简单。《期刊出版管理规定》（中华人民共和国新闻出版总署令第 31 号）中关于主管主办制度的内容指出，学术期刊从申请创办到出版等全过程实施主管单位与主办单位同时监管的

---

① 巴红静. 数字化时代学术期刊发展战略——制度设计与路径选择［M］. 大连：东北财经大学出版社，2016：138.

② 王学青. 报刊改制背景下科技期刊登记制的实施与管理［J］. 中国科技期刊研究，2013，24（5）：854-857.

③ 吴寿林，王亚俊，王瑛，等. 审批制与登记制比较及我国科技期刊管理模式创新探讨［J］. 中国科技期刊研究，2008，19（3）：346-349.

制度，如期刊申请创办时，需要提供主管单位、主办单位的有关资质证明材料。所以，每一本期刊皆有两个责任单位，即主管单位与主办单位，各自的职责与分工不同，该内容在上节的出版主体中已阐述，此处不再赘述。

属地管理制度是指，省、自治区、直辖市新闻出版行政部门依法负责对本行政区域期刊和期刊出版单位的登记、年度核验、质量评估、行政处罚等工作，对本行政区域的期刊出版活动进行监督管理。也正因如此，学术期刊每年向所在地的新闻出版局提交年度核验、质量评估等材料，完成属地管理部门布置的任务。

二、 我国学术期刊的主要运行机制

所谓运行机制，是引导和制约决策并与人、财、物相关的各项活动的基本准则及相应制度，是决定行为的内外因素及相互关系的总称。学术期刊编辑部作为一个组织，其运行机制主要是学术期刊生存和发展的内在运行方式的总称。由于我国绝大多数学术期刊未实施市场运作，多处于国家机关、企事业单位内部，较少涉及经营问题，因此其运行机制较少涉及经营机制、账务系统等，其运行机制主要涉及学术期刊稿件业务处理，如同行评议机制、编辑加工机制、校对机制等。其中同行评议机制是众多机制中相对重要的运行机制，因为它是学术期刊质量控制的关键机制，直接关乎稿件的学术质量，是期刊学术质量和影响力提升的基石。因此，本部分将主要围绕该机制展开讨论。

（一）同行评议是学术期刊主要运行机制

同行评议是指某一或若干领域的专家采用一种评价标准，共同对涉及相关领域的一项事务进行评价的活动。学术期刊同行评议就是同行评议在学术期刊出版领域的应用，是由学科领域内的专家依据学术标准判断学术成果的价值以及该成果是否值得发表的过程，其本质上是对学术成果的定性评价，是现代学术期刊出版工作中一个十分重要的质量控制机制。

同行评议对学术期刊的发展起着关键性作用。它能保证学术期刊与学术生产的良性运作，对期刊学术质量的控制和学者学术行为的规范起着重要作用；能够帮助期刊扩大影响力、提升品牌价值，树立期刊的专业形象；还可帮助判断稿件质量且保护编辑、避免学术成果的重复、证明成果的学术贡献、维护科学共同体的信誉、应对学科专业的细化与分化的要求、提高科学交流的质量等。同行评议机制在学术期刊发展中具有重要的地位与作用，是学术期刊高质量发展的重要保障机制。

（二）同行评议机制起源与发展

1665 年，法国《学者杂志》（*Le Journal des Scavans*）为评估稿件发表的可能性而成立了由科学家组成的编委会。有的研究将其看作科技期刊同行评议的起源，从这时算起，学术期刊实施同行评议制度已有 300 多年历史。我国科技期刊采用同行评议的历史可以追溯到 1792 年唐大烈创办的《吴医汇讲》，距今也超过 200 年。

学术期刊同行评议的实践伴随着第一批学术期刊《学者杂志》（1665 年 1 月）和《哲学汇刊》（1665 年 3 月）的创刊而开始，但仅有极个别学术期刊采用了同行评议。

之后很长一段时间，期刊同行评议并未被广泛采用，其原因可能有两个方面：一是当时期刊稿源不足，无须通过同行评议进行筛选；二是学术期刊编辑由学术研究领域的专家担任，无须寻求外界帮助即可评审稿件。

19 世纪，社会科学的发展催生了一批该领域的学术期刊，它们沿用了自然科学期刊的同行评议模式。20 世纪前半叶，同行评议在一些世界顶级的学术期刊中仍未普及，甚至还遭到科学家们抵制。

第二次世界大战结束后，各国政府认识到科学技术在战时的强大作用，意识到科技发展的潜力，纷纷于战后加大对科研的投入。这时，为了体现程序正义、便于监管，并且因为政府的大量投入使得论文产出量增加，受版面限制，学术期刊必须确定一种有效机制筛选来稿，故同行评议制度被大量采用，逐渐形成被广泛认可的标准化流程，并接受政府监管。1962 年，一项针对物理学和生物学领域 13 个国家的 156 种杂志的调查结果显示，71%的期刊实行了同行评议制度，49 种美国学术期刊中仅 2 种未采用。至此，同行评议已被科学共同体广泛接纳，成为学术文化的要素之一。

考虑到同行评议专家会受偏见、歧视及人情的影响，出于防舞弊、防歧视的目的，1955 年 6 月《美国社会学评论》（*American Sociological Review*）开始尝试双向匿名同行评议，又称双盲（Double-Blind）评议。20 世纪 60 年代末至 20 世纪 70 年代中期，审稿偏见问题被热议，由于双盲评议体现了流程设计上对偏见的主动规避，故用双盲评议取代单盲评议的呼声越来越高。

信息科学技术革命推翻了依赖纸本的审稿模式，为同行评议制度的变革营造了便利的应用环境，特别是 20 世纪 90 年代网络投审稿系统的开发与普及推动了学术期刊同行评议的组织模式向电子化、网络化转变。

1991 年，预印本仓储 arXiv 上线，开启了开放获取（Open Access，OA）大发展的新时代。arXiv由物理学家Paul Ginsparg在美国洛斯阿拉莫斯国家实验室（Los Alamos National Laboratory）建立，现已成为物理学、天文学、数学、计算机科学等领域的科学家即时发布原稿和修改稿、确立首创权的重要OA知识库。科学家们在向特定学术期刊投稿前，先将原稿上传至arXiv，并根据审稿意见上传历次修改稿。

此后，一些开放获取期刊纷纷推出各种不同形式的开放式同行评议模式，形成了同行评议领域大胆变革、多元发展的精彩局面。

（三）我国学术期刊同行评议运行现状

1. 我国同行评议的主要模式——单盲与双盲评议

科学的、公正的同行评议模式，能够最大限度地减少外界因素的干扰，避免评审专家的主观性，优化同行评议质量。审稿模式（其主体为传统的同行评议模式）与其他环节相比，对同行评议质量控制具有其独特的意义。

（1）审稿模式对同行评议质量的影响具有全局性

稿件初筛、专家遴选、专家邀请等环节的控制，仅对单篇稿件的同行评议过程产生影响，而审稿模式的设置不是针对单篇稿件，一旦设置完成，其影响期刊全部稿件的同行评议运行过程。

（2）审稿模式对同行评议质量的影响具有独特性

一是它能够弱化评审制度本身的功能缺陷，而这是专家遴选环节、稿件初筛等其他环节无法解决的问题。例如，专家利用审稿专家的身份谋取个人利益，可能将那些与其研究组展开竞争的作者论文故意拖延，甚至以不公正的方式利用未发表论文中的信息，这些缺陷在传统审稿模式中难以得到控制。随着审稿模式的不断改良，各类新型审稿模式提出：增强评审过程及结果透明度的开放同行评议模式，作者主导的新型同行评议模式，对专家评价进行反评价的模式等，能够在一定程度上遏制此类现象的发生，避免上述功能性缺陷。例如，开放同行评议模式有利于减少学术不端现象的发生，能够避免审稿人滥用权利，这是其他环节无法发挥的作用。

二是审稿模式改良可为同行评议质量控制带来其他环节无法带来的益处，如开放同行评议模式能够增强评审专家的责任感，通过读者的参与纠正传统同行评议中存在的错误，通过多方交互帮助完善论文；能够扩展同行评议的受益面，使同行评议的作用不只停留于单个作者的层面，而是扩散至更广泛的同行研究者层面，进一步加强学术交流。

虽然开放科学发展趋势下开放同行评议成为同行评议改革未来的重要方向，但是，我国学术期刊审稿模式主体仍为传统同行评议模式（或称封闭式同行评议模式），即单盲模式（专家身份对作者不公开，作者身份对专家公开）与双盲模式（专家与作者身份互相皆不公开）。在封闭式同行评议模式中，不公开的信息既包括静态的评审专家、作者及编辑的身份信息，也包括动态的评审专家、编辑及作者的沟通信息。该模式的特点表现为以下方面：

（1）同行评议系统信息对编辑部以外是不公开的

①参与者的身份信息不公开；②参与者之间沟通的信息不公开；③基于稿件的信息不公开，包括稿件本身及稿件的评审意见、稿件修改的过程版本及修改说明。这三类信息是由对稿件的多人多次评价、多次修改及多次沟通产生的，整个过程产生的丰富的动态信息皆封闭在编辑部内部，无法进入公共的学术交流领域，也难以发挥其应有的、更大的价值。从图1-4看出，信息经过黑箱后发生转换与状态改变，静态信息（身份信息）前后是守恒的，没有发生增量或减量的变化。然而，稿件进入黑箱后，仅输出更新的稿件及评审意见，中间产生的大量的动态信息未输出，包括稿件修改中作者、评审专家与编辑的深入交流，作者修改的过程稿件等动态信息发生较大损耗，并随着时间推移被遗忘或丢失，评议过程的价值仅仅停留在单个作者的单篇稿件上。大量有价值的过程信息本可能影响到科学交流中的更多作者、读者、评审专家，却因为模式的封闭性致使它们流失。因此，从信息流失角度看，改革“黑箱”式的同行评议过程十分必要。

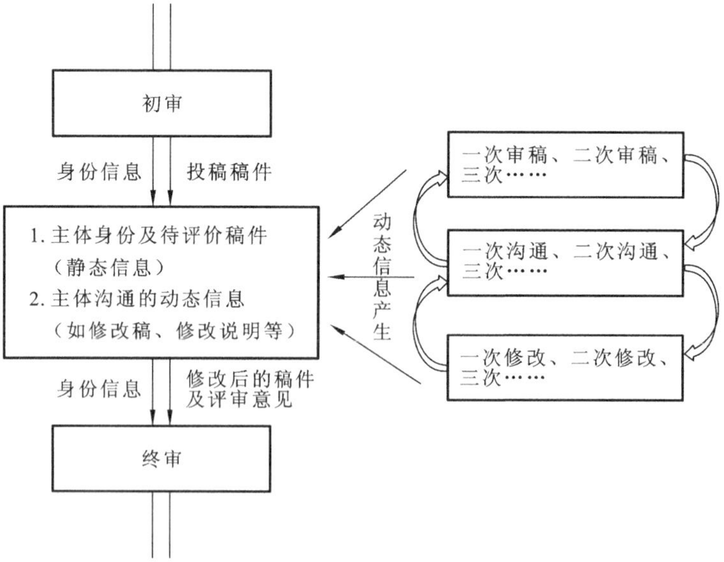

图1-4　同行评议“黑箱”中的不公开信息及产生过程

（2）在同行评议系统内部，信息不公开

根据不公开信息的内容，可将其区分为两种类型，具体见图 1-5。由图 1-5（a）发现，封闭同行评议模式并不是所有信息都是不公开的，例如，评审专家信息对编辑是公开的。从图 1-5（b）看出，单盲与双盲模式不同点在于，作者信息对评审专家是否公开。

图 1-5　双盲模式与单盲模式内部信息流通特点

（a）双盲模式；（b）单盲模式

2. 我国学术期刊同行评议运行中的主要问题

同行评议对学术期刊质量控制发挥着重要作用，但是在实践中面临诸多问题。首先是审稿周期长的问题。同行评议周期控制是同行评议管理中的关键，在实践中，编辑常遇到评审意见不能按期收回的问题。一方面与专家本身繁忙相关，如评审专家多以中青年为主，这个阶段正是研究人员学术生涯的繁忙期，由于工作繁忙没有按规定时间上传评审意见，或拖延拒审，或不回复是否同意审理等，导致稿件评审周期拉长；另一方面与审稿积极性不高相关，学者参与同行评议多为义务劳动或仅有微薄的物质回报，缺乏强有力的激励机制。此外，评审意见较长也与编辑部跟踪机制有关，有的编辑部将稿件发送给评审专家后一直等到审稿周期临近，才与专家联系，缺乏及时的跟踪和催审机制，不能为专家审稿提供及时的提醒服务。如今，审稿周期问题得到越来越多学术期刊的重视，一些期刊在审稿周期控制方面采取一系列措施，如剔除审稿易超时的专家，审稿中定期提醒专家审稿等，在一定程度上缓解了同行评议周期长的问题。

其次，缺乏同行评议激励机制。我国审稿激励措施主要来源于各个编辑部，如发放审稿费、公开发布审稿致谢信、评选优秀审稿人、同等条件下论文的优先发表、提供进入编委会机会等，但是这些措施激励效果的持续性相对有限，缺乏全国范围统一的、权威的认证激励机制，更未将审稿的贡献纳入科研评价体系。同行评审认证平台 Publons 有调查显示，中国学者不喜欢当国际审稿人，在同行评议的贡献方面落后于欧美主要国家的学者。可见，我国专家的审稿积极性不高，这与权威的审稿认证激励机制的缺乏有着密切关联。

再次，专家匹配难度大。随着社会分工和学科的纵深发展，越来越多的细分学科、交叉学科产生，这对负责遴选专家的编辑的专业认知能力要求越来越高，完成稿件内容与评审专家研究方向的精准匹配的难度越来越大。笔者曾做过一项调研，发现专家研究方向与稿件不匹配成为专家拒审的最主要原因，而稿件与专家研究方向匹配的难点在于负责送审的编辑对专家研究方向、对稿件研究方向判断不准，交叉学科稿件难以找到匹配专家。

最后，专家审稿的公正性、客观性、科学性受到质疑。对公正性的质疑包括：①与文章作者存在人情关系或者竞争关系；②与作者有经济利益纠葛；③将个人好恶凌驾于文章质量之上等。而对客观性的质疑则包括：①对文章的真实性审查不够或者无力审查；②自身水平不够或者对文章内容缺乏深入研究，导致给出的审稿意见空洞无物，提出的意见似是而非等；③缺乏足够的时间和其他条件完成审稿。这些质疑削弱了评议专家的公信力和正当性，也影响了期刊的学术声誉和口碑。还有一些评议专家责任心不强，对评议的文章置之不理，耽误了作者的成果发表，或者三言两语应付了事，没有把评议专家的身份看成是一种荣誉，而看成是一种负担。有的评议专家因为匿名而发表一些不负责任的言论，或者拖延审稿而扼杀了创新研究，甚至利用审稿机会剽窃作者观点，如 2011 年燕山大学某教师利用审稿人的身份涉嫌剽窃投稿人论文，违反学术道德。此外，有的专家在同行评议时滥用自己的权力，要求作者在论文中引用自己的文章，从而提高自己文章的引用率。

三、 我国学术期刊出版的整体特点

自从中国科技期刊卓越行动计划启动实施，《关于推动学术期刊繁荣发展的意见》（中宣发〔2021〕17 号）等系列利好政策发布，我国学术期刊尤其是科技期刊取得了长足的进步与发展，国际影响力不断增强，如英文版科技期刊数量持续增长，英文科技期刊整体国际影响力相对以前有较大幅度的提升。各学科领域顶尖期刊数量越来越多。但是，从整体上看，我国学术期刊整体现状并不理想，主要表现为期刊规模小且分散、国际影响力有待提升尤其是人文社会类期刊、期刊评价体系有待优化、新媒体运营效果不佳等问题。

（一）期刊规模小且分散

我国学术期刊的多数编辑部为非独立法人机构，规模小，一个编辑部大多仅拥有一本期刊，单刊影响力有限。据《中国科技期刊发展蓝皮书》（2020年）统计，截至2019年底，我国科技期刊总量为4958种，其中中文期刊4429种，占比89.33%；英文期刊359种，占比7.24%。平均每个主管单位主管3.84种科技期刊，平均每个主办单位拥有1.6种期刊。中国科学院主管期刊近400种，其中同一主办单位出版4种期刊的仅31家，大量的研究所仅主办1种期刊；中国高校拥有众多期刊，国内近5000种科技期刊，高校系统或占一半，但仅有少数高校真正实行集约化管理，绝大多数的科技期刊仍然由单个编辑部负责。

国际知名出版集团无一例外地实施集约化管理。如爱思唯尔公司在全球范围内拥有员工7000余名，其产品和服务包括期刊、专著、教科书和参考书的印刷版及在线版，涵盖了健康、生命、物理和社会科学等领域。其科技分部是全球领先的科学信息提供商及学术期刊出版者，每年约有20万以上的新的研究论文在其出版的大约1100种期刊上发表，另外每年还出版近900种新书、参考书目形式的二次文献索引和约10000种电子书①。

在国际出版的大格局中，一两本高水平期刊寥若晨星，无法在学科领域形成一束强光，要建成学科领域的高地，以学科期刊集群化方式发展，对于提高期刊的出版能力，服务学科的竞争力，必定是一条优选路径②。期刊集约化（或称集群化）发展成为学术期刊界的重要话题。期刊集约化管理改变了传统的封闭式发展途径，能有效地解决期刊管理“小、散、弱”等突出问题。集约化管理源自企业管理理念，是现代企业集团提高效率与效益的基本取向，包括“集”与“约”两层意思，其中“集”强调集中，集合人力、物力、财力、管理等生产要素，进行统一配置；“约”强调在统一配置生产要素的过程中，以节俭、约束、高效为价值取向，从而达到降低成本、高效管理的目的，获得可持续竞争的优势。尽管我国学术期刊集约化发展的趋势日益显现，如中国激光杂志社践行“以群育刊”的办刊理念，《细胞研究》开始出版子刊等，但我国期刊集约化发展仍然有较长道路需要探索，如面临现有学术期刊出版管理体制的限制，期刊集群众口难调，利益协调困难，采用期刊集群模式发展我国学术期刊还存在很多技术和观念上的问题，容易导致主体性、互动性、及时性、灵活性等方面的不足，缺乏吸引力和用户黏度。

---

① 刘益，马长云．励德·爱思唯尔集团的经营概况分析［J］．科技与出版，2011（2）：27-30.

② 杨蕾．专业集群模式在当前中国科技期刊发展阶段的历史使命探究［J］．中国出版，2021（6）：3-9.

（二）国际影响力有待提升

习近平总书记在2016年的哲学社会科学工作座谈会上的讲话强调："我国是哲学社会科学大国……但目前在学术命题、学术思想、学术观点、学术标准、学术话语上的能力和水平同我国综合国力和国际地位还不相称。"学术思想与观点的载体——学术期刊国际影响力有待提升。我国的英文学术期刊总量仅有400余种，其中科技类的330余种，社科类的不足100种，国际影响力尚待提升。如从期刊被收录进入权威数据库的情况看，学术出版公认的权威数据库ESCI、SSCI、A&HCI收录的中国期刊的数量，都低于收录的日本与韩国期刊数量；中国SCIE库刊数也低于日本，仅在Scopus数据库数据高于日韩这两个国家。收录进JCR统计的中国有刊号的期刊128种，日本200种，意大利86种，德国381种。

相对于科技期刊，我国人文社科类期刊国际影响力更加有限。如在社会科学和人文科学领域的期刊被国外检索系统收录的数量明显少于科技期刊。而我国英文社科学术期刊面临最突出的问题就是优质内容匮乏，截至2019年12月，只有*China & World Economy*和*Journal of Sport and Health Science* 2种英文期刊被SSCI收录，仅占SSCI最新收录期刊总量（4781种）的0.04%；只有这2种英文期刊入选"中国最具国际影响力学术期刊"（共60种期刊）。① 长期以来，哲学社会科学的学术话语权一直为西方把持，中国哲学社会科学学术期刊暂未建立起一套符合自身特点的对外话语传播体系，中国哲学社会科学话语体系在国际传播方面不尽理想。

（三）期刊评价体系有待优化

期刊评价是办刊实践的重要指挥棒，自20世纪90年代起，我国建立了多种科技期刊评价体系。当下我国学术期刊评价体系主要有定性为主的评价体系与定量为主的评价体系。定性为主的评价体系主要包括国家期刊奖的设立与评选，中国期刊方阵的建设（双效期刊、双百期刊、双奖期刊、双高期刊）；定量为主的评价体系主要有《中文核心期刊要目总览》（北京大学图书馆创建），《中国科技期刊引证报告》（CJCR，中国科学技术信息研究所创办），中国科学引文数据库（CSCD，中国科学院文献情报中心建立），中国人文社会科学引文索引（CSSCI，南京大学中国社会科学研究评价中心研制）和《中国人文社会科学核

① 刘杨，孙奕鸣．中国英文社科学术期刊国际化发展矛盾与破解［J］．中国科技期刊研究，2020，31（6）：644-650.

心期刊要览》（中国社会科学院信息中心创办）。

现行评价体系，尤其是定量评价体系中存在以下问题有待优化：

（1）过分看重载文量

许多期刊为了“迎合”这一指标，人为多发文，提高载文量指标，限制每篇页码，甚至将论文进行大量删减或压缩，使得论文面目全非——编辑行使作者的权利，甚至作者对修改后的论文都不知道其具体含义。这样一来，既影响作者观点的精确表达，也不利于提升期刊质量，更是对作者论文著作权的侵犯。这一指标的功能被明显异化，它不能反映出期刊稿源的真实情况，反而导致有的期刊为了载文量，不惜影响论文的质量和传播效能。

（2）未考虑学术期刊的办刊年限

我国的学术期刊评价体系没有考虑期刊年限问题，对于新办期刊（小于5年）明显不利，如评价指标中的影响因子和总被引频次。因此期刊评价体系需要结合办刊年限和刊物发展水平以及期刊所属专业的具体情况，要考虑新办期刊和老刊的发展基础、国内外的学术刊物表现力等，这样将利于鼓励新创期刊的发展，也容易激发新办期刊的潜能和办刊热情；对于英文版期刊更是如此。

（3）强调基金论文比

设计这个指标的初衷是：获得基金支持的科学家群体与未能获得基金支持的科学家群体相比，平均学术水平应该更高些。由于在评价中该项指标所占权重较大，导致这个初衷在实践操作中被异化。现行较多期刊仍非常在意“基金论文比”的指标，为了基金论文比指标刻意选择有基金资助的论文，论文的学术质量却成为次要的问题。如有的学报若发现论文没有基金资助，初审时不管质量如何一律“封杀”；凡是有基金资助尤其是基金资助级别高的论文，优先录用。在此种做法的诱导下，为了提高论文录用率，作者乱“挂”基金资助，即使基金主题与论文主题关系不大或者基金已经结题，也将基金信息挂上去。单凭是否是基金课题评定学术论文是没有道理的。基金论文比并不能与刊物质量简单挂钩，也不能与论文学术质量直接挂钩。学术期刊评价体系应弱化甚至取消这一指标，否则评价结果难以公正客观。

（4）没有建立真正意义上符合我国国情的期刊评价标准

在期刊申请资助方面，期刊是否为SCI、SSCI索引收录是非常重要的指标。非国际索引期刊在申请基金方面则举步维艰。

（5）过于重视内在学术质量指标

虽然影响因子和总被引频次等是较为“公正”的指标，也是JCR和CJCR排名的基础，但我们也应关注同类期刊的纵向比较，不能忽略了学科的多样性和科学发展，要细分学科和专业，不宜过分依赖如影响因子高低的“一刀切”评价。否则，评价结果的权威性将受到影响。事实上，按照影响因子的排名饱受争议。

（6）第三方评议力量不足

期刊评价体系应该引入各专业同行评议或第三方独立机构的评议。否则，将可能出现外行评价内行、管理决定科学（科研管理将打败科学研究）的尴尬局面。在体系不够完善的前提下，我们要引入第三方独立的评价体系，减少学术期刊评价系统对国家行政权力部门的影响和严重依赖，增强评价结果的科学性、权威性和公平性。

（四）新媒体运营效果不佳

自从 2014 年 9 月中共中央办公厅、国务院办公厅印发《关于推动传统媒体和新兴媒体融合发展的指导意见》，到 2020 年 9 月印发《关于加快推进媒体深度融合发展的意见》，从“推动”“融合”到“加快推进”“深度融合”，我国媒体融合在持续推进。学术期刊作为一种学术媒体，同样面临数字化问题，面临与新兴媒体融合的挑战。学术期刊从早期内容生产的数字化、内容发布平台的数字化到传播的数字化，从互联网的 PC 端到手机的移动端，从官网、数据库等传播发布渠道到微信公众号、微博、哔哩哔哩、抖音、快手等新兴社交媒体发布渠道，学术期刊在媒体融合道路上不断探索，但是学术期刊作为一种学术媒体，不同于大众化媒体，其与面向社会公众的新兴媒体在特点上有着明显的错位，如学术期刊内容需要深阅读，与碎片化阅读的社交媒体存在错位，其与新媒体融合之路面临着更大的挑战。当前媒体融合现状仍不够深入。如有研究①以 2019—2020 年度 CSSCI 与 CSCD 来源期刊目录所涵盖的 1454 种学术期刊为样本，基于微信、微博和 App，从基本信息、资源内容、功能设置、运营效果等维度，对学术期刊移动出版现状进行调查与分析。结果发现，学术期刊微信公众号功能相对丰富，但微博与 App 功能较为单一；大多数学术期刊移动媒体在发文量、互动效果等方面表现较差；资源内容主要围绕纸刊内容进行开发和推广，但存在更新不及时等问题。新媒体运营人才缺乏、媒体内容体量不足、创新不够、新媒体运营经费短缺、新媒体配套政策缺失等成为学术期刊媒体融合进程的种种障碍。

---

① 张晋朝，董理强，罗博．我国学术期刊移动出版现状研究——以 CSSCI 和 CSCD 来源期刊为例［J］．中国科技期刊研究，2021，32（7）：927-934．

上　　篇

生　产　篇

第二章　选题策划与组稿

学术期刊是学术共同体进行成果展示、传播、交流的重要载体和手段，在数字技术的推动下，学术期刊的传播速率大大提高，传播范围显著扩大，传播互动性不断增强，传播信息量不断加大。因此，作为科学知识交流与传播的重要载体，学术期刊选题策划与组稿工作的重要性更为突出。

选题策划是期刊编辑出版的首要环节，是期刊编辑的重要职能，也是编辑工作本质的规定，而组稿是保障选题构想得以实现的期刊出版流程中的重要环节，选题策划与组稿是相辅相成的期刊出版工作的有机组成部分。具体而言，选题策划是学术期刊编辑结合自身知识结构，充分发挥综合学术能力，拟定既符合办刊宗旨，又回应科学问题的选题内容的活动，组稿工作则是指通过各种手段使这种选题现实化的过程。充分认识和了解选题策划的内涵与作用、原则与流程、类型与策略以及组稿工作的内涵与作用、主要方式、注意事项，是期刊编辑开展实践工作，丰富学术期刊内容，凸显学术期刊特色，提高学术期刊质量，增强学术期刊竞争力的重要基础。

第一节　选题策划

一、选题策划的内涵与作用

选题策划是学术期刊出版中最基础和核心的环节，它既是期刊出版的源头，也是贯穿期刊出版始终的一根主线，系统了解选题策划的具体内涵和现实作用，有助于期刊编辑在实践工作中更好地实现选题策划最佳效果。

（一）选题策划的内涵

选题策划是指以实现期刊办刊宗旨为目标，围绕期刊的整体定位，有组织、有计划、有设计、有构思地提出选题方案、实施选题方案和检验选题方案效果的编辑过程。选题策划是一种追踪学术研究前沿、呈现学术研究热点、引导学术研究方向的创造性活动，也是从无到有的编辑创造性与生产力的集中体现。它是学术期刊编辑工作的起点，也是凸显和实现期刊特色的重要环节。选题策划是在总体办刊思想指导下，具有目的性和针对性的编辑活动，它能有效避免刊登稿件的盲目性和随意性，增强编辑对稿件的宏观把控能力。选题策划往往能够反映学术期刊的总体水平和综合实力，是提高学术期刊核心竞争力的关键所在。有策划的期刊不一定能赢得读者和市场，但没有策划的期刊肯定会失去读者和市场，选题就像一面旗帜，指引着期刊的发展方向；同时又像一面镜子，反映着编辑部的综合水平与业务能力。

（二）选题策划的作用

学术期刊选题策划具有重要的现实作用，具体包括实现办刊宗旨，提高办刊质量；确立期刊特色，塑造期刊品牌；推动学术创新，提升刊物影响等。

1. 实现办刊宗旨，提高办刊质量

成功的选题策划是学术期刊办刊宗旨与办刊理念的体现，是期刊方向、方针、特色的展现，也是编辑主体性和创造性以及作者学术性和知识性的有机结合。选题策划需要结合办刊方针和宗旨，特别是要结合读者和学术发展需要，实施有针对性的选题方案，有针对性的选题策划能够有效体现学术期刊和学科特色，实现办刊宗旨。此外，选题策划是出版编辑工作的基础，优秀的选题是保证稿源水平、提高刊物质量的关键。尤其在我国当前的学术评价体系下，很多优质稿件都流入国外 SCI/SSCI 期刊或优先选择进入国内核心期刊目录的中文期刊，而未进入核心期刊目录的期刊很难获得优质来稿，选题策划能够帮助这些期刊提升稿源质量，发挥优质稿件集聚效应，从而提升刊物整体质量。

2. 确立期刊特色，塑造期刊品牌

著名出版人邹韬奋先生曾说："没有个性特色的刊物，生存已成问题，发展就更没有希望了。"① 有特色的选题策划不仅可以提升期刊的学术水平和影响力，还可以促进期刊品牌的塑造。经过设计和策划，长年连续不断地刊发某一领域的系列性研究选题，是期刊选题策划的一项重要内容，也是树立期刊品牌特色、增强期刊吸引力和影响力的重要实践活动。例如，创刊于 1950 年 10 月的我军历史最为悠久的综合性医药卫生期刊《人民军医》，根据自身职能定位、报道范围、学科特点、读者需求，对相应内容精心设计策划，其中，长年持续

① 钱小柏，雷群明. 韬奋与出版［M］. 上海：学林出版社，1983：108.

发力、科学谋划推出“外军卫勤系列研究”选题的工作，使期刊的军事医学特色更加明显。

《人民军医》策划“外军卫勤系列研究”选题案例

《人民军医》连续13年策划推出“外军卫勤系列研究”选题138个，选题涵盖范围非常广泛、系统、全面，学术层次高低适当，研究程度深浅适中，既有战伤救治，又有卫勤指挥；既有非致命武器人体效应，又有奥运会应对恐怖袭击；既有灾害医学救援，又有医学科研管理；既有疫情防控，又有核化生防护；既有物资供应，又有药材保障；既有医疗改革，又有人才培训。几乎覆盖了卫生勤务学、核化生武器防护、军队卫生学、军队流行病学、烧伤医学、战伤外科学、海军医学、空军医学、医疗保健、心理服务、卫生管理、卫生科研、卫生人才建设、卫生信息化等各个研究领域。

上述形式更为灵活、更有创意，学术观点更为多元的外军卫勤系列研究选题，既方便专家和作者就某种观点展开系统的国内外交流、讨论与争鸣，又为部队卫勤建设提供可以借鉴的资料信息，同时也使《人民军医》优势特色得到不断彰显、影响力得到不断提升、职能作用得到积极发挥。《人民军医》“为部队服务，为战备服务，为军事医学发展服务，为军队卫生建设服务”的指导思想在持续长期的选题策划中得到落实和放大。

3. 推动学术创新，提升刊物影响

学术期刊选题策划往往根据学科热点、难点和焦点问题，并结合读者和学术发展需要，按照效益原则、价值原则、创新原则、特色原则、导向原则追踪和积累选题资源。本学科领域的前沿探索性研究、热点关注性研究、跨学科交叉性研究往往成为选题策划的重要方向。学术期刊选题策划与学术研究创新属于相辅相成的关系，通过选题策划能够引导和推动本领域内学术研究的创新，同时创新性的学术研究又能助力学术期刊质量和影响力的提升。例如，《大气科学学报》2019年第1期策划出版了主题为“极端天气气候事件研究”的专刊选题，其关注度和学术影响力大大超过了正常刊期，专刊选题应有的特色和优势得到较好体现，刊物影响力在选题策划的过程中得以提升。因此，学术期刊选题策划能够推动学术生产的“供给侧结构性改革”，显著提升刊物的学术引领作用。

二、 选题策划的原则和流程

选题策划虽然是期刊编辑主体性和创造性的体现，但它也需要遵循一些基本原则和具体流程，在基本原则的指导和对具体流程的把控基础上，期刊编辑结合期刊的专业特色、办刊定位和自身的知识结构做好选题策划这一创造性与引导性工作。

（一）选题策划的原则

选题策划的原则具体包括导向性原则、创新性原则、可行性原则、前瞻性原则和时效性原则等，这些原则并没有先后与轻重之分，而是在具体的期刊选题策划中统一作为指导实践工作的基础。

1. 导向性原则

学术期刊，尤其是社科类学术期刊，既是科学研究各个领域最新研究成果交流传播的平台，同时也是宣传党的路线、方针、政策和弘扬社会主义先进文化的重要舆论阵地，具有为党和政府的决策服务的职能。因此学术期刊选题策划必须坚持正确的舆论导向，弘扬正确的价值观和主旋律，准确传达党和政府的主张，围绕人民群众所关心的问题开展深入研究，促进学术理论的发展。国家的方针政策引导了学术期刊的政治动向，因此，编辑应当积极关注各类国家重大会议信息，深度研读政府工作报告，从中把握宏观政策走向，确定期刊选题。

2. 创新性原则

创新是选题的灵魂，没有创新的选题是没有生命力的。学术性强的选题往往在新理论、新方法、新见解、新主张、新视角上有所突破，从而使本学科的研究具有启发性、开拓性和延展性。选题策划的创新性原则要求学术期刊编辑突破惯性思维模式，跳出固有的编辑思维形式，运用多种编辑创新思维方法，在科学技术日新月异、社会经济生活高速发展变化中发现新的文化需求，从社会生活的变化中发现新题材，从社会生产的过程中发现新领域，从科学研究的进程中发现新成果，从国家政策的调整中发现新趋势。缺乏新意和创新的选题策划仅仅停留在对稿件的简单堆砌或论文汇编的阶段，难以满足引领学科发展、服务国家政策、反映社会问题的学术期刊定位的要求。

3. 可行性原则

选题策划需要根据自身学术期刊的内容特点、办刊理念、编辑技巧等主客观条件展开，选题从信息搜集、设计、论证、优化到实施的全过程都需要编辑积极调用主观能动性，设计前沿与创新的选题方案，并有针对性地进行约稿、组稿，形成期刊特色和品牌优势，这是一个需要期刊调动、整合资源，长期坚持且持续努力的过程。因此选题策划需要根据学术期刊所在区域的文化资源优势、学术期刊所依托的科研机构的学科优势进行。学术期刊所在区域长期以来形成的历史文化资源和人文资源，以及学术期刊所依托的高校、科研单位的特色学科，构成了学术期刊独有的特色文化资源优势和学科资源优势。坚持选题策划的可行性原则能够保障选题从策划到实施全过程的畅通。

4. 前瞻性原则

前瞻性原则要求编辑紧密结合本学科前沿动态及行业最新研究方向来开展选题策划，以便更好地指导作者开展前瞻性研究，汇集优质稿源，服务经济社会发展。学术期刊的选题策划离不开对最新行业政策与行业实践的关注和跟踪。编辑通过精准把握学科研究活动的分布状态和发展动向，最大限度地延展选题策划的深度和宽度，提升选题策划的科学性、针对性和前瞻性。例如《中华肾脏病杂志》编辑部在以“慢性肾脏病”为主题的选题方面具有前瞻性。以“慢性肾脏病”为主题，在 CNKI 中国引文数据库进行检索，被引频次排名前 10 的文献中有 3 篇来自《中华肾脏病杂志》，而这 3 篇论文均为 2006 年后刊出，为该刊贡献了较高的被引频次。可见，具有前瞻性的选题策划能够跨越时间空间，产生持续深远的学术影响，并且为相关领域的后续研究提供学术史溯源。学术期刊在选题策划的过程中可以制定本学科重大、疑难学术问题类目，引导研究者们进行前沿探索性研究攻坚，引领本学科优质研究资源向学术前沿汇聚。

《中草药》选题策划案例

本专业领域内新概念、新理论、新思想的提出，往往能够引起广大科技工作者的关注，学术期刊可将此作为选题策划的立足点，对最新科技成果进行集中报道。2016 年刘昌孝院士提出质量标志物概念以来，这一概念得到了行业内科技工作者的广泛传播，相关的研究报道层出不穷，成为业内的热点话题。《中草药》积极向刘昌孝院士约稿组稿，2016 年以来，《中草药》共刊登质量标志物相关论文 131 篇，先后组织了 2 本专刊，6 个专栏，最大限度地将质量标志物的新观点、新进展刊登在本刊上。2017 年刘昌孝院士文章《中药质量标志物

(Q-Marker):中药产品质量控制的新概念》，张铁军研究员文章《中药质量标志物（Q-Marker）研究：延胡索质量评价及质量标准研究》被评为“第二届中国科协优秀科技论文”；2019年张铁军研究员文章《基于中药质量标志物（Q-Marker）的元胡止痛滴丸的“性-效-物”三元关系和作用机制研究》被评为“第四届中国科协优秀科技论文”。

通过充分把控选题策划的前瞻性、时效性等原则，《中草药》最大限度地将专业领域内的优质稿源吸引过来，从而提升期刊质量，扩大杂志影响力。

5. 时效性原则

随着新媒体技术和新媒体平台的广泛应用，人们获取信息的渠道越来越多、获取信息的速度越来越快，这要求编辑人员在选题策划时应当秉持时效性原则，确保选题策划与时俱进，进而收获更理想的选题策划效果。具体来讲，编辑应紧跟国家政治、经济、文化、教育、医疗、军事、外交等各方面的形势变化，将符合现代人需求、符合国家发展方向的内容作为选题策划的主要方向，以此突出选题策划的时代性、时效性和选题策划作为学术出版前端环节的先导性价值。例如，结合社会热点事件开展选题策划往往具有较强的理论意义和现实意义，通过反映社会热点，不仅实现了选题策划的可行性和实践性，还可以强化科技期刊的新闻性和社会性。例如，2019年1月，国务院办公厅印发《“无废城市”建设试点工作方案》，加之2019年7月1日上海市正式实行垃圾分类，全国各地民众对“垃圾分类”的关注度、参与度和讨论度都达到前所未有的高度，《中国环境科学》编辑部根据对热会热点的敏锐把握，确定“垃圾分类”作为热点议题。编辑部于2019年10月16日开始在期刊网站、微信公众号及单位网站发布征稿启事，确定“垃圾分类收集、处理关键技术，分类垃圾处理系统成本核算，垃圾分类运输及处理过程的污染物排放监测分析，垃圾分类监督管理制度研究”等细分方向。社会热点选题不仅能够回应与解决现实社会的实际问题，彰显期刊社会责任，而且能够获取较多社会关注，提升期刊影响力。

（二）选题策划的流程

在具体的选题策划过程中，大致需要遵循信息搜集、选题设计、选题论证、选题优化这四个基本步骤，实际工作中这四个步骤并非完全严格地按照先后顺序执行，而是根据实践需要有选择性、有针对性地进行流程的调整和组合。

1. 信息搜集

选题策划一般要经过信息搜索、收集、整理和构思等过程。信息搜集是期刊选题策划工作的基础，选题策划要求编辑能够把握学科发展走势、热点领域、交叉和新兴领域以及存在的亟待解决的难点问题，因此期刊编辑应持续关注国家方针政策、时事热点新闻、国家基金项目、专业学术会议等获取选题信息的有效途径，也可以跟踪本学科学术领军人物的研究动态和本学科领域的最新前沿研究获取选题信息。总结而言，可以从如下几个重点渠道获取选题信息：

第一，从国家重大方针、政策中获取选题策划信息。如前所述，学术期刊选题策划具有导向性原则，必须以坚持正确的舆论导向，弘扬正确的价值观和主旋律为底线，以为党和政府的决策服务，解决人民群众所关心的问题为己任。而国家的方针政策是国家未来发展方向和社会主流价值观的信号灯，能够引导学术期刊的政治动向，因此，编辑应当积极关注各类国家重大会议主题内容，持续追踪和研读政府工作报告，从中把握宏观政策走向，确定期刊选题。

第二，从当前社会热点事件中获取选题策划信息。新闻报道是时代的探照灯，在各媒体中曝光度较高的社会热点事件能够代表和反映当下社会所亟待解决的问题，反映着社会大众共同关注和关心的议题，一般都具有较强的理论意义和现实意义，围绕社会热点事件进行选题策划，不仅能够有效回应社会现实，承担学术期刊的社会责任，而且能够获取更多非学术界的普遍关注，扩大期刊的社会影响力。

第三，从国家各类重大立项项目中获取选题策划信息。国家各类重大立项项目的选题都是经过专家严格论证、层层筛选的焦点问题，其合理性、创新性、先进性具有较强的保障，并且承担这类课题项目的专家学者也是期刊宝贵的作者资源。伴随这些项目所产生的科研成果势必具有重大的理论意义和现实意义。编辑可以通过对历年课题立项数据的持续跟踪、梳理进行选题策划，并以此积累作者资源，实现内容选题和作者资源的有效整合。

第四，从重要的学术会议中获取选题策划信息。本学科领域内的重要学术会议一般都涵盖该专业领域最新的研究进展和热点问题，集聚了该领域的专家学者和研究团队，学术资源非常丰富。新媒体时代，这类会议信息的获取十分便捷，编辑可以密切关注相关网站的会议信息，加入与期刊选题策划相关的研究领域的“学术社群”，关注微信等新媒体渠道中的学术科研类公众号，获取重要会议信息，捕捉领域热点，研究最新进展，从而提炼选题策划方案。

总之，国家方针政策中获取的信息不仅决定了学术期刊的政治动向和工作重点，而且能够保障期刊工作的可持续性和可操作性；实时热点新闻中获取的信息反映当下社会的整体价值取向及阶段性社会矛盾，具有很强的现实指导意义；国家基金和专业学术会议中获取的信息，能够有效契合学术期刊的专业特性，有助于提高选题策划的前沿性和学术性。编辑通过查询、搜索、积累选题信息，可以形成选题策划的独特视角。

利用 InCites 数据库 Citation Topics 功能获取前沿选题信息

面对数据库的海量文献，利用 InCites 数据库 Citation Topics 新功能可以获得有关研究热点、研究人员、机构、出版物等精细且准确的信息，学术期刊编辑利用此工具能够更高效、快捷、全面地了解学科论文及其研究群体的具体情况，能够更加有的放矢地筛选组稿方向、锁定重点研究群体，制定准确的选题方案，从而在提升中国科技期刊稿源质量中发挥重要作用。中国农业科学院蔬菜花卉研究所《园艺学报》编辑部在 Web of Science 数据库中选择世界范围种植面积大、产量高、消费群体广、近 5 年发文量占主导地位且研究广度和深度均具有代表性的 60 余种常见园艺作物，以其英文名称为主题检索词进行检索，将检索出的相关论文导入 InCites 数据库，利用 InCites 数据库的评价指标对全球园艺学领域近 5 年不同区域的发文情况、主题、研究人员、研究机构、出版物进行分析，从而更高效地梳理热点研究方向并制定选题方案。

2. 选题设计

选题设计是指编辑在综合分析各种信息的基础上根据本期刊的办刊宗旨和栏目特色等，对采集的选题信息进行过滤、归纳和提炼，系统分析当前学科专业领域的热点、难点、疑点，敏锐地发现问题和突破口，从而形成具有预见性、创新性、引领性和可行性的选题内容、形式和方向。编辑需要根据以下几个方面对选题进行针对性、差异化的设计：期刊自身的学术资源、区位优势和学科背景；期刊的读者定位和市场需求；期刊的学术特色和品牌特色。

3. 选题论证

选题论证是对选题设计阶段形成的选题方案进行严格论证、遴选和完善的过程，通常围绕选题的学术性、创新性、可行性等展开比较和筛选，选题论证能够有效保障期刊选题的科学性和合理性。学术期刊选题论证主要包括三种形式：第一种，邀请专家学者对选题方向、选题价值以及选题实施可行性等方面进行论证；第二种，采取编辑部内部三级论证制度，即责任编辑在前期调研的基础上提出初步选题，编辑部主任综合评价选题创新性、实用性和可行性，对选题进行取舍和完善，主编根据期刊定位和发展方向组织编委会等最终确定选题；第三种，建立开放式的选题论证平台，引入本学科专家学者、学术期刊资深编辑、目标读者组成选题评审团，通过评审团队进行选题学术引导性和内容独创性等方面的评估，确定有价值的选题。

4. 选题优化

选题优化是指在选题前、中、后全流程实施的优化机制，既包括编辑主体选题策划能力的优化、期刊选题制度的优化、选题策划操作程序的优化，也包括选题实施后进行的刊后审读总结和收集反馈信息等优化工作。例如，针对选题实施后的优化工作，可以在选题刊出后邀请本选题相关的专家对选题进行审读，请专家提出意见和建议，也可在年底召开编委会，邀请编委会成员对本年度的选题进行评比、打分。通过对比选题质量评价的结果，可以判断期刊选题策略的科学性和影响力，对其进行总结和优化，帮助选题策划工作精益求精。

三、 选题策划的类型与策略

选题策划根据不同的划分标准可以区分为多种类型，不同类型的选题策划实施的具体策略有所不同，但总体来看，都需要学术期刊编辑深度整合学术资源，找准期刊定位、追踪选题效果。

（一） 选题策划的类型

选题策划的类型可根据选题的周期、选题的范围、选题的刊发形式等进行划分，不同类型的选题需要不同的选题策略，学术期刊可根据选题内容、预期目标、稿源数量等因素，综合分析和确定合适的选题类型。例如，按选题的周期性可分为短期选题、中期选题、长期选题，连续选题、非连续选题；按选题发布形式可分为固定专栏式选题、动态专栏式选题、专辑式选题、增刊选题等；按选题范围可分为宏观型选题、微观型选题等，具体分类情况如图 2-1 所示。

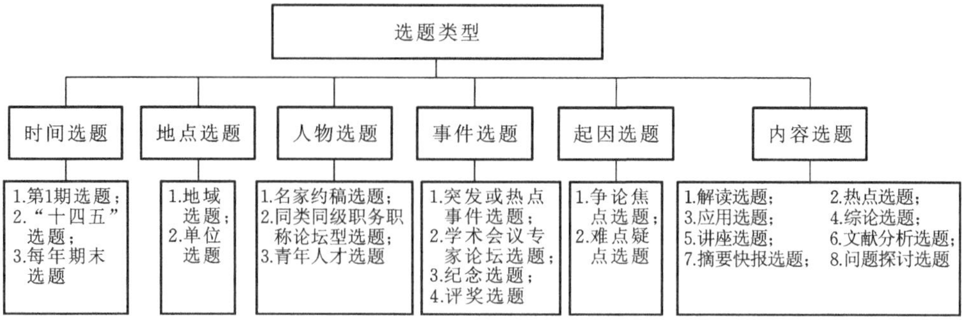

图 2-1　学术期刊的主要选题类型划分①

（二）选题策划的策略

1. 整合学术资源，挖掘选题策划稿源

选题资源的积累是开展高水平选题策划的前提，“巧妇难为无米之炊”，充足的选题资源和作者资源储备才能保证选题策划方案的顺利实施。学术期刊编辑通过围绕国家重大方针政策、行业重大科技成果、行业热点和难点、行业重大科技事件、品牌学术会议等拓展选题策划灵感来源，借助外部智力资源＋内部编辑资源精准挖掘选题资源。具体而言，学术期刊编辑既可以根据自身对学科、专业、技术和学术的把握，凭借自身积累的实践经验判断而萌发具有创新性的选题构思，又可通过对大量国内外文献的检索分析，获得选题灵感和选题依据，判断选题的必要性、可行性和选题价值，还可以召开编委会征询编委对学术选题的意见和建议等，借助专家学者的专业知识、技术专长、经验、智力优势帮助选题论证和决策。此外，学术会议一般反映阶段性的学科研究热点和方向，会议主题内容具有系统性、集中性的特点，因此参加本学科领域学术会议也是期刊积累作者资源、形成选题思路、宣传期刊工作的重要手段。总之，学术期刊可以通过国家政策把握整体方向，结合学术会议、新闻热点确定具体选题思路，根据编委会讨论、专家咨询、前沿文献以及编辑经验等综合判断，深度整合选题资源开拓途径，提升选题策划效果。

2. 找准期刊优势，重点规划常设选题

突出专业特色是学术期刊树立品牌形象，形成竞争优势的基础。学术期刊

---

① 赵瑞，许升阳. 科技期刊提升选题策划质量的途径及实践 [J]. 中国科技期刊研究，2017，28 (9)：861-864.

选题策划应当结合学术期刊自身的专业特色和编辑队伍的专业特长，寻找选题竞争优势。具体而言，选题策划需要考虑期刊主办单位的学科优势与支持政策、期刊所在地区地理位置机遇、同类期刊竞争对手选题特色等内容，根据期刊的办刊宗旨，建设突出期刊特色、聚焦重大问题、面向核心作者群的品牌特色选题。反馈效果好的选题可以转化为常设型、年度型选题，以此形成长效竞争优势。以《新疆师范大学学报》（哲学社会科学版）为例，该刊结合主编知识结构与学术专长优势，常设专栏丝路文化、“一带一路”研究；结合该刊地理位置和地缘文化的特殊性，常设专栏“民族互嵌型社区”特别策划、新疆社会稳定和长治久安研究；通过向国内其他高校一流学科的顶尖专家约稿，常设专栏昆仑名师论坛，弥补新疆地区学术资源匮乏的劣势；常设专栏“大数据”专题研究、“国家治理体系与治理能力现代化”特别策划，积极回应同类期刊对优质稿源的竞争挑战。该刊在一系列常设型选题的助力下，近几年期刊品牌形象和学术影响力显著提升。

3. 追踪策划效果，及时调整策划方案

选题策划脱胎于国家方针政策、学术前沿和社会热点等，在选题策划方案执行过程中，需要对选题策划效果进行追踪和及时调整，以此应对学科前沿热点不断变化的事实。事实上，许多学术期刊存在重前期选题设计和论证，轻后期选题优化和调整的现象，而追踪和调整选题策划方案是提升学术期刊选题策划实际效果的关键因素。比如，《武汉大学学报》编辑部设置了刊文反响的月度追踪机制和年度评价机制。月度追踪机制是指每月底统计近 1 年来该刊发表的每篇论文在中国知网上被下载和被引用的频次，每两个月统计当年刊文被“四大文摘”转载的情况，同时统计相近层次的高校学报同期论文的被下载、被引用和被转载数据，针对统计报告专门开会总结前期选题策划的效果；年度评价机制是指每年年底基于当年名家约稿数量、选题策划论文数量、论文被转载数量等指标，对全年选题策划效果进行总结和反思。通过这些效果追踪和检查措施，及时发现问题，总结经验并调整对策，切实提升选题策划的效用。

第二节　组　稿

组稿是学术期刊管理的重要环节和关键步骤，是提高学术期刊核心竞争力和塑造学术期刊品牌的具体方式。创新组稿方式、提高稿件质量和学术期刊发展竞争力成为学术期刊高质量发展的根本。

一、组稿的内涵与作用

（一）组稿的内涵

组稿是指期刊编辑按照本期刊的专长或特色以及选题计划的具体要求，有目的地组织稿件的活动。组稿是选题得以实施的关键环节，是根据选题策划主动寻找并联系作者最终获得稿件的过程。选题策划往往是编辑对特定主题内容的设计与构想，而组稿则是实现这种构想的具体行为和过程。编辑可以根据选题的来源确定组稿方式，一般包括公开社会征稿、参与相关学术会议组稿、编辑单独点对点邀约组稿、编委会组稿、特约客座编辑组稿等方式。为提高组稿的质量和效率，解决组稿过程中编辑对学术热点把握难度大、优质作者群体邀约困难等现实问题，学术期刊组稿方式逐渐由期刊主导转变为期刊和科技工作者共同主导，尤其是在采用邀请学术带头人或专业领域专家学者作为客座编辑的组稿方式中，往往采用期刊与项目课题组、科研院所（高等院校）、专业委员会（会议主办方）合作组稿的方式进行。组稿是一项系统性工作，一般而言，一次成功的组稿活动可以概括为：具有学术研究经验的编辑以严谨、真诚和耐心投入组稿工作，借助合适的方法，挖掘合适的作者，对合适的选题进行策划、组织与全程管理。

（二）组稿的作用

组稿是实现选题策划阶段一些内容安排构想的具体行为，期刊编辑部通过组稿活动贯彻和落实选题策划思路，控制期刊稿件质量。具体而言，组稿工作包含以下三个方面的作用。

1. 组稿是获得优质稿件的主要途径

稿件质量的高低，不仅与作者的学术水平、知识结构、文字表达能力、工作态度、科研条件等息息相关，也与编辑的组稿态度是否积极、组稿经验是否丰富、组稿手段是否娴熟紧密相关。编辑从组稿开始，便要放弃“守株待兔”式的消极组稿方式，通过各种渠道收集作者信息，认真物色符合选题策划要求的作者人选。正因为组稿水平的高低对稿件质量具有重要而显著的影响，因此在具体组稿实践中，学术期刊编辑部往往可以围绕选题策划内容举办小型学术论坛，邀请约稿作者参加，阐述拟撰写的文章内容，以提高专家学者组稿的参与度和投入度，进而增强作者对文章的重视度，解决组稿中遇到的未按时提交稿件、稿件写作质量较差、稿件学术质量一般等现实问题。有研究表明，组稿文章无论是单篇综述评述类文章还是专题专刊组织的众多研究论文，其引证指标均高于自由来稿的引证指标①。总之，有计划、有针对性的组稿工作有利于提高文章的总被引频次与刊物的影响因子，进而提高刊物的整体学术影响力。

2. 组稿是实现选题策划的必要步骤

选题策划阶段的构想需要通过组稿过程得以实现。编辑需要通过组稿确定不同选题的作者潜在人选并向合适的作者人选进行约稿，这是一项较为复杂而又具有技巧的系统性工作。编辑在日常工作中就需要与对应研究领域的专家建立常态化联系，获得丰富的学者资源，他们能随时转化为刊物特定选题的作者资源，同时也是潜在的读者资源。在具体的组稿操作中，编辑需要将选题意图、要求、进度计划传达给约稿对象，对接作者，组织作者创作；并在创作的过程中为作者提供相应的素材和保障，明确交稿的时间节点；作者交稿后，编辑应当对稿件进行及时处理，交送外审以及对稿件修改意见进行传达和探讨等。总之，经过一系列具体的组稿活动，编辑才能准时获得合乎学术期刊选题计划要求的优质稿件，积极、认真、有效的组稿工作是实现选题策划的必由之路。

3. 组稿是开拓选题资源的重要手段

学术期刊选题策划与组稿的关系是相辅相成的，作为编辑工作的重要组成部分，选题策划与组稿的先后顺序基本上是逻辑意义上的，而非时序意义上的。在实际操作过程中，虽然一般而言选题策划先于组稿，但有时又是交叉并进的。正是组稿过程中的思想碰撞、学术交流激发编辑选题灵感，拓展选题思路。例如，在组稿过程中，尤其是以参加学术会议为主的组稿方式中，在学术会议策划之初，编辑部与主办方沟通，从会议主题中挖掘、筛选出适合自身刊物并具有一定创新研究进展的选题，以此作为组稿的重点方向。会议召开时，本次选题策划的相关资料以及样刊可以在现场发放，在征稿的同时又能进行刊物宣传。会议结束后，将征集到的稿件进行分类筛选，得到拟发表稿件。

① 曹敏，毛在砂. 组稿与自由来稿引证指标的比较［C］//2015 年第 7 届科技期刊发展创新研讨会论文集. 银川：中国科学技术期刊编辑学会，2015：135-136.

二、 组稿的原则与方式

组稿的方式、方法多种多样，具有灵活性和创造性，能体现编辑的知识结构、水平和工作能力。但期刊组稿工作需要遵循一些基本原则，以便更好地按照一定的计划，有目的地完成稿件组织工作。

（一）组稿的主要原则

制约学术期刊发展的不是稿件存量问题，而是稿件质量问题，学术期刊组稿的目的是增加具有选题针对性的优质稿件。学术期刊能否高质量发展的关键是稿件质量能否达到用稿要求、是否契合期刊发展定位以及期刊如何挖掘潜力作者并作规划性建设。因此，学术期刊在组稿中需要遵循特定规律，坚持一定原则。

1. 稿件主题与期刊定位契合原则

尽管期刊组稿往往具有明确的选题方向和撰稿要求，但因为每一位作者的研究领域、行文风格和语言表达都具有自身的特点，组稿获得的稿件仍然会存在偏离选题定位，或者与期刊的发展定位和发展导向存在偏差的情况，因此学术期刊编辑要以期刊定位为基本出发点科学慎重选择稿件，若因为某一组稿稿件作者条件优越，就将其稿件录用刊发，而不管其是否与自身期刊定位相悖，就会造成期刊品牌特色的丧失。

2. 重点稿件与潜力稿件兼顾原则

重点稿件与潜力稿件兼顾原则是指组稿稿件需要平衡领域专家与青年学者的文章数量。科学研究的研究者队伍必然会经历新老交替过程，因此学术期刊作者队伍也必然有专业领域的学术权威和学术新秀的交替过程。某一专业领域中基础好、潜力大、积极性高的青年学者是期刊未来作者队伍的中坚力量，学术期刊有责任挖掘培养青年学术人才，推动科学研究的可持续发展和学术繁荣。因此，期刊编辑在组稿过程中应尽量平衡重点稿件和潜力稿件的关系，既要努力征集高水平稿件，又要关照选题好、思想性和创新性兼具的青年学者稿件。在具体的组稿过程中，可以通过选择一定比例的青年学者撰写稿件或单独开设“博士生论坛”“青椒论坛”等专栏形式，有目的有计划地培育稿源，建立具有再生能力的丰富的稿源库，培养后续作者队伍，推动期刊可持续发展。

3. 热点稿件与冷点稿件平衡原则

在现行的学术期刊评价体制之下，期刊为了获得更多关注和学术影响力，提升论文的被引率，在组稿过程中往往倾向于具有前瞻性的选题，对本学科领域的热点问题予以重点关注，而对其他相对来说基础性、理论性的稿件关注较少。学术期刊的高质量发展需要具有知识性、理论性、思想性和前瞻性的文章，尽管前瞻性的热点问题研究是期刊发展的活力源泉，但组稿过程中需要在热点研究成果之外跟踪有望成为前沿热点的研究领域，平衡冷点和热点稿件。事实上，热点稿件与冷点稿件往往是相对的，一些相对冷门、专深、小众的研究领域和研究选题也可能转化为热点研究领域，对于尚未被广泛研究的原创前沿成果，编辑组稿中需要善于发现和探索，并积极平衡这类稿件与热点稿件的关系，以探索未知、传播新知的精神刊发相关稿件，树立学术期刊的科学品牌形象。

（二）组稿的主要方式

组稿是科技期刊体现品牌价值和生命力的一项重要工作，组稿工作质量的好坏直接影响到期刊的内在质量和水平，根据组稿对象的范围和稿件来源将常见的组稿方式总结为以下四种。

1. 公开征稿

公开征稿是指编辑部利用多元传播媒介公开面向社会广泛征稿以获取大量目标稿件的有效途径。公开征稿往往通过书面方式，以特定的选题方向、统一的写作要求，在公开范围内向广大作者征集稿件。这种组约稿形式往往是在某一特定年度或阶段，围绕某一中心主题，或新辟的一个专栏、专刊展开，征集社会上广泛的作者群体撰稿。这种组稿方式需要编辑对所征稿的选题内容具有相对明确的安排和要求，其优点是能够收到大量稿件，稿源相对充足，但也面临稿件质量参差不齐、稿件筛选成本较大的问题。面向社会公开征稿的方式一般适合选题范围和跨度较大，需要跨学科跨视角的学者广泛探讨的话题，否则不宜采用这种形式。

《现代教育技术》2021 年公开征稿

《现代教育技术》杂志由教育部主管，清华大学主办，是中文社会科学引文索引（CSSCI）来源期刊和中文核心期刊，为中国教育技术协会会刊和教育部在线教育研究中心学术刊物。《现代教育技术》杂志刊名由清华大学胡东成教授题字。2001 年获正式刊号，对外公开发行之际，我国著名教育家顾明远教授率先为本刊题词："开展教育技术研究，促进教育现代化”。秉承“立足教育技术、推动学术研究、促进工作交流、服务行业发展”的办刊宗旨，本刊面向现代教育技术与教育信息化的诸多领域，为理论研究提供学术园地，为实践探索提供交流平台。

2021年，我刊所关注的选题和往年变化不大，将在如下方面进行调整：

① 更加注重研究的规范性，尤其是创新的实践成果需要进行规范的研究转化。

② 欢迎有一定研究基础的研究团队自荐选题（具体操作见文后）。

③ 文章篇幅以7～13页（1.5万字以内）为宜。

④ 加快审稿速度，进一步加强作者、读者和编辑的互动。

2021年，杂志将重点关注如下选题：

（1）国际教育技术的最新动态

包括但不限于对欧美发达国家和“一带一路”共建国家的教育技术最新政策、最新实践、最新经验的综述和对比研究。

（2）技术支持的教与学实证研究

包括但不限于运用量化研究、质性研究、行动研究等方法开展的实证研究。特别期待采用设计型研究范式，具有多轮迭代过程的研究成果。

（3）教育技术领域的立项课题

包括但不限于受国家自然科学基金F0701（教育信息科学与技术）、国家社会科学基金项目、全国教育科学规划项目等立项资助的教育技术类研究。

（4）“互联网＋教育”

包括但不限于在线教育、慕课与在线“金课”、移动学习与泛在学习、区块链技术与学分银行建设等。

（5）“智能＋教育”

包括但不限于“AI＋教育”、“5G＋教育”、“VR/AR/MR＋教育”、教育机器人、教育智能体、智能教学助手、智能学习伙伴、人工智能实验室建设、人工智能教育伦理规范、高等教育人工智能人才培养、基础教育人工智能教学等。

（6）教育大数据与精准教学

包括但不限于教育大数据分析与应用、学习分析与测评、学习者画像、知识图谱、自适应个性化推送、精准教学、智慧课堂等。

（7）教育技术学专业研究

包括但不限于教育技术发展史研究、教育技术专业现状调研与发展建议、教育技术专业的核心素养与关键能力、围绕“南国农之问”的思考与对策、智能时代教育技术专业的发展路径、教育技术专业发展的创新案例研究等。

（8）学习科学与教育神经科学研究

包括但不限于信息技术背景下的学习研究、不同境脉中的学习研究、元认知、学习动机、情绪智力、教学模式与教学策略研究、教育认知工具设计、学习科学成果走出实验室的实践案例，以及教育神经科学相关研究等。

（9）信息化教学环境建设与运营

包括但不限于智慧教室建设与应用、国家标准框架下的智慧校园建设与治理、未来学习空间的探索与实践、信息化教学环境中的视听健康保护等。

为了保证品质和提高效率，请有合作意向的研究团队负责人按以下流程自荐选题：①确定自荐选题。自荐选题要有问题意识，聚焦前沿热点，能够分解为2～3篇主题统一又各有侧重的论文；每篇论文的作者请尽量不要重叠。②准备一份2000字左右的研究计划书（含团队介绍、选题介绍、研究基础、研究路径和方法、拟定分工、时间安排等），发送至我刊编辑部邮箱。对通过初审的自荐选题，我刊编辑部会与负责人联系，协商优化选题，确定计划安排。如有兴趣，请您与我们携手，一起参与选题策划，共同推动教育技术研究！

2. 会议组稿

每种学术期刊都有自己的专业范围和内容导向，其所处的专业领域都会有相关的学术会议等活动，这是期刊编辑组约稿的重要途径之一。学术期刊会议组稿可以依据编辑部是否为会议主办方分为主办会议组稿和参与会议组稿。学术期刊编辑参加学术会议不仅可以了解本专业领域的最新研究动态、进展和热点问题，而且可以向参会的同领域科研人员宣传期刊，并通过与专家学者面对面的交流沟通来组织稿件。与其他组稿方式相比，学术会议组稿具有目标明确、沟通效率高、来稿速度快等特点。会议组稿一般而言具有研究主题集中、专家学者集中、前沿热点集中、高质量稿件集中等优势，加之面对面的邀约机会，能够与目标作者建立友谊，便于长期合作。具体而言，学术会议组稿的方式还可以细分为参与协办会议出版专题、听取报告约请文章、整理大会报告出版综述性文章、邀请参会专家担任客座编辑等，编辑可以针对不同的需要和情境选择适合的会议组稿方式，有时也可同时采取多种方式，以提高组稿效率和成功率。例如，学术期刊编辑部可以牵头组织一些以学术交流为目的，以专题报告为主题的组稿会，这也是卓有成效的组稿方式，不但可以提高编辑部的声誉，同时也为本学科的科研人员提供交流信息、促进合作的平台。

3. 个别组稿

个别组稿主要是指利用登门拜访、电话相约、信函邀请等方式点对点邀请特定作者进行撰稿的方式。具体采用哪种方式，应根据作者的实际情况、编辑与作者的关系、现实的地理距离等综合决定。个别组稿是编辑人员最常采用的方式之一。它既有利于发挥作者的特长，又有利于满足编辑部的特殊需要，组织来的稿件是“量体裁衣”“量身定做”的，往往更有针对性和质量保证。例如，《光电子快报》期刊编辑通过编委推荐、数据库文献搜索、查找编辑部审稿专家库等多种途径确定15名左右在微米纳米光学领域造诣较深的专家学者，向他们发送正式约稿函，加盖单位公章，约稿函中交代了选题的目的意义、撰写要求、交稿时间、计划刊登时间等具体情况。为了顺利组织到稿源，编辑往往需要多次与选定的作者进行电话联系、邮件沟通，有的还需登门拜访，通过一系列有效的沟通与交流，既组织到所需的稿件，同时也与相关作者建立了稳固的联系，争取到宝贵的作者资源。个别组稿的方式一般只能获得一篇或一组稿件，不能像其他组约稿方式那样，一次获得较多甚至大量稿件，但作为众多组稿方法中的有机组成部分，个别组稿在稿件质量方面的优越性也相对明显。

4. 编委会/客座编辑组稿

编委办刊是国外期刊的主流模式。大多数学术期刊都有自己的编委会或顾问委员会，“编委会”全称为“编辑委员会”或“编辑工作委员会”。作为学术期刊的重要学术组织机构，编委会在学术期刊编辑、出版等方面发挥着重要作用。此外，客座编辑在期刊专刊或者专栏稿件组织中也起着至关重要的作用。客座编辑，也被称为特约编辑，是协助主编完成专刊或者专栏组稿、审稿和出版的兼职编辑人员，可以由主编邀请，也可以由专家学者自己申请。众所周知，编委会成员或客座编辑一般都是各学科领域里的“执牛耳者”或“学术新秀”，这些专家、学者对于自己专业范围内的信息了如指掌，包括国内外专业发展的方向，前沿领域的动态，知名专家、学者的情况，交叉学科的研究进展，学术争鸣的热点问题等。因此，通过编委会或客座编辑进行组稿，对于保证刊物的质量、提高其学术品位和扩大刊物的影响是十分必要的。这种组稿方式的具体操作流程可以是向编委会专家或客座编辑直接约稿，也可以请编委会专家或客座编辑推荐稿件，或通过编委会专家及客座编辑的专业优势和人脉资源组稿等，以专家学者自身的学术影响力吸引行业内相关科研人员撰写稿件。例如，从2015年开始，《重庆医科大学学报》借鉴国际期刊做法，综合行业专家学者自身学术水平、学术影响力和主观意愿、客观条件，从审稿专家、编委和保持良好联系的学者中遴选出一批行业知名专家学者担任客座编辑，邀请他们全程参与编辑部选题策划。担任客座编辑的学者运用其自身学术影响力，针对行业内专题、热点科研成果实施精准约稿，组建专栏或专刊集中出版。

总之，尽管组稿的方式多种多样，但目的只有一个，就是要组织到适合期刊定位和办刊宗旨、满足读者需求及体现刊物风格的优质稿件。学术期刊的编辑只有积极地做好选题策划、组稿工作，才能在真正意义上实现办刊宗旨，体现刊物特色；才能不失时机，抓住热点，跟踪前沿，实现对所在专业领域科研活动的及时报道，进而实现刊物学术质量的飞跃。

（三）组稿的注意事项

组稿过程是编辑与作者的互动过程，编辑在选择和引导作者的过程中，作者也在选择和考察编辑和期刊，在组稿的具体实践中往往会遇到一些非常规性的问题，如作者应稿后未能按时交稿、稿件质量不符合刊发要求等。以下总结了三条组稿注意事项，以便期刊编辑更好地在实际工作中提前做好应对突发情况和非常规性问题的准备，提升组稿过程的友好度和顺畅度。

1. 做好组稿前准备工作

组稿是一个有计划、有步骤的过程，为了避免组稿的盲目性、被动性和随意性，提升组稿效果，学术期刊编辑需要做好组稿前的准备工作。首先，根据前期选题策划拟定组稿的具体选题内容；其次，认真研究目标作者的学术背景、主要研究方向和近期研究成果，筛选并确定适合撰写相关选题的作者；再次，准备正式的约稿函，针对不同的专家学者填写相应的学科方向、约请文章提名、专家姓名等相关信息，并加盖单位公章或加上主编签名等，以示重视和尊重；接着，通过微信、电话等主动与专家取得联系，态度谦逊、有礼有节地发出约稿请求，根据情况向邀请的专家学者介绍期刊的具体情况和选题的策划思路；最后，通过电子邮件、信件邮寄等方式寄送正式约稿函，展现对专家的重视和礼貌。做好充足的组稿前准备不仅能够帮助期刊编辑减少约稿中的细节问题，而且也能取得目标作者的信任，共同提高组稿成功率和组稿文章质量。

如何写好约稿函？

选题通过后，编辑往往要代表期刊出版单位撰写约稿函。约稿函是学术期刊与目标作者就特定选题进行约请沟通的桥梁。如何让目标作者见字如面，提高约稿的命中率呢？不妨记住两点：说得明白，好好说话。

“说得明白”是指将选题策划中与作者撰稿相关的内容明确传达给对方，即写什么、什么时候写、怎么写，让作者了解学术期刊的明确意图。第一，“写什么”，包括稿件的题目，写作的内容和要求等。“稿件题目”可以是选题策划时设定的题目，也可请作者自拟。“写作的内容和要求”是约稿函的核心。要明确说明该选题的目的和要求，选题的内容和范围，字数要求等。第二，“什么时候写”，这和学术期刊的出版周期相关，编辑需要把握整个出版流程和时间节奏，预留充足的作者写稿时间，避免耽误选题的刊出时间，给作者明确的交稿期限。第三，“怎么写”，要告知作者写作中要注意的事项，如提供往期选题策划的样例，尤其是格式方面的注意事项和要求。

“好好说话”，是指约稿信的形式和语言要讲究“得体性”。首先，形式要符合书信规范。正文前有问候语，结束时有祝词，落款记得写姓名（如果代表单位，还要落款单位名称）、时间并加盖公章。打印的书信最好手书签名，以示尊重。其次，行文要得体，包括称谓得体，语言得体。约稿是邀请，而非命令，切忌直呼作者大名，切忌语气强硬。如果能先做个简单的自我介绍更好，尤其是对不熟悉的作者，加上一段介绍所在期刊的开场白，使被约稿人不受唐突，更容易应稿。

2. 做好作者服务跟进工作

约请作者后组稿工作并非完结，做好作者服务跟进工作是保障组稿完成质量的关键环节。在为作者服务方面，要实时与作者保持沟通交流，协助作者把握稿件各环节时间节点。通过定期邮件问候等方式间接提醒作者稿件的写作进度和交稿时间，也可以通过微信等聊天工具与专家就稿件的主题和方向、稿件的细节、时间节点等进一步明确和交流，防止完成后的稿件未达到预期效果而产生重复性劳动。同时也可听取作者对选题或刊物的意见和要求，及时消除他们的疑惑与顾虑。所有组约稿的处理流程都对作者公开，使作者实时掌控文章处理动态。对于组稿的稿件审理可以适当与普通来稿有所区别，酌情减少稿件审理次数，加快稿件处理流程。此外，还需在与作者的沟通过程中明确稿件同行评议的必要性，为后续稿件质量不符合预期而出现拒稿的情况留有处理空间。

3. 做好组稿文章质量把关工作

尽管对于组约稿稿件可以适当加快审理流程，但为保障刊物质量，所有稿件仍然需要经过同行评议，对论文学术质量与写作质量进行严格把关，以组约稿稿件质量应不低于自由来稿质量为基本原则。近年来，尤其是专栏专刊的组约稿稿件中质量问题频出，由于编辑过度依赖和信任某一专栏专刊组稿的学术权威，而忽略了对这类稿件的学术质量的系统把控，导致部分低质量稿件混入专题组稿中得以发表，降低和损害了期刊的学术公信力和美誉度。因此，对于组约稿稿件，应在遵循编辑部常规的出版管理制度的前提下，尽快给出审稿结果，倘若组约稿稿件质量和学术水平确实达不到期刊要求，则应尽快退稿，以免贻误作者向其他期刊投稿的时机。对于组约稿稿件的退稿处理，编辑应该客观公正地转述评审意见，耐心听取作者的解释与说明，与作者沟通时语气和措辞上应婉转，消除不必要的误会，以尽量降低作者对拒稿的不满。撰写退稿信的内容应当尽量谨慎，首先肯定稿件的优点，指出不足时要有非常明确的具体意见，帮助作者从中受益，进而提高文章的质量。对于经过同行评议后符合要求的稿件，应当根据选题计划选择不同单位、不同地区、不同研究维度有组织、有计划地刊发，避免同一期选题同一作者或同一单位出现频率过高等现象。

专刊撤稿案例

2016 年，Hindawi 旗下期刊 *The Scientific World Journal* 某期专刊一次性撤稿 5 篇。此次大规模撤稿的原因是这期专刊的客座编辑 Xavier Delorme 的身份被他人盗用，导致这几篇被撤稿文章最初负责组稿编辑处理的并非客座编辑本人。该案例充分暴露了期刊编辑部在组织专栏专刊时的质量管理漏洞：一是缺少对客座编辑身份的核实，二是专栏专刊稿件客座编辑全权负责制的风险。

2020 年 4 月，国际著名学术出版集团 Springer 旗下期刊 *Multimedia Tools and Applications* 批量撤销 33 篇论文。此次因“颠覆同行评议发表系统”而集体撤稿的论文大多数来自该期刊此前组织的专刊“Multi-source Weak Data Management using Big Data”征稿。在撤稿文章作者中，有两名还是该专刊的客座编辑。

2020 年 5 月，Elsevier 旗下期刊 *Future Generation Computer Systems*

撤回13篇来自中国学者的论文，其中8篇来自同一期专刊。该刊的主要研究方向是计算机理论方法，但这次被撤稿的13篇论文却都来自生物医学，特别是临床医学领域。可见约组的专刊主题并不在期刊的学科报道范围内，这是编辑部的严重失职。

三、组稿的典型案例（专栏专刊）

通过组稿获得的稿件最终往往以专题形式集中地刊登在某一期专刊或某一期的某一专栏中。专栏专刊是组稿工作的具体成果和典型呈现方式，集中性、系统性地展示某一专业领域某一主题下的前沿研究，具有很高的学术价值和专业价值。

（一）专栏专刊组稿的内涵

专题或者专栏、专刊组稿是指学术期刊针对某学科领域内的某一学术焦点、热点选题，通过各种形式的选题策划和组稿工作，以整期篇幅或者在一期的一个栏目集中刊登这一组学术专题文章或者会议专题文章的期刊出版形式。专栏专刊具有在一期或一栏中集中展示前沿科研动态和最新研究进展的优势，可以为某学科领域的读者提供系统性的研究成果展示，给作者搭建一个集中探讨某一领域学术问题的平台。专栏专刊组稿也是学术期刊扩大优秀稿源、提升期刊影响力的重要措施，但不同专业领域和不同类型选题的专栏专刊在组稿、稿源、刊发周期上存在差异，需要在实际组稿工作中有所侧重。

（二）专栏专刊组稿的类型

根据专栏专刊稿件的具体来源形式可以将专栏专刊组稿具体划分为庆祝型专栏专刊组稿、会议型专栏专刊组稿和自主型专栏专刊组稿。

1. 庆祝型专栏专刊组稿

庆祝型专栏专刊组稿是指针对全国性庆祝活动或本专业领域特色庆祝活动组织相关主题稿件的出版形式。庆祝型专栏专刊组稿在选题策划阶段就具有主题鲜明、目标明确、策划相对容易的优点，并且组稿对象明确，组稿效率较高。但也存在具有代表性的庆祝活动较少的问题，除了国家层面的大型庆祝活动外，需要编辑具有一定的学术敏感性，针对不同专业领域的代表性庆祝活动进行相关专题组稿，并以专栏专刊形式予以呈现。例如，2021年是中国共产党建党

100周年，学术期刊应针对该大型庆祝活动，根据自身期刊特色组织相关专栏专刊。如《探索与争鸣》杂志策划的“学术中的中国——庆祝中国共产党成立100周年”专刊，以马克思主义在我国的进入、传播、发展壮大及中国化的历程为线索，以觉醒年代、革命年代、建设年代、改革年代、新时代五个时期为划分依据，以党在百年奋斗进程中中国马克思主义学术的建设为主题组织稿件，以一个整期的篇幅，对百年哲学社会科学的历史和发展进行了整体展现。

2. 会议型专栏专刊组稿

会议型专栏专刊组稿是指针对特定专业领域的某一学术会议中的研究报告进行集中性的稿件组织，并以专栏或专刊形式出版。特定专业领域的学术会议往往汇集最新的学术观点、最热门的研究报告和最前沿的研究成果，会议型专栏专刊组稿的优点是稿件主题集中明确，组稿群体为参加会议人员，可集中约稿宣传；但会议型专栏专刊组稿也面临同行期刊竞争激烈的问题，如果期刊能够邀请到会议核心参与人员或主办方专家作为客座编辑参与到会议型专栏专刊的组织和策划中，稿件组织过程会更加顺利。例如，《航空学报》与其主办单位中国航空学会，跟踪国家重大科研项目“大型飞机重大科技专项”，与多位参与大飞机论证项目的专家沟通，依托学会组织“大型飞机关键技术高层论坛”，共同策划出版了“大飞机专刊”。

3. 自主型专栏专刊组稿

自主型专栏专刊组稿是期刊编辑在编委会或者客座编辑的学术指导下，根据期刊自身的专业领域和办刊特色，定期选择学术前沿和热点话题进行特定专题内容的选题策划和组稿。自主型专栏专刊组稿选题灵活多样，多以个别组稿或编委会、客座编辑组稿的形式进行稿件组织，组稿目标作者群体广泛，但自主型专栏专刊组稿也可能因为某一研究领域相关研究人员较少而面临稿源质量和数量不稳定的情况。例如，《南京航空航天大学学报》2016年的“气动减速技术”专栏，编辑部原本因2015年南京航空航天大学余莉教授的一篇论文获选“F5000精品论文”奖而策划该期专栏，但由于余莉教授的研究方向主要集中在“降落伞气动减速”这一小的研究点，相关领域科研人员较少，以致整期专栏只组稿6篇。并且从后续统计数据看，该期专栏论文的篇均下载次数和篇均被引频次均低于同年指标，由此反映本期专栏的影响力欠佳。因此，自主型专栏专刊组稿的前期选题不能过于狭窄，否则组稿工作实施起来较为困难，也会影响后期的宣传推广。

《陕西师范大学学报（自然科学版）》组稿策略案例①

（1）与高水平学术会议合作组约“人工智能专题”稿件

2019年第5期，“人工智能专题”是在《陕西师范大学学报（自然科学版）》编委谢娟英教授推动下首次尝试与国内高水平学术会议（中国计算机学会人工智能会议CCFAI）进行的合作，开创了该刊作为国内高水平学术会议合作期刊出版平台的先例，取得较好的反响。

该专题9篇文章篇均下载次数404次，篇均被引频次7.67次。其中，陕西师范大学谢娟英教授的《基于深度学习的目标坚持算法研究进展》一文总下载次数2208次，总被引频次45次，为该刊近年来单篇被引频次最高的文章之一。

（2）主持人组约＋编辑有针对性选稿组约旅游行业相关专题

2021年第6期出版了“后疫情时代旅游业恢复研究专题”（3篇）和“旅游业高质量发展研究专题”（5篇）。这两个专题都是通过学科编辑首先拜访专刊主持人进行组约稿的方式展开的。在学科编辑与专家的交流与沟通中，编辑发现旅游业同样面临着高质量发展的问题，为此与《陕西师范大学学报（自然科学版）》既往的一些作者进行联系，同时在自由来稿中有针对性地进行选稿和组稿。

（三）专栏专刊组稿的典型案例

1. 典型案例一：《中国科学》多渠道组稿案例

该案例结合《中国科学》杂志社旗下19种期刊近几年的改革与实践，针对“如何吸引科研人员把优秀论文发在祖国大地上”这一课题，总结了多渠道组稿经验，通过发挥期刊的学术评价功能促进优秀成果广泛传播。

（1）向新当选院士约稿

《中国科学》系列期刊和《科学通报》（以下简称“两刊”）的主管单位是中国科学院，自2008年开始依托中国科学院学部平台办刊。在吸引优质稿源方面，学部平台为“两刊”创造了良好的政策环境。《中国科学：生命科学》自2016年设立“From CAS & CAE Members”（新院士专栏），特邀发表中国科

---

① 本案例节选自《陕西师范大学学报（自然科学版）》常务副主编程琴娟编审在中国高校科技期刊研究会2021年科技期刊出版传播能力专题培训班所作报告“中文综合性科技期刊专题（刊）出版探索与实践——以《陕西师范大学学报（自然科学版）》为例”，案例中所涉数据统计截止到2021年12月，特此说明。

学院、中国工程院新当选院士的代表性文章。已发表中国科学院、中国工程院新当选院士高质量文章30余篇。如周琪院士团队撰写的《干细胞在再生医学领域的应用前景》、陈化兰院士团队撰写的《家禽疫苗免疫成功阻断人感染H7N9》、刘耀光院士团队撰写的《水稻杂种不育分子遗传研究》等一批高水准、高影响力的文章。近5年，“两刊”共发表300余位院士担任第一或通讯作者的文章近700篇，占总发文量的6%。

（2）向新晋“杰青”约稿

获得国家杰出青年科学基金项目的专家（简称“杰青”）都是在世界科技前沿领域取得突出成绩的青年学者。他们积极活跃在各自的研究领域，不仅学术水平高，而且正值科研成果产出的高峰期。自2014年，《中国科学：化学》主编万立骏院士和化学部主任朱道本院士每年联名向新晋“杰青”约稿，邀请他们把反映其高学术水平的“代表性”成果投在该刊。《中国科学》多个期刊，如《中国科学：技术科学》《科学通报》等都在采用该措施，均取得良好效果。

（3）组织编委/青年编委专刊

依托编委会组织专刊，有助于吸引这些优秀科研人员的高质量成果。如《中国科学：化学》2017年第5期组织出版的“青年编委专刊”，其包括的14篇文章在出版后第一年和第二年的篇均被引频次分别为8.428和7.671，远高于期刊2018和2019年的影响因子（6.132和6.056），而且其中2篇文章还入选了该刊的年度优秀论文评选，充分展现了其对期刊发展起到的重要推动作用。

（4）组织科技新星专刊（Emerging Investigator Issue）

组织出版Emerging Investigator Issue旨在吸引处于独立科研生涯早期阶段（通常是博士毕业10年内）的科研人员将杰出研究成果投到本刊。《科学通报》《中国科学：化学》和《中国科学：材料科学》陆续采取该措施组稿。作者遴选方式主要有两种：①发布专刊征稿启事，科研人员提交个人简历（包括教育和工作经历、研究领域、相关研究成果的10篇代表作、获得的奖项和荣誉等），编委会遴选通过后投稿；②由主编、副主编和编委推荐所熟悉领域的若干位青年科学家，通过编委会和编辑部发送约稿信，邀请其投稿。接收的稿件经过同行评议后决定是否录用。该项措施有助于吸引“青年千人”“青年拔尖人才”“优青”等年轻学者的优秀科研成果。

（5）开设国家自然科学基金专栏

自2011年8月开始，《中国科学》杂志社各刊设立了“自然科学基金项目进展专栏”，将国家自然科学基金各领域创新研究群体、重大研究计划、重大和重点项目、杰出青年基金等项目资助的代表性成果收录在该专栏发表。该项措施不仅成为推介和展示自然科学基金项目重要成果的窗口，也有助于吸引科研人员把质量高、创新性强的成果投给《中国科学》。

2. 典型案例二：《航空学报》系列专栏专刊组稿案例

（1）学术期刊编辑"走出去"，走进科研院所组稿约稿

要想吸引优质稿源，学术期刊编辑应该"走出去"。从航空类学术期刊的角度来看，走访国防科研院所组稿，是编辑部应重点开展的工作。《航空学报》出版的"非定常流动"专刊，就是先走访了中国空气动力研究与发展中心，与该基地专家深入探讨空气动力学的热点问题，并开展科技论文撰写的培训讲座后，才邀请该基地总师担任执行主编进行专刊组稿。

（2）跟踪国家重大专项，针对前沿热点研究组稿约稿

将国家重大专项列为专刊或专栏的选题。例如，国家"973"计划、国家"863"计划、国家自然科学基金项目以及国际合作项目等，此类组稿选题具有较强的前沿性。2015 年国家重点基础研究发展计划（民口"973"计划）对"飞机结冰致灾害及防护关键基础问题研究"进行立项，并拟定国内 8 家科研院所共同完成该项目。《航空学报》秉承及时反映中国航空航天领域科学技术发展水平的办刊宗旨，邀请该"973"项目首席科学家担任执行主编，组织了"飞机结冰致灾与防护"专栏。

（3）提升期刊品牌吸引力，围绕行业新闻组稿约稿

要想更好地吸引读者的眼球，专刊、专栏的选题还应该重视行业新闻和学科带头人的影响力。以《航空学报》为例，其在主办单位北京航空航天大学建校 60 周年之际出版了"北航 60 周年校庆"专刊，作者均来自北航各院系的知名教授团队，为北航的校庆送上了一份特殊的贺礼；在《航空学报》创刊 50 周年之际，出版了"《航空学报》创刊 50 周年纪念"专刊。

3. 典型案例三：《陕西师范大学学报（自然科学版）》系列专栏专刊组稿案例①

由于综合性科技期刊（以大学学报居多）涵盖众多学科，因而与专业类科技期刊相比，少有专业学会、专业会议、专业编委会负责综合性科技期刊的专栏专刊策划组稿工作的情况。此外，从编辑、编委等办刊人员来看，综合性科

① 本案例节选自《陕西师范大学学报（自然科学版）》常务副主编程琴娟编审在中国高校科技期刊研究会 2021 年科技期刊出版传播能力专题培训班所作报告"中文综合性科技期刊专题（刊）出版探索与实践——以《陕西师范大学学报（自然科学版）》为例"，特此说明。

技期刊也面临着编辑、编委学科背景各异、所属专业领域多样，导致难以聚焦同一学科、同一领域进行专栏专刊策划的问题。

尽管存在诸多限制，但综合性科技期刊进行专栏专刊的策划组稿具有显著的优势，不仅可以提升刊物在专业领域的影响力，为学术共同体提供更高的参考价值，而且也是期刊编辑职责所在和能力印证。《陕西师范大学学报（自然科学版）》通过组织专业领域学者担任编委和专栏专刊主持人的方式调动学术编辑的积极性，围绕国家战略、现实问题、学术热点、学科特色开展学术跟踪、专家交流、专业会议、论证会等一系列创造性活动，从而形成各类型专栏专刊。

《陕西师范大学学报（自然科学版）》的专栏专刊策划组稿从 2019 年度开始试水，经历了多个阶段的摸索，获得了丰富而宝贵的实践经验。2019 年刚开始试水时期，共策划 8 个专题（表 2-1），但此时专栏专刊还很难做到持续性和周期性，形式上也与其他以学科进行分类的栏目有重合。随着持续的摸索和改进，2020 年开始《陕西师范大学学报（自然科学版）》全面专题化，共策划组稿 17 个专题，形成了一定的影响力。到 2021 年，在专题基础上，逐步形成专题＋专刊的策划组稿模式。

表 2-1 2019 年《陕西师范大学学报（自然科学版）》策划组稿的专题目录

<table>
<tr><th>刊期</th><th>专题名</th><th>主持人</th><th>专题特征</th></tr>
<tr><td>第 1 期</td><td>合成气定向催化转化科学与技术专刊（15 篇）</td><td>刘忠文（主编）</td><td>学科前沿、能源战略</td></tr>
<tr><td>第 3 期</td><td>运动生物学专题（7 篇）</td><td>熊正英（教授）</td><td>学科前沿</td></tr>
<tr><td rowspan="2">第 4 期</td><td>黄土高原地区城乡发展及其区域效应专题（5 篇）</td><td>薛东前（编委）</td><td>区域发展战略</td></tr>
<tr><td>中国国内旅游与出境旅游研究专题（2 篇）</td><td>孙根年（编委）</td><td>学科前沿、现实之需</td></tr>
<tr><td rowspan="2">第 5 期</td><td>人工智能专题（9 篇）</td><td>谢娟英（编委）</td><td>科技前沿</td></tr>
<tr><td>序代数与逻辑专题（3 篇）</td><td>周红军（编委）</td><td>学科前沿</td></tr>
<tr><td rowspan="2">第 6 期</td><td>全国声学大会专题（15 篇）</td><td rowspan="2">编辑部特别策划</td><td>学科前沿</td></tr>
<tr><td>微分方程专题（3 篇）</td><td>学科前沿</td></tr>
</table>

2019 年以来，《陕西师范大学学报（自然科学版）》立足多元学科群策划专题，组约高质量论文，主要形成几大核心主题：①服务国家重大战略需求的

专题，如围绕乡村振兴战略策划组稿的“旅游助推乡村振兴专题”，围绕扶贫战略策划组稿的“贫困地区交通可达性与经济发展专题”；②面向国际重大现实之需的专题，如“水土资源高效利用专题”；③关注科技前沿领域的专题，如“人工智能专题”“生物医学与信息工程专题”。

为更好地围绕专题进行创造性组约稿活动，该刊将约稿范围向外辐射，依靠专家组约稿件，形成专题主持人制。总结而言具有如下特色：①编辑结合负责的领域策划专题——发挥编辑能动性；②联系主持人进行组约稿——由编辑办刊向专家办刊转变。通过尝试和努力，形成了以编委为纽带的创新型组稿机制，邀请编委担任专题主持人与组稿人，举行专题论证会。此外，通过调动有学术潜力的中青年学者的办刊热情，延展组约稿主体，并作为一些专业会议的学术支持期刊，提高期刊的可见度和影响力。2019—2020 年策划出版的 25 个专题中，编委（包括主编、顾问）担任主持人的有 10 个专题、中青年学者担任主持人的有 6 个、编辑部特别策划的有 8 个，大会专题 1 个。可见，《陕西师范大学学报（自然科学版）》梯队式多层次组约稿机制已经收获较好的成效。

第三章 审　　稿

“三审三校”制度是图书、报纸、期刊出版单位内容编辑环节的基本制度。其中，“三审”即为审稿制度。2001年，国家新闻出版署发布的《关于严格执行期刊“三审制”和“三校一读”制度保证出版质量的通知》（新出报刊〔2001〕142号）明确指出：“期刊出版单位应建立健全编辑机构和内部管理制度，进一步完善和规范稿件的编发审核制度，严格执行稿件‘三审制度’，切实做好稿件的初审、复审和终审工作。”学术期刊审稿包括初审、复审与终审三道审稿工序，学术期刊正是通过三道工序把关，实现对期刊出版内容质量的严格控制。不同学术期刊出版单位，执行审稿程序的主体不同。例如，初审主体可能是责任编辑，也可能是责任编辑与指定的栏目编委共同承担，复审主体可能是邀请的同行专家，也可能是编辑部主编或副主编等，终审主体既可能是主编，也可能是编委会等。无论出版实践中审稿的具体承担者是谁，审稿都是学术期刊出版过程至关重要的程序，是内容质量控制的关键。

第一节 初　　审

一、 初审的内涵

初审是学术期刊审稿必不可少的第一个环节，是复审和终审的基础。

初审是指初审人对新的来稿进行初步的审查，筛选出有必要进入下一个审稿环节稿件的过程。稿件初审对后续审稿环节将产生直接影响，如将学术质量差、书写不规范、语言不流畅的稿件送至审稿专家，将增加审稿负担，浪费审稿时间，降低审稿质量。初审过程质量控制不佳，将导致低质量稿件进入同行评议系统，给学术期刊及同行评议过程带来诸多负面影响（图3-1）。

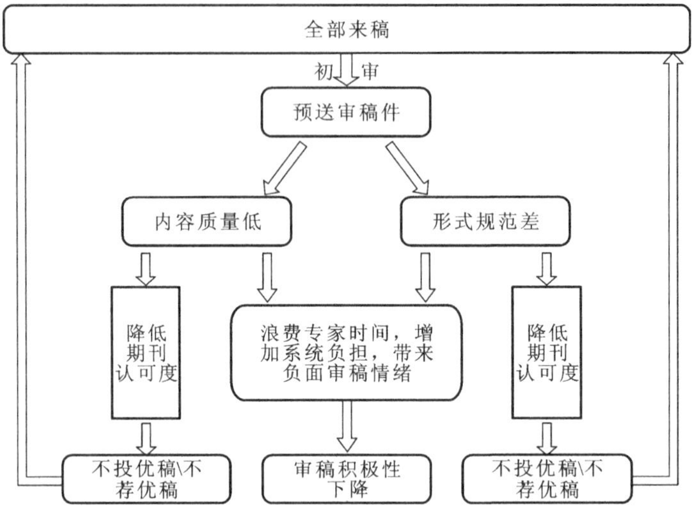

图 3-1　初审质量控制不佳的负面影响

二、 初审的主体与流程

不同期刊出版单位，初审主体不同，对应的流程也不同。初审主体即由谁负责稿件的初审工作，从编辑部收到的全部稿件中筛选出可进入下一个环节、符合要求的稿件。承担初审工作的主体可以是某个人、多个人或某个组织。一般而言，初审工作的承担者有如下几种情况：一是由期刊社的专职工作人员承担，如主编（副主编）、编辑部主任、责任编辑等，由其中某个或某几个人承担初审工作；二是由编委会中非期刊社成员承担，一般由各专业领域的、具有较强学术研究能力的学者担任。他们虽然不是专职的编辑，但对期刊学术质量控制起着重要作用，是办刊队伍的重要成员。由于他们在各自专业研究领域更具优势，不少编辑部会邀请他们对初审稿件进行把关，以避免低质量的稿件进入下一环节。例如，上海市临床检验中心的科技类学术期刊《检验医学》自 2014 年建立“编委初筛”环节。该期刊编辑提到，由于编辑不直接从事科学研究，对论文的创新性、前沿性、科学性等无法作出准确的判断，编辑初审只是流于形式；由于初审不严，流入“专家复审”环节的稿件越来越多，复审退稿也越来越多，2/3 退稿稿件的退稿原因是“缺乏创新性”。而创新性不强的低质稿件将带来一系列不利影响，如增加编辑不必要的工作量，挫伤后续同行评议专家审稿的积极性等。该刊初审环节由“编辑初审＋编委初筛”构成，即来稿首先经过编辑初审，其主要任务是审查稿件是否符合期刊办刊宗旨和报道范围，撰写格式是否符合要求，一般判断稿件是否有新意。编委初筛的任务是对稿件的创新性和发表价值进行初步审查，由初筛编委决定稿件是直接退稿还是复审，如果是复审，须同时推荐复审专家。对于"编委初筛"意见为"退稿"的稿件，编辑部会尽快作退稿处理；如果"编委初筛"意见为"送复审"，编辑部会将稿件送相应的专家作深度审稿，复审后的稿件由主编终审，决定是否录用。

根据初审主体的不同，可区分为如表 3-1 列出的 5 种初审人情况，在此基础上，可进一步细化为表 3-2 列出的 13 种初审流程类型。其中，期刊负责人（简称负责人）是指从事一线办刊业务并对办刊全程进行管理的人员，不同期刊，其负责人具体表现的职位不同。例如，有的期刊表现为编辑部主任，主编与副主编皆为学者兼职，此时该编辑部主任即为期刊负责人；有的期刊表现为副主编，主编为所属单位领导，不直接参与办刊。编委是指编委会的成员，为学者专家兼职人员。

表 3-1　不同初审主体及初审任务

初审主体	任务
责编	来稿登记，编务分配稿件，责编初审所负责栏目的稿件
	分层初审：不同编辑审查重点不同。编辑或只审查方法的科学性，或只审查学术不端及形式规范等
责编与负责人	责编直接初审稿件，从学术不端、形式规范及学术质量等方面进行审核，初审结果提交期刊负责人，期刊负责人同意后再送审
	首先由责编初审稿件的学术不端与形式规范；再由期刊负责人从学术质量和期刊发展方向着眼初审
	责编、负责人分别初审部分栏目，有疑惑的稿件请示负责人，或召开编辑部会议讨论
负责人	期刊负责人直接处理所有来稿，筛选有必要送审稿件
编委	编委成员担任初审人，对来稿进行筛选，或直接送审，或转给期刊社
责编和编委	责编初筛稿件，编委审核学术质量决定送审稿件

表 3-2　稿件初审流程的类型

<table>
<tr><th>首次初审人</th><th>首次初审任务</th><th>初审完整流程</th></tr>
<tr><td rowspan="8">责编</td><td rowspan="6">内容质量和形式审核</td><td>1. 责编审核内容质量和形式</td></tr>
<tr><td>2. 责编审核内容质量与形式—负责人复核确定</td></tr>
<tr><td>3. 责编审核内容质量与形式—编辑部讨论决定</td></tr>
<tr><td>4. 责编审核内容质量与形式—编委会讨论决定</td></tr>
<tr><td>5. 责编审核内容质量与形式—某编委复核内容质量—负责人审核结果</td></tr>
<tr><td>6. 责编审核内容质量与形式—某编委复核内容质量</td></tr>
<tr><td rowspan="2">形式审核</td><td>7. 责编审核形式—负责人审核内容质量</td></tr>
<tr><td>8. 责编审核形式—编委审核内容质量</td></tr>
<tr><td>负责人</td><td>内容质量和形式审核</td><td>9. 负责人直接审核内容质量与形式</td></tr>
<tr><td>责编与负责人</td><td>内容质量和形式审核</td><td>10. 责编和负责人各自审核不同栏目的内容质量与形式</td></tr>
<tr><td rowspan="3">编委</td><td rowspan="3">内容质量和形式审核</td><td>11. 编委直接审核内容质量与形式并决定送审稿件</td></tr>
<tr><td>12. 编委直接审核内容质量与形式—编辑部复核确定送审</td></tr>
<tr><td>13. 编委直接审核内容质量与形式—主编复核确定送审</td></tr>
</table>

三、 初审的任务要点

稿件初审任务主要指在初审质量控制目标导向下，初审人对稿件进行的初步评价。初审的任务主要有两个：一是初审时间控制任务；二是初审稿件质量控制任务，其中前者通过编辑部时间约束制度较易控制，故以后者为讨论要点。

在初审目标的导向下，初审的任务要点主要有四个方面，即政治和伦理审查、学术不端审查、形式审查和学术质量审查。其中，政治和伦理审查不仅存在于初审环节中，它贯穿于初审、复审与终审的全过程，是具有共性的任务要点。此处只作简要介绍，对后三个要点进行主要分析。

（一）政治和伦理审查

讲政治是出版业的基本要求，学术期刊出版也不例外。政治审查要求内容要遵守国家宪法、法律、法规和规章及政策方针，不能泄露国家机密（包括军事机密、科学机密等）。政治审查如若失误，对期刊发展不利，使期刊可能面临停刊整顿、撤销主编职务等严重处罚。因此，有的涉及政治敏感问题较多的期刊会在定稿后专门设置政治审查环节。不仅社会科学类期刊要进行政治审查，自然科学类期刊同样也要，如国家地图的边界问题。

伦理审查主要存在于医学领域的期刊中，可区分为人的伦理和动物的伦理。人的伦理主要涉及研究参与者或者研究参与者监护人知情、同意，实验不增加危险和成本、不损害研究参与者的合法权益；动物的伦理主要指应避免给动物造成不必要的伤害及死亡。初审应避免为了科研目的而不顾及此类伦理问题。

政治和伦理审查中，初审人无法判断的情况应提请评审专家和终审人重点审阅，该项内容审查贯穿于初审、复审与终审等每个审稿环节。

（二）学术不端审查

稿件学术不端检测主要指针对稿件内容涉嫌抄袭、剽窃、伪造、署名不当、篡改、一稿多发等问题的检测。稿件初审的学术不端审查，有利于减轻评审专家审稿负担，使其不必在学术不端问题上耗费过多的时间和精力进行甄别。随着期刊数字化技术和学术不端检测技术的发展，学术不端审查逐渐成为初审人的重要任务。

回顾学术期刊对来稿学术不端审查的历史，根据编辑可发挥作用大小，将其简要划分为三个阶段：一是纸媒时期稿件的学术不端审查。相对于同行专家，编辑获取稿件同题研究的纸质文献的容易度、广度和深度都有所不及。评审专家为同行专家，长期处于同领域研究的一线，熟知该领域的前人研究和前沿研究，信息占有量远大于编辑，能更好地判断文稿是否存在抄袭、剽窃等学术不端问题，而编辑没有技术或数据库资料可供借鉴，可发挥的作用相对较小。二是网络载体兴起后，学术文献进入数字化时期，但检测技术还未成熟。编辑初审可通过数据库检索同类选题的文章进行比对，判断是否存在抄袭、剽窃、重复发表等问题，其获取同类文献的广度较前一时期迅猛增长，能够减轻评审专家对学术不端问题进行判断的负担，两者利用各自信息优势，共同承担学术不端检测任务。三是学术不端检测技术出现且不断优化阶段。编辑对来稿进行学术不端判断更为便捷，可直接借助学术不端检测技术快速发现稿件抄袭、剽窃、重复发表等问题，但对间接剽窃不易查出，仍需人工判断。随着检测技术功能的完善和发展，其对各类反检测行为的查出率越来越高，能够在较大程度上拦截学术不端的稿件。评审专家没有学术不端检测技术的使用权限，来稿学术不端的检测更多由初审编辑承担，初审编辑对学术不端有怀疑但难以确定的稿件需提醒评审专家关注。

在国内，《中国学术期刊（光盘版）》电子杂志社有限公司于2008年底推出学术不端文献检测系统（AMLC），该系统不仅能够实现与期刊论文、会议论文、学位论文、报纸、专利等学术资源的比对，还能实现与网络资源的快速比对，正由于其比对资源数据库规模大，因此被广泛使用，机构用户不仅包括期刊社，还覆盖各大高校、研究机构、职称评审部门等。当前，国内学术期刊初审中的学术不端检测主要利用AMLC进行。随着AMLC在实践中的深入应用，各种问题不断暴露，如利用检测结果“一刀切”地判断抄袭问题。因此，初审环节对学术不端的审查过程中，合理利用学术不端检测系统成为关注点。例如，《中国农业科学》编辑分享初审人利用学术不端文献检测系统对来稿进行文本重复分析的经验；中国地质大学《地球科学》编辑提出，学术不端文献检测系统不是万能的，简单的修饰与加工即可避开学术不端系统的检测；《实用医学影像杂志》编辑提出，不合理地利用学术不端检测系统，反而会导致优质稿件的流失。可见，学术不端审查需要编辑借助技术的力量再作进一步的人工判断。

（三）形式审查

形式审查主要指与稿件内在学术质量无关的形式方面的审查，主要包括以下5个方面内容：①选题审查，即选题是否符合本刊用稿范围和办刊宗旨，与期刊特色的相关程度。②文字审查，包括文通理不通现象和文字表述不顺畅两种情况。前者是指文字表达通畅但表述的观点不符合逻辑，需要初审人仔细阅读文章内容，避免被文字通畅的表面混淆；后者是指观点尚可，但存在语句不通、错别字过多或语句过于啰唆重复等。③完整性审查，即论文构成要素是否完整，如作者信息是否齐全且真实、有结构式摘要要求是否满足、英文摘要是否提供、关键词数量是否符合要求。④参考文献审查，如是否过于陈旧或存在过度引用等不合理引用问题。⑤图表公式审查，即图表公式表述是否符合期刊要求与规范。除此之外，有的期刊形式审查还包括稿件篇幅、框架结构、行文格式、数据核实等。

（四）学术质量预判

初审仅完成上述内容审查是无法保障初审稿件质量的，要达到初审目标，更为核心的任务是学术质量预判。初审人对稿件学术质量的评价不同于同行专家的评价，因此用的“预判”二字，不必从专业的纵深角度对稿件的学术观点作出判断。关于学术质量预判的要点，不同学者表述不尽相同，如学术观点的创新性、科学性、真实性、独特性、准确性等。此类判断是初审环节最难以把握的，也是提高评审专家审阅稿件质量的关键所在，诸多研究提供了不同的方法建议。如有的认为编辑初审没有固定的方法但有基本方法，如文章学、逻辑学方法，并具体从论文构成的三大要素（论点、论据、论证方法）详细阐述稿件的学术价值；有的具体介绍了利用关键词搜索方法评价医学期刊论文的学术质量。不同编辑结合各自实践经验提出了可供借鉴的学术质量预判的方法，具有实践指导意义。

四、初审质量控制的实践要点

初审质量控制不严格，导致低质量稿件进入审稿环节，增加同行评议系统负担，影响专家审稿积极性，降低期刊社的整体运转效率（表 3-3），如作为审稿专家的牛津大学生理神经科学主席 Russell Foster 教授曾说道：“如果手稿的结论是基于空话的而不是基于数据，那么我也会非常失望，因为浪费了我一晚上的时间但是没有教会我任何新的东西。当重要数据被故意埋没在补充数据中，或者存在明显的技术错误时，我会尤其恼火。”① 可见，初审质量控制失当会对专家审稿积极性产生负面影响。因此，做好初审质量控制是期刊编辑部的一项重要工作任务。

表 3-3　初审质量控制不严格的负面影响

<table>
<tr><th>序号</th><th colspan="2">初审质量控制不严格现象</th><th>负面影响</th></tr>
<tr><td rowspan="3">1</td><td rowspan="3">学术质量把关过松</td><td>仅进行形式审查</td><td rowspan="3">增加同行评议系统负担、浪费评审专家时间、降低同行评议运转效率</td></tr>
<tr><td>对内容质量初筛标准低（主观故意降低，或客观评价能力有限导致）</td></tr>
<tr><td>放低对“关系稿”要求</td></tr>
<tr><td>2</td><td colspan="2">初审稿件不编排直接送审</td><td>形式规范差，导致评审专家阅读体验差</td></tr>
</table>

① 来源于 ScienceOpen 同行评审：如何成为一名优秀的审稿人

续表3-3

序号	初审质量控制不严格现象	负面影响
3	初审时间拖延	延误审稿周期，可能流失优质作者，不利于构建良好品牌形象
4	简单依据“门第主义和精英主义”筛选稿件	可能导致低质量稿件进入下一环节，增加同行专家及编辑负担，降低稿件处理效率

（一）控制目标

质量控制是为了达到规定的质量目标，分析稿件初审过程的质量目标是实现质量控制的首要步骤。

办刊主体通过对稿件初审过程的良好控制，减少进入同行评议系统稿件的数量，提高稿件质量，预期达到以下目标：

（1）减轻同行评议系统负担

通过初审控制进入同行评议系统稿件数量，将未达到刊发要求的稿件拒之门外，可减轻同行评议系统的负担。世界著名科技期刊 *The Lancet* 初审，拒稿率大约在 80%，只有约 20%的稿件通过初审，大大减轻了评审专家的工作量；我国第一个数学期刊——《数学学报》初审退稿率达到 54%以上。有的期刊为控制进入同行评议系统稿件质量，定期召开稿件预审会，集中决定进入同行评议流程的稿件。初审有利于审稿专家集中精力审查、挖掘、发现有创新价值的学术成果。

（2）提高审稿效率，缩短审稿周期

通过稿件初审控制预送审稿件的形式规范，筛选出相对优质的稿件，使评审专家专注核心价值点的创新性评价上，能够减少不必要干扰，节约评议时间，提高评议效率，缩短审稿周期。*Chinese Journal of Aeronautics* 编辑谈道，如果初审环节把关不严，导致后期反复被退修或被审稿专家退稿，耽误审稿专家时间，会使审稿专家流失，延长审稿周期，损害期刊形象。

（3）加快期刊社稿件运转速度

有效控制初审稿件质量，有利于避免稿件多次退修或再送审现象，加快运转速度。例如，《环境科学研究》为加强对初审质量控制，设置编辑部主任对所有初审稿件进行审核的环节，实践证明，设置该质量控制方法后，需要专家二审稿件的比例从 59.40%降到 40.59%，需要评审专家三审及更多次审阅的稿件从6.44%降至4.95%[①]。控制初审环节质量，提升初审筛选稿件的质量，能够有效节约期刊社资源，使资源高度集中于重点稿件运转，提高期刊社整体运转效率。

(4) 降低期刊社运行同行评议成本

对于进入与不进入同行评议系统的稿件，期刊社对其投入成本区别较大。显性的成本是单篇稿件的审稿费用，但这不是主要的成本区别；最大的成本差异在于对每篇稿件长时间跟踪与处理所需的人力投入。可见，优质的初审工作可降低学术期刊的审稿成本。

(5) 树立期刊良好形象，提升稿源吸引力

稿件初审的控制不仅体现在稿件内容质量上，还体现在审稿速度上。期刊社使明显不符合期刊办刊宗旨要求、学术质量要求、发文范围要求等的稿件作者快速得到回复，不影响作者改投他刊，有利于对外树立期刊良好的作者服务形象。快速的审稿结果反馈是吸引作者投稿的重要因素之一，如世界顶尖学术期刊 *Nature* 部分稿件从收稿到发表需要12天，重要稿件仅需3天，可见其初审速度之快。

(二) 控制路径

初审环节构成要素主要有初审主体（初审编辑）、待初审稿件及初审要求构成，初审质量控制即可从这三个方面施加影响，进而实现对整个工作环节的控制。

1. 初审主体层面

初审主体包括期刊社专职的工作人员，即编辑，与编委会中非期刊社成员，即兼职的科研人员。他们是初审质量控制的主体性因素，需要具备以下素养或能力，方才有利于初审质量的控制。

首先，无论是专业编辑还是科研人员来承担初审工作，都应具有良好的职业道德素养，包括客观地对待每一篇稿件，养成公平、公正、严肃、严格的思想作风；乐于奉献，具备甘为他人做“嫁衣”的精神，虚心接受作者、读者提出的建议和批评，杜绝人情稿和关系稿，坚持质量面前人人平等的原则等。2019年，国家新闻出版署发布的《学术出版规范　期刊学术不端行为界定》(CY/T 174—2019)，其中明确界定编辑学术不端行为类型，包括违背学术和伦

---

① 潘风云. 编辑部初审审核对稿件审理周期及效果的影响 [J]. 科技与出版, 2016 (11): 66-68.

理标准提出编辑意见、违反利益冲突规定、违反保密要求、盗用稿件内容、干扰评审、谋取不正当利益及其他学术不端行为七个方面，对学术期刊编辑规范的职业行为起到良好的警示作用。

《学术出版规范——期刊学术不端行为界定》(CY/T 174—2019) 中对编辑学术不端行为类型的界定

1. 违背学术和伦理标准提出编辑意见

不遵循学术和伦理标准、期刊宗旨提出编辑意见，应界定为违背学术和伦理标准提出编辑意见。违背学术和伦理标准提出编辑意见表现形式包括：

① 基于非学术标准、超出期刊范围和宗旨提出编辑意见。

② 无视或有意忽视期刊论文相关伦理要求提出编辑意见。

2. 违反利益冲突规定

隐瞒与投稿作者的利益关系，或者故意选择与投稿作者有利益关系的审稿专家，应界定为违反利益冲突规定。违反利益冲突规定的表现形式包括：

① 没有向编辑者说明可能会将自己排除出特定稿件编辑程序的利益冲突。

② 有意选择存在潜在或实际利益冲突的审稿专家评审稿件。

3. 违反保密要求

在匿名评审中故意透露论文作者、审稿专家的相关信息，或者擅自透露、公开、使用所编辑稿件的内容，或者因不遵守相关规定致使稿件信息外泄，应界定为违反保密要求。违反保密要求的表现形式包括：

① 在匿名评审中向审稿专家透露论文作者的相关信息。

② 在匿名评审中向论文作者透露审稿专家的相关信息。

③ 在编辑程序之外与他人分享所编辑稿件内容。

④ 擅自公布未发表稿件内容或研究成果。

⑤ 擅自以与编辑程序无关的目的使用稿件内容。

⑥ 违背有关安全存放或销毁稿件和电子版稿件文档及相关内容的规定，致使信息外泄。

4. 盗用稿件内容

擅自使用未发表稿件的内容，或者经许可使用未发表稿件内容却不加引注或说明，应界定为盗用稿件内容。盗用稿件内容的表现形式包括：

① 未经论文作者许可，使用未发表稿件中的内容。

② 经论文作者许可，却不加引注或说明地使用未发表稿件中的内容。

5. 干扰评审

影响审稿专家的评审，或者无理由地否定、歪曲审稿专家的审稿意见，应界定为干扰评审。干扰评审的表现形式包括：

① 私下影响审稿专家，左右评审意见。

② 无充分理由地无视或否定审稿专家给出的审稿意见。

③ 故意歪曲审稿专家的意见，影响稿件修改和发表决定。

6. 谋取不正当利益

利用期刊版面、编辑程序中的保密信息、编辑权利等谋利，应界定为谋取不正当利益。谋取不正当利益的表现形式包括：

① 利用保密信息获得个人或职业利益。

② 利用编辑权利左右发表决定，谋取不当利益。

③ 买卖或与第三方机构合作买卖期刊版面。

④ 以增加刊载论文数量牟利为目的扩大征稿和用稿范围，或压缩篇幅单期刊载大量论文。

7. 其他学术不端行为

其他学术不端行为包括：

① 重大选题未按规定申报。

② 未经著作权人许可发表其论文。

③ 对需要提供相关伦理审查材料的稿件，无视相关要求，不执行相关程序。

④ 刊登虚假或过时的期刊获奖信息、数据库收录信息等。

⑤ 随意添加与发表论文内容无关的期刊自引文献，或者要求、暗示作者非必要地引用特定文献。

⑥ 以提高影响因子为目的协议和实施期刊互引。

⑦ 故意歪曲作者原意修改稿件内容。

其次，初审主体对学术论文的学术评价能力，是影响初审质量的重要因素，尤其对于专职的编辑人员，应掌握一定的学术质量评鉴方法，实现学术评价能力的提升。

但是，有些初审编辑只重视文章的形式，仅从文章表象和形式规范角度来判断处理文稿。例如，来稿是否有英文摘要，参考文献格式是否统一规范，字数是否符合本刊的交稿要求，作者的身份与职称如何，是否为基金项目文章等。初审编辑仅仅在这一层面做出初审处理显然是草率的。来稿形式规范，选题符合要求，表述畅达，并不等于内容就具备向社会发布的价值，如有的来稿存在“文通理不通”的现象，即文字表述通畅，但逻辑上不成立；有的则属于“正确的废话”，无新意、无论证的必要。因此，对来稿的学术质量做出初步评价是提高送审稿件质量的关键。

对稿件的学术质量进行预判是初审工作的核心，也是避免低质量稿件进入下一个审稿环节的关键。相对于编委而言，期刊的专职编辑面临的挑战更大。学术评价能力高低与个人的专业素养有关。专业素养与个人的专业背景和学历层次有关，且需要长期的积累。初审编辑除了要尽可能多地了解对应领域的专业信息，以提高自己的专业素养之外，还需要掌握编辑的学术评鉴方法。下面将介绍通用各学科领域的“三要素”初审评价法，有利于提升初审编辑的学术评价的准确性。

论文由三要素构成，即论点、论据和论证方法。责编在初审的时候，可以从论文的构成规律来初步把握来稿的学术质量。具体而言：第一，考查来稿的论点或核心观点是否具有科学性、创新性、价值性及可接受性。科学性是文章价值的前提，主要指文章观点是否明晰、准确、合规律。若观点含混不清，表述不明晰、不准确，就谈不上合规律，即使论证再精彩，也无济于事。创新性是学术论文的灵魂，创新评价是与该课题的研究史相比较实现的，如与既有的研究成果相比较，是否解决了他人没有解决、没有涉及的问题，或解决的方法与结果更有意义，或研究的角度比较独特。责编可以依据来稿提供的信息，通过比对文献，初步判断论点、论据及论证方法是否创新，而且要把握创新的可信度，即来稿的新意是否得到充分展示，是否有可靠充实的材料，是否进行了严谨、令人可信的科学论证。价值性有理论价值与实践价值之分，编辑不能仅从理论层面考虑，有些文章观点对现实有指导意义或具有现实操作性，这也是价值性评判的一个重要方面。在可接受性上，编辑要重点审视文章的社会价值，判断是否具有某种意义的可接受性。

第二，审读文章的论据或支撑材料，查考文稿的论据是否可靠、完整、与论点是否协调。一篇学术论文，只有论证充分、言之有理，支撑材料丰富充实，作者的观点才具有说服力，才能启发读者思考。如果仅仅有一个新的观点，没有充实的材料支撑它，那么这个观点是无法“立”起来的，也无法被社会接受，更难以得到广泛的、有深度的传播，此类来稿就不具备向社会发布的条件，提交复审的必要性不高。

第三，把握文章论证的方法是否科学、合理、可行。论证方法有很多，如阐释法、描述法、案例法、调查法等，论文选用的论证方法要科学、合理，与研究的问题相适应，如有些文章调研的数据来源于少数高校，样本选择不当且数量偏低，代表性不强，文章得出的结论却是所有高校的共性结论。此种做法存在明显的以偏概全，论证方法显然存在问题。

除了“三要素”初审评价法之外，一些研究亦提出了不同的初审实践操作办法，详见表 3-4。

表 3-4　稿件初审的评价方法

序号	方法名称	方法内容
1	审要点法	审结构、审公式、审数据、审图表、审参考文献
2	融合交叉初审方法	利用布尔逻辑搜索符号进行组合搜索以对稿件查重与查新；带着问题与审读重点审阅稿件；利用稿件内容呼应判断稿件质量
3	论文信息质量五维法	基于信息质量理论提出对论文五个方面的审查：适用性、创新性、真实性、时效性、可读性
4	比对法	通过对收稿记录、参考文献、网络资源进行比对，发现每个维度内部之间的关联来判断稿件的学术质量
5	四步法	通过题名考察稿件是否符合刊物的办刊宗旨和选题方向；通过摘要和关键词考察稿件的学术价值；通过正文考察稿件的真实性和规范性；通过参考文献考察稿件的创新性
6	网络资源利用法	利用网络资源审查稿件的原创性、学术规范性以及创新性。首先，使用 AMLC 检测文字复制比，利用检测英文来稿等网络工具或资源判断稿件的原创性。 其次，利用网络资源查看引文内容是否恰当，参考文献著录是否准确，来判断稿件的规范性。 最后，利用主题词搜索、作者近年发表论文情况等查询相关信息，判断稿件的创新性

2. 待初审稿件层面

初审的对象是编辑部收到的来稿。来稿质量主要包括内容质量和形式质量。内容质量主要指稿件的学术价值，包括观点的创新性、科学性、准确性等，对应初审任务要点中的“学术质量预判”，此外，政治和伦理审查也属于内容层面，但由于该问题的判断相对于学术质量预判，有相对明确的评价标准和多个主体的审查，此处暂不作讨论；形式质量是指对稿件非学术质量的考察，包括是否存在抄袭、剽窃等学术不端现象，稿件是否符合办刊宗旨，论文构成要素是否完整等，对应初审任务要点中的“学术不端审查”与“形式审查”。来稿状态与初审任务要点对应关系见图 3-2。

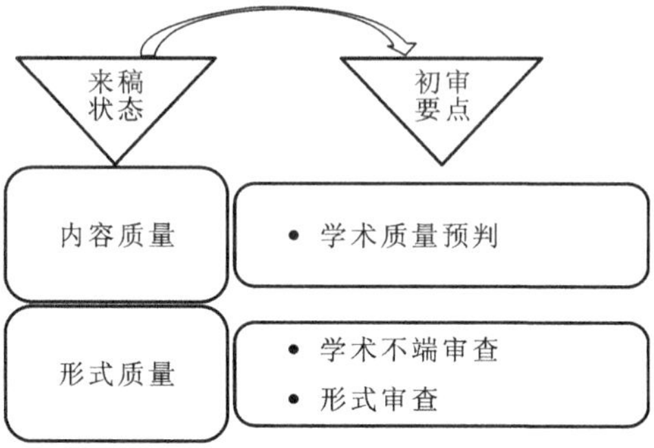

图 3-2　来稿状态与初审任务要点的对应关系

从图 3-2 可知，来稿状态直接影响初审任务的起点，影响初审任务量的大小，进而影响初审的审稿周期。例如，来稿学术不端审查、形式审查皆满足刊物要求，初审任务可直接缩减为学术质量预判，减少初审人的工作量，使其专注于学术质量判断，有利于提升初审工作的效率与初审稿件的质量。此外，若存在大量与期刊定位不匹配的来稿，如研究方向、研究风格或范式、学术水平不匹配，势必增加初审人的工作量（包括审阅的工作量和回复的工作量），占用初审其他稿件的时间，影响初审周期。

因此，期刊应注重培养作者群体，进而优化来稿质量。一方面，不断提升期刊影响力，进而吸引优质的作者投稿，培养刊物稳定的优质作者群体；另一方面，以官网或微信公众号等多渠道向社会公布期刊的要求，使投稿者容易获取此类信息，且能够清晰地了解刊物对稿件形式和学术的要求，包括选题范围、读者对象、稿件格式、参考文献标注方法等，尽可能地提高来稿的规范性。

3. 初审要求层面

在初审人主体性的影响下，初审人依据所属期刊的要求，完成稿件初审工作。期刊社对稿件初审要求直接引导初审人的稿件筛选行为，对初审结果必将产生重要影响。

初审要求是指办刊主体对初审人的稿件筛选行为作出的规定。初审要求可区分为明文规定的显性要求与约定俗成的隐性要求。约定俗成的隐性要求是指未进行具体规定，但期刊社内部取得的一致共识，相对抽象。例如，初审人审阅稿件需认真仔细，以确保遴选稿件的质量；对待送审稿件初步编辑加工，提高送审稿件的质量，以减轻评议人的负担。明文规定的显性要求是指办刊主体以明文制度规定初审人需要遵守的初审规程或准则，易于考核与管理，也可称之为制度性要求。例如，《环境科学研究》编辑部制定稿件初审登记表，明文规定初审人员填写的内容，包括学术不端检测结果、所属基金项目、责编初审意见等。

显性要求是隐性要求的具体化，期刊社可以通过制定显性的要求实现隐性要求，进而对隐性要求进行考核与管理。部分隐性要求以显性要求的方式呈现便于考核与管理，但仍有部分隐性要求未以显性要求呈现，难以考核与管理，这就需要通过激励机制来激发期刊编辑的积极性和主观能动性。无论是显性要求，还是隐性要求，都直接影响初审人的初审行为，显性要求更为具体、细致地规定了初审人的行为，隐性要求为初审人的初审行为提供了方向性的指引。学术期刊在要求制定层面不仅关注显性的流程层面的要求，更应注意编辑初审隐性层面的要求；不仅要提出工作过程中不同环节的质量“硬”要求与标准，还应注重对工作主体给予人文的关怀与相应的激励举措，方可能实现初审主体按照初审显性要求及隐性要求完成相应的工作任务，达到预期的初审质量。

第二节　复　　审

期刊复审是期刊出版过程不可或缺的环节之一。早在2001年，国家新闻出版署发布的《关于严格执行期刊“三审制”和“三校一读”制度保证出版质量的通知》（新出报刊〔2001〕142号文）即明确指出：期刊出版单位必须严格执行稿件“三审制度”，切实做好稿件的初审、复审和终审工作；对稿件编排的各个技术环节，都要规范操作，杜绝事故隐患。复审是三审的中间环节，也是学术期刊质量控制的关键环节。尤其是对于同行评议专家进行复审的期刊，其复审质量对学术期刊质量起着更为关键的作用。本节也将重点讨论此类型的复审，即由同行评议主导的复审。在讨论此之前，首先界定复审的由来及主要类型，因为并不是所有学术期刊复审都是由同行专家完成的，因此复审根据不同的主体有不同的类型。在此基础上，再从同行评议的含义、模式，及不同同行评议模式运行的关键要点对同行评议主导的复审进行详细探讨。

一、 复审的由来及类型

期刊的三审制来源于图书的三审制。早在1952年，国家出版总署在《关于执行〈关于公营出版社编辑机构及工作制度的规定〉的指示》中就明确指出，每一书稿从采用到印制成书，应实行编辑初审、编辑主任复审、总编辑终审和社长批准的编审制度。这是我国第一次明确提出出版社对书稿应实行“三审制”。1998年，新闻出版总署图书司以图管字（98）第98号文件下发《图书编辑工作基本规程》，对三审制进行了更为细致、全面、规范的描述：提出审稿坚持三级审稿制度，即责任编辑初审，编辑室主任复审，社长、总编辑（或由他们授权的具有正、副编审专业技术职务的人员）终审，三级审稿缺一不可。三审的要求各有侧重。对复审的要求是，复审应审读全部书稿，并对书稿质量和初审报告提出意见，作出总的评价。有些重要的书稿可由比较多的人审读、讨论。有些本社难以判断的专业性很强的书稿，经过社内审读后，还需请社外专家审读。翻译书稿要由有关的外语专家校订。2019年，国家新闻出版署发布《关于开展“三审三校”制度执行情况专项检查》（国新出处〔2019〕228号）再次强调各级审稿的职责，其中对复审环节提出，应审读全部稿件，并对稿件质量及初审报告提出复审意见，作出总体评价，并解决初审中提出的问题。

图书的三审制被引入学术期刊出版，以控制期刊出版质量，但对于各级审稿由谁承担并未有明确的文件进行规定，各个期刊编辑部具体实践做法不同。有的期刊复审由编辑部主任负责或指定具有高级职称的人员负责；有的期刊复审邀请编辑部以外的对应学科领域的同行专家承担；有的期刊复审环节分为两个审次，先由同行专家审再由编辑部成员（如编辑部主任或副主编）把关等。无论具体流程如何，从承担主体看只有两种类型，即编辑部内部的专职人员完成复审或邀请编辑部以外的学者专家完成复审。前者由编辑部的主任或副主编或其他人员担任，不同期刊具体做法不同，该承担者对负责的学科领域具备一定的学术研究能力及评价能力。例如，有的期刊以各栏目的责任编辑承担复审工作，责任编辑多为对应领域的博士或是从事该领域编辑工作多年的资深编辑。后者即通常所说的同行评议，或称外审，该制度是由西方引入，被我国的学术期刊尤其是科技期刊普遍采用，成为审稿中不可或缺的一道审稿工序。本章将以同行评议为主要讨论内容。

二、同行评议——同行专家主导的复审

同行评议始于1665年世界第一份学术期刊《学者杂志》，已经历300多年的发展，在科学界得到广泛的应用，成为国际学术出版的基石，是学术出版流程一个不可或缺的环节。

（一）同行评议的含义及模式

1. 什么是同行评议

同行评议，英文为Peer Review。其中，Peer在文艺复兴时期指的是贵族阶层的成员，英国Life Peer指的是终身贵族，处于英国贵族五个等级之一。这种带有政治意味的称呼逐渐发展为某个社会等级的人，或受过某种专业训练的人；后来衍生为有着相似的兴趣、年龄、背景及社会地位的人。应用至学术研究领域，主要指具有相同或相近学术背景的人。

关于同行评议的含义有着多种说法。美国国会技术评估办公室高级分析家库宾认为，科学界常常用同行评议方法来判断工作程序的正确性、确认结果的可靠性以及对有限资源进行合理的分配。英国萨塞克斯大学科技政策研究所所长吉本斯等认为，同行评议是由该领域的科学家或邻近领域科学家以提问的方式，评价本领域研究工作科学价值的代名词。我国学者刘明将同行评议定义为，针对涉及研究工作的某项事务，聘请在该领域或相近领域工作的专家，运用其专业修养，就对象的学术水准及相关价值作出评价的活动，其评价结果是决策的重要依据。[①] 学者贺颖认为，同行评议本质上是科学共同体内的科学家（一般是颇有造诣的科学家）应用同一范式来评价、选择该科学共同体内的新发现、新理论[②]。它有助于决策民主化。

综合文献认为，同行评议是指由组织方遴选的，相同或相近领域内具有较高造诣的专家，根据评价目的，遵循组织方提供的评议标准及程序，利用其专业知识，对评议对象的具体方面做出评价的科学活动。

学术期刊同行评议是同行评议的子概念，是同行评议在学术出版领域的应用。根据同行评议的内涵，可将学术期刊同行评议界定为由期刊出版单位遴选

---

① 刘明．学术评价制度批判［M］．武汉：长江文艺出版社，2006：67-68.

② 贺颖．基于科学计量视角的同行评议专家遴选问题研究［D］．天津：天津大学，2008.

的，相同或相近领域内具有较高造诣的专家，遵循期刊出版单位提供的评价标准和程序，利用其专业知识背景，对稿件的学术价值做出评价，以为期刊出版单位稿件发表决策提供重要参考的科学活动。

2. 同行评议的模式

同行评议模式主要有封闭同行评议模式和开放同行评议模式。封闭同行评议模式，又称传统同行评议模式、盲审模式，该模式从编辑部收到稿件开始，直至编辑告知作者审稿结果为止的整个过程，对编辑部以外的人或组织是不公开的“黑箱”状态。开放同行评议模式，是相对传统同行评议模式而言的，是一种信息全部或局部公开的模式。由于开放的对象、内容、范围、方式、时间等不同，开放同行评议模式表现出多种类型，具备不同程度的“开放”特点。此外，还有一些新兴的评议模式，如不再由出版商主导而由作者主导的同行评议模式，也叫背书式同行评议[①]；出版商 Emerald 推出的创新型同行评议模式——注册报告，即在开展研究之前，将实验方法和拟进行的分析进行预先注册和同行评议。此时同行评议从关注最后的研究结果转移到可以引导研究的问题以及能够解决这些问题的方法上，从而鼓励最佳的研究实践。但是，这些模式应用于学术期刊实践较少。本节以讨论封闭同行评议模式和开放同行评议模式为主。

（二）封闭同行评议

1. 类型与流程

封闭同行评议模式又称为盲审模式，可分为单盲模式与双盲模式。其中单盲模式与双盲模式的最大共同点在于专家身份对作者都是不公开的，因此都可被称为“盲审”；二者区别是，专家是否知道审阅稿件的作者的身份信息，若在同行评议过程中，作者的身份信息对审稿专家是公开的，即为单盲模式，反之为双盲模式。

无论单盲模式还是双盲模式，其操作流程相近。首先由编辑选择至少 2 名同行专家担任审稿人，从稿件创新性、科学性、完整性等维度来遴选稿件；原稿、修改稿、评议报告、作者答复等相关文件不对外公开；保持一定的退稿率；评审过程中审稿人匿名，且作者与审稿人之间、审稿人彼此之间不直接沟通交

① PERAKAKIS P, TAYLOR M, MAZZA M, et al. Natural Selection of Academic Papers [J]. Scientometrics, 2010, 85 (2): 553-559.

流；编辑综合多份评审意见反馈给作者；一旦编辑给出结论，审稿流程即结束。

2. 主要缺陷

传统同行评议模式伴随着世界第一本学术期刊《学者杂志》（1665 年）的诞生而产生，其作为现代科学的重要验证机制被建立，尽管它在实践中出现一系列弊端，但是它仍然是增强科学出版价值的强大方法，在学术发展史上扮演着关键的、理想化的角色。其问题主要集中在以下方面：

（1）耗时长

稿件进入同行评议“黑箱”后常出现久审不回，甚至编辑部“久催不回”现象。有研究发现，45.94%被调查稿件实际审稿周期超过 30 天，还有诸多个案调研得出相近的结果：对期刊 *Angewandte Chemie International Edition* 的 2000 篇稿件调研发现，审稿时间花费 5 个星期及更长时间的稿件占比 42.4%；对《中华眼视光学与视觉科学杂志》2017 年送审稿件调研发现，41.2%的评审专家未在规定时间返回稿件；对《南方医科大学学报》2009—2010 年两年送审稿件的调研发现，未按时返回的稿件大多拖延 1 个月，最长拖延 3 个月。

（2）存在偏见

该特点主要体现在单盲评审中，评审专家在审稿过程中受作者所属机构、身份、性别、民族、职称、学术声望等外在因素影响而产生有意识或无意识的偏见。例如，作者所属机构引发的偏见，最著名的实验证据研究来自 DP Peters 和 SJ Ceci，他们选取 12 篇来自著名机构已公开发表的论文，对 12 篇论文进行标题、摘要及前言介绍的简要修改，但是改变了作者的姓名和机构名称（编造了没有名气的机构名称）又重新投往原来刊发的期刊。结果却发现，仅 3 篇稿件被发现是原来出版过的文章，8 篇被拒绝，拒绝的原因不是缺乏原创性而是学术质量低①。Richard Walker 等实证研究发现，作者性别和作者机构的特征对审稿结果有着中等及以上的偏见影响②。M. Hojat 等研究指出，传统审稿模式带来性别、种族等偏见而使得审稿的公正性受到影响③。

---

① PETERS D P，CECI S J. Peer-review Practices of Psychological Journals：The Fate of Published Articles，Submitted Again [J]. Behavioral & Brain Sciences，1982 (5)：187-255.

② WALKER R，BARROS B，CONEJO R，et al. Personal Attributes of Authors and Reviewers，Social Bias and the Outcomes of Peer Review：A Case Study (Version 2) [J]. F1000 Research，2015 (4)：1-20.

③ HOJAT M，GONNELLA J S，CAELLEIGH A S. Impartial Judgment by the "Gatekeepers" of Science：Fallibility and Accountability in the Peer Review Process [J]. Advances in Health Sciences Education，2003，8 (1)：75-96.

（3）评审权滥用

无论是单盲模式还是双盲模式，整个评议过程处于“黑箱”模式下，评审专家的评审权难以被监督与制约，易出现评审不端行为。例如，对潜在竞争同行的故意遏制；对新思想、新观点的剽窃；故意拖延同类研究的评审时间，为个人研究抢占首发权争取时间。这些案例时常发生。国际期刊 *New England Journal of Medicine* 的副主编 Drummond Rennie 曾讲述，他送审一篇稿件给 Vijay Soman 审稿，Vijay Soman 在审稿过程中抄袭部分观点并投到另外一个期刊 *American Journal of Medicine*，巧合的是，该刊将他的文章送给了原来被抄袭稿件作者的导师审阅，该事因此被曝光。

（4）同行评议造假

由于同行评议过程是封闭的，评审专家的身份、审稿意见和作者回复全部都是保密的，这将为部分作者作伪提供掩护，他们可以伪造身份后自己完成审稿。在传统同行评议过程中，作者推荐评审专家是编辑寻找专家的重要途径。同行评议模式一旦失去了透明性，作者就有机会去指定那些会给出正面意见的评审专家，甚至伪造邮箱自己完成审稿。曾经的大面积国际撤稿事件就因此产生。

除上述以外，传统同行评议模式还存在其他缺陷。例如，缺乏激励，结果缺乏一致性，专业歧视，利益冲突，无法发现错误与造假等。随着传统同行评议弊端的不断揭露，开放科学运动的深入发展，开放同行评议模式试图克服传统同行评议模式的缺陷，成为同行评议领域讨论的热门话题。

3. 运行的关键控制点

传统同行评议模式虽然存在一定缺陷或弊端，但是其作为当前学术期刊界同行评议的主流模式，对同行评议质量控制仍然发挥着十分重要的作用。在实践运行中，传统同行评议模式运行的关键控制点，在一定程度上可以克服传统同行评议弊端，控制同行评议质量。传统同行评议模式运行中的关键控制点或难点在于专家的精准匹配与专家积极性的激励。审稿专家的遴选与匹配对后续审稿时长及审稿意见质量起着决定性的作用；而审稿专家的积极性，直接影响其在审稿过程中的投入程度。下文将从这两个方面展开详细阐述。

（1）审稿专家研究方向的匹配

研究方向匹配是指专家在所属领域研究的具体内容与拟送审稿件的内容属于同一个学科乃至同一个研究方向。社会学家马尔凯曾说过，对一件给定的工作质量的可靠评估只能由那些正在研究同样或类似问题的人做出，由能够取得至少水平与之相当的成果的人来做出。

第一，专家研究方向匹配的主要路径。

实现稿件与专家研究方向精准匹配的控制路径主要有以下方面：

① 遴选编辑的控制

遴选编辑指为稿件遴选评审专家的人员。在当前学术期刊仍然以人工遴选为主的背景下，选择谁承担专家遴选工作，成为研究方向匹配控制的重要路径。何静菁等[①]指出，编辑主要根据关键词在网络数据库搜索相关文献来遴选专家，送审效率低，专业匹配精准度难以保障；而编委能够及时掌握科研动态，判断所在领域的稿件及专家研究方向既快又准。韩丽等[②]指出，编辑长期脱离科研一线，对专业把关不准确，对新兴领域、交义学科的审稿专家遴选有偏差；由编委遴选评审专家，有利于做到匹配专家的准确性。唐耀[③]认为，编委能够做到准确遴选专家，《菌物学报》自实施编委送审制后，减少了因专家研究方向匹配不准确而被拒审的情况。从前人文献看，编委因其专业背景优势，对稿件及专家研究方向的精准判断优于编辑，这一观点已达高度共识。

国际学术期刊承担专家遴选工作的科学编辑不仅需要有相关专业背景，而且大多由拥有专职科研工作经历的“前科学家”承担。例如，*Journal of Cell Biology*、*Cancer Research* 由各领域专家担任的编委决定稿件是否需要送给另外专家审阅；*Science* 由专门聘请的相关专业领域的领军人物担任“审稿编辑”(Reviewing Editor)，负责专家遴选工作；*Journal of Geophysical Research* 由科研一线学者兼职的副主编负责遴选专家；世界四大名刊之一 *Proceedings of the National Academy of Sciences of the United States of America* 及生物学优秀期刊 *Journal of Cell Biology* 都是由现役的科学家或院士完成专家遴选工作。

② 遴选方法的控制

前人研究提出多种遴选方法，助力编辑精准匹配专家，包括可视化的思维导图法，利用专家的研究动态与学术活动的画像法，利用 CiteSpace 准确定位与稿件研究方向匹配的专家。国际出版商 Wiley 期刊编辑提出，编辑可以从已发表论文的作者中寻找；可邀请编委推荐专家；还可从本刊或相关期刊发现相关主题的合作者等。此外，还有以科学计量学为代表的一系列专家遴选办法研

---

① 何静菁，武立有，赵艳静，等. 基于 Elsevier 选刊标准的科技期刊送审新模式 [J]. 天津科技，2018，45 (11)：87-90.

② 韩丽，王敏，武文. 编委送审制在国内学术期刊中的应用 [J]. 编辑学报，2012，24 (4)：361-363.

③ 唐耀. 对科技期刊审稿周期的思考 [J]. 科技与出版，2011 (9)：53-57.

究，如利用科学知识图谱方法寻找交叉学科的小同行；构建概念知识网络发现匹配的小同行；基于向量空间模型和余弦相似度的稿件精准送审方法。此类研究为提高方向匹配精准度提供定量的遴选算法及思路。

③ 专家要求的控制

期刊出版单位对遴选评审专家提出具体的要求，能够有效引导编辑选择评审专家。专家遴选要求在基金项目评审中表现明显，例如，美国国家科学基金会对评审专家的要求是，具有领域专长、没有利益冲突、客观公正以及专家分布的多样性；德国研究联合会要求项目评审专家不仅要有博士学位，且应拥有三年以上的工作经验；英国研究理事会对同行专家首要要求是在其研究领域的权威性。面向不同层次作者群和读者群的学术期刊，对评审专家的具体要求不同，无法形成一个普遍适用的具体标准。对此，前人主要从泛义层面就遴选“大同行”还是“小同行”提出了不同的见解。大多研究认为，只有小同行专家，才能够更快地对本专业稿件做出评价并提出有建设性的意见；也有研究提出期刊不仅要选择小同行专家审稿，还需要选择与稿件学科方向相同的论文作者作为评审专家，才能确保审稿质量和审稿效率；还有研究指出，需要小同行与大同行共同完成审稿任务，大同行是对小同行的有效补充，可避免小同行排斥“非共识”问题、评价偏倚、匿名不匿等问题发生。

对专家的要求不宜简单地用大同行或者小同行下定论，同行的“行”有子同行，子同行可进一步划分大的子同行与小的子同行等。随着现代学科体系的进一步划分，大量交叉学科产生，大同行与小同行的范围界限并不清晰。更为有效和可靠地获得科学评审意见的做法是选择对来稿选题有过同题或类似题目研究的学者担任评审专家。

④ 遴选平台/工具的控制

编辑不仅需要在期刊出版单位自建的专家库寻找专家，还需要在网络数据库寻找。由于自建专家库覆盖研究方向有限且动态更新不及时，完全依靠自建专家库已无法满足外审需要。随着开放网络学术媒体的迅速发展，网络学术资源得以极大地丰富，利用各类网络平台搜索专家资源，成为专家遴选的重要途径，搜索专家的网络平台/工具可梳理如下 9 类，见表 3-5。

表 3-5 网络搜索匹配专家的平台/工具

序号	类型	举例
1	文献数据库	知网、万方、维普、Web of Science、Scopus
2	科研项目数据库	国家及国家各部委基金数据库

续表3-5

序号	类型	举例
3	学术搜索引擎	百度学术、谷歌学术
4	学术社交平台	科学网、ResearchGate、Mendeley、Academia
5	专业性学科网站	丁香园、Pubmed
6	采编系统的专家库	腾云、ScholarOne 的专家遴选库
7	机构官方网站	高校院系网站
8	第三方审稿平台	Publons
9	文献推荐工具	文献鸟

第二，当前专家研究方向匹配的策略。

传统同行评议模式运行中，负责初审的编辑需要遴选研究方向匹配的专家完成同行评议工作，实践中负责稿件初审的主体多为编辑部的专职编辑，不是各个领域的研究人员，可能存在对专家研究方向判断不准、对稿件研究方向判断有偏差等难点，对于交叉领域的稿件匹配专家难度较大等难题，可通过以下策略来克服上述难点，优化专家研究方向匹配效果。

① 组建编辑与科研人员共同参与的遴选团队并合理分工

期刊出版单位应吸纳科研人员加入，组建编辑与科研人员共同参与的专家遴选队伍，如《物理学报》评审专家多达 6000 人。编辑常遇到因为选择小同行不准确而导致评审专家拒审，致使审稿周期延长，如《等离子体科学和技术（英文版）》面临国际评审专家审回率低的问题，其中原因之一是编辑专业学识受限，送审时难以选准小同行。专职编辑与科研人员相比，对各专业的研究方向、各细分方向的研究者及其研究兴趣等信息的了解程度处于相对劣势。学术期刊宜构建编辑与科研人员共同参与的专家遴选团队，合理分工，发挥各自优势。

a. 科研人员具有编辑缺乏的优势——专业认知水平和对同领域专家学者的熟知程度。相比于编辑，科研人员以科学研究为专职，对本学科的认知水平及科研团队熟知程度，显然优于游离在专业边缘的非专职科研人员的编辑。而且科研人员对专家的动态情况比编辑掌握得相对及时。科研人员在其学术生涯或职业生涯中会发生各种变动，包括职业职务的变更、时段任务的变化、研究关注点及兴趣点的转移等，导致他们不再适合评价之前研究领域的稿件。编辑对此类动态信息获取主要从官网等公开渠道，而科研人员除了官方正式公布信息外，还有同行人际交往、学术沙龙等非正式渠道，其对同行动态信息掌握更为及时，这是科研人员在专家遴选上的突出优势。

b. 编辑需要配合科研人员遴选专家的工作。科研人员固然有编辑不具有的典型优势，但不能完全取代专职编辑，成为遴选主体的唯一力量。一是由于科研人员负责遴选工作本身存在劣势，如身兼多职导致遴选专家不及时、兼职身份的责任感和积极性难以保障、个体差异大，难以考核与管理导致工作质量参差不齐等；二是综合性学术期刊涉及多个专业和多个研究方向，期刊专家遴选工作涉及人员分工协调等前期准备，工作相对烦琐，工作量大，将可能影响作为兼职身份科研人员的积极性和工作质量。因此，编辑按照学科分支，将拟送审稿件分派给不同研究方向的科研人员负责，并与各分支负责人保持联系，及时跟踪同行评议进展；三是对于跨学科、跨研究方向的稿件，难以归口至某一个分支方向的科研人员负责，此类稿件专家的匹配需要编辑借助期刊出版单位拥有的多学科专家资源及网络资源寻找合适的评审专家，或者同时协调多个研究方向的科研人员同时寻找匹配的专家。

综上，增设科研人员为遴选主体，由专职编辑与兼职科研人员共同构建遴选团队，并进行合理分工与协作，方可实现研究方向匹配的有效控制。

② 面向编辑开展网络学术资源搜索培训

交叉学科稿件专家匹配成为专家匹配的突出困难之一。对于科研人员而言，匹配专家难度也较大，因为他们多从事某个或几个研究方向的深入研究，其所处学术圈层集聚在同一个或相近的研究方向上。相对而言，编辑拥有多个学科及研究方向的专家资源，可借助已有的专家资源及网络资源，在解决交叉学科稿件匹配问题上发挥优势。

一般而言，编辑遴选专家主要来源于自建专家库，编辑对网络学术资源利用效果较差，仅停留于国内的文献数据库、学术搜索引擎及专家所在单位的官网，对学术社交平台、第三方审稿平台等利用极其有限。随着开放科学的发展，各类开放学术平台集聚了大量的科研工作者资源。例如，可进行科研人员身份识别的 ORCID（Open Researcher and Contributor ID），它被称为开放科研人员与贡献者身份识别码，注册的科研人员已达 500 多万；Publons 平台提供审稿人精准发现服务，借助人工智能技术将 Publons 与世界上最大规模的引文数据库“Web of Science”相结合，帮助编辑从逾 700 万名科研人员中为稿件精确匹配审稿专家；ResearchGate 是一个专门服务于科学研究人员的学术社交网络，用户量已超过 1100 万人。

行业学/协会、出版机构等可利用编辑需要参与继续教育培训的硬性要求，定期开展以网络学术资源搜索与利用为内容的培训，使编辑了解并熟悉更多的科研人员使用的平台/工具，帮助编辑搜索到更丰富的专家资源。

③ 推行知识图谱等科学计量学遴选方法的运用

为解决交叉学科稿件专家遴选上的困难，除面向编辑开展网络学术资源搜索培训，使编辑获取更广泛的专家资源外，还可引入知识图谱等科学计量学遴选方法，辅助编辑对交叉学科专家的判断，克服交叉学科专家难匹配的困难。例如，有研究专门讨论科学知识图谱在交叉学科遴选中的应用：在知识图谱中，学科前沿之间的交互关系是以空间的形式展现出来的，通过引文聚类分析，特别是从引文间的网状关系进行研究，能够探明有关学科之间的亲缘关系和结构；采用科学知识图谱方法，能够帮助编辑准确判定专家擅长的研究领域及主题，选择真正的同行专家去评价他们熟知领域内的研究项目，并为挑选合适的交叉学科同行专家，及其科研方向、能力信息提供准确的佐证资料。此类科学计量学方法较多，如共词分析法、社会网络分析法，掌握这些客观的方法及工具，可为专家精准匹配提供有益的、直观的帮助，虽然这些方法多停留于情报学研究中，并未在实践中得到普遍利用，但研究已证明，此类方法为交叉学科稿件匹配专家具有典型的优势。重视并推进编辑学习科学计量学的工具与方法，以辅助交叉学科稿件精准匹配专家的工作，应成为研究方向匹配控制的重要路径。

吸纳科研人员参与专家遴选工作，面向编辑开展学术资源搜索培训，鼓励编辑利用开放学术平台/工具及科学计量学方法，打造一支研究方向匹配能力强的遴选团队，以克服专家匹配中的难题。此外，随着人工智能技术的发展，专家遴选工作将越来越多地利用智能推荐平台，办刊人如何借助智能平台提高研究方向匹配的精准度，成为未来需深入研究的话题。

（2）审稿专家的激励

科学社会学之父默顿谈道：如果一个领域中人们的努力和劳动没有得到回报，足以妨碍这种科学的成长，得不到奖励的事业就不会繁荣。同样，学术期刊同行评议活动若没有相应的激励机制，科研工作者参与动力不足，审稿质量难以得到保障。专家审稿的积极性是学术期刊同行评议质量和效率优化的关键点及难点，它直接影响审稿周期、内容评价质量及稿件拒审率等，也正因如此，专家审稿的激励研究成为同行评议领域持续研究的话题。

第一，基于审稿动因的专家激励策略。

审稿人从事审稿工作时，因刊物、审稿人的具体情况不同，常常是内外动因等多种因素交融在一起。期刊编辑部可分析各个审稿人可能存在的审稿动因，根据刊物的实际，针对不同审稿人的特点，多角度采取措施满足审稿人的审稿需求，强化可能存在的审稿动因，进而激励专家审稿的积极性。

① 选择审稿动力与学术实力平衡的审稿人

在编辑实践中，有的审稿专家研究领域与稿件涉及的学术领域十分吻合，但审稿意见迟迟未返回或审稿意见过于简单等，排除繁忙的因素，审稿意愿不强可能是重要原因之一。期刊编辑部送审稿件时，不仅仅要考虑审稿人学术方面的因素，如学术功底、学术研究方向、正在研究的课题方向等，更要考虑审稿人是否对送审稿件感兴趣，其可能存在的审稿动因状况如何。所送稿件与审稿人专业接近程度是影响科技期刊审稿人审稿质量最小的因素，也是最容易避免的因素之一。因此，审稿动因问题更应成为编辑部送审时重点关注的问题。若审稿人有强烈的审稿动力，他乐于审稿，即使遇到审稿时限短等客观困难，他也会发挥主观能动性克服困难，给出客观、准确的审稿意见。反之，若审稿动力不足，专家不愿意为该刊审稿或不愿意审阅此类稿件，其学术实力再强，也难以保障审稿质量。正所谓“三高”（高学历、高职称、高职务）审稿人可能是优秀的审稿人，但不一定是适合该刊或适合该篇稿件的审稿人。

学术实力、审稿动力与刊物实际相匹配的审稿专家才是合适的人选，这些人将成为刊物的核心审稿力量。学术实力与审稿动力失衡的审稿人，即相对刊物实际而言，学术实力过强但审稿动力弱的人或学术实力过弱但审稿动力强的人，不适宜成为期刊编辑部的核心审稿人。每个审稿人的学术实力与审稿动力是相对稳定，但又是动态的。期刊与审稿人力量对比也会呈现不均衡的状态。如随着审稿人学术实力的增强，若远远超出期刊稿件的学术水平，该审稿人可能不再愿意审阅该刊的稿件；再如刊物取得跨越式发展，期刊对审稿人要求不断提高，有的人审稿意愿强但学术实力已跟不上，他们不再是期刊的核心审稿力量。因此，期刊编辑部应关注核心审稿人的动态变化，不断调整，保持核心审稿人群体的学术实力、审稿动力与期刊的相对平衡发展。

② 寻求稿件与审稿人的最佳搭配

编辑在稿件送审处理时，不可简单地按研究专业对口送审，应将审稿专家分类，将稿件分级，实现审稿人与稿件的最佳搭配，充分利用审稿人资源。

我们要根据刊物特色寻找学术实力与审稿动力平衡的审稿专家。学术实力与审稿动力都是相对于各个刊物而言的，编辑部需根据刊物实际判断分类。我们从学术实力与审稿动力两个维度将审稿专家划分为九大类（表 3-6）。A 类是十分愿意为本刊审稿且学术实力强的人，这类审稿人是刊物审稿的主力军，是编辑部要重点保护并努力为其提供服务的审稿人对象。B 类是审稿意愿一般但学术水平较强的审稿人，编辑部平时要注意保持联系，建立彼此信任，如过节常问候，强化联系，积极为其提供编辑部能提供的服务：高度关注或优先录用他们推荐的稿件，经常向其发送编辑部掌握的学术动态信息等。C类是勉强愿意审稿但学术实力强的审稿人。对于此类审稿人，编辑部可适当争取，分析其不愿意审稿的原因在哪里，对症下药。如减少其审稿的工作量，或以办刊人的敬业精神与真诚态度打动对方等。此类审稿人由于审稿意愿太低，不宜成为核心审稿人。D类是十分愿意审稿但学术实力一般的人。对于此类审稿人，编辑部要积极引导、培养、帮助其提高审稿质量，如将D类审稿人与学术实力强的A、B类审稿人搭配审稿，将A、B类审稿人的意见反馈给D，供其对比参考，逐步提高其审稿质量。E类、F类审稿人学术实力都一般，且审稿意愿不强，编辑可根据各学科的审稿力量，或适度培养，或直接冷处理。G、H、I类审稿人有一个共同点即学术实力弱，可以直接淘汰。但对于G类审稿人，编辑部暂时不送审稿件但可与其本人保持联系，并鼓励其努力提高学术实力。当此类审稿人学术实力成长起来时，亦可成为编辑部的审稿人。

表3-6　审稿人学术实力与审稿动力搭配的类别

学术实力	审稿动力		
	强（十分愿意）	一般（愿意）	弱（勉强愿意）
强	A	B	C
一般	D	E	F
弱	G	H	I

在这九类审稿人中，C、F类审稿人审稿意愿低，不太愿意审稿，G、H、I类审稿人学术实力差，E类审稿人学术实力与审稿动力都一般，这些审稿人不会也不宜成为刊物的核心审稿力量。A、B、D三类审稿人宜发展成为期刊编辑部最核心的审稿力量。对于这三类审稿人，编辑部送审时，除了考虑专业对口外，还应注意与不同级别的稿件搭配，以保持审稿人审稿的积极性。可将稿件从优至劣分为a、b、c三个等级。不同类别期刊对审稿的要求不同，期刊的用稿标准与倾向也不同。因此，各个期刊的稿件分级标准不尽一致，刊物可根据稿源情况、用稿标准等进行划分，如可根据指标及权重将稿件分级（表3-7），满分为100分，80分以上的稿件为a级，60～80分的稿件为b级，50～60分稿件为c级，50分以下的稿件不进入二审环节。各期刊编辑部可根据各栏目稿源的数量、质量及用稿标准等具体情况，确定a、b、c级稿件的区间范围。

表 3-7 稿件分级的参考指标

序号	分级的指标	权重（%）
1	观点的创意性	40
2	选题的价值性	30
3	文字表达的准确性、规范性	13
4	论证的充分性（字数可作参考）	12
5	基金项目情况	3
6	作者的身份及职称	2

为保持审稿人的审稿动力，期刊编辑部送审稿件时应考虑，不同类审稿人对不同级别稿件的审稿兴趣与审稿动力。例如，对于B类审稿人，学术实力强但审稿意愿一般，这类审稿人是编辑部要积极争取的对象，此时编辑部应将优质的a类稿件送审，有利于改善他们对刊物内容的印象，改变偏见，减少对审稿的排斥感，提高其审稿的乐意程度。对于D类审稿人，学术实力一般但审稿意愿强烈，编辑可送审b级、c级稿件，由于学术实力还有待成长，送审的稿件研究方向宜与审稿人的研究方向更吻合些，有利于保证审稿意见的准确性。A类审稿人由于审稿意愿强，可以交叉送a、b、c级稿件，但不可过多送审c级稿件，避免审稿积极性降低。

在A、B、D类审稿人中，有的人可能审稿经验不足，编辑部应加强对他们的引导，使其熟悉刊物的审稿要求与用稿标准等，不断优化审稿意见的提交质量。如某经济学专业审稿人，其刊用与否的最终结论比较准确，但提交的审稿意见往往简单、抽象，如“该文选题有意义，论证充分，材料新颖，定在二、三等级间，建议刊用”。这种抽象的范式表达，不利于文稿的进一步完善。编辑部应与其沟通，告知审稿意见宜结合文章的具体内容，评价文中具体的亮点，并能在原文批注修改或质疑，以更具体地指导作者完善文稿。

③ 增强审稿人对刊物（办刊人）的认可

许多专家都以能为像*Science*、*Nature*这样的名刊审稿为荣，甚至不计报酬。因刊物知名度高，其带来的学术资源、学术身份、学术地位吸引着审稿人；而对于知名度不高且短时间难以改变的期刊，审稿工作难以满足审稿人的需求，对审稿人缺乏吸引力，尤其是学术实力强的审稿人，其审稿积极性不高或难以持续。在此种背景下，为了赢得审稿人的支持，期刊编辑部应与其长期强化联系，将刊物取得的点滴进展和办刊人一丝不苟的办刊精神呈现给审稿人，提高审稿人对刊物、对办刊人的了解程度及认可度。审稿人为办刊人认真严谨的办刊精神所感动，了解到刊物内容质量在不断地改进、提升，增强对刊物发展的信心。一旦审稿人认同办刊人及刊物，不仅可以保障审稿质量，而且对稿源的优化十分有利。因为审稿专家认可该刊物后，他将愿意自投或推荐稿件，对解决刊物优质稿源问题大有裨益。

此外，审稿意见的反馈工作也是影响审稿人对刊物认可度的重要因素。审稿意见反馈工作应细致到位，切忌简单粗暴，否则，即使是知名期刊也可能引起审稿人对刊物及编辑部的强烈反感。如果期刊编辑部未与审稿人沟通，直接将审稿人否决的稿件刊发出来，将会严重打击审稿人审稿的积极性。曾有位国外审稿经验丰富的学者给国内某著名刊物审稿时遭遇此事，他的博客这样写道："这一事件让我感受到，国内学术界对同行缺乏应有的尊重。我们免费牺牲自己的时间参与审稿，难道不值得主编不同意见的回应吗？"可见，审稿人对此类情况极为反感，即使是知名刊物，也会因反馈意见处理上的疏忽或简单粗暴而流失优秀的审稿人。

④ 重视青年审稿人的培养

在外审专家库中不断添加青年学者，是期刊适应科学技术发展需要的必然趋势，他们的经历和学识更符合科技期刊传播最新科技信息的特征要求。青年审稿人在科技期刊发展中是重要且可行的，但期刊编辑部又面临新的问题：青年审稿人的审稿经验不足，对稿件学术质量把握不准，如有的青年学者或擅长自己动笔写，或擅长语言文字的修改，结果忽视了对稿件学术质量的把关或把关不准；思想活跃、创新性强但论文写作能力与技巧有待提高；学术态度严谨、扎实但因资历、年龄等原因，成果积累不够丰厚，自信心不足；出于新鲜感、自我挑战需要而乐于审稿，随着时间的推移其审稿动力可能会明显减弱等。

如果期刊编辑部能够包容他们这些成长道路中的不足，给予他们耐心细致的指导，给予他们鼓励与信心，甚至指导他们个人学术创作，并将其成果推荐至更高层次刊物，帮助其成长等，青年学者将会对期刊编辑部充满感恩之情。一旦他们成长起来，或成为行业领军人物，或成为学科知名专家，他们将会不计较刊物的知名度而终身热爱这个刊物，不仅愿意、乐于为该刊审稿，还可能积极为刊物推荐优质稿源，帮助刊物成长。青年审稿人是期刊未来发展的重要支撑力量，期刊编辑部应重视优秀青年审稿人的培养，与青年审稿人建立起深厚情感，保持青年审稿人的审稿积极性。

⑤ 满足审稿人学术需求，为其争取精神回报

编辑应想方设法提高送审稿件的质量，使其知识含量吸引专家的注意，满足审稿专家学术信息上的需求，使其乐于审稿。编辑部应严格初审，加大约稿

力度，控制送审稿件的学术质量，使审稿人愿意阅读这些稿件。几乎全部专家对低质量稿件持反感的态度。如果送审稿件学术水平低，审稿人不仅不能从中获得有价值的学术信息，而且会对刊物失望乃至轻视。

审稿费的多少对审稿人审稿质量没有直接的正向影响。物质报酬对审稿积极性影响不大，期刊编辑部应为审稿人争取更多的精神回报，如推荐其成为本刊编委、学术顾问；推荐其成为知名度更高期刊的审稿人；向相关单位争取把专家审稿的数量和质量与其科研业绩评价等挂钩。还应尽可能多地为审稿人创造学术圈交流的机会，帮助其建立和谐的学术人际关系。总之，审稿人乃期刊良性发展的核心竞争资源，审稿人为期刊付出了时间和精力，期刊编辑部应有强烈的服务意识，为其争取更多的精神回报。

审稿动力是影响专家审稿质量的重要因素之一。在实践工作中，期刊编辑部可通过上述举措，来强化审稿人的审稿动力。但审稿人的审稿动力是动态发展的，编辑出版者应经常关注审稿人的审稿需求，及时调整工作策略和方法，细致认真地做好与审稿人相关的各项工作，保持审稿人的积极性，不断优化编辑部专家审稿工作的效果。

第二，基于编委会的审稿激励策略。

编委会是某一著作、期刊或丛书等出版物编辑委员会的简称。学术期刊编委会是领导编辑部工作的权力机构和决策机构，是期刊学术质量的把关者、学术导向的指引者，一般由期刊所属学科的专家或所属领域的权威人士组成。编委会承担了办刊中的部分工作，其中包括审稿工作。但是实践中，编委会作用却不太理想，存在着编委会功能缺失、名义编委大量存在、行政主导任命等问题，导致国内相当部分的编委会形同虚设，并未发挥其应有的作用，包括审稿任务。为此，可适当增加青年编委会，扩充原有编委会规模，充分调动青年编委参与办刊工作尤其是审稿任务的积极性。

① 创新青年编委遴选机制，构建一支全新的生力军

在传统编委遴选过程中，编辑部往往易关注编委的学术实力，而忽视编委参与期刊工作的意愿，导致了传统编委会出现各种问题。创新青年编委遴选机制，多途径、多层次地考察青年学者的工作时间与工作意愿，才可能构建一支有生命力的、有积极性的、全新的生力军。遴选时需注意以下问题：首先，须采取公开招聘，避免行政任命或关系推荐。公开招聘是青年编委会制度优越性的根本保障，否则难以保证青年编委会对期刊工作的持续贡献。我国学术期刊编委会在任命方式上的行政化倾向较严重，行政化容易导致编委职能的形式化。青年编委会应避免行政任命或关系推荐，一方面能够弱化传统编委会错综复杂

的关系，为后期管理打下良好的基础；另一方面，公开招聘的方式是青年学者主动投递简历，表达其参与办刊的强烈意愿，在一定程度上保证其参与办刊的积极性。例如，《医药导报》采取公开招聘方式，面向国内外选聘了72位青年编委。青年编委自聘用以来，为杂志撰稿、组稿、约稿和审稿等工作作出了突出贡献，他们参与工作的积极性非常高。对公开招聘的青年学者，编辑部可考虑设置考察期，由编辑部在实践中考察其学术水平和审稿能力是否达到要求，考核通过方可正式列为编委。其次，不宜以高级职称一刀切地遴选成员。考察候选人的学术实力可以参照职称，但不能唯职称而定。知名度有限的期刊，不宜对职称作硬性规定，要善于挖掘学术潜力强但暂时未形成一定影响力的青年学者，以保证其积极性；知名度高的期刊，对青年学者吸引力大，候选人整体条件相对较优，编辑部在职称要求的基础上，需继续考察其学术实力，同时应留有余地。除了参考候选人提供的支撑材料（科研获奖、立项课题）外，编辑部可在中国知网及Web of Science数据库中查询其近3年发表学术论文的情况，包括发文数量、发文期刊影响因子、文章的被引与下载情况，以辅助判断其学术实力。最后，需多途径考察青年学者参与办刊的意愿。“三高”（高学历、高职称、高职务）审稿人可能是优秀的审稿人，但不一定是合适该刊或该篇稿件的审稿人，编委同样如此。传统编委会里存在大量学术实力强但办刊积极性低的成员，青年编委会不宜重蹈覆辙。为保证青年学者参与办刊的意愿，一方面，遴选与该刊办刊层次与水平相适或稍高的青年学者，可在一定程度上保证其积极性；另一方面，公开招聘时设置明确的工作任务要求，明确工作时长，进而确保其参与办刊的积极性。这种方法自然过滤掉积极性不高、时间有限的青年学者。

② 设置科学的管理制度，保障青年编委的持续奉献热情

编委身份的学术光环与新鲜感固然可以激发青年编委的工作积极性，但是不能持久。科学的管理制度及激励机制是保障青年编委会持续发挥作用的关键因素。制度能够规范和调节人的行为和关系，得益于制度自身具有的功能。它主要通过激励机制和约束机制实现。首先，应以设置正向的激励机制为主，为优秀的青年编委提供各种奖励与优质的服务。特别值得一提的是，编辑部可考虑为优秀的青年编委开具规范的学术贡献证明及相关说明，寄送到青年编委所在单位的人事部门，鼓励单位将青年学者服务学术期刊的发展视为学术贡献，作为职称职务提升的参考材料。其次，设置相关的约束制度及惩罚措施，如明文规定青年编委的工作职责及内容，对尚未达到要求的人员，设置相应的惩罚措施，如定期公布未参与期刊工作的青年编委，对考核不合格者作清退处理，

退出后一定时间内不得再入编委会等。

传统编委会经过多年的发展已经积累了较为成熟的管理制度，有组建制度、职责制度、审稿制度、把关制度、奖励制度等，但传统编委会成员的特殊性，导致管理制度难以落实。青年编委会具备落实制度的良好特征，故编辑部可参考传统编委会制度设置青年编委会的相关制度。

第三，基于审稿认证的专家激励策略。

审稿认证是指对专家审稿工作的承认，专家作为科学共同体的一分子，获得科学共同体的承认将是其最重视的认可。正如科学社会学所强调的，获得科学共同体的承认是对科学家（泛指科研工作者）最高、最重要、最基本的奖赏。科学奖励的重要形式是对科学家原创性成果的承认，而原创性成果得以出版是原创性成果得到科学共同体承认的重要表现形式之一。因此，对于科学家而言，他的研究成果得到发表和出版的机会是非常重要的事情，可见，出版是考察科学家得到承认和报偿制度的重要内容。因此，作为科学体制重要组成部分的同行评议活动，驱使科研工作者参与同行评议活动，其核心动力是科学共同体的承认，是原创性成果的出版。也就是说，在同行评议活动中，凡是有利于其原创性成果出版的或物质或精神或声望等方面的信息或资源，均将对科研工作者参与审稿产生强大的驱动力。该机制可用图 3-3 表示。

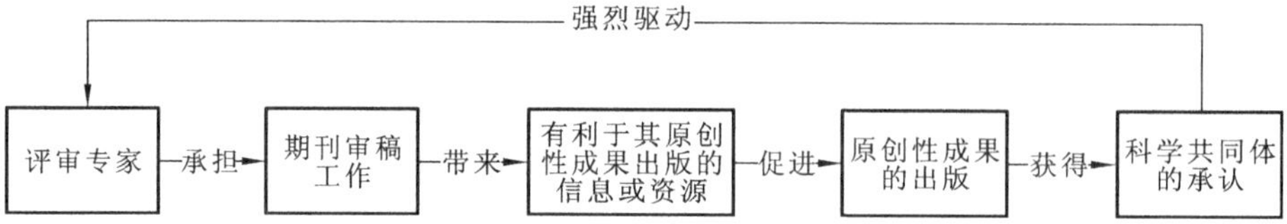

图 3-3　科学奖励制度下专家审稿的核心动力机制

基于前文分析可知，使专家参与审稿工作，能够获得有利于其原创性成果出版的信息或资源，进而获得科学共同体的承认，即建立起审稿工作与科学共同体承认之间的关联，将能够强有力地激发专家参与审稿的积极性。审稿工作与科学共同体承认建立关联最为直接的方式是将审稿工作纳入科研评价体系，其建立关联过程见图 3-4。

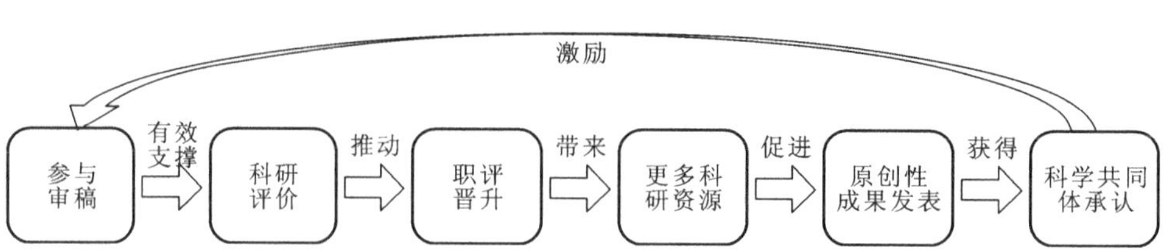

图 3-4　纳入科研评价体系的审稿工作与科学共同体建立关联示意

早在 2007 年我国有学者呼吁将审稿工作纳入评价体系，但是至今仍未有明显进展，存在着诸多难题尚待解决，如科研机构如何认定不同层次期刊、不同专业的审稿工作，审稿工作的客观性、科学性认证等难点在短时间内难以得到突破。本书对此暂不作探讨，将基于科学奖励制度理论探讨，以可行性为指导原则，试图提出审稿工作与科学共同体承认建立关联的路径：一方面从单个期刊编辑部的微观层面出发，提出编辑部可重点推行的“审稿工作与科学共同体承认”发生关联的路径；另一方面，从期刊管理的宏观层面出发，构建审稿人资格认证与分级机制，提高科学共同体对审稿人身份的认可度。

① 编辑部视角下“审稿工作与科学共同体承认”关联的重点路径

前文分析可知，建立“审稿工作与科学共同体承认”关联的核心在于，使审稿工作能够带来有利于专家原创性成果发表的相关信息或资源，从编辑部视角出发，主要有以下路径可实现该关联。

a. 细化同等条件下优先发表的激励措施

为专家提供同等条件下优先发表权利，有利于专家原创性成果的发表，帮助其取得成果的首发权，争取科学共同体的承认，即直接建立了审稿工作与科学共同体承认之间的关联，能够对专家审稿产生较强的驱动力，尤其是对于愿意在该刊发文的专家。

当前不少期刊为专家提供了同等条件下优先发表的权利，但是并未细化地、充分地利用该办法，使其应有的作用未得到充分发挥。建议将该办法进行等级区分、制度化处理，以使其产生的激励作用最大化。将同等条件下优先发表分为不同的等级，与专家的审稿工作完成情况进行直接关联。即设置第一年完成审稿工作达到 X 条件的专家，即可享受 Y 层级的同等条件下优先发表机会。其中，X 可以是多元化的条件，包括审稿的篇数、审稿的平均周期、审稿意见的质量（如全面性、详细程度等，可由责编进行星级评价）；Y 层级可进行细化区分，如可包括享受权利的本人投稿篇数及推荐他人稿件的篇数、稿件处理周期的时长、等待刊期的时长等。该做法使这一激励措施 Y 能够对专家审稿产生更为明确的、具体的激励作用 X，尤其是对有发表或推荐发表愿望的评审专家，激励作用将更明显。

b. 发展有发表意愿的优质作者为审稿人

有的研究者认为此路径有损“期刊档次”，期刊应追求高职称学者承担审稿任务。实际上，有发表意愿的优质作者不仅有较强的审稿动力，还有较高的审稿质量。

有发表意愿的作者通过参与审稿工作了解期刊用稿标准、风格，并与编辑建立联系等，有利于提高自身原创性成果在该刊发表的可能性，即作者的审稿工作与获得科学共同体承认产生了直接关联，该关联促使他们有较强的审稿动力。*Science* 杂志的审稿专家加利福尼亚州立大学生物学教授 John P. Walsh 也谈道，他更愿意为自己发表的期刊审稿。

有发表意愿的作者成为审稿人，能保证其有较强的审稿意愿，但不一定能保障审稿质量。因此，学术期刊需要从中遴选优质的作者。在遴选过程中，学术期刊除了考虑作者发表论文的质量外，还可参考作者的投稿次数，有研究[①]表明，作者投稿次数与完成审稿质量的平均得分呈现显著正相关，间接反映了经常投稿的优质作者，其审稿质量可以得到保障。综上，从有发表意愿的作者中择优遴选审稿人，可以同时保障其较高的审稿意愿和审稿质量，应成为学术期刊高度重视的专家遴选路径。当然作者角色与审稿人角色不完全一致，对于从作者中择优遴选出的审稿人，学术期刊还需给予适当的引导与培训，并鼓励其参加各类学术出版平台提供的同行评议培训，不断提升其审稿能力。

② 构建规范的审稿人资格认证及分级体系

通过科学的审稿人资格认证及分级体系，规范审稿人的资格要求，并进行合理分级，提高审稿人身份 ID 的权威性与规范性，进而提升科学共同体对该身份及身份等级的认可度，建立起审稿工作与科学共同体承认间的关联。

审稿人资格认证及分级体系包括资格认证体系与分级体系，前者是指承担期刊审稿工作的科研人员经过组织机构的考核与认证，可获得正式的、权威的审稿人资格证书；后者是指对于获得审稿人资格的人员，可根据审稿数量、审稿质量及审稿周期等建立一定标准和条件，对审稿人进行分级，使得不同等级的审稿人身份代表着不同的内涵。审稿人的级别越高，意味着学术水平越高、做出学术贡献越大，进而获得科学共同体更多的承认，以激励科研工作者努力争取更高等级的审稿人身份。本体系使审稿人身份成为一种正式的、被科学共同体认可的身份，而非当前比较混乱的、缺乏权威认证的、由编辑随机确定的身份；对作出不同贡献的评审专家给予不同层级的认可，可以避免审稿工作完成质量好与坏、完成审稿任务多与少、审稿速度快与慢得不到有效的区分。

a. 体系构建的缘由

首先，审稿人充当科学信息“守门人”这一至关重要的角色，但是在实践中任何从事科研的工作者都可以成为审稿人，甚至包括刚入学的博士（相当于

---

① 江睿，艾红，丁彦文，等. 科技期刊在同行评议环节存在的问题及对策 [J]. 中国科技期刊研究，2019，30 (11)：1171-1176.

硕士毕业生）。对审稿人的资格认定没有相关的规定或认证，主要由负责送审稿件的编辑个人确定，审稿人的水平得不到有效保障，审稿质量参差不齐。

其次，由于审稿人无准入资格，为不同期刊审稿的科研工作者学术水平高低不一，使得审稿人身份并不能带来较高的学术认可度，在一定程度弱化审稿活动与科学共同体承认之间的关联，致使科研工作者成为审稿人的意愿不强烈。虽然在实践中审稿人身份根据服务期刊的学术层次带来科学共同体不同程度的认可，但是，由于一个审稿人可以承担多种期刊的审稿任务，每位审稿人完成审稿任务的数量与质量皆不同。这种认可方式的区分度不明显、不具体。

b. 体系构建的关键问题

首先，确立审稿人资格认证的标准。所有曾为期刊完成审稿任务的人员不宜都获得审稿人的身份，而应设置一定的标准与门槛，只有在审稿数量、审稿质量及审稿周期等指标上达到一定标准，满足一定条件，且应接受相应的培训，方可授予正式审稿人的身份。当前审稿人缺乏相应培训，导致不同审稿人对同一篇文章评价出现较大不一致，或者基本审稿原则（利益冲突回避原则、信守审稿秘密等）不明等情况导致审稿质量受损。因此，资格认证部门在设置身份认证标准的同时可采用网络形式开展资格培训，并制定培训学时获取的标准及要求。

其次，审稿人的分级标准与级别晋升的考核。该体系不仅涉及身份资格的认证，还涉及审稿人的等级确定及等级晋升，即不同等级的审稿人身份意味着不同层级的学术水平、做出不同大小的审稿贡献，将审稿工作贡献突出的与不突出的人员进行区分，有利于激励科研工作者认真参与审稿工作。更为重要的是，该体系需要为不同层级设置不同的权限，层级越高，享受权限越大。例如：优先出版权限，优先推荐发表权限等，以此增强科研工作者获得更高等级审稿人身份的意愿，进而不断地向更高等级的标准与要求努力，以此形成良性循环。

该体系的构建不是一蹴而就的事情，尤其需要政府相关管理部门等权威机构牵头，组织期刊出版单位、行业协会、科研机构等多方协同参与，给予审稿人正式、权威的身份认证。

科学社会学理论表明，建立审稿工作与科学共同体承认之间的关联，尤其是与原创性成果发表的关联，能够对专家参与审稿产生强大的驱动力。因此，高质量的专家审稿激励体系应设法为专家带来有利于其原创性成果发表的相关信息或资源，方能对专家产生良好的激励效果。据此提出从微观的期刊稿件处理流程局部控制到宏观的审稿人资格认证与分级体系构建两条路径，实现专家审稿工作与科学共同体承认间的强关联，使得专家参与同行评议活动能够为其带来有利于其原创性成果发表的或物质或精神或声望等层面的直接或间接的信息或资源，争取科学共同体的承认，进而从根本上保障专家参与审稿的积极性。

（三）开放同行评议

随着开放科学运动的纵深发展，封闭同行评议模式，即传统同行评议模式（Traditional Peer Review，TPR）受到越来越多的诟病。例如，评议过程缺乏透明性、公平性，缺乏对专家的认可与激励，评议效率低、周期长，存在隐性利益竞争的负面影响，与主流观点不一致的新兴观点易被排挤，存在性别、作者机构等方面偏见等。而开放同行评议模式（Open Peer Review，OPR）在一定程度上能够克服这些弊端，具有 TPR 不具备的优势。例如，有利于增强评审专家的责任感和维护学术公正，能够克服传统模式审稿时滞长、敷衍审稿等缺陷，使得同行间学术交流的受益面从一位作者扩大到更广泛的读者及其他学者层面。但是，其面临的最大挑战是能否被学术界认可并接受，尤其是评审专家的接受，因为专家若对公开批评同行的稿件感到不舒服，他们会拒绝审稿。

1. 学术期刊开放同行评议的含义

自 1982 年"开放式同行评议"这一术语被首次提出以来，40 余年过去了，其内涵仍未被统一界定。

不同学者或机构从不同视角对 OPR 的内涵及类型界定做出努力。例如，国际科技和医学出版商协会在 2020 年初成立同行评议分类法工作组，制定同行评议标准分类法，试图界定不同同行评议模型；2019 年，国际科学、技术和医学出版商协会（STM）成立工作小组，致力于同行评议的标准界定及最佳实践建议，包括开放同行评议。迄今为止，OPR 仍没有一个标准的定义和有共识的实施框架。

要透彻理解开放同行评议，首先要充分理解同行（Peer）、评议（Review）、开放（Open）三个词的要义：①同行，表明活动的主体必须是同行。对一件给定的工作质量的可靠评估只能由能够取得至少水平与之相当的成果的人来做出，担当学术成果评价的人至少是学术水平相当的"同行"。从学术期刊同行评议的历史起源看，担任评价工作的同行是具有较高学术造诣的专家学者。世界较早的学术期刊之一——《哲学汇刊》的审稿委员会成员包括皇家学会会长、副会长和各位秘书。可见，早期学术期刊的同行指的是有一定学术声望的同行。由此可见，仅提供公开平台，而不能保证有一定学术造诣的同行参与的评议模式不一定是 OPR 模式。②评议，表明活动内容是"评议"或"评价"。从学术期刊同行评议发展历程考察，评价的内容侧重对稿件内容的学术价值和社会影响的评判。③开放，表明活动的特性是“开放”的，汉语词典对“开放”解释有“释放、允许入内、使关闭着的打开、解除限制”等。开放应用于同行评议，可理解为使封闭的同行评议过程“被打开”“限制被解除”，学术期刊同行评议的开放是在已有的封闭同行评议（单盲与双盲）基础上提出，在 TPR 种种弊端不断地被暴露背景下成形的。因此，“开放”应是相对的，即相对于 TPR 的“封闭”特征提出，将 TPR 模式中“封闭”的信息“打开”，即可视为学术期刊同行评议的“开放”。据此以为：a. 只要公开的信息是 TPR 封闭的信息，即可视为开放。b.“开放”是相对的，既可是全部公开透明，也可是局部。因此，若将 OPR 界定为需向社会公众开放同行评议过程及结果的模式，是对 OPR 的窄化。c. 具备任意一种开放特征的模式，即可视为 OPR 的一种类型。同行、评议、开放三要素紧密联系，分别从活动主体、活动内容、活动特征阐释了开放同行评议活动的内涵，缺一不可，共同构成 OPR 模式。

利用逻辑学的“属加种差”概念界定法分析 OPR 的内涵，其公式是“种差＋属概念”，其中，种差指被定义概念所反映对象不同于其他种概念所反映对象的特有属性，属概念指被定义项临近的属。学术期刊开放同行评议的属概念即为学术期刊同行评议，指有相同或相近学科或专业知识背景的，且具有一定学术造诣的同行专家参与的，针对稿件学术价值和社会影响做出评判的，以为期刊出版单位稿件发表决策提供重要参考的科学活动；种差为“开放”，基于前文对“开放”内涵分析，学术期刊 OPR 可界定为将学术期刊传统单盲或双盲评议中封闭信息进行局部或全部公开的学术期刊同行评议模式。

2. 学术期刊开放同行评议的类型划分

本研究基于前文 OPR 界定构建 OPR 新的分类框架，进而提出 OPR 的主要类型。前文分析得知，“同行参与”“评价活动”是 OPR 恒定不变的特征，关键在于种差——“开放”的不同，包括开放的数量、范围、对象等特点不同。根据不同的“开放”特征进行组合，可梳理 OPR 模式的不同类型。

OPR 由 TPR 发展而来，图 3-5 显示了同行评议模式由封闭向开放的演变过程，其信息公开过程涉及“3W1H”问题：①公开内容（What），包括评议前的静态信息（身份信息及稿件）、评议过程中的动态信息（即主体间沟通的动态信息，包括修改稿、修改说明、退修信及稿件退修往返多个时间点）、评审后的结果信息（评审意见）。②公开对象（Who），包括作者、专家及社会公众。③公开时间（When），包括在稿件出版前公开，与出版同步公开，或出版后公开。④公开方式

(How)，如以增强出版形式公开，或是在网站专设栏目公开等。

本章OPR分类框架主要考虑公开对象与公开内容两因素，删除公开方式与公开时间。一方面试图突显OPR的实质性特点——信息属性从封闭转向公开。公开方式体现公开载体和位置发生变化，公开时间体现公开时间点的不同。无论是何种公开方式或公开时间，信息都需要公开；而“公开什么、不公开什么”（公开内容）与“向谁公开、向谁不公开”（公开对象），直接体现信息从封闭转向公开的OPR实质性特点，对专家接受度的影响更直接。另一方面，为了避免讨论过于繁杂，所以对讨论对象进行了限定与简化。故该分类框架被称为精简分类框架。

精简分类框架由不同的公开内容与公开对象组合构成。公开的内容包括5个因素，分别是作者身份信息、专家身份信息、评审报告、评议过程信息（即评议过程中的动态信息）以及作者稿件；公开的对象包括3个，分别是作者、评审专家及社会公众。将5个公开内容与3个公开对象进行组合，形成15种组合类型（表3-8）。但需排除以下组合：一是已知组合，即某信息对某对象本是公开的，如向作者公开稿件内容（E-Ⅰ组合）；二是TPR也具备的特征组合，如向作者公开评审报告（C-Ⅰ组合）。排除这两类组合，余下组合即为OPR信息公开的类型，共计8类，见表3-8带下画线的内容。

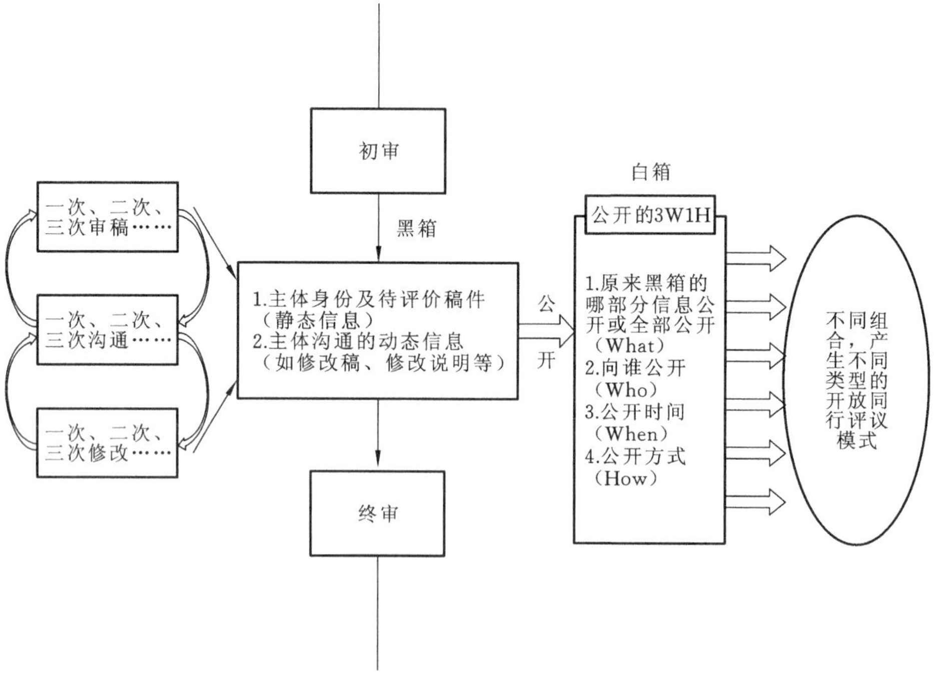

图3-5 传统同行评议向开放同行评议的演变过程

表 3-8 同行评议模式中不同公开信息的组合

	Ⅰ-作者	Ⅱ-评审专家	Ⅲ-公众
A-作者身份信息	A-Ⅰ（向作者公开作者身份）：已知组合	A-Ⅱ（向专家公开作者身份）：传统模式组合	A-Ⅲ（向公众公开作者身份）：OPR
B-专家身份信息	B-Ⅰ（向作者公开专家身份）：OPR	B-Ⅱ（专家互相公开身份）：OPR	B-Ⅲ（向公众公开专家身份）：OPR
C-评审报告	C-Ⅰ（向作者公开评审报告）：传统模式组合	C-Ⅱ（专家的评审报告互相公开）：OPR	C-Ⅲ（向公众公开评审报告）：OPR
D-评议过程信息	D-Ⅰ（向作者公开评议过程信息）：传统模式组合	D-Ⅱ（向专家公开评议过程信息）：传统模式组合	D-Ⅲ（向公众公开评议过程信息）：OPR
E-作者稿件	E-Ⅰ（向作者公开稿件内容）：已知组合	E-Ⅱ（向专家公开稿件内容）：传统模式组合	E-Ⅲ（向公众公开稿件内容）：OPR

需要说明的是：①上述 8 种类型为 OPR 信息公开的基本类型，可结合公开时间、方式等其他特点衍生出新的类型。衍生的 OPR 新类型可通过基本类型的特点推断获知。②上述 8 种类型暂未考虑编辑身份公开。因为 TPR 也可公开编辑身份，如将责编名字附于文尾向社会公开。

三、 同行评议创新平台的典型案例

（一） Publons 平台

Publons 由学者安德鲁·普雷斯顿（Andrew Preston）和丹尼尔·约翰斯顿（Daniel Johnston）于 2012 年创立，2017 年被 Clarivate Analytics 收购。该平台重要功能是对审稿人的贡献进行公开认证，也因此获得全球学术与专业出版者协会（ALPSP）出版创新奖（2017 年）。任何科研人员都可以免费注册成为 Publons 审稿人，Publons 通过审核确认科研人员的真实身份，记录、展示审稿贡献，并通过适当奖励充分调动审稿人的审稿积极性，提高审稿质量和审稿效率。Publons 每年在全球范围内评选同行评议奖项，并提供一定的现金奖励，以此奖励审稿积极的审稿人，如 2019 年设置排名前 1%的顶级审稿人奖、卓越期刊编辑奖、杰出审稿人奖；2018 年设置顶级审稿人奖、高质量审稿人奖、顶尖期刊的顶级审稿人奖、卓越青年审稿人奖。

所有审稿人的评审意见都被记录和存档，平台通过与其合作的出版物进行官方认证，为审稿人课题申请、晋升等提供支撑材料。无论盲审还是公开评审，其评议都可以被认证，若审稿人同意公开其评审意见，还可以获得该评审报告的 DOI，使其作为科学文献被引用。Publons 平台记录和存档专家评审过的文章和所撰写的评审报告，出示的认证报告可以提供给审稿人作为求职、晋升和基金申请甚至技术移民等的学术贡献专业依据。

Publons 以第三方平台的角色将大量审稿人与出版商（期刊）融合在同一系统中，打破了传统的审稿模式，鼓励审稿人将评审意见在线发布，进行分享和学术讨论，使审稿人的同行评语成为学术发表内容，成为学术成就的重要组成部分。

自从 Publons 被 Clarivate Analytics 收购后，它不仅能记录审稿人的审稿历史，还有审稿人自己发表的文章清单及被 Web of Science 引用的情况，而且是与 Web of Science 同步更新，在 Web of Science 上每篇文章的引用及引用数量的更新都会同步在 Publons 反映出来。

此外，Publons 提供审稿人的线上培训课程，主要包括学术出版流程和同行评议的作用；文章结构和如何分辨普遍错误；评价方法；作出统计评价数据和撰写评价结果；汇总审稿人的观点；出版伦理；从编辑角度考虑期刊的需要；与导师的合作；出版前和出版后的评价等。它还与期刊方合作，提供推荐审稿专家的服务。通过大量科研工作者免费注册，Publons 收录为数众多的审稿记录和评议结果，形成一个巨大的优质的审稿专家库，可以方便期刊发现优秀审稿人，也可以主动推荐新的审稿人给相应出版商，为期刊编辑寻找优质审稿人提供便利资源。

科研人员只需要注册就可以成为 Publons 审稿人，其工作流程如下：

（1）登录 Publons 公司网站（http://www.publons.com），邮箱注册或者 ORCID 账号注册为 Publons 审稿人；

（2）审稿人登录以后，提交评审信息和评审报告，在 Publons 网站上逐步填写评审意见，或把每次审完稿件以后杂志社的反馈信发到 reviews@publons.com；

（3）Publons 与审稿人所评审文章的期刊进行联系，经期刊确认后的审稿经历就被记录在Publons网站上，并得到相应的积分奖励；

(4) 审稿人可以根据自己的需要选择是否公开自己的审稿意见。

Publons平台的主要功能：

(1) 记录和存档专家评审过的文章和所撰写的评审报告；

(2) 根据记录并认证的科研人员已完成的审稿工作，为其申请新的职位、课题等提供权威的书面证明；

(3) 培训科研人员了解和学习如何给文章审稿并且撰写评审报告；

(4) 便于期刊主编和编委发现合适的审稿专家。

（二）F1000Research平台

F1000是Faculty of 1000的缩写，是由BioMed Central为生物学及医学研究者提供评估服务的二次文献数据库，是出版后开放同行评议的一个典型代表。

F1000的开放同行评议以3种形式存在，分别为打分制、文本评议和标签评议，参加评议的成员为美国和欧洲等国际知名机构的著名专家，他们根据论文对当前世界生物和医学研究的贡献程度和科学价值给出评价。打分制是指评议专家将文章按Good、Very good和Exceptional打分，分别代表一星、二星、三星，所有评议专家的打分综合起来就得到了文章的F1000因子，并根据F1000因子将最近一个月内的极少数优秀论文推荐给读者。文本评议是指专家以文本的形式写出对文章的评价意见。而标签评议是指专家给出文章评议标签，这里的标签不是任意词语都可以，F1000提供了标签库，如表3-9所示，评议专家需要从标签库中选择任意一个或多个标签来表示对文章的评价。

表3-9 F1000中评价文章的标签及其释义

标签	标签释义
Confirmation	证实之前公布的数据或假设
Controversial	挑战已有的权威
Interesting Hypothesis	提出新的模型
New Finding	新发现，提供新的数据、模型或假设
Technical Advance	介绍一种新的实践/理论技术，或现有技术的新应用
Good for Teaching	领域的重要文章或模板
Refutation	否定之前公布的数据或假设
Novel Drug Target	为药物发现新靶点

续表3-9

标签	标签释义
Changes Clinical Practice	完整的临床实践
Systematic Review/Meta-analysis	系统回顾，荟萃分析
Review/Commentary	综述/评论性的文章

在F1000Research平台，论文的提交和评审的每个阶段都是公开可见的，出版后评审流程可分成三个部分来看：首先是初步检查。作者将其F1000账号与ORCID相匹配后即可提交论文，提交的论文通过初步检查后会在7天内发表并进入待审状态。处于待审状态的文章不论评审结果如何，都会被视为已发表。发表前的初步检查包括：作者是否符合资格、文本是否规范以及资料和研究方法是否合规等。其次是推荐评审人。作者提交论文时会被要求推荐一组评审人（不少于5人，且评审人优先从F1000教员中选择）。根据作者推荐的名单，F1000编辑团队最终会筛选出符合其编辑政策的评审人。最后是同行评审和交流反馈。同行评审通过的论文会被收入到PubMed、PubMed Central、Europe PMC、DOAJ Embase等国际知名数据库中，其相应的评审报告也会被添加到PubMed的检索中去。这不仅意味着在F1000Research上发表的研究可以被便捷地检索和查阅，更为重要的是其学术价值也得到了各平台的认可。另外，所有F1000Research的注册用户（包括作者）都可以在论文页面公开地进行沟通交流。

（三）Orvium平台

Orvium是一个基于区块链技术的科学出版平台。它通过区块链和智能合约、分散存储、云计算、大数据分析和机器学习等核心技术的独特组合，将区块链出版模式引入学术出版领域。Orvium使用区块链技术和分散存储方法，以最低成本实现同行评议等出版过程的公开、完全可追溯和可信记录，高度保障同行评议的透明性和准确性。

基于区块链技术，区块链上的任何用户都可以访问其他用户的每一个操作和行为节点（如投稿、修订、出版、同行评审、作者接受评议情况、知识产权确权等），任何用户都可获取论文出版全过程的“一条龙”式的相关信息记录。开放性和透明性是由区块链和智能合约支持的系统特征，更是区块链技术的核心优势。Orvium平台在区块链技术去中心化特征的支持下不再存在绝对中心，编辑、作者、读者、专家等都可以创建账户访问该系统而成为“点对点”的平等用户，出版流程全过程对用户实现透明开放。用户可访问和见证全部的区块链数字出版流程，包括作者将稿件投给 Orvium 平台后，Orvium 平台即为作者身份及其投稿行为即时存证，完成作者对其在区块链所发表论文的版权确权。同时，作者还可以向 Orvium 平台兑换 ORV 代币并放入“代币钱包”，利用代币鼓励甚至直接“点对点”挑选审稿专家进行同行评议。付费评审的数量以及每次评审专家所获得的 ORV 代币数量将由作者决定。在评审被作者认可并接受后，评审专家可以领取这些 ORV 代币。由于 Orvium 平台支持多人协作的同行评议，因此多个同行评议专家皆可向 Orvium 平台随时提交他们的评审报告，这意味着被评审稿件的生命周期在动态变化，被评审稿件还会在区块链中创建公开的评议专家身份和专家评议行为存证。所有参与评议的专家给出的评审报告和作者根据评审报告作出的历次修改稿件都将附在稿件的历史记录中加以存储，并将对所有用户可见，使评议专家的工作成果得到公开。此外，Orvium 平台还支持作者、其他专家、读者等用户对评议结果进行商榷和评论。除了作者可用 ORV 代币奖励评议专家外，任何其他用户都可用 ORV 代币奖励专家对特定稿件的优质评审。这意味着第三方可以参与同行评议，能够起到监督、互动的作用，提升科学验证的信度与效度。

（四）Decentralized Science

通过区块链分布式技术，Decentralized Science 既可以实现去中心化期刊出版，又可以消除传统出版流程中专家匹配度低的弊端。该平台的一个重要特点就是构建了评审员声誉系统，该系统可保证审稿质量并确保评审和发行速度，令作者、审稿专家、编辑皆受益。借助评审员声誉系统，作者可选择向审稿效率高、质量有保障、公平合理的期刊投稿，而不必受制于审稿专家匹配度差、审稿拖延、不公平且不负责的匿名评审；审稿专家可精准、高效地审理与其擅长研究领域高度匹配的稿件；编辑可迅速响应作者投稿，并为稿件迅速找到最适合的审稿专家，进而缩减稿件发表时间、降低成本。Decentralized Science 项目已获得欧盟 Horizon 2020 研究与创新计划资助。

Decentralized Science 平台构建的分布式评审员声誉系统（Distributed Reviewer Reputation System），可为稿件准确选择具有较高认可度和匹配度的审稿专家。审稿专家资质及其评审质量通常是科技期刊出版单位、编辑的“内部机密”，并无简单、易行的方法可科学测评审稿专家的资质。Decentralized Science 分布式评审员声誉系统是基于区块链数据层记录专家的个人资质、学术成果、审稿工作流等信息，扩展同行评议选择和评估审稿专家的视野，探索更多可能性。审稿专家会因有质量、有价值、公平、及时的评议而得到分布式评审员声誉系统的升级奖励，反之则被降级。此种区块链上开放的专家声誉网络可以提高审稿专家的认可度和知名度。最重要的是，分布式评审员声誉系统可在最大程度上精准匹配稿件和专家，并揭露和筛查出学术资质不够、专业领域不合、审稿质量和效率不高的审稿专家。

作者在 Decentralized Science 平台上向期刊提交论文（投稿）后，论文即被提交给期刊编辑，编辑可以向分布式评审员声誉系统发出拟邀请评审员意向，并创建评审员匹配任务。该系统自动将论文与专家数据进行筛选匹配，将耦合匹配度最高的专家指派为审稿人。受邀审稿人一旦接受评审任务，则应在指定截止日期前提交评审报告。如审稿任务被拒绝，分布式评审员声誉系统可顺位指派匹配度相当的另一专家继续审稿任务。专家提交审稿报告后，收到审稿报告的编辑、作者都可据此为审稿人评级和打分，这将是审稿人声誉值升降的重要决定因素。

区块链技术提供了分布式文件系统来存储同行评审过程以及评审报告，同时，确保专家在平台注册的个人学术简历等相关信息永久可访问。在此基础上，分布式评审员声誉系统见证论文的提交，保障编辑对审稿人的精准选择，并记录审稿人的审稿情况。

区块链数据层提供的评议专家相关数据使分布式评审员声誉系统得以建立，并在同行评议前，从技术层面保障稿件与专家精准匹配，同时将审稿质量差、效率低的专家从审稿专家库自然淘汰。

（五）Pluto Network

Pluto Network 平台着力于处理科学研究生命周期内的各种价值转移，从研究项目构思、规划、预算，到研究成果数据获取、分析、传播、评估和再利用等，合作伙伴包括 Microsoft Research 等。基于区块链技术的智能合约，Pluto Network 平台提供代币和声誉双轨补偿机制，营造出“得失互补”的良性学术交流生态，令同行评议等所有科学出版相关的学术贡献都获得应有的补偿和奖励。Pluto Network 利用区块链出版打破学术出版利益藩篱，将仍处于幕后的评审专家推向前台。Pluto Network 的白皮书中明确指出同行评议对学术、社会发展作出了巨大贡献。然而，由于同行评议没有相应的奖励机制，研究人员就没有动力付出大量时间和精力进行审稿，因此，应保障评审专家的付出得到合理认可和补偿。Pluto Network 利用区块链技术为学术活动提供了合理的双轨补偿机制，通过平台代币和声誉值双轨补偿来奖励专家的审稿贡献。

（1）经济价值补偿

一是来自作者的代币补偿。Pluto Network 平台上，作者投稿时可同步设置评审专家代币奖励金额。奖励代币可以是任意正数，从 0 到作者所拥有的代币金额皆可。Pluto Network 支持多人协作审稿，作者付出代币的一半在审稿期内自动发放给第一位提交审稿报告的评审专家，其余一半代币奖励给作者认可的后续其他评审专家，后续审稿与首次审稿所得代币呈梯次递减分配。

（2）来自平台的代币补偿

为了吸引用户积极入驻 Pluto Network 平台，并使他们为平台成长作出持续性贡献，来自平台的代币补偿是必要的。以往，初代区块链系统通常侧重于用股份和分红来补偿初始投资者，但忽略了为系统发展繁荣作出贡献的实际用户，评审专家即是其中之一。事实上，在区块链系统中，更好地激励用户作出贡献是未来区块链发展的关键。Pluto Network 平台可根据用户贡献直接分配代币。登记注册、邀请用户、提交论文和评审论文等活动都会自动得到来自平台的代币补偿。Pluto Network 根据预先确定的“代币分配计划”将相应数量的代币分发给作出贡献的用户，大约一半的代币将分配给平台实际用户，奖励其为平台作出的贡献，其中，分配给同行评议专家的代币数量占比很大：占实际用户可得代币数量的 20%，占总代币分配数量的 10%，丰厚度甚至可与投稿、技术合作、团队注资所得代币分配持平。

第三节 终 审

一、 终审的职责

《关于严格执行期刊“三审制”和“三校一读”制度 保证出版质量的通知》（新出报刊〔2001〕142 号文）明确指出，期刊出版必须认真执行总编辑（主编）终审制度。每期刊物的付印样或胶片，必须由总编辑（主编）进行终审核签字。中共中央办公厅、国务院办公厅印发的《关于推动国有文化企业把社会效益放在首位、实现社会效益和经济效益相统一的指导意见》也明确规定：“从事内容创作生产传播的文化企业……强化总编辑等内容把关岗位的职责，对涉及内容导向问题的事项，具有否决权。”可见，终审制度是期刊出版必备制度，作为三审制的最后一个审稿环节，终审人（主编、总编辑等）肩负决定是否刊发的职责，是学术期刊出版内容质量控制的重要环节。

国家新闻出版署发布《关于开展“三审三校”制度执行情况专项检查》（国新出处〔2019〕228 号）提到，“在终审环节，应根据初审、复审意见，对稿件的内容，包括出版导向、学术质量、社会效果、是否符合党和国家的政策法规等方面作出评价”。该规定同样适应于学术期刊，终审人基于初审与复审意见，对稿件的质量做出综合评判，并做出是否刊发的决定。终审既要解决初、复审时提出的问题，还要尽可能地发现初、复审未发现的问题并予以解决，对稿件进行全面的把关，最终做出稿件是否采用的决定性结论。结论一旦做出，即成定论，不再更改，终审肩负着对稿件的取舍重责。

综上，终审的职责主要包括：尽可能发现初审、复审未发现的漏洞；解决初审、复审未解决的问题；对内容的政治质量、学术质量及出版质量等进行整体把关；做出发表与否的决定。

二、终审的模式

终审主体既可以是单个人，如主编、总编或执行主编，也可以是团队，如编委会或遴选专家组成的编审组、定稿会等。例如，部分医学类杂志在编委会下设各专业的编审组，在复审的基础上对稿件进行集体终审，决定稿件的取舍。每种期刊设置 3～7 个编审组，每组至少有 3 位编委和其他同行专家参加。稿件经过编审组决定刊用后，就可进入退修、加工、发排等一系列编辑程序。编审组会参加人数少则 3～5 人，多至 10 余人，以充分发挥集体讨论的优势，最大限度地做到对稿件的准确取舍，修改补充意见全面中肯。还有的期刊先召开定稿会终审，再由主编进行终审并决定是否签发。综上，根据终审承担者，终审模式可分为主编终审制与定稿会终审制两种，其中定稿会终审指由团队进行终审，该团队既可以是期刊的编委会，也可以是由编辑部遴选部分专家组成的编委组或定稿组，或者直接由编辑部成员组成的定稿会等，此处统称为定稿会，是以稿件终审为目的的团队审稿形式。此外，有的期刊终审分为两步，在外审的基础上先召开定稿会终审，再由主编签发（决定是否刊用）。这种情况下，主编与定稿会的意见一般保持一致，少数稿件也可能出现意见不一致的情况。这种终审形式是由主编终审与定稿会终审组合而成，其特点及流程也由两者组合而成。下文以介绍主编终审制与定稿会终审制为主。

（一）主编终审制

顾名思义，主编终审制即由主编负责稿件的终审。此处的主编是广义层面的理解，即期刊的负责人，因为不同学术期刊，职务设置区分较大。例如，有的期刊主编实际上是名誉主编，如著名科学家或高层管理者，他们并不参与稿件的终审工作，实际上的终审是由期刊稿件具体的负责人执行，有的期刊设置执行主编岗位作为直接负责人，有的期刊设置副主编岗位作为负责人。因此，主编终审制中的主编，泛指期刊稿件运转的具体负责人。

主编终审制具体执行流程不尽相同，分为按篇终审与按期终审两种情况。前者即指单篇稿件经过初审、复审后，直接进入终审环节，由主编批复意见后再进入下一个环节；后者指按期提交终审，即通过初审、复审的稿件，按期编辑排版后再提交主编终审。两种类型终审，对应前面环节初审与复审的职责不完全相同，尤其是按期提交终审的类型，为避免编排好的稿件被终审否决，初审、复审环节将控制得更加严格。

主编在复审基础上对稿件质量做出综合评估，并给出刊用与否的决定，若决定不予以刊用即退稿，应给出具体的、明确的退稿理由。同时，终审还需要注意时效性，尤其是对于具有重大创新价值的稿件应推进其尽快向社会公开发布。

（二）定稿会终审制

定稿会终审制，泛指团队终审，团队由编辑部遴选的成员组成，一般情况下，由期刊负责人、责任编辑、部分编委会成员、部分审稿专家构成。各个期刊具体成员组成不完全一致，但其流程具有一致性，即复审通过的稿件进入定稿会终审，有的期刊在定稿会前会将稿件发送给专家。例如，科技期刊《中华检验医学杂志》编辑在定稿会召开前 2～3 天，通过稿件的远程管理系统，将稿件提交定稿会模块，将参会专家添加为定稿会成员，他们将能看到定稿会的所有稿件。

定稿会召开的形式可区分为线上定稿会（或称在线定稿会）与线下定稿会，顾名思义，即一个是通过网络实现定稿，一个是线下面对面的会议。线上定稿分为两种情况，一种是需要定稿会专家通过网络参与线上会议进行讨论，另一种为定稿会专家通过网络提交意见即可，可以不召开线上会议。

线上定稿会与线下定稿会相比，有着较明显的优势：一是扩大了地域范围，节省了时间成本与经济成本。定稿会成员分布在不同地区，如《中华医学会系列杂志编辑委员会通则》规定，期刊编委会要适当考虑地区分布的广泛性，期刊编辑部所在地的编委人数不应超过编委会总人数的三分之一。外地的专家参会，交通、住宿成本及时间成本都较高。线上定稿会节省了这些成本，使得更广泛地域的外地专家更愿意参与定稿会。二是提升终审透明度，有利于赢得作者的信任。通过线上定稿会，更多的专家参与定稿会，使得终审程序透明化、公开化，有利于提高作者对期刊的信任度。但是，也存在一定的弊端，如部分年龄大的专家对线上软件操作不熟悉，需要提前一周进行培训；对网络要求比较高，多人同时发言时，可能出现声音卡顿的现象。

专业期刊《中华放射医学与防护杂志》从主编终审转向定稿会终审①

《中华放射医学与防护杂志》是中文核心期刊及中国科技论文统计源期刊。2011 年前，该刊主要采取主编终审制，将稿件呈送给数位副主编，他们是放射医学与防护领域的学术带头人。但是，由于临床放射诊断与治疗不是本领域的核心专业，尚未设相应的主编，因此不能涵盖所有的稿件内容，且每期终审时，只送其中的一两位，而不同的主编由于专业所限，不可能对所有的稿件都通晓，存在盲区。

2011 年引入了定稿会制度。稿件经过双盲审后，提交定稿会，利用中华医学会的稿件管理系统，运行其中的定稿会环节，同样采取盲审形式，隐去作者的姓名与单位信息，以求审稿的公正、客观。在定稿会之前两周左右，稿件按组（按专业划分组）提交，组内的每个专家对该专业组的论文进行通读，并着重对与自己研究方向相符的部分论文重点审阅，在会上提出意见供大家讨论。专家们根据行业的最新动态、伦理学、专业水准、研究设计的科学性、治疗的规范性，以及书写质量等，进行了集中、客观的评判。有的论文内容涉及多学科交叉，选题引起了不同领域专家的关注，体现了多学科交流的活跃气氛。实施定稿会终审后，取得了系列成效：一是得以对稿件进行全面、有效的把关，避免了审稿的偏倚，杜绝了有问题的质量不佳稿件流入下一环节；二是出版周期缩短，使得优秀稿件更快地被刊登，周期从一年到一年半，缩短至平均 6～8 个月；三是加强了编辑与审稿专家的交流，以往编辑多囿于“闭门造车”的工作模式，鲜于参加学术活动，对审稿者及专业的了解流于表面。编辑通过定稿会与专家面对面交流，不仅对稿件的质量有了全面的判定，而且对专家的专业特长有了深层的认识，从而能更好地把握稿件的处理。

---

① 郭鲜花. 定稿会作为质量控制举措的探讨［J］. 中国科技期刊研究，2014，25（1）：159-160.

两类线上定稿会的实施过程

《中华检验医学杂志》线上定稿会的具体实施过程①

定稿会开始前3～5天，编辑将所有稿件及外审意见通过中华医学会杂志社远程稿件管理系统对所有定稿会专家开放，允许专家提前审阅，查询相关文献并比较核实，节约会议时间。会议召开时，由编辑主持，邀请每位专家逐一审读负责的稿件，开会时大家有充分的时间畅所欲言，与会专家以及总编共同讨论，所有讨论的具体意见由稿件负责专家在当天录入系统。退稿和录用稿件由编辑直接处理，需要修后再审的稿件，编辑将定稿会意见当天发给作者，待作者修回后送填写具体意见的专家复审。

《中国防痨杂志》线上定稿会的具体实施过程②

根据期刊稿件类型不同将定稿会专家划分为三个小组，即基础研究组、预防控制组和临床诊治组，每组设两位可供选择的组长，定稿会备选专家36人，每组专家12人。对于网上外审通过的稿件，或外审存在争议，但并非设计不合理、存在科学性和伦理性等一票否决的问题的稿件，直接送网上定稿会。选取相应的小组，从小组中选取5～7名定稿会专家。同时给专家发送短信和邮件，通知专家在规定的7天内提出定审意见。在稿件提交定稿组组长前，定审专家可以反复发表意见。待7天后根据定稿专家发表意见情况（一般超过一半以上专家发表定稿意见），将意见总体情况提交定稿组组长。一般要求定稿组长5天内完成定稿意见。稿件提交定稿组组长后，其他定稿专家将无法再进行审阅。

---

① 武昱，游苏宁．科技期刊在线定稿会的实践及优劣势分析［J］．编辑学报，2020，32（4）：448-450．

② 范永德．网上定稿会系统对期刊论文出版时滞的影响——以《中国防痨杂志》为例［J］．中国科技期刊研究，2016，27（4）：369-372．

第四章　编辑加工、排版与校对等

编辑加工是保证和提升稿件质量的重要环节，也是对编辑业务素质的全面检验，编辑需要按照相关国家和行业标准，在保留作者原创风格的基础上，运用专业知识以及编辑学知识对稿件进行更为深入地判断、分析和修改，标准化、规范化地加工，使稿件具有创新的内容、科学的分析论证和独到的学术见解，表达严谨、层次清楚、用词准确、语句通顺、逻辑正确、修辞恰当，是一项不可重复的具有再创造意义的智力活动。而校对和排版是期刊出版过程的一道重要工序，任何一种出版物最终不论以数字版还是纸质版呈现，是优先出版还是实时出版，除学术质量外，还涉及编校质量、出版质量、装帧设计质量等，它们构成学术期刊出版的整体质量，不容忽视。随着编校模式的革新以及排版软件的迭代更新，各种各样的编校工具涌现，如 NoteFirst，Xodo，Word VBA，OneNote，善锋软件等，我们需主动利用编校工具，探索新的校对方法，将机械的、重复的、耗时的、复杂的传统编辑加工过程变成自动化、标准化的编校工作，减少人工校对工作量、降低校对差错率、提高出版效率。

第一节　编辑加工

学术期刊是社会科学期刊和自然科学期刊的总称。2014 年，原国家新闻出版广电总局组织有关专家审定，确定了我国第一批认定的学术期刊 5756 种。2017 年，确定我国第二批学术期刊 712 种。学术期刊的编辑加工是指在上述学术期刊范围内，针对同行评议通过且决定被采用的稿件，通过进一步编辑校对，消灭差错、弥补疏漏、规范文字，提高总体质量水平的一系列工作。

一、编辑加工的意义与原则

绝大多数作者的原稿，即便是同行评议后经过作者修改的稿件，无论在内容上还是表达上都还未完全达到出版的标准，稿件若不经过编辑加工而直接出版，刊物的质量就得不到保证。编辑人员通过自己创造性的劳动，把一篇篇粗糙的原稿，打磨成符合出版要求的艺术品，再把这样一件件艺术品汇编成高水平、高质量的学术期刊，奉献给读者、奉献给社会。

（一）意义

编辑加工是贯彻出版工作方针，履行出版单位职责，保证学术期刊质量和出版的一个环节，也是整个编辑工作流程中的一个重要环节。它是在审稿的基础上进行的，加工整理的对象是通过三级审稿而决定采用的稿件。编辑加工是审稿工作的继续和深入，能进一步提高学术期刊的稿件质量，提升学术论文的科学性、严谨性和可读性，准确、简明地记录科学研究成果，传播学术研究的内容和信息。编辑人员通过进一步地订正、完善和规范，使稿件在内容上符合学术期刊论文的撰写规范，表达上进一步准确精练，编排上达到学术出版的要求，为交付下一道工序——排版，做最后的定稿工作。

（二）原则

《中华人民共和国著作权法》第四章第三十六条规定：“期刊社可以对作品作文字性修改、删节。对内容的修改，应当经作者许可。”这是学术期刊编辑加工的总原则。除此之外，学术期刊的稿件编辑加工，必须遵循以下三大原则。

1. 尊重作者，忌强加于人

编辑加工应该尊重作者的著作权，提高稿件学术质量，应该在著作权允许的范围内进行编辑加工。首先，尊重原稿所体现的作者的学术观点。只要作品的思想、观点和表现形式等不违反国家法律法规，没有政治性或思想性方面的错误，编辑应当加以保护，让作品能够以最完善的面貌和最快的速度与读者见面。当作者的某个观点与编辑的观点存在差异，或编辑认为作者的观点不够准确时，可以与作者商榷，绝不能自作主张，按自己的意见擅自更改作者的观点。编辑要在多提意见、多出主意的前提下做好加工整理工作，使原稿的主题更突出、框架结构更严密、观点更明确、内容更完善、论述更充分、材料更扎实。其次，要尊重作者的风格，对稿件的修改，要尽量按照作者的风格去进行，避免按照自己的喜好或者风格对稿件进行加工整理。

2. 改必有据，忌无知妄改

面对众多内容不同的学术期刊的稿件，编辑在加工整理时要抱着学习的态度，谨慎从事。对稿件的修改必须有充分的依据和理由，必须有绝对的把握。凡是仅有疑问而没有把握的地方，一定要查阅工具书，求证审稿专家、作者或其他专业人员，得到确切结论后才能动笔修改。不懂装懂，仅凭想当然乱改，甚至将本来对的地方改成错的，都是编辑加工的大忌，这不仅会引起作者的不满和反感，而且会严重影响学术期刊的质量和期刊出版单位的声誉。

3. 依据规范，忌滥施刀斧

为了使学术期刊更具规范性和国际通用性，按照《出版管理条例》《期刊出版管理规定》的要求，我国制定了一系列的国家标准及规范——《文摘编写规则》(GB 6447—1986)、《国际单位制及其应用》(GB 3100—1993)、《有关量、单位和符号的一般原则》(GB 3101—1993)、《图书和杂志开本及其幅面尺寸》(GB/T 788—1999)、《科技书刊的章节编号方法》(CY/T 35—2001)、《中国高等学校自然科学学报编排规范》(修订版)、《中国高等学校社会科学学报编排规范》(修订版)、《期刊编排格式》(GB/T 3179—2009)、《科技报告编写规则》(GB/T 7713. 3—2014)、《信息与文献 参考文献著录规则》(GB/T 7714—2015)、《学术出版规范 期刊学术不端行为界定》(CY/T 174—2019)、《学术出版规范 表格》(CY/T 170—2019)、《期刊出版形式差错数计算方法》(国新出发〔2020〕10 号)、《学术论文编写规则》(GB/T 7713. 2—2022) 等，对学术期刊出版物中的语言文字、标点符号、数字、汉语拼音、图表、量和单位等的使用都作了明确规定。编辑需对这些规范十分熟练，依照规范对稿件进行编辑加工。

二、编辑加工内容及要点

国家新闻出版署 2020 年印发《报纸期刊质量管理规定》表示："期刊编校差错率不超过万分之二的，其编校质量为合格；差错率超过万分之二的，其编校质量为不合格。"为了规范学术期刊出版秩序，进一步推动学术期刊的繁荣发展，中宣部出版局发布《关于开展期刊滥发论文问题专项检查的通知》(中宣局室发函〔2021〕40368 号)，其中检查内容涉及期刊内容质量、编校质量、出版形式质量以及是否存在学术不端问题等，这些也都是编辑加工要注意的问题。一般而言，编辑加工的内容可概括为内容加工、技术加工和文字加工 3 个方面。

(一) 内容加工

学术期刊稿件内容加工主要包括对政治性问题、法律性问题、科学性问题、保密性问题的审查和处理。

1. 政治性问题的审查和处理

期刊出版必须坚持马克思列宁主义、毛泽东思想、邓小平理论、“三个代表”重要思想和科学发展观，全面贯彻习近平新时代中国特色社会主义思想，坚持正确的舆论导向和出版方向，坚持把社会效益放在首位、社会效益和经济效益相统一的原则，传播和积累有益于提高民族素质、促进经济发展和社会进步的科学技术和文化知识，弘扬中华民族优秀文化，促进国际文化交流，丰富人民群众的精神文化生活。期刊刊载涉及国家安全、社会安定等重大选题的内容，须按照重大选题备案管理规定办理备案手续。

2020 年 9 月 24 日，国家新闻出版署、人力资源社会保障部印发《出版专业技术人员继续教育规定》指出：“把政治能力建设贯穿继续教育全过程，引导出版专业技术人员不断提高政治本领，不断增强政治敏锐性和政治鉴别力，增强‘四个意识’，坚定‘四个自信’，做到‘两个维护’。”该规定已于 2021 年 1 月1 日起施行。这就要求学术期刊的编辑在编辑加工时，要以习近平新时代中国特色社会主义思想武装头脑，纠偏正向，注意政治问题的表达、检查和处理。其要点如下：

① 关于党和国家方针政策问题。对党和国家方针政策的表述和阐明，必须符合党中央、国务院文件的精神及党报党刊的统一提法。

② 关于革命导师及党和国家领导人的著作与言论问题。引用必须准确无误，精心勘校，不允许出现任何差错。未经审批，不得刊登党和国家领导人的照片。

③ 关于我国领土主权、地图国界以及世界部分国家地图的图幅范围问题。应符合国务院 2015 年第 111 次常务会议通过的《地图管理条例》以及 2017 年国土资源部第三次部务会议审议通过的《地图审核管理规定》的要求。中国全图以及台湾地区、广东省、海南省、新疆维吾尔自治区地图、南海诸岛地图，行政区划的国界、省界以及世界部分国家地图的图幅范围必须符合最新国家规定。中国出版的世界政区地图，必须将中华人民共和国置于图幅的中央。标准地图都是以 150°E 经线作为中央经线来绘制世界地图的。印度地图和巴基斯坦地图，应该包括争议区克什米尔地区。以色列和巴勒斯坦地图，应该包括全巴勒斯坦地区。日本地图的图幅范围内，不能包括中国的钓鱼岛和赤尾屿等岛屿。

2. 法律性问题的审查和处理

法律性问题分为稿件审查问题和编辑职业刑事风险。

第一，编辑人员主要检查稿件的作者贡献及署名排序，正文方法、数据、图表的著作权及知识产权归属问题。一是审查作者署名规范、作者贡献声明、署名更改、致谢问题。二是审查引用的标注情况。学术期刊中涉及方法、数据、图表允许引用他人文献的，必须准确无误标引，正确著录参考文献。三是审查有无学术不端行为，如剽窃和抄袭、一稿多投等。当前国内外针对文字内容学术不端的防范措施已经比较成熟，如中国知网的科技期刊学术不端文献检测系统、万方数据库的论文相似性检测服务、国外的 CrossCheck 等查重系统都能较好地检测论文文字剽窃或抄袭行为。关于图表的伪造、篡改和剽窃，已经有相似度监测平台，如百度 AI 平台、方正的图片检索系统、JPEGsnoop、MagicEXIF、Droplets、iPlagiarism 以及图片篡改检测公司，帮助学术期刊提升防范学术不端行为的能力和效率。我国著作权法也对解决著作权纠纷规定了调解、仲裁和诉讼三种方法，同时还规定由著作权行政管理部门查处损害公共利益的著作权行为。未经作者同意和授权，不能擅自将学术期刊文章公之于众，发布于网络。作者署名印错，侵犯了作者的署名权；擅自修改文章的主要观点和内容，属于侵犯作者的修改权。

第二，在学术期刊论文发表过程中，期刊编辑人员具有一定的决策权，编辑职业刑事风险主要涉及科研失信、学术失范、利益冲突等方面。从期刊编辑部登记、收稿、录稿、排版、刊发，到内部的经费审批，再到外部的宣传评比、发行销售等，均容易有利益干预、人情滋扰，潜藏着一定的刑事风险。一些学术腐败潜藏在论文发表领域。部分科技期刊违背职业道德，通过利益交换发表不该发表的论文，使得学术诚信的把关者反而成为推波助澜的破坏者。不以文章质量为用稿标准，大肆开展权文交易、钱文交易，对“人情稿”“关系稿”简化审稿程序，放任权钱交易，截留原本应属于单位的资金。根据刑法相关规定，可以将上述种种行为作如下定义。

① 贪污罪。编辑在执业过程中，利用职务便利吃回扣、虚开发票、截留版面费、发行费、稿费。

② 受贿罪。通过审稿便利优先发表论文受贿、利用职务便利在其他环节收取贿款。

③ 挪用公款罪。期刊编辑利用执业便利挪用版面费等财产进行经营活动。

④ 私分国有资产罪。编辑部以单位名义将国有资产私分给个人，违规给员工发福利。

⑤ 单位行贿罪。编辑部在征求上级单位支持和资源分配环节，存在采取行贿等不当手段。

为了有效防范学术期刊编辑执业过程中的刑事法律风险，编辑部应树立以事先防范和过程控制为主的风险防范意识，建立学术期刊编辑活动的统一规范，同时加强内外监督，实现有效的风险控制。

3. 科学性问题的审查和加工

学术期刊是新知识、新理论的展示和积累平台，是“学术链”的一个重要组成部分。学术期刊的编辑人员要成为一名合格的科学技术研究者，与科学技术研究人员成为知心人，时时关心、研究、掌握科学技术发展的趋势。了解本专业、本学科范围内，世界的前沿在哪里，学术的焦点在哪里，难题的关键找到没有以及谁在攻关。这种能力是与一流学术期刊相对应的。

科学技术需要传承、发展、创新。发表学术论文是传承的第一步。编辑人员的科学性审查是为了学术论文“被阅读”，实现学术论文的重要功能。科学性审查涉及内容的科学严谨性、专业知识及统计数据的真实完整性以及论文有无创新性和发表价值。具体体现在学术期刊的表达形式上，比如题名的不规范表达和重复、作者署名争议；数据错误不足以支撑结论的阐述；试验数据的引用、图表设计不合理；伪造及加密问题等。这就要求学术期刊编辑具备科学素养，既了解相关知识、了解科学的研究过程和方法、了解科学技术对社会和个人所产生的影响，还能持之以恒地学习相关学科领域的科学知识，有针对性地弥补自己在专业知识方面的不足，努力提高所从事专业领域的科学素养水平。

4. 保密性问题的审查和处理

根据《中华人民共和国保守国家秘密法》《科学技术保密规定》的要求，学术期刊、电子出版物等的编辑、出版、印制、发行应当遵守有关保密规定，发现利用互联网及其他公共信息网络发布的信息涉及泄露国家秘密的，应当立即停止传输，保存有关记录，向公安机关、国家安全机关或者保密行政管理部门报告；应当根据公安机关、国家安全机关或者保密行政管理部门的要求，删除涉及泄露国家秘密的信息。

学术期刊涉及以下情形之一的，视为泄密。

① 国家事务重大决策中的秘密事项；

② 国防建设和武装力量活动中的秘密事项；

③ 外交和外事活动中的秘密事项以及对外承担保密义务的秘密事项；

④ 国民经济和社会发展中的秘密事项；

⑤ 科学技术中的秘密事项；

⑥ 维护国家安全活动和追查刑事犯罪中的秘密事项；

⑦ 经国家保密行政管理部门确定的其他秘密事项，国家秘密的密级分为绝密、机密、秘密三级，绝密级国家秘密不得复制和摘抄。

有下列情形之一的科学技术事项，不再确定为国家科学技术秘密。

① 国内外已经公开；

② 难以采取有效措施控制知悉范围；

③ 无国际竞争力且不涉及国家防御和治安能力；

④ 已经流传或者受自然条件制约的传统工艺。

（二）技术加工

技术加工一般包括对图和表格、数学式和化学式（数字、单位、数学表达式和统计）、化学结构式、量和单位、数字、字母、标记以及时间、日期和纪年方式、参考文献的标准化著录等的加工。其内容处理不当，不单纯只是技术加工问题，往往还涉及科学性问题，所以，应予以充分重视。只有注重细节，才能更好地发现问题、消除错误，做好稿件的科学性控制工作。

（三）文字加工

文字加工包括对稿件中的文字、语法、修辞、逻辑、标点符号的加工，以强化主题、调整结构、理清层次、梳理文字、删削赘文、弥补缺漏等。尤其要注意消除常识性错误，如人名、地名、年代等方面的讹误。学术期刊的文字加工绝不只是改正稿件中的错别字，订正标点符号，通常还要在原稿的基础上进行再创造，使之表达更严谨、更准确、更完美，使稿件的主题更加集中、鲜明，结构更加紧凑、合理，层次更加分明、逻辑更加严密、文字更加流畅精练，从而保证学术期刊文章的科学性和可读性。涉及科技名词、专业名词的描述，要求确切地表达概念的主要特征。应按照全国科学技术名词审定委员会公布的科学名词规范进行文字加工，加工时可参考百度术语“术语在线”小程序以及《常见科技名词规范使用手册》《编辑必备语词规范手册》等。

三、编辑加工常见问题及策略

在实际编辑加工中，期刊编辑需要加强责任意识，发挥专业优势，在稿件经过软件检测与人工查重的基础上，帮助和指导作者完善写作，编辑润色好要刊发的论文。编辑应努力培养和掌握各项编辑技能，认清编辑对象的客观规律，形成科学的编辑原则，从而做到心中有“尺”、下笔有“度”，注重细节、发现问题、消除错误，做好稿件的科学性控制工作，提高期刊学术质量，充分发挥科技期刊学术交流和传播的作用。

（一）论文题名的常见问题

题名又称题目、标题、文题或篇名，应简明、确切地反映文章中最重要的特定内容，是体现研究范围和深度的最恰当词语的逻辑组合，有的题名还包括副题名或引题。好的题名应准确得体，浓缩和概括论文的基本思想，使读者能迅速准确地判明论文的基本内容，具有画龙点睛、启迪思维等功能。

1. 中文题名编辑加工要点

① 题名能否反映内容是审稿评估的重要标准。要求题文相扣、概念准确、语言精练、结构合理。

② 中文题名一般以 20 个字为宜。题名转行时应保持词语的完整性，虚词尽可能留在行末。

③ 优先采用以名词或名词性词语为中心的偏正短语作为题名。其中“正”的部分是论文研究的宏观内容，“偏”的部分是对宏观内容的限定和修饰。

例 4-1 西瓜细菌性果斑病拮抗内生细菌的分离和筛选

“正”的部分是“细菌的分离和筛选”，“偏”的部分是“西瓜细菌性果斑病拮抗内生细菌”。

④ 尽量不用动宾结构的短语作为题名。只有在中心动词前有状语时，才适合使用动宾结构。

例 4-2 应用信息经济学研究整车物流系统中的委托代理问题

中心词语“研究”前带有状语“应用信息经济学”，因此该题名可行。

例 4-3 研究整车物流系统中的委托代理问题

这是动宾结构的短语式题名，应改为“整车物流系统中的委托代理问题研究”。

⑤ 短句式题名的应用。只有在特定的条件下才适用，一篇文章可以用一个短句对其内容进行概括，作为其题名。

例 4-4 干扰 HD-ZipⅢ家族成员的 *OsHox33* 的表达加速水稻叶片的衰老

该标题用一个短句精练概括了论文内容。

⑥ 一般不设副题名，确有需要时，可用破折号或冒号将副题名与主题名分开。

例 4-5 长江中游典型岩溶石漠化区生态修复对策研究

——以湖北省襄阳市南漳县为例

长江中游典型岩溶石漠化区不仅分布在鄂北襄阳，在鄂西郧西县、丹江口市、竹山县以及鄂南利川市、建始县、咸丰等地均有分布，因此，本文根据阐述内容必须加副标题加以界定。

⑦ 题名应避免使用非公知公用的缩略语、符号、代号等，也不宜将原形词和缩略语同时列出，尽量不出现数学式和化学式。

例 4-6 麻城至竹溪高速公路第 MZLH-2 合同段绿化种植施工问题

题名中“第 MZLH-2 合同段”具体是哪一段，读者不得而知，绿化种植施工也属于绿化种植问题。应修改为“高速公路绿化种植问题探讨——以麻城至竹溪段为例”。

2. 英文题名编辑加工要点

英文题名应该准确、简练、清楚地反映论文的重点内容，与中文题名含义一致，要求词数恰当、表意清楚、语法正确。

① 英文题名词数应为 10～20 个单词。不同期刊对题名的要求不同，力求全刊统一。

② 使用科技界或行业公认的缩略语，最好写全称。

③ 字母大小写正确。题名大小写无统一规定，主要有三种：第一种为全大写；第二种每个实词的首个字母大写，虚词首字母小写；第三种词首字母大写，其余小写，特殊词除外。注意：题名中冠词、介词、连接词如若在题名之首，须大写；虚词（冠词、连词、介词、感叹词）不少于 4 个字母时，例如 With、Between、About、Around 等须首字母大写。

④ “Study on” “Research on” “Analysis of” 在我国英译题名名词短语中属于高频搭配，这些搭配结构是国际惯例中避免使用的。

例 4-7 Study on index models to evaluate the risk of phosphorus and nitrogen loss at catchment scales

删掉“Study on” “Research on” “Analysis of”，不但不影响信息传达，而且更符合英语表达习惯。

⑤ 我国题名中定冠词 the 使用较多，a/an 的使用则少于国际期刊。不建议题名中出现无实际意义的冠词，如果表示具体的“一种”，而非多种时，冠词不能去掉。标题尽量不要出现 A、The、Study、Novel 等词。

⑥ 动词 ed 短语类，科技论文中多使用“基于……”作为标题开头，导致英译词“based on”使用增多，以及“Exemplified by”使用较多。可以换为其他词如“through，by，with，using”。

例 4-8 Delimiting sub-areas in water bodies based on multivariate data analysis on the example of Lake Balaton

此例中“based on”可换为“using”。

⑦ 英译副标题“taking…as an example/a case study”是国际学者不常用的学术词语。

例 4-9 Dynamic simulation and regulation of port-city coupling development：taking Lianyungang as an example

此例中“taking…as an example/ a case study”改为“（the/a） case of”或动名词多样化。

⑧ 介词短语中，复合介词不适合出现在标题中。我国惯例中，习惯用介词“on”，国际惯例则是用“towards”，可以用分词“comparing”“emphasizing”替代“in comparison of ”“with emphasis of”，介词“towards”代替“in the view of”“from the perspective of”。

例 4-10 In the view of an epistemology of public participation

此例中可用介词“towards”代替“in the view of”。

（二）作者贡献及署名的常见问题

署名是有关作者姓名、单位、联系方式等方面的信息，主要包括姓名、单位，通常还涉及通讯作者。署名具有记录作者劳动成果、标明文责自负、辅助文献检索和科技评价系统统计分析，以及便于读者与作者联系等功能。全面、准确地刊登署名信息是对作者著作权及其所属单位权益的保护和尊重。作者署名次序应与作者的实际贡献程度排序一致，以避免著作权纠纷。这是研究者有效合作的机制保障。在学术期刊的实际编辑工作中，应注意核实有名无实的挂名以及随意更名等现象。

1. 署名格式

署名分为单作者和多作者两种情形。对于多作者情形，需要把对研究工作与论文撰写实际贡献最大的列为第一作者；贡献次之的列为第二作者，以此类推，所有作者的姓名均应以此标准列出，并置于题名下方。同时还需列出作者单位，有的作者要列出几个单位，因此署名会有不同的格式，须全刊统一。

（1）署名规范

署名不规范包括论文署名不当的问题，单位属性不一致、不相关、不标注的问题，以及第一作者和共同通讯（通信）作者署名、人数、排序不规范问题。

例 4-11 单位署名与论文内容不相关

某国内知名的生理学期刊于 2007 年 5 月发布撤稿声明，撤回该刊 2006 年发表的一篇中日作者合作的论文。原因是该项研究是第一作者在日本某大学完成的工作，而第一作者将自己国内所在单位某医院署名为第一作者单位，且未征得日本方面导师（第二作者）的同意，伪造了其签名的授权书，同时还伪造了部分数据。第二作者发现后给该期刊去函指出上述学术不端行为，并强调该研究工作的知识产权属于日本某大学。编辑部经过调查和取证，核实上述情况后，决定撤销刊发此论文。

编辑解析：单位署名相关的知识产权纠纷常发生于多单位合作或国际合作的论文中。第一作者署名单位应为论文研究所在单位。本案例中，日本某大学提供了论文研究过程中的实验设计、仪器与试剂、实验场所等关键条件，是第一作者完成论文研究内容的主要贡献单位，理应署名为第一作者单位。

例 4-12 共同第一作者或通讯作者争议

Nature 杂志 2020 年刊登了一篇中国作者撰写的医学领域实验研究，共设置了 7 位共同第一作者，并标注了 5 个第一作者，单位署名总数多达 22 个。

编辑解析：本案例中存在共同第一作者或通讯作者署名泛滥问题。对于涉及多个合作单位的科技论文，应在研究设计之初就商定好作者的排序和共同作者的设置，避免在论文完成或刊登后产生不必要的争议。部分期刊较为认可的观点是，共同第一作者或通讯作者的贡献基本等同于第一作者或通讯作者，对论文的贡献度和承担的责任根据共同第一作者或通讯作者的数量进行均分。

（2）署名更改

署名更改必须获得所有作者同意，部分期刊需要签署声明，获得所有作者书面许可。

例 4-13　署名更改说明

发表于《中国科技期刊研究》2018 年第 29 卷第 8 期的《林业科技期刊的办刊现状及发展路径探讨》一文的作者贡献声明及署名更改说明（图 4-1）。

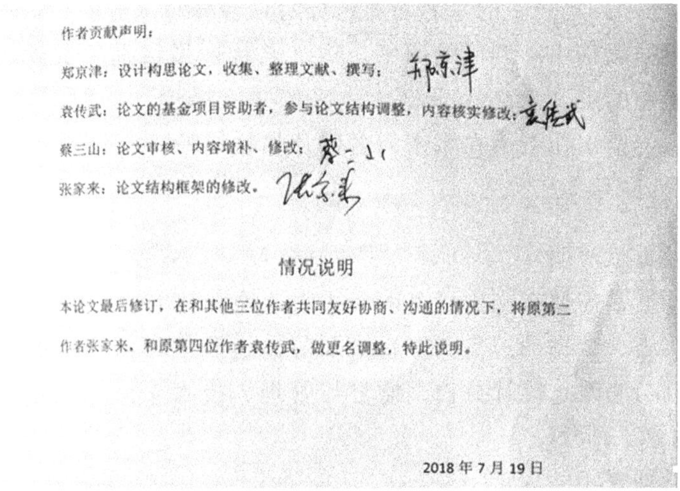
作者贡献声明：

郑京津：设计构思论文，收集、整理文献、撰写；

袁传武：论文的基金项目资助者，参与论文结构调整，内容核实修改；

蔡三山：论文审核、内容增补、修改；

张家来：论文结构框架的修改。

情况说明

本论文最后修订，在和其他三位作者共同友好协商、沟通的情况下，将原第二作者张家来，和原第四位作者袁传武，做更名调整，特此说明。

2018 年 7 月 19 日

图 4-1　署名更改实例

（3）作者简介

作者简介是有关作者个人信息的简单介绍，不是论文的必要组成部分，学术期刊论文一般应标注。作者简介位于参考文献前或后，或论文首页脚注处，或论文题名正上方，或署名信息中，或论文中的其他位置，应包括如下信息：①姓名、性别、出生时间、工作单位、学历或学位、职称、职务、荣誉和奖励、技术特长、研究方向、发表论著和发明专利情况等；②通信地址和邮箱。各期刊不拘泥于固定模式，根据具体情况做到全刊统一。

2. 人名表达

汉语人名的英文表达一般有汉语拼音和韦氏拼音两种方式。

（1）汉语拼音

按照国家标准《汉语拼音正词法基本规则》（GB/T 16159—2012），有如下规定：①姓和名分写，首字母分别大写，姓前名后。②复姓连写，两个首字母大写，中间加连接号。③笔名、别名等按姓名写法处理。④缩写时，姓全写，首字母或每个字母大写，名取首字母大写，后加小圆点。

（2）韦氏拼音

姓的首字母大写，双名间用连字符。

3. 单位名称表述

单位名称必须正确、准确，使用官方全称，必要时可查证。

所在单位名称英译时，中国地名采用《中国地名汉语拼音字母拼写规则（汉语地名部分）》地名中的专名与通名分写；各分写部分的首字母大写，单位的中文名称遵循级别由高到低的原则，英文名称遵循级别由低到高的原则。单位、重点实验室的英文署名著录格式应采用正式译法，一般不采用缩略形式。单位署名尽可能给出作者所在城市的名称及邮政编码。

4. 其他注意事项

（1）作者贡献声明

学术期刊通常需要在文中以书面形式表达论文产生的过程，包括构思设计、研究工作的实施、数据的搜集获取、结果的分析和解释、论文的起草、主要学术内容的评判与修改、统计分析、监督与管理、技术支持等，并说明作者在哪些环节做出了实际贡献。

（2）利益冲突相关规定

如果作者陈述论文与作者相关利益有冲突，编辑部须暂停论文审议，直到争端解决。

例 4-14 混淆署名与致谢

某光学领域的 SCI 英文期刊 2018 年 3 月撤回一篇 2016 年刊登的论文。在原论文的致谢部分，作者指出他与 3 位研究人员进行了“有益讨论”。经原作者所在大学调查，另外 3 位研究人员提出的论文思路和主要内容，对论文的贡献相当于作者，仅在致谢部分体现并不合适。因此，期刊编委会接受了原作者所在大学的调查意见，并在发布撤稿声明的同期刊登了该论文的修订版本，增加了 3 位研究人员为共同作者。

编辑解析：致谢人员的工作是在论文研究过程中提供了一般性指导和帮助，如为涉及的实验技术或仪器操作提供指导等，与论文的研究内容没有直接关系，因此在文中以致谢形式表示感谢。本案例的问题是混淆了作者和致谢人员的概念，案例中3位研究人员对论文设计和内容框架均有实质性指导，应列入作者署名中。

（三）中英文摘要及关键词的常见问题

1. 中文摘要

摘要又称文摘、概要或内容提要，是以提供文献内容梗概为目的，不加评论和补充解释，简明、确切地记述文献重要内容的短文。它是论文主体的浓缩，能充分反映研究的主要内容及创新点，通过它不阅读全文就能够获得必要的信息，判断论文的价值取向。摘要的形式和质量变得日益重要，基于摘要的索引数据库的常用服务，能用来扩大其在科学界的传播范围，从而提高学术期刊的显示度和总引用量。

按照论文内容侧重和写作要求的不同，摘要大体分为报道性、指示性和复合性三类。根据国家标准《文摘编写规则》（GB 6447—1986），报道性摘要包含四要素：

① 目的——研究、研制、调查等的前提、目的和任务，所涉及的主题范围。

② 方法——所用的原理、理论、条件、对象、材料、工艺、结构、手段、装备、程序等。

③ 结果——实验的、研究的结果，数据，被确定的关系，观察结果，得到的效果，性能等。

④ 结论——结果的分析、研究、比较、评价、应用，提出的问题，今后的课题，假设，启发，建议，预测等。

而指示性摘要一般用较短的语句概括论文的领域和（或）主题、对象，而不涉及论据和结论，多用于综述、观点（视角）、研究简报和图书介绍等。复合性摘要就是报道—指示性摘要，以报道摘要的形式表述论文有关成果中价值较高的那部分内容，以指示性摘要的形式表述有关过程中价值较高的其余内容。

中文摘要在编辑加工时应注意如下几点。

① 客观、如实地反映一次文献，如果加进作者的主观见解、解释或评论，要删减。

② 着重反映新内容和作者特别强调的观点。排除在本学科领域已成常识的内容。不得简单地重复题名中已有的信息。

③ 一般采用第一人称或第三人称写法。不必使用“本文”“该文”“本人”“笔者”等主语，而应以论文的研究对象为主语。应采用“对……进行了研究”“报告了……现状”“进行了……调查”等记述方法。

2. 英文摘要

英文摘要在编辑加工时应注意如下几点。

① 应和中文摘要对应。

② 内容使用一般现在时态，方法和结果部分使用一般过去时态，讨论部分使用一般现在时态，避免使用完成时态，基本不用进行时态。

③ 既考虑摘要特点，又满足表达的需要，主动和被动语态亦可，尽量不混用语态。

④ 摘要语句用被动语态时，主语用第三人称；用主动语态时，主语多第一或第三人称。

⑤ 不宜使用 perhaps，maybe，likely，possibly，probably 等词。abstract 中不要充斥大量的数字、公式、文献。

另外，中英文标点符号在形式、功能和用法方面有许多差异。

中文句号是个圈“。”，而英文句号是一个实心点“.”；中文省略号有 6 个点“……”，而英文省略号有 3 个点“…”；中文用顿号“、”分隔同类的并列，而英文用逗号“,”表示；

中文书名号用“《》”表示，而英文书名用斜体加粗表示；中文表示数值的范围用浪纹线“～”表示，连接相关的数字，但英文中表示数值的范围用短破折号“-”表示。浪纹线“～”在英文中主要用于逻辑上或数学上表示否定、近似，或作为代字号用在词典和书籍中表示单词或短语的省略等；中文主标题与副标题之间一般用破折号“——”分隔，而英文主标题与副标题之间用冒号“:”分隔。

3. 关键词

关键词是为了满足文献标引、检索及国际联机检索的需要，从论文中选出来的能反映论文主体概念的一组主题词。常位于论文摘要之后。一般每篇报告、论文选取 3～8 个关键词。关键词的选取应注意以下几点。

① 避免使用通用词汇。

② 准确全面选取，避免错选、漏选、重复、叠加。

③ 严格把握词性，应尽量用名词、名词性词组作关键词，避免用形容词、

代词或虚词作关键词。

④ 合理有序排列，最好将词与词之间的逻辑关系反映出来。

⑤ 正确使用简称，非公知公用的简称尽量少用。

⑥ 慎用自由新词。

（四）基金项目、中图分类号、文献标识码等标注问题

1. 基金项目

基金项目（资助项目、科学基金）标明论文研究工作的课题资助背景。其表达形式一般为：项目来源“项目名称”（编号）。有的期刊还要求给出基金项目的英文名称。一篇论文有多个基金项目资助时，应依次列出，其间用标点符号分隔。

例 4-15　《湖北林业科技》2021 年 5 期一篇《软枣猕猴桃组培工厂化生产育苗成本核算》的论文基金项目资助情况

收稿日期：2021-05-07

基金项目：湖北省特色水果生态高效栽培及采后处理创新行动项目“特色水果生态高效丰产与采后处理研究与应用”（2018—2020）；中国科学院科技扶贫专项“贫困地区特色经济植物示范种植”（KFJ-FP-23）；湖北省科技创新创业服务能力建设专项-湖北省猕猴桃自然科技资源库（2018BEC475）；湖北省技术创新专项（重大项目）“优质多抗猕猴桃新品种选育种质资源创新利用”（2016ABA109）。

作者简介：吕海燕（1983—　），女，硕士，工程师，主要从事植物组织培养方面的研究。

* 钟彩虹为通讯作者。

2. 中图分类号

中图分类号是按照《中国图书馆分类法》（简称《中图法》）在论文中标注的一种分类代号。《中国图书馆分类法》先后出版了五版，最新版本是 2010 年 9 月，由国家图书馆出版。标明它主要是为了便于文献的检索、存储和编制索引。它是我国图书馆和情报部门普遍使用的一种综合性分类法。中图分类号不是论文的必要组成部分，如果需要，一般放在“关键词”之后。

表 4-1 中图基本大类分类法

基本部类	代码	基本大类
马克思主义、列宁主义、毛泽东思想、邓小平理论	A	马克思主义、列宁主义、毛泽东思想、邓小平理论
哲学	B	哲学、宗教
社会科学	C	社会科学总论
	D	政治、法律
	E	军事
	F	经济
	G	文化、科学、教育、体育
	H	语言、文字
	I	文学
	J	艺术
	K	历史、地理
自然科学	N	自然科学总论
	O	数理科学和化学
	P	天文学、地球科学
	Q	生物科学
	R	医药、卫生
	S	农业科学
	T	工业技术
	U	交通运输
	V	航空、航天
	X	环境科学、安全科学
综合性图书	Z	综合性图书

3．文献标识码

文献标识码是由《中国学术期刊（光盘版）检索与评价数据规范》提出的一种用于文献大类检索的期刊文献标识代码，使用此代码有助于文献统计和期刊评价、确定文献检索范围和提高检索结果适用性。它不是论文的必要组成部分，如有需要，可以进行标注。

表 4-2 文献标识码类型

标识码	文献类型
A	理论与应用研究学术论文（包括综述报告）
B	实用技术成果报告（科技）、理论学习与社会实践总结（社科）
C	业务指导与技术管理性文章（包括领导讲话、特约评论等）
D	一般动态性信息（通讯、报道、会议活动、专访等）
E	文件、资料（包括历史资料、统计资料、机构、人物、书刊、知识介绍）

4. 数字对象标识符

数字对象标识符（Digital Object Identifier，DOI），是一种包括字母和数字组合的针对数字内容或对象（图书、文章、章节内容、专利、插图、社论、启示等）的唯一标识码，其主要作用是实现全球引文互联。美国 CrossRef 公司是国际 DOI 基金会指定的唯一官方 DOI 注册机构。

DOI 由前缀和后缀两部分组成，前缀与后缀之间以斜线分隔。前缀由识别码管理机构制定（由 CrossRef 注册中心分配的 DOI 前缀通常以“10”开始）；后缀由出版机构或版权所有者自行命名或分配。

5. 日期信息

日期信息指有关论文提交（投稿、受理）、修改回、接受（录用）、上线等的时间信息。通常位于论文首页脚注处，或论文结尾，或其他较为显著的位置，一般以“收稿日期：××××；修回日期：××××”等作为标识。日期信息是统计有关期刊指标（出版周期）的重要依据，也是反映编辑工作效率的重要依据。

（五）材料及方法的常见问题

1. 引言部分

引言作为学术论文的开端，起到提纲挈领的作用。引言又称前言、序言、概述或绪论，属论文的引论部分，涉及研究领域、目前研究热点及存在的问题、本论文研究目的、要解决的问题、主要研究成果及价值意义。不少论文的引言过于简单，没有体现出前人基础和自我创新，没有交代研究的意义和目的。

编辑加工审查须注意以下几点：

① 全面而简练地陈述研究背景。

② 充分的文献回顾。把该领域有代表性的研究成果进行综述，总结存在的问题。

③ 正确引用文献，不是照搬照抄。

④ 合理表述创新，明确指出现阶段所做的工作。

⑤ 篇幅适宜。通常1000字以内，2～4个自然段。

例4-16 《湖北林业科技》2021年5期的杜洋文等作者的《不同氮肥浓度对薄壳山核桃苗木光合特性影响》引言案例

薄壳山核桃（*Carya illinoensis*）又名美国山核桃、长山核桃，是胡桃科山核桃属落叶乔木，种仁油脂含量高达70%～85%，是重要的木本油料树种和干果。在我国已有百余年的引种历史，既可生食又可加工制作食品和保健食品，具有较高的医学和保健功能，也是荒山绿化的优质材用树种和“四旁”种植的庭院绿化树种。许多地方将其作为增加农民收入、实施“精准扶贫”的重要经济树种，在缓解粮油供需矛盾和实现乡村振兴方面也发挥着越来越重要的作用。植物叶片光合作用是最重要的生理活动之一，是所有物质和能量代谢的物质基础，植物中的有机物质90%～95%就是其合成的，与植物果实产量紧密相关。植物吸收与固定能量、分配与转化物质、水碳循环等生理生态过程都是依靠光合作用进行的，不仅对植物生长发育起着非常重要的作用，而且对植物的产量质量也会产生较大的影响。目前，对薄壳山核桃光合作用的研究主要集中在修剪措施、干旱胁迫和复水、不同品种等光合特性的研究，对薄壳山核桃嫁接苗光合特性变化的研究鲜有报道，本研究主要针对浇施不同浓度尿素溶液后薄壳山核桃嫁接苗光合作用及其生理生态因子日变化进行研究，筛选出能有效提高薄壳山核桃嫁接苗光合效率的适宜施肥浓度，并分析各生理生态因子间相互关系，以期为薄壳山核桃良种壮苗繁育提供技术支撑。

编辑解析：①全面而简练地陈述了薄壳山核桃的研究背景。②把该领域有代表性的研究成果，包括修剪措施、干旱胁迫和复水、不同品种等光合特性的研究作充分总结和回顾。③交代本文的研究目的。

2. 材料与方法

材料与方法是原创论文的方案部分，描述研究是在什么物质条件下展开以及怎样展开的。材料是基础，运用合适的方法，研究才能实现。这部分是快速判定研究能否被复用的重要途径，也是为其他学者检测和引用结论提供的便利条件，还是构成论文科学性、先进性的重要依据。这一部分大体包括材料及方法、方法及过程、结果统计处理三部分。

（1）材料及方法

材料及方法是指实验所用的材料（实物条件）以及对材料的处置、使用方法，涉及操作对象和非操作对象两个层面。

操作对象即实验对象，包括人、动物、植物、产品及其组织、结构、机体、成分等某种实体，具有结构、成分、特性、功能、来源（出处）等多种属性。操作对象为人或动物时，首先要交代有关伦理和研究安全方面的法律、法规与规范。对于临床研究，操作对象是患者，实验必须获得患者的知情同意，由相关单位（如伦理委员会）批准；对于动物研究，操作对象是动植物，实验必须符合有关动植物管理的规定，而且动植物名称必须写准确，还要写明种系、来源。

非操作对象是实验中对操作对象进行某种操作所用的各种物质，包括实验材料与实验设备。实验材料通常包括通用材料和特殊材料，化学药品、试剂、软件、资料，以及对材料的处置、使用方法。不同材料的使用方法往往不同。描述实验材料应详细、清楚：对通用材料和方法，应简单提及；对特殊材料和方法，要详细说明；对化学药品、试剂，须交代来源，对商业来源，可不写厂家地址，但对非商业来源，必须写明来源地址。实验设备主要描述所用的设施、设备、仪器、仪表、系统、软件，具体特定的物质资料，选用的理由或不足等，涉及功能、参数、特性、数量、环境、来源等。实验设备描述要详细、清楚：详写型号、厂家、实验用途、测量范围及精度；描述设备使用或校正步骤；交代可能对实验结果造成特定影响的操作。

编辑加工应注意：①内容结构。内容完整、真实可靠、结构连贯，按照研究步骤的先后顺序有序展开。②标题类型。标题因研究类型不同而不同，如一般的实验（试验）研究为“材料与方法”，调查研究为“对象与方法”，基础与临床研究为“病例与方法”“数据来源与方法”或“材料”“实验方法”等多种形式。③目标主题。不同的研究方案需要不同的材料与方法，复杂的实验有多个不同的子主题，应与结果对应一致。④表述方法。准确、明白地描述各主要材料的有关参数，详略得当，涉及技术要求、性质、数量、来源，以及材料的选取、处理、制备方法等。对普遍的方法，可直接交代名称；对较新的方法，应注明出处；提出自己创新的方法时，应详细说明。

例 4-17　《武汉市公园绿地植物的冠层雨水截留能力研究》刊发于《湖北林业科技》2021 年第 6 期

1.1 试验材料

对武汉市15个公园59个样点中的植物群落进行群落学调查，乔木样方大小20 m×20 m，灌木样方大小10 m×10 m，草本样方大小2 m×2 m。记录样方中植物的种类、株数、高度、冠幅、胸径、叶面积指数等形态学特征因子。选择85种出现频率大于10%的园林植物，作为植物叶片雨水截留试验的对象。其中，乔木33种，常绿阔叶乔木9种，落叶阔叶乔木17种，针叶乔木7种；灌木33种，常绿灌木21种，落叶灌木12种；草本植物14种。均为样方中临近水边、植草沟、雨水花园中的植物。

编辑解析：试验材料中，编辑核实发现本文选择的试验材料乔木、灌木、草本共计80种，不是85种，并在全文及中英文摘要中做出修改。

（2）方法及过程

方法即实验方法，属于实验方案的解决层面，是指为实现某一目标而对各种所需材料实施的综合操作方案。

实验方法主要内容包括实验设计方案，如随机对照实验、非随机对照实验、交叉对照实验、前后对照实验；研究场所，实验室设施；干预措施、盲法；测量指标，结果判断标准等。这部分内容可分为研究对象和非研究对象两个层面。研究对象层面，主要描述操作对象的取样、选择、制备的方法及优势，如样本选取方法（样本的类型、数量、组成及分组方法等），明确交代是否进行随机化分组和盲法实验，明确估计抽样误差，明确实验范围；非研究对象层面，主要描述研究的具体方案、方法及相应的过程，如某工艺、技术、疗程、算法、程序、统计分析方法等，并交代方法选用的理由或不足。

编辑加工审查注意事项：

① 与公知公用的评价标准、实验（试验）方法重合时，要求规范引文，简要描述常规方法，并标明出处。

② 与本人已发表的论文方法部分重合时，如果沿用系列研究方法进行新的领域探讨，之前采用的方法不宜详述，需引文说明。重点描述研究的创新之处和方法论的改进之处。以下为数学论文学术不端的隐匿性案例①。

例4-18 简单修改论文内容或定理条件

《整数阶分数阶Rucklidge混沌系统的自适应滑模同步》《不确定

① 黄颖. 数学论文学术不端的表现形式及防范措施［J］. 编辑学报，2021，33（3）：277-278.

分数阶 Rucklidge 系统自适应滑模同步》与《不确定分数阶 Rucklidge 混沌系统的两种滑模同步方案》，这 3 篇论文为同一研究团队撰写，同年发表于不同期刊，但研究内容相近。经过比对可以发现，他们对所研究问题的描述一模一样，仿真图形也为相同图片。尤其是前 2 篇论文的证明思路、证明过程高度相似，而实际查重结果却显示仅有 1 篇与原文重复率为 30.2%，与其余 2 篇没有表现出重复，并且另 2 篇已发表论文再次查重的结果竟然为 0。

③ 与他人方法重合时，借鉴他人报道方法超过 20%的，一般作退稿处理；低于 20%的请审稿专家一起评判研究的创新性和真实性。

例 4-19　2021 年 6 月 3 日投稿于《湖北林业科技》的《不同栽培方式对土人参和刺芫荽生长的影响研究》一文，后作退稿处理

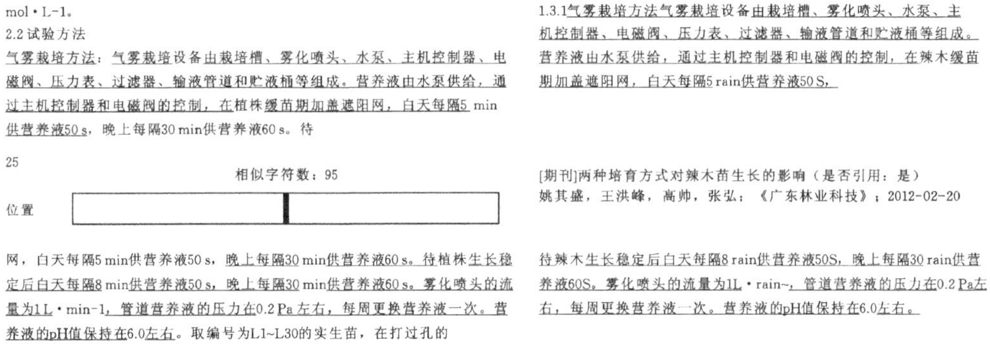
mol·L-1。
2.2 试验方法
气雾栽培方法：气雾栽培设备由栽培槽、雾化喷头、水泵、主机控制器、电磁阀、压力表、过滤器、输液管道和贮液桶等组成。营养液由水泵供给，通过主机控制器和电磁阀的控制，在植株缓苗期加盖遮阳网，白天每隔5 min供营养液50 s，晚上每隔30 min供营养液60 s。待

1.3.1气雾栽培方法气雾栽培设备由栽培槽、雾化喷头、水泵、主机控制器、电磁阀、压力表、过滤器、输液管道和贮液桶等组成。营养液由水泵供给，通过主机控制器和电磁阀的控制，在辣木缓苗期加盖遮阳网，白天每隔5 rain供营养液50 S，

25

相似字符数：95

位置

[期刊]两种培育方式对辣木苗生长的影响（是否引用：是）
姚其盛，王洪峰，高帅，张弘：《广东林业科技》；2012-02-20

网，白天每隔5 min供营养液50 s，晚上每隔30 min供营养液60 s。待植株生长稳定后白天每隔8 min供营养液50 s，晚上每隔30 min供营养液60 s。雾化喷头的流量为1 L·min-1，管道营养液的压力在0.2 Pa 左右，每周更换营养液一次。营养液的pH值保持在6.0左右。取编号为L1~L30的实生苗，在打过孔的

待辣木生长稳定后白天每隔8 rain供营养液50S，晚上每隔30 rain供营养液60S。雾化喷头的流量为1L·rain~，管道营养液的压力在0.2 Pa左右，每周更换营养液一次。营养液的pH值保持在6.0左右。

图 4-2　论文实验方法雷同案例

编辑解析：本文相似率为 21.56%，在实验方法部分（标记处为雷同之处），采用的气雾栽培法、土壤栽培法与《广东林业科技》的《两种培育方式对辣木苗生长的影响》雷同。

④ 与本人已经发表的学位论文方法重合时，建议补充毕业后的研究新进展，突出稿件创新价值后邀请外审专家或同行评议盲评判断是否学术不端。医学论文中，涉及动物实验和临床实验，编辑须按照伦理规范对论文进行审稿。对于伦理声明空缺的或不完善的论文，要求作者提供审批文件以核实其真实性。动物实验中的动物是否合格，作者须提供合格证。

数据作为科研成果重要的支撑材料，其共享性已成为科研过程中利益关注的焦点。还应注意数据抄袭和学术不端问题。

① 数据发表政策包括数据的提交、存储和引用规定。如果数据涉及隐私和

敏感问题，声明不能公开或在何种条件下可以公开分享。

② 数据质量审查。检查提交的数据是否可以支持论文的结论，是否存在虚构造假情况。

例 4-20 表格数据造假案例（表 4-3）

表 4-3 2 组比较 t 检验结果论文原数据（省略计量单位）①

组别	年龄	WBC 数	采集量	CD34＋细胞数	MNC 数
A 组	32±12	21.6±8.7	189±113	0.88±0.45	3.0±1.2
B 组	34±11	26.8±9.5	202±108	2.94±0.98	5.3±2.4
t 值	−0.241	−0.351	−1.006	−2.442	−3.891
P 值	>0.05	<0.05	>0.05	<0.05	<0.01

编辑解析：在统计学审查时，见表 4-3，综览所有指标，可以发现从左至右，t 值的绝对值是逐步增大的，按照 t 分布的规律，由于 2 组样本量一样，因此，P 值应当逐步减小，虽然表中未提供精确的 P 值，但“WBC 数”与“采集量”的 P 值范围违反了这个规律。文章作者在表格中提供了 5 个检测指标的统计检验量 t 值，但未给出精确的 P 值。利用文中数据在 EXCEL 软件中重新计算 t 值和 P 值，发现表中 5 个检测指标的统计检验量均不正确，属于统计结果伪造②。

例 4-21 《1986—2014 年灵川县景观格局动态变化分析》（表 4-4）刊发于《湖北林业科技》2021 年第 6 期

表 4-4 1986—2014 年灵川县景观水平格局指数

年份	斑块密度/(个·hm^{-2})	边界密度/(m·hm^{-2})	FRAC_AM	AI	平均临近距离/m	SHDI	SHEI
1986	3.57	37.03	1.29	94.38	72.65	0.71	0.40
2000	3.82	37.65	1.30	94.28	70.20	0.66	0.37
2014	3.45	34.97	1.28	94.69	76.24	0.59	0.33

① 刘海清．利用统计方法与规律发现论文数据造假［J］．编辑学报，2018，30（6）：617-620.

② 陈秀妍，张梦狄，韩向娣，等．图表数据学术不端案例调研与防范研究［J］．中国科技期刊研究，2021，32（5）：555-562.

编辑解析：表 4-4 中第 3 列项目栏名称错误，结合上下文 FRAC_AM 为面积加权分维数，但文中实际指的是斑块结合度，后与作者核实修正。

⑦ 数据的相关权益。涉及数据著作权归属、使用及许可等，投稿时签署著作权转让协议，对相关图表进行加密处理。

（3）结果统计处理

统计处理属于对实验结果进行处理的层面，是指对通过实验所得的各类数据应用合适的统计学方法，分析和解释其数量上的变化，以便正确地辅助制订实验计划，科学地对实验结果进行分析，从而做出符合科学实际的推断。结果统计处理时，要提供充足的信息，至少包括以下参数或方法：实验重复次数（一般至少重复 3 次）；均值；标准误（SEM）、标准差（SD）；统计方法（统计分析方法、统计检验方法）；*P* 值（*P* value）。

例 4-22　表格统计数据有误（表 4-5）

表 4-5　风险因素的 logistic 回归论文原始数据

变量	OR	95% CI	*P* 值
出血量	0.997	0.994～1.000	0.05
血流稳定性	8.817	5.210～9.661	0.901
伴有 DIC	0.107	0.014～0.835	0.033
血管造影发现出血	2.369	1.625～3.723	0.665

编辑解析："出血量"的 95% CI 右端值刚好为 1，*P* 值也刚好为 0.05，符合统计学原理；而"血流稳定性"OR 值较大，其 95% CI 端值皆大于 1，理论上，*P* 值应远小于 0.05，但论文提供的值为 0.901，可以判定统计数据有误。同理推断，"伴有 DIC"符合统计学规律，"血管造影发现出血"则不符合统计学规律。

（六）结果与分析的常见问题

结果即研究结果，是科学研究探索的答案，是论文的依据部分，其质量标志着学术水平或技术创新的程度，是整个论文的立足点及价值所在。全文的分析、讨论由结果引发，推理、判断由结果导出，结论、结语由结果得出。结果内容大体包括实验简述和结果报告。实验简述为不带细节的简要描述实验方法；结果报告既要交代原始结果，也要描述对原始结果作某种处理、处置（对比、分析、说明等）得出的处理结果。结果与分析部分应科学整理数据、解释原始结果、客观描述结果、全面详细描述、避免重复。

学术期刊论文的结果与分析部分常见问题总结如下：

① 缺少处理结果或分量不足，对原始结果和处理结果的区别认识不够。

② 加入过多的作者个人主观认识，对结果解释说明太多。

③ 数据结果不充分、不一致、不准确，研究结果可信度低。

④ 图表问题多、看不清、质量差。

⑤ 材料与方法的数据信息不足以支撑结果分析。

编辑加工应从以下几个方面审查：

① 目标点出——指出实验或方法的目标依据。

② 方法概述——简要概述结果所依据的某实验或方法。

③ 结果描述——阐述对原始结果作某种处理、处置所得的处理结果。

④ 结果展现——阐述使用图表显示由实验、观察所得的原始结果。

⑤ 结果评论——与前人结果作比较，并解释、说明结果。

（七）讨论与结论的常见问题

讨论是学术论文的精华部分，对结果的解释、推断，揭示结果蕴含的本质和规律；说明作者自己的结果与前人不同的原因，是否支持某种认识、观点，是否提出新的问题、观点；主要包括研究现状、主要结果（发现）、结果对比、规律总结、价值意义、研究局限。

结论又称结束语或结语，是体现更深层次认识的整篇论文的全局性总结。它是论文中讨论结果的再总结，结果的结果，全文最高层次的结果。学术论文一般先讨论、后结论。在实际操作中，我们看到的各刊的学术论文有合并一起的情况为“结论与讨论”“讨论与结论”，也有只有“讨论”没“结论”，或只有“结论”没“讨论”的情况，严格意义上讲，后两者都不算规范。

学术期刊论文的讨论部分常见问题总结如下：

① 未对自己的研究结果，按照差异性、独特性、优越性及创新性和理论原理、创新方法进行深入讨论。

② 未获得与原始结果相统一的讨论结果，未对已有类似结果及引用文献进行对比，系统、深入地阐释异同的原因。

③ 未引用与自己研究结果密切相关的重要文献，未对引言中布下的问题或假设在讨论中展开阐述。

④ 未准确理解讨论与结果的概念与关系，再次描述结果，甚至出现新资料、新数据，夸大结果。

⑤ 未对实验设计、方案或执行方法方面的不足或错误进行必要说明。

⑥ 将讨论中的推测当结论，二者混为一谈。

编辑加工除了从以上六个方面审查以外，还需要注意语言表述为“结果表明、结果显示、结果发现”等。

例 4-23　《湖北林业科技》2022 年 1 期《12 个樱花新品种的耐热性研究》一文的结论与讨论部分的修改前后对照

原文：

高温胁迫是影响园林植物生长发育的关键因子之一，植物受到高温胁迫后，细胞膜系统的结构被破坏，选择通透性的能力降低，大量细胞液外渗，导致电导率增加。因此，植物的耐热性与其细胞膜的稳定性密切相关。在高温环境下细胞膜越稳定和完整，植物的耐热能力越好。用梯度高温离体处理植物叶片，用电导率法测定植物的细胞损伤率，用 Logistic 方程拟合处理温度与细胞损伤率的关系，并计算“S”曲线拐点温度，计算植物的高温半致死温度可以较准确地反映植物耐热性差异，已经应用在多个植物耐热性评价中。然而，李俊才等认为在自然条件下，植物的抗性相对高于室内离体状态，蒋媛等认为，半致死温度需结合田间表型数据，才能更好地反映植物品种的抗性。

本研究中通过测量高温处理下 12 个樱花新品种叶片电导率的变化，计算其高温半致死温度，结合夏季高温胁迫后热害程度的分级数据，进一步对 12 个樱花品种的耐热性进行了排序，根据耐热性强弱，其可分为 4 类，第Ⅰ类群包括‘八重红大岛’、‘御车返’、‘吉野垂枝’，是耐热性较好的品种；第Ⅱ类包括‘琉球绯樱’、‘衣通姬’、‘松月’，是中等耐热性品种；第Ⅲ类包括‘染井吉野’、‘八重红枝垂’，‘椿寒樱’和‘河津樱’，是一般耐热的品种；第Ⅳ类包括‘神代曙’、‘奖章’，是不耐热的品种。在这项研究中，12 个樱花品种的高温半致死温度范围为 57.08～63.32 ℃，平均值 60.68 ℃，与叶超宏的结果 41～61 ℃，平均值为 47.61 ℃相比，各个品种之间的差距更小，高温半致死温度更高。

修改后：

（按照“四性”原则深入展开讨论）高温胁迫是影响园林植物生长发育的关键因子之一，植物经受高温逆境胁迫后，细胞膜系统结构受到破坏，选择透过性的能力降低，细胞液大量外渗，导致电导率升高。

所以，细胞膜系统高温胁迫下的稳定性，决定了植物的耐热性。相对电导率是反映植物细胞受高温胁迫后膜透性受损程度的重要指标，细胞膜伤害率能反映植物细胞膜所受伤害的程度，二者是间接评价植物耐热性的有效方法。细胞膜系统受损越严重，外渗细胞液越多，电导率越大，细胞膜受伤害程度越大，植物耐热性越弱，反之则耐热性越强。

编辑点评：结合审稿意见，论文试验方案合理，数据分析结果可靠，论文所获结果对樱花品种的引种和应用具有指导作用。原讨论部分，缺乏对已有类似结果和文献进行对比，未对实验中得出的 LT50 值（半致死温度）与田间高温热害等级不一致的原因进行说明。本文部分应为结论与讨论。

用梯度高温处理植物离体叶片，通过电导率法测定植物的细胞伤害率，利用 Logistic 方程拟合处理温度与细胞伤害率的关系，通过计算“S”形曲线拐点温度，作为植物高温半致死温度，可以比较准确地反映植物耐热性的差异，该方法方便、快捷、灵敏，已经应用在多个植物耐热性评价中。

梯度高温处理叶片，细胞伤害率并非稳步增加，电导率在增加的基础上有变缓和急剧增加情况。本研究中有 7 个樱花品种，40～45 ℃时，其细胞伤害率值有稍微下降趋势，是植物在逆境胁迫初期，启动的自身保护系统起作用的结果，此阶段细胞膜受到的伤害是可逆的，通过调整主动运输，稳定细胞液的外渗量，从而产生电导率上升缓慢或者下降的趋势。但是这种自我保护能力，因品种不同而有差异，与不同品种的细胞对高温的应激反应的不同有关。【对已有类似结果及引用文献进行对比】与张文娟等对景天植物的耐热性的研究以及石永红等对黑麦草的耐热性的研究一致。本研究中试验得到樱花品种的高温半致死温度范围 57.08～63.32 ℃，平均值 60.68 ℃，与叶超宏的结果 41～61 ℃，平均值为 47.61 ℃相比，各个品种之间的差距更小，高温半致死温度更高。

当温度超过一定范围时，细胞自身的保护系统已经不能进行自我调节，细胞膜产生了不可修复的损伤，细胞液大量外渗，从而导致电导率急剧增加，且不同品种的樱花细胞伤害率急剧增加的转折点均不同，而温度在超过 60 ℃和 70 ℃后，细胞伤害率均呈现缓慢增加或保持不变的趋势，说明此时质膜已经遭到破坏，主动运输功能完全丧失，电导值不再增加。

李俊才等认为在自然条件下，植物的抗性相对高于室内离体状态；蒋媛等研究认为，半致死温度结合田间表型更能反映植物品种的抗性。因此，为了能够准确反映樱花耐热性强弱，【对引言中的问题展开阐述】本研究将12个樱花品种的高温半致死温度和夏季热害等级数据经过转化后采用欧氏距离，用离差平方和法进行K-means聚类分析，得到12个品种耐热性关系，并分为如下4类，第Ⅰ类群包括‘八重红大岛’‘御车返’‘吉野垂枝’，为耐热性较好品种；第Ⅱ类包括‘琉球绯樱’‘衣通姬’‘松月’，为中等耐热性品种；第Ⅲ类包括‘染井吉野’‘八重红枝垂’‘椿寒樱’和‘河津樱’为一般耐热品种；第Ⅳ类包括‘神代曙’‘奖章’，为不耐热品种。【对实验设计和田间试验的不足进行说明】由于田间热害表型会受到树龄、树木生长小环境、气候条件等因素影响，与实验测定的高温半致死温度等级会有不一致的情况，本研究中虽然将高温半致死温度和田间热害表型相结合，并进行了耐热性等级的分类，但与品种的真实耐热性还有不一致的地方，还需要进一步结合热胁迫条件下植物生理生化指标等方面的数据进行深入分析和验证。

结论部分，编辑加工应从以下几个方面审查：

① 结论既可写在讨论中，也可单独列标题写，即“讨论与结论”“结论与讨论”，或先“讨论”后“结论”，篇幅宜短不宜长。

② 基于实验、观察结果，科学判断推理，措辞严谨、逻辑严密、行文规范，恰当表述创新，合理提出建议。

③ 不简单重复题名、摘要、引言中的内容；不将常识、知识写进结论；不将讨论中层次较低的结果搬来当结论；不将材料、结果、分析、过程当结论。

（八）量和单位的常见问题

学术论文的量和单位有严格定义和专门的名称、符号，而名称又涉及科学概念、术语，符号又涉及字符类别、大小写、正斜体、上下标，单位涉及各种词头，而且量还有计量、定量的表达，量与量之间有各种复杂的数学关系。《中华人民共和国计量法》规定：“国家实行法定计量单位制度。”

1. 量

GB 3100、GB 3101 和 GB 3102. 1～3102. 13 中已规定了符号的量，不得采用其他符号代替。正确使用国家标准中的量名称，有以下规则：

（1）量名称

① 使用新增的标准量名称，不得使用已废弃的或不正确的量名称，如比重、天数、土壤容重、亩、公斤、斤、尺、ppm 等。

② 使用含义确切的词或词组作量名称。例如，“含量”不是物理量，商品中的含量指质量或体积，科技论文中的含量包括有关混合物组成的各个量。“含量”用于定性描述时可直接用其名称，如谷物的淀粉含量；但定量阐述时，宜改用标准名称，如“空气中 O_2 的含量为 21%”改为“空气中 O_2 的体积分数为 21%”更恰当。

③ 使用准确的量名称，避免自造量名称。一般选用行业领域内公知公用的符号表示，例如林业科技期刊中的材积 V、树高 H 等。

④ 书写正确的量名称，避免写与标准有出入的量名称。

⑤ 优先使用国家标准中推荐优先使用的量名称。

（2）量符号采用斜体印刷

① 使用标准量符号，不宜使用非标准量符号。

② 提倡多用单字母量符号（必要时加下标、上标），不宜使用字符串作量符号。

③ 科学、严谨表达量符号，不宜直接使用化学名称、元素符号（包括原子式或分子式）作量符号。

例如，“氟化钡∶氯化钠＝4∶6”不规范，“CO_2∶O_2＝1∶5”也不规范，使用了化学符号和分子式作量符号，均没有表达清楚是哪两个量。若是体积比，可改为 $V(CO_2):V(O_2)=1:5$；若是浓度比，则改为 $c(CO_2):c(O_2)=1:5$。

④ 注意量符号所表示的量的量纲，不要把量纲不是 1 的量符号作为纯数看待而作错误的处理。

⑤ 量符号的主符号用斜体字母表示，一般不用正体字母。

⑥ 对矩阵、矢量和张量应采用黑（加粗）斜体字母作其量符号。

⑦ 严格区分两字母量符号与两个量符号相乘。相乘的量符号间应有乘号（·）。

2. 计量单位

《中华人民共和国计量法》（以下简称《计量法》）明确规定我国采用 SI 国际单位制和我国选用的其他计量单位为国家法定计量单位，非法定单位应该废除。为了贯彻《计量法》，我国制定了系列标准，具体如下：《国际单位制及其应用》（GB 3100—1993）、《有关量、单位和符号的一般原则》（GB 3101—1993）、《空间和时间的量和单位》（GB 3102.1—1993）、《周期及其有关现象的量和单位》（GB 3102.2—1993）、《力学的量和单位》（GB 3102.3—1993）、《热学的量和单位》（GB 3102.4—1993）、《电学和磁学的量和单位》（GB 3102.5—1993）、《光及有关电磁辐射的量和单位》（GB 3102.6—1993）、《声学的量和单位》（GB 3102.7—1993）、《物理化学和分子物理学的量和单位》（GB 3102.8—1993）、《原子物理学和核物理学的量和单位》（GB 3102.9—1993）、《核反应和电离辐射的量和单位》（GB 3102.10—1993）、《物理科学和技术中使用的数学符号》（GB 3102.11—1993）、《特征数》（GB 3102.12—1993）、《固体物理学的量和单位》（GB 3102.13—1993）。

GB 3100 与 GB 3101 属于基础、通用性标准，其余 13 项标准分别规定了各相应学科的量和单位的名称与符号。这些标准适用于所有科学技术领域，凡科学技术领域在使用量和单位时，不管是名称还是符号，应一律以国家标准为准。

编辑加工注意：

① 单位表示量值时，在公式、图、表和文字叙述中，一律使用国际单位制，并用正体表示。

② 在排版时单位和数值之间留适当空隙，如 10 m，平面角的单位符号“°”“′”“″”除外。

③ 由 2 个或 2 个以上的单位相乘而构成的组合单位，其写法有两种：N • m，Nm；用单位相除的方法构成的组合单位，其写法也有两种：m/s，m • s^{-1}。当分母有 2 个以上单位时，分母应加圆括号，单位符号中的斜线（/）不得超过 1 条；分子为 1 的组合单位符号，宜采用负数幂的形式，如 1/m^2 写成 m^{-2}。同一期刊的表示体例应统一。

④“万”和“亿”是我国习惯使用的数词，可以与单位符号连用，如万 hm^2、亿 m^3。

⑤ 在图表中用特定单位表示量的数值时，应采用量与单位相比的方式，组合单位应加圆括号，如 l/m，m/kg，cB/（mol • dm^{-3}）。

（九）致谢

致谢一般位于参考文献前面即文章末尾，不是论文的必要组成部分，用来对致谢对象所做的工作表示尊重和感谢。致谢中提到的是对论文给予实质性帮助而又不能列为作者的单位和个人或合作单位。致谢时，可以冠以“学术指导”“审议研究计划”“收集数据”等表述。

编辑加工要点：

（1）致谢对象审查

致谢对象包括研究工作得到资助的基金项目；对研究工作有直接和实质帮助的组织或个人；协助完成研究工作、提供某种帮助和便利条件的组织或个人；对论文写作做出较多贡献的作者团体或个人；给予转载和引用权的资料、图片、文献、思想和设想的所有者等。

（2）致谢内容审查

对获得基金项目的来源、名称、编号等予以证明。对个人或组织在研究工作或论文写作中给予的帮助或所做的贡献，包括提供仪器、设备或相关实验材料，给予技术、信息、物质或经费等帮助，协助实验方案制定、实验流程执行和实验结果处理，提供有益的启发、建议、指导、审阅，承担某些辅助性工作等进行审查。

（3）致谢的写作要求

具体而恰当地表达致谢内容，明确对何致谢对象所做的何工作表达感谢，基于什么方面，均应表达清楚；表达谢意主体准确，通常情况下为本文、本研究、本项目、本团体、我们或全体作者等；投稿前应与致谢对象沟通，必要时请其审阅论文，在没有特别指出的情况下，表示致谢人赞同致谢的内容和观点。

（十）参考文献

参考文献反映科技论文写作过程中，作者对前人工作的尊重，也体现了对前人研究成果的继承和发展。作者需要调研及引用相关的参考文献来开展科研活动和学术研究，以解决科学问题。按照《信息与文献 参考文献著录规则》（GB/T 7714—2015）的规定，每条文献的著录项目应齐全，并正确使用标识符号。根据文献自身的特征取舍项目。学术期刊可以采用顺序编码制和著者-出版年制。

编辑部可以结合一些编校软件，主要审核参考文献的显性和隐性错误：

① 文献类型归属及文献类型标识代码错误。文献类型标识代码根据《信息与文献 参考文献著录规则》（GB/T 7714—2015），分为16种（表4-6）。

表 4-6 文献类型和标识代码

参考文献类型	文献类型标识代码
普通图书	M
会议录	C
汇编	G

续表4-6

参考文献类型	文献类型标识代码
报纸	N
期刊	J
学位论文	D
报告	R
标准	S
专利	P
数据库	DB
计算机程序	CP
电子公告	EB
档案	A
舆图	CM
数据集	DS
其他	Z

取得ISSN、CN号的文献类型归属于［J］（期刊）；取得ISBN的文献归属于［M］（图书）；会议上宣读、交流产生的文献归属于［C］（会议录）；汇编在一起的文件、文章归属于［G］（汇编）；难以界定的就用［Z］（其他）；既无ISSN、CN号，也没有ISBN号，但有内部资料性出版物批准号的辑刊归属为内部资料性出版物，无任何出版物号的辑刊应为非法出版物。

② 文献序号、题名、卷号、期号错误。

③ 著录项、著者、著录符号缺失和错误，不规范、格式混用。

④ 文献语种错误。

⑤ 文献多引和漏引，文献嫁接。

⑥ 数字对象唯一标识符DOI无法解析等问题。编辑在审核时还可使用参考文献软件，如Endnote等。

例4-24 文献嫁接问题

［1］王鲁，王志良，杨溢．一种多agent系统框架与协商机制研究［J］．计算机仿真，2013，30（12）：380-384．

改为［1］王鲁，王志良，杨溢．一种多agent系统框架与协商机制研究［J］．计算机应用研究，2012，29（3）：852-855．

编辑解析：所示文献，看上去文献著录规范完整。但通过查证发现，文献前半部分（主要责任者、文献题名）与文献后半部分（题名、年、卷、期、页码）不对应，属于文献嫁接。可采用参考文献自动校对软件，人工逐条审查。

例 4-25　文献似是而非

［2］张建明. 从战略高度认识…… ［J］. 求是杂志，2015（21）：52-53.

改为［2］张建明. 从战略高度认识…… ［J］. 求是，2015（21）：52-53.

编辑解析：《求是》是杂志，不是《求是杂志》。

例 4-26　文献偷梁换柱

［3］李莉. 低压喷涂技术突飞猛进绿色环保正成为塑料涂饰主旋律［J］. 塑料制作与环保科技，2020，1（2）：21-23.

改为［3］李莉. 低压喷涂技术突飞猛进绿色环保正成为皮革涂饰主旋律［J］. 皮革制作与环保科技，2020，1（2）：21-23.

第二节　排　　版

排版工作是学术期刊的后期工作，排版的质量会影响期刊的整体质量。学术期刊编辑部的编校排版模式主要分为两类：编（校）排分离模式和编（校）排一体化模式。大多数的学术期刊采取编（校）排分离模式即编校和排版工作是分开进行的，编校在编辑部，排版在排版公司，编辑加工后，待出版的稿件进入排版校对环节。而编（校）排一体化模式，在很多的采编系统平台已经升级实现，但是编辑部（期刊社）一体化模式的应用，即由编辑部直接编辑、排版、校对，形成电子版、数字版，然后发布于官方网站的还不多。每个期刊都或多或少存在数字化生产，但传统的流程与数字化生产并未实现无缝对接，编校排版的效率和质量并未得到大幅度提升。传统的手工编校纸稿的方式，随着数字化生产的加入，流程变得更复杂，因此流程优化势在必行。

一、 排版概述

常用的排版软件按照操作处理方式可以分为两类：批处理排版软件和交互

式排版软件。批处理排版是应用较早的电子排版方式，也是沿用至今的一种高效率的排版方式，北大方正书版和 LaTeX 都是著名的批处理排版软件。交互式排版软件系统界面直观，操作简单、易学易用、便于修改，方正飞腾、Adobe InDesign、PageMaker、QuarkXPress、蒙泰都是交互式排版软件。

（一）常用排版软件

1. 方正书版和方正飞腾的系列升级产品

（1）方正书版

方正书版（图 4-3）由北京北大方正电子有限公司自主研发，是国内应用最广的排版软件之一。排版速度快、版式多样、文字处理功能强大。截至 2023 年，最新升级的方正书版 V11.0 版本，可在 Windows XP、Windows 7、Windows 8 等操作系统运行。

特点：①完整专业的排版语言。

②集编辑、语法、检查、排版、显示于一体。

③目录生成功能，自动抽取多页目录和页码。

④支持彩色排版。

⑤超大字库，扩充 65000 个汉字等。

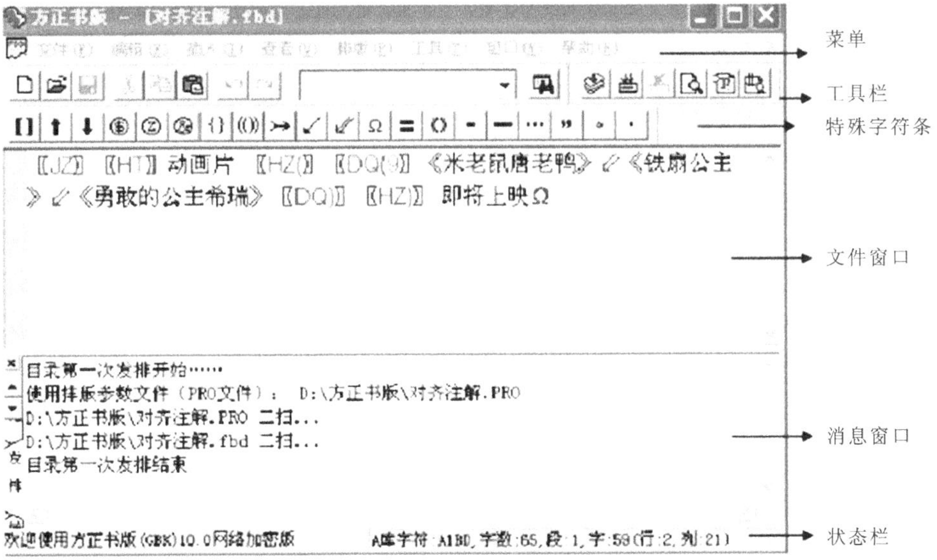

图 4-3　方正书版软件界面

（2）方正飞腾（FIT）

方正飞腾由北京北大方正电子有限公司自主研发。飞腾即方正飞腾彩色排版系统的简称，最新分为方正飞腾 4.1 版本和方正飞腾创艺 5.0 版本。

方正飞腾 4.1 版本，可在 Windows 98、Windows XP 和 Windows 2000 运行。

特点：①全新表格功能，可分页、分栏、设定表头、创建反表和阶梯表。

②丰富的画图工具，多种弧线、花边、底纹和渐变功能。

③图像处理，多种图片格式，能对图形剪裁、黑白图上色等。

方正飞腾创艺 5.0 版本，可在 Windows 2000、Windows XP、Windows 2003、Windows Vista 操作系统运行。

特点：①支持 OPI 等各种标准。

②提供度量单位“字、磅、毫米、英寸”等，可以根据需要选择。

③可以排入的图片格式包括 GRH、TIF、TGA、EPS、BMP、GIF、PCX、JPG、PS。

④提供 CMYK、RGB 和 HSB 三种彩色颜色模型。

近年来，北大方正电子有限公司相继推出以方正飞翔、方正飞翔数字版、飞翔云阅读为主打产品的一站式跨媒介内容创意编排发布的整体解决方案，提供针对传统出版物、电子书、交互式数字出版物、HTML5 新媒体等多元内容的创意制作功能。同一个工程文件，可以进行多元形态出版物的输出和发布，PDF 用于印刷，epub 用于数字出版，HTML5 用于新媒体发布。2018 年推出的一款专门应用于图书自动化排版、多元输出的云平台——方正书畅自动排版云服务平台，主要服务于国家标准、人文社科、论著、教材教辅等拥有明确篇章节结构的图书，服务内容包括自动化排版并同步生成印刷级 PDF、Word、epub 等多格式数据。

2. PageMaker 和 Adobe InDesign

PageMaker 于 1985 年由 Aldus 公司推出，用来产生专业、高品质的出版物。功能全面、操作简便。升级至 PageMaker 7.0 版本后被 Adobe InDesign 取代。Adobe InDesign（图 4-4）是由 Adobe 公司于 1999 年 8 月开发的一款桌面出版应用程序，主要用于各种印刷品的排版编辑。InDesign CC 为最新版本。

特点：①制作复杂页面布局和链接内容。

②基于 XML 创建文本和图像的页面功能。

③交互式文档和演示文稿。

④PDF 导出选项等。

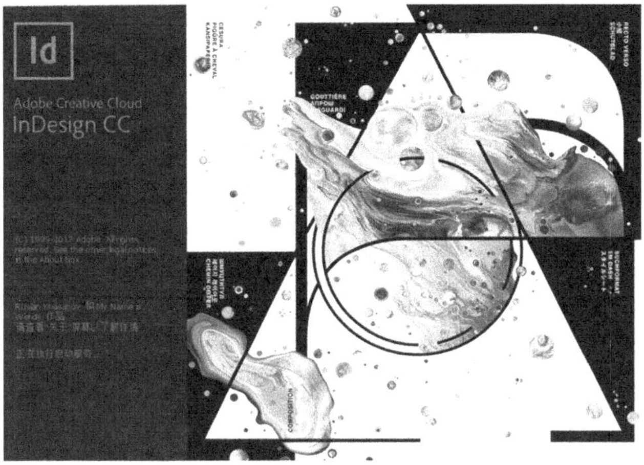

图 4-4　InDesign 启动界面

3．QuarkXPress

QuarkXPress 是 Quark 公司推出的具备全球化操作性能的排版软件。通过高级的色彩能力、突出的图形处理、精确的排版控制和复杂的印刷功能，提高出版能力。在完成 3.3 版本和 4.1 版本的简体、繁体中文版后，Quark 基本上停止了中文版的开发。

特点：①把专业排版、设计、色彩和图形处理功能、专业作图工具、文字处理、复杂的印前作业集成于一个软件。

②有 Windows 95/98、Windows NT 版本，可以跨平台环境工作。

③增强中文版基本功能，包括繁简混排、文字直排、附加拼音等。由于没有更新的中文版本，本地化中 QuarkXPress 的项目只能在较早的 Mac OS 9 之上完成。

4．LaTeX

LaTeX 是一种基于 TEX 系统的排版系统，由美国计算机学家莱斯利·兰伯特（Leslie Lamport）在 20 世纪 80 年代初期开发。其中非常突出的是方便而强大的数学公式排版能力，适用于生成高印刷质量的科技和数学类文档。当前的版本是 LaTeX 2ε。LaTeX 2ε 采用了 NFSS 作为标准，加入了很多新的功能，同时还兼容旧版本。

5．蒙泰

蒙泰软件是一款使用方便、功能强大的喷绘软件，最新版本蒙泰 RIP 6.0 支持 PS、EPS、PDF 文件载入，可直接载入包括 Photoshop、PageMaker、

CorelDraw、FreeHand、Illustrator、AutoCAD、方正等软件生成的 PS、EPS、PDF 等文件，并可以和 JPG、TIF 等文件编排输出。

特点：①全新网点算法。调整大、中、小网点的分配比例，优化中小墨点及浅色墨点介入区间。

②高速多核 RIP 计算。优化的 Windows 多核打印技术，满足多喷头组合、高精度图片、多精度打印模式、大数据量作业的需求，打印速度可提升 3 倍左右。

③图片分割功能。可等份分割和自定义尺寸分割图片，自动为分割后的小图元编号，分割后的图元可整页或多页编排，实现拼版输出大幅面作业及特殊艺术品分块作业。

④数码印染印花方案。可将单张图片无缝隙地连续复制和多样化变换。

二、 学术期刊排版的要点

学术期刊的稿件特点不仅体现在内容的科学性、准确性上，还体现在符号语言编排的规范性上，相同符号的正斜体、大小写代表的含义均不同，因此对符号的编排有更高的要求。由于学术期刊的版面总数固定，有的期刊每期需要根据版面总数进行文章精简、接排，在内容上专业性较强，稿件涉及图表、公式较多，版式上有正斜体、黑白体、上下标，给排版工作带来了难题。而作者提交稿件时一般采用 Word、WPS 等文字处理软件，这些电子文件原稿由排版人员转化为专业排版软件格式进行排版，制作出符合出版要求的期刊版面。常见符号的大小写和正斜体编排不规范的问题，不仅给读者带来阅读障碍，而且影响学科之间的交流和研究成果的推广，有时甚至引发误解。

（一） 正文版式设计特点

学术期刊正文版式设计的总原则是设计定位与出版内容相吻合。全刊各篇文章的编排设计应协调一致、美观、大方。

1. 横排、竖排兼备

期刊正文主体文字可以横排，也可以竖排。学术期刊一般采用统一的横排格式。

2. 分栏多样

分栏是期刊版式设计的重要手段。在各期刊的设置中，文章分栏可以不一样，有的排通栏，有的排两栏或三栏。学术期刊分栏一般在一定时间内保持相对稳定，不经常变更。同一篇文章的分栏一般不设栏线，仅以栏空来表示。

3. 字体、字号多样

期刊正文用字一般不宜小于五号字，而正文中的一级、二级、三级标题在这个字号基础上浮动，图表和参考文献字体略小。每一种期刊都可根据自己的情况来设置字体、字号，本着整体统一规范的原则即可。

4. 线条与底纹多样

因为期刊的文章有页面合用的情况，常用加设花线或铺设不同底纹的手法对不同文章进行分隔，所以期刊正文中线条与底纹应用较多且形式多样。

5. 文字可转页

期刊上的文章不可能每篇都恰好排成整数页面，总会有某些页面留有或多或少的空白。由于期刊版面有限，所以要以有余补不足，将某篇或某几篇文章末尾的一部分文字转至其他文章末尾所在页面留有的空白处续完。根据期刊具体版式情况判断，也可不用。

期刊的文字转页一般应遵循以下原则：

① 一般来讲，如果某篇文章末尾仅留下不足 5 行的文字单独占了 1 面，缩行处理，即尽可能缩减文字，使之正好能够排在整数页内。

② 内容非常重要、不宜删减任何文字的文章，或者末尾剩余文字数量超过半个页面的文章，不能作转页处理，只能将其他文章末尾的多余文字转到该文章后的空白处。

③ 文章末尾超过 5 行而不足半个页面，就可以作转页处理。

必须作转页处理时，还应该注意下列几点：第一，被转文章的主体部分末尾应注明“（下转第××页）”，所转文字开头也应相应注明“（上接第××页）”。第二，所转文字应尽量转至该文主体部分所在页面之后，如能转至次面下半面，则更为理想，这时接转说明文字也可以省略。将剩余文字转至该篇文章之前页面上的逆转，应尽可能避免。第三，转页文字不可喧宾夺主。一般位于页面的下半部。

6. 正文页码连续编排

一种期刊的各期，应力求将文章题名、层次标题、正文和摘要、脚注、图表、参考文献等，用不同的字体和字号及编排形式区别开来，并保持全刊统一。期刊的页码，应用阿拉伯数字将全卷（年）各期的正文部分依序连续编码，也可每期从第 1 页开始单独编码。在正文部分如有图版和折页，应作为正文的一部分一起编排页码。封一、封二不应编入期刊的连续页码。封三和封四，如连续刊登正文，应编入期刊的连续页码；如果系空白页或只刊登广告和其他非正文内容，则不编入期刊的连续页码。期刊页码的标志，应置于各页固定位置。如需变更，宜从新一卷（年）的第一期开始。

7. 文章编排格式力求统一

期刊各篇文章的编排格式力求统一。正文部分应根据需要在页眉或其他适当位置标明刊名（外文并列刊名可缩写）、出版年卷期号、第一著者或全部著者和文章题名。每篇文章应列出全部著者姓名及其所在单位、通信联络方式（必要时）。著者姓名一般列于文章题名下方，简讯、补白等短文可列于文末。每篇文章应按连续页码顺序排印。凡分期连载的文章应在每期刊出部分的题名后加注续次号，如“续前”，或“续 1”等；除最后一次外，每次刊出部分的文末注明“待续”；最后一次的文末注明“续完”。期刊文章应附摘要，参照《文摘编写规则》（GB 6447—1986）的规定编排。译文应注明译者姓名，翻译方式（如全译、节译、摘译、编译等）、原著者姓名、原文出处。如译文是转译自另一种译文，还应注明中间译文出处。参考文献应按照《信息与文献 参考文献著录规则》（GB/T 7714—2015）的规定著录。

（二）版权信息编排

期刊每期在封四下方或其他固定位置登载版权信息，内容应包括刊名、刊期、创刊年份、卷号（或年份）和期号、出版日期、主管者、主办者、承办者或协办者（必要时）、总编辑（主编）姓名、编辑者及其地址、出版者及其地址、印刷者、发行者、中国标准连续出版物号、增刊批准号（必要时）、广告经营许可证号和商标注册号（必要时）、定价（必要时），图 4-5 所示为《园艺学报》版权信息。

（三）插图、表格版式设计及要点

插图应与正文内容相关，应选择能够有效传达关键信息的插图形式。应具有自明性、简明性、科学性和艺术性。机构示意图、原理示意图和流程图的设计应符合现行的国家标准或行业标准；地图插图应维护国家的统一、主权和领土完整，符合 GB/T 19996 的规定。坐标曲线图的坐标轴、标值线的画法应规范，标目、标值、坐标原点应标注完整、规范、统一。插图中涉及标志用图形符号、设备用图形符号和技术文件用图形符号应符合现行的国家标准，引用他

《园艺学报》第9届编辑委员会

The Editorial Board of Acta Horticulturae Sinica

主编(Editor-in-chief)：孙日飞

副主编(Associate editors-in-chief)：
邓秀新 李绍华 韩振海 喻景权 侯喜林 张启翔 包满珠 赵 华 陈 喆

委员(Members of the editorial board)：
包满珠 曹家树 陈发棣 陈 洁 陈劲枫 陈昆松 陈年来 陈 伟 程 锋 程智慧 戴思兰
邓秀新 董 丽 杜胜利 杜永臣 范双喜 方智远 冯 辉 高俊平 郭世荣 韩振海 郝玉金
侯 锋 侯喜林 黄旭明 蒋跃明 雷建军 李绍华 李天来 李天忠 林顺权 刘崇怀 刘凤之
刘孟军 刘君璞 刘青林 吕德国 吕英民 栾非时 罗正荣 马锋旺 明 军 聂继云 潘学军
彭抒昂 屈冬玉 申书兴 束怀瑞 宋文芹 孙德岭 孙日飞 滕元文 王傲雪 王继华 王建波
王力荣 王亮生 王晓武 王玉柱 王跃进 魏钦平 吴明珠 熊兴耀 徐 娟 徐 坤 许 勇
杨洪强 杨文才 叶志彪 喻景权 张凤兰 张亮生 张其安 张启翔 张绍铃 张 显 张小兰
张秀新 张忠华 赵 华 周常勇 周志钦 邹学校 邹志荣

Ali A. Donmez (Turkey) Carl-Otto Ottosen (Denmark) Fumio Hashimoto (Japan)
Guusje Bonnema (Netherlands) Guoqing Song (USA) John Walsh (England)
Li Li (USA) Tae-Jin Yang (Korea) Yuling Bai (Netherlands) Zhongchi Liu (USA)

编辑部主任(Director of editorial department)：陈 喆

编辑(Editors)：赵 华 韩 旭 魏 蔚 杜 敏 王 燕 张 萍 李亦轩 王文莉

园艺学报
YUANYI XUEBAO
（月刊，1962年创刊）
2021年9月25日 第48卷 第9期

ACTA HORTICULTURAE SINICA
Monthly, Started in 1962
Vol 48 No 9 Sep 25, 2021

主管 中国科学技术协会
主办 中国园艺学会
中国农业科学院蔬菜花卉研究所
主编 孙日飞
编辑出版 《园艺学报》编辑部
北京中关村南大街12号，100081
电话：010－82109523
E-mail：yuanyixuebao@126.com
网址：http://www.ahs.ac.cn
印刷 北京富泰印刷有限责任公司
国内发行 北京市报刊发行局
订购 全国各地邮局 代号 82-471
国外发行 中国国际图书贸易总公司
（北京399信箱，100048） 代号M448

Responsible Institution
China Association for Science and Technology
Sponsored by
Chinese Society for Horticultural Science
Institute of Vegetables and Flowers Chinese Academy of Agricultural Sciences
Editor in Chief Sun Ri-fei
Edited and Published by
Editorial Office of Acta Horticulturae Sinica
(12 Zhongguancun Nandajie, Beijing 100081, China)
E-mail yuanyixuebao@126.com
http://www.ahs.ac.cn
Printed by Beijing Futai Printing Company Limited
Distributed by China International Book Trading Corporation
(P.O.Box 399, Beijing 100048, China)
Issued No. M448

国际刊号：ISSN 0513-353X
国内刊号：CN11-1924/S
定价：55.00元
广告经营许可证：京海工商广字第0023号
国内外公开发行

ISSN 0513-353X
09
9 770513 353214

图 4-5 《园艺学报》封四版权信息

人插图应获得著作权人的书面许可并注明来源。

1. 图的格式

插图是一种形象化的表达方式，能以较小的空间承载较多的信息，清晰、高效地表达复杂数据；尤其在展现事物形态、变化规律以及描述变量间作用、非线性关系方面更加有效，使论文表述更加合理和完善。

插图一般由图、图号、图题、图注4部分组成。图的内容与形式应力求统一。风格、体例应一致。线条图应清晰，线条选用、线条粗细应规范，色调准确，图形布局合理、大小适当。连续色调图应清晰，层次感和饱和度适当。学术期刊论文插图应全文依序编号，分图宜使用字母编号。插图的图题应准确、简明地阐释插图内容。图中未能表达又需要表达的信息应在图注中加以说明。图注分为图元注和整图注。图元注是指图构成单元或元素的名称或对其所作的说明，直接标注在图元附近或通过指引线标注。整图注是对图整体（包括图的来源）所作的说明，可用“注”引出或用括注等形式表示。

论文的插图多种多样，可从多个角度来分类。按制作方法，分为线条图和连续色调图；按表现手法，分为构思图（图 4-6）、模拟图和实物图；按表达内容，分为坐标图（图 4-7）、结构图、功能图、线路图、流程图、地图、点图（图 4-8）、条形图（图 4-9）等；按图面颜色，分为单色图（黑白图）、双色图和多色图（彩色图）（图 4-10）；按所属领域，分为细胞图、分子图、建筑图、机械图、电路图等；按与正文文字的相对位置，分为串文图和通栏图（含单栏

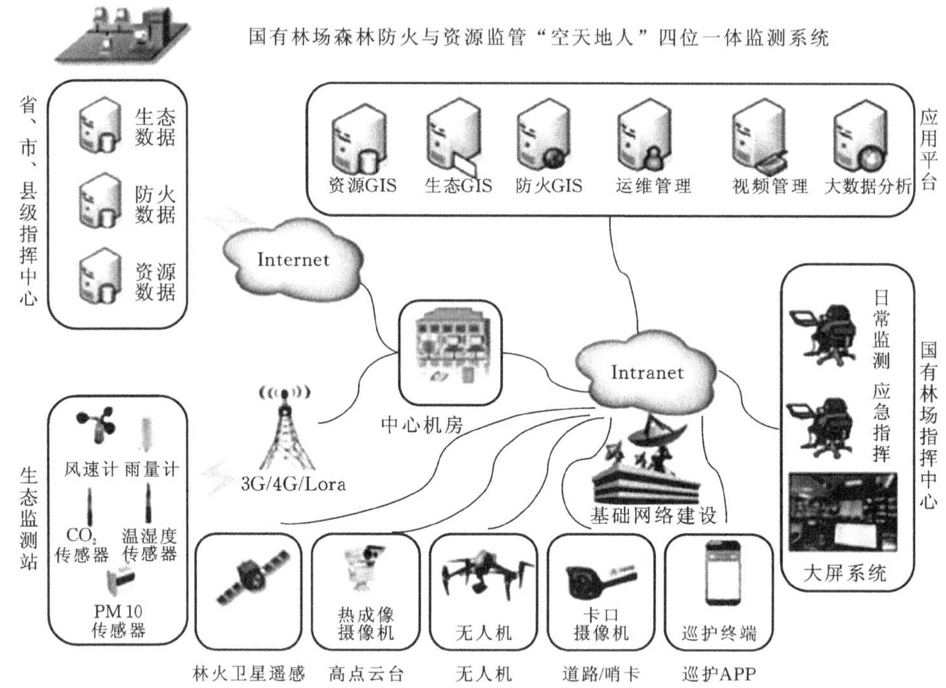

图 4-6　国有林场森林防火系统框架图（构思图）

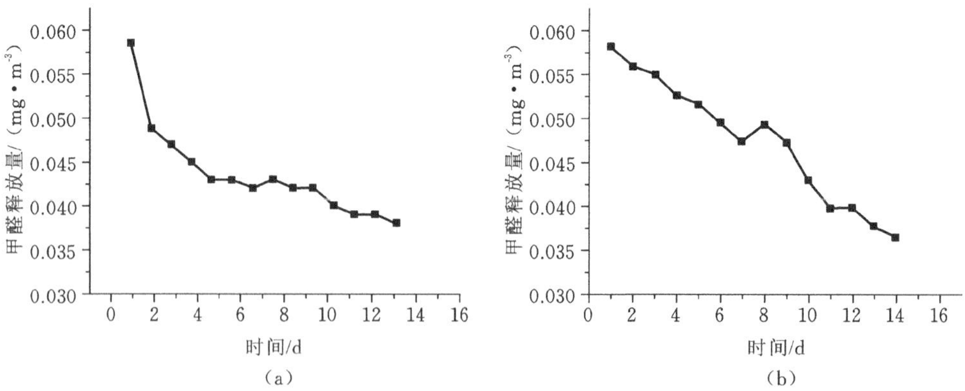

图 4-7　饰面人造板甲醛释放量平衡时间（坐标图）

（a）浸渍胶膜纸饰面刨花板；（b）浸渍胶膜纸饰面胶合板

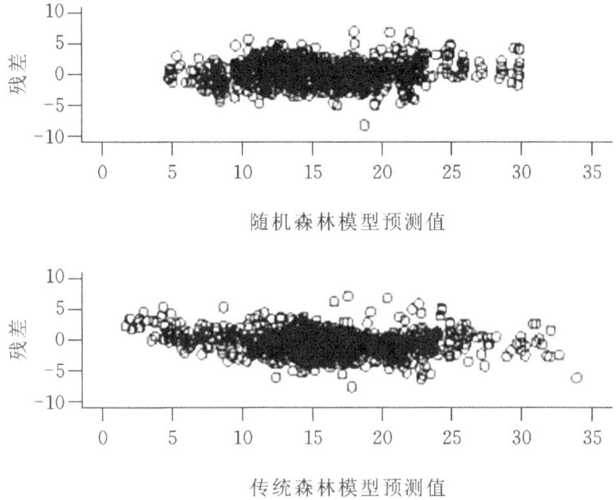

图 4-8 两个模型残差图分布（点图）

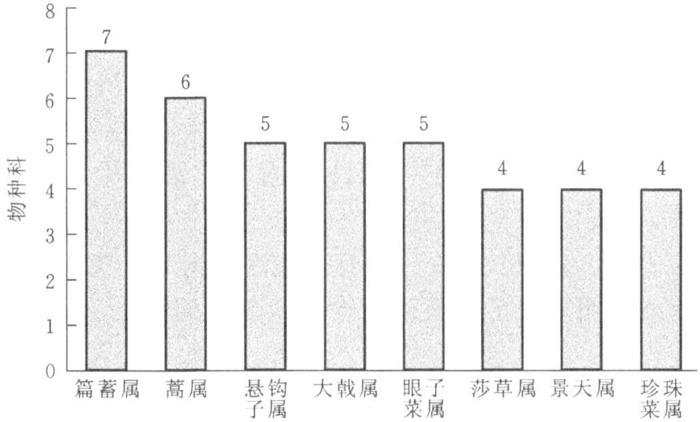

图 4-9 远安县湿地植物优势属物种数（条形图）

图 4-10 2015 年湖北省林木良种甜柿‘阳丰’及丰产示范林（多色图）

图）；按所占版面，分为页内图、跨页图和插页图。

《学术出版规范 插图》（CY/T 171—2019）对学术出版物的插图的分类、构成及其要求、内容要求和编排给出了明确规定。

编排要点：

① 随文编排，先文后图。不宜截断正文自然段，不宜跨章节编排。

② 图号和图题一般置于图的正下方。阿拉伯数字连续编号，图号和图题间空一个字距，题末不加句号。字号宜小于正文的字号。

③ 图注：图元注应置于图号、图题上方；图整注应置于图号、图题下方。各条注之间用分号隔开，最后一条注末应用句号。图注的排字宽度不宜超过图的宽度，图注的字号宜小于图题字号或字体轻于图题用字。

2. 表的格式

表格同插图一样，具有简明、清晰、准确、集中及逻辑性和对比性强的特点，成为科技论文中记录数据或表达事物分类等的一种非常有效的表达方式。表格的内容与正文配合应相得益彰，具有自明性、简明性。栏目设置应科学、规范。表格中的数据应具有完整性和准确性，不得重叠和遗漏。表格中的数值修约和极限数值书写应符合 GB/T 8170—2008 的规定，表格中量和单位的名称、符号及书写应符合 GB/T 3100—1993 和 GB/T 3101—1993 的规定，表格中的数字形式应符合 GB/T 15835—2011 的规定，表格中的科技名词应符合 CY/T 119—2015 的规定。

表格通常由表号、表题、表头、表身和表注等构成。期刊宜全文依序编号；表格的表题应简练并明确表示出表格的主题；表格的表头不应使用斜线。表头中的栏目归类应正确，栏目名称应确切、简洁。表头可分层；表头中量和单位的标注形式应为“量的名称或符号/单位符号”。表格中涉及的单位全部相同时，宜在表的右上方统一标注；表身中单元格内的数值不宜带单位；表身中同一量的数值修约应一致。表身中单元格可用空白或一字线“—”填充。表注宜简洁、清晰、有效，以“注”引出，顺序标注。

例 4-27 错误的表头形式

类型 尺寸	A	B	C

例 4-28　标注形式应为“量的名称或符号/单位符号”

类型	线密度/（kg·m^{-1}）	内圆直径/mm	外圆直径/mm

例 4-29　单位统一标注形式

单位：mm

类型	长度	内圆直径	外圆直径

表格类型按用线分类，有全线表、省线表、无线表，三线表是一种经过简化和改造的特殊全线表；按语言分类，有数据表、文字表；按用途分类，有对比表、研究表、计算表和系统表；按串文分类，有串文表和非串文表；按版式分类，有横排、竖排、横竖混排表、跨页表、卧排表、对页表、折栏表、叠栏表、互换表、插页表、简易表。

《学术出版规范 表格》（CY/T 170—2019）对学术出版物表格、内容要求和编排给出了明确规定。学术期刊应优先使用三线表，编排要点：

① 随文编排，先文后表。可以根据具体情况，适当调整表格。

② 表格不宜截断正文自然段，不宜跨章节编排。

③ 表号和表题应置于表格顶线上方，应居中排。表号和表题间空一个字距。表题较长时应转行。

④ 三线表横表头有第二、第三层级时，每个层级之间应加细横线分隔；横表头各单元格内容应居中排，纵表头各单元格内容宜左齐排，表身各单元格中文字为多行叙述时应左齐排。

⑤ 表注：一般置于在表的下方，注末加句号。字号应小于或轻于正文用字。

⑥ 转页接排时，应在续表的正上方注明“续表×”，并重复表头。

⑦ 卧排：表格宽度超过版心宽度，高度小于版心宽度时，可卧排。卧排应符合 CY/T 120—2015 中 6. 6. 2 的规定。

⑧ 长表转栏：如果表格行多栏少，竖长横窄，可将表格纵向截断，转成两栏或多栏（如示例 4-30 所示）。

例 4-30

表 1 ××××

N	A	B
1		
2		
3		
4		

表 2 ××××

N	A	B
……		
16		
17		
18		

表 3 ××××

N	A	B	N	A	B
1			10		
2			11		
3			12		
4			13		
5			14		
6			15		
7			16		
8			17		
9			18		

⑨ 宽表分段：如果表格栏多行少，横宽竖短，可将表格横向切断（即示例4反过来操作）。

⑩ 表头互换：如果表格版面受限，或栏目设置不合理。可将横表头和纵表头作互换处理。那么表身中各单位格内容作相应调整。

3. 式子的编排

式子分为数学式和化学式两大类，数学式分为数学公式、数学函数式、数学方程式和不等式；化学式分为分子式、结构式、示性式和实验式等。除此之外，还有一种式子，其中的量不是用字符而是用词语表示的，称为文字式。

（1）数学式的含义及特点

数学式用来表达量与量之间的逻辑和运算关系，往往蕴含或涉及较多复杂的推导过程。常见的符号注释有列示式、行文式、子母式三种。

特点：①字符种类多。有英文、希文、俄文、德文、拉丁文等；字体有正体、斜体、黑体、花体符号、空心体、大写体、小写体等；符号有运算符号、关系符号、逻辑符号、函数符号等；这些符号和字母各有各的含义和用途。

②字符易混淆。很多字符在形体上相似，表意和适用场合却往往不同。例如，a 和 α，B 和 β，r 和 γ，X 与 × 和 χ，⩽⩾和《》，△和 Δ 等。

③层次重叠多。字符在数学式中的上下、左右排列位置不同，其含义往往就会不同。例如上标、下标、上上标、下下标、上下标、下上标等。此外，还会有叠排式、行列式和矩阵。

④变化形式多。同一数学式可能有不同的表达方式和形式。例如，分数式既可写成 a/b，又可写成$\frac{a}{b}$，ab^{-1}。

⑤占用版面多。重要的数学式（一般需要对其编号）应单独占一行或多行排，有的式子的前边、后边或式与式之间的连词（包括关联词语）等通常要求单独占行排；含有分式、繁分式、行列式、矩阵等的数学式必然占用更多的版面。

根据《标准化工作导则 第 1 部分：标准化文件的结构和起草规则》（GB/T 1.1—2020）和中国标准出版社出版的《量和单位国家标准实施指南》，学术期刊对文后要引用的或重要的数理公式采用居中排的方式，并使用式注对公式中变数（变量）符号进行解释。

① “式中” 或 “公式如下” 后面加冒号、每条公式用分号连接。

② 分行排，并全刊统一。

③ 将式注看作叙述性文字处理，“式中” 另行起，其后加逗号或冒号。

④ 符号与注释之间用 “为”“是”“表示” 之类词语相连。

例 4-31　数学公式采用了行文式

案例选自《湖北林业科技》2021 年 6 期《武汉市公园绿地植物的冠层雨水截留能力研究》，根据蓄水量-叶面积指数关系换算成植物冠层雨水截留量，公式如下：

$$SL = L \times k$$

$$S = 100SL$$

式中，SL 为植物冠层面积截留量（$g \cdot m^{-2}$）；L 为植物叶面积指数（LAI）；k 为叶片单位叶面积蓄水量（$g \cdot m^{-2}$）；S 为植物冠层面积截留容量（mm）。

（2）化学式的含义及特点

化学式是用化学元素符号表示物质组成或化学反应的式子。

① 分子式一般随文排，不必另行排，化学元素符号和分子式均为正体。

② 单质（如氢气 H_2、氧气 O_2 等）名称宜用中文；而对于无机化合物和简单有机化合物，如 H_2O，NaOH，CH_4（甲烷）等，其名称可直接用分子式而不写出学名。若需要同时写，则应把学名置于分子式前；对于复杂的有机化合物，其名称不宜用分子式表示。

③ 结构式表示方式常用的有短线式、缩减式和键线式等。

短线式：用一条短线代表一个共价键，单键以一条短线相连，双键或三键以两或三条短线相连。例如：

$$H—C \equiv C—H$$

乙炔

缩略式：

$$CH_3COOH$$

乙酸

④ 化学方程式中，反应物的分子式（结构式）写左边，生成物的分子式（结构式）写在右边，式子两边相同元素的原子数目必须相等。化学方程式中的反应符号主要有以下几种：反应号“$\longrightarrow$”；可逆反应号“$\rightleftharpoons$”；不可逆反应号“$=\!=\!=$”。在无机物反应方程中，可用长等号代替反应号。此外，还有表示气体挥发的符号“↑”，表示生成物是沉淀物的符号“↓”，以及表示加热条件的符号“△”（注意不是希腊字母 Δ）。一般排法：

$$Ba^{2+} + SO_4^{2-} \longrightarrow BaSO_4$$

化学方程式转行时，紧随记号（包括反应号、加号、减号等）后断开，下一行不重复这一记号。

除此之外，有关基因工程的稿件，作为基因的供体和受体也要注意：病毒各级分类单位均应编排为斜体，暂定种编排成正体，种名中的专有名词大写；亚属名编排成斜体，首字母大写，等级指定词用正体；品种名词放在单引号内，每个词都用正体，首字母大写。基因符号所有组成部分均编排成斜体，根据基因的物种来源判断基因符号的大小写。按《物理科学和技术使用的数学符号》（GB/T 3102.11—1993）的规定，矢量（向量）、张量符号都应该排印为黑斜体字母，如力 $\boldsymbol{F}$，二阶张量 $\boldsymbol{S}$。运算符号除四则运算符号外，常见的如 $\sum$，log 等，缩写字如 ln，max，Re，exp，inf 等都要注意。

（三）利用原稿电子文件排版

1. 电子文件直接发排

编辑部提供三级审稿后可以定版的稿件，直接在计算机上对原稿电子文件进行编辑加工整理后，提供完整的电子版终稿，发稿时，随附纸质原稿一起交给排版单位。排版单位利用排版软件进行排版输出校样。校对工作依据排版后的校样进行。流程原稿与校样合二为一，基本相同，但原稿中的一些符号、冷僻字可能发生变异，字母正斜体、插图、表格、公式容易发生差错，需要重新敲入。这就需要后期校对人员，勤查原稿，仔细校对正误。

2. 编校合一模式

我国编校市场还不成熟，虽然个别杂志社已将编校业务外包，取得了一定的效果，但总体来看，国内尚缺乏综合实力突出、编校质量过硬的编校公司。加上社会编校人员素质参差不齐，所以“编校合一”是我国多数期刊编辑的工作模式。

这个流程把排版工作提前到撰稿时，第一步：要求作者按照期刊规范和格式写作和投稿；第二步：编辑加工，提出详细的修改要求，修改电子稿件至定版并进行第一次校对；第三步：递交排版；第四步：二校，通读，编辑校对；第五步：修改校样后三校，给作者审核，编辑核红；第六步：印刷（图 4-11）。

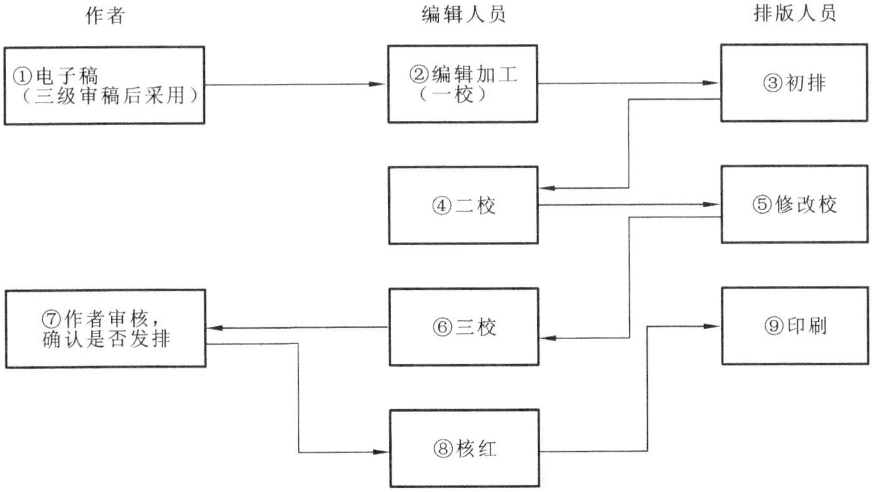

图 4-11　“编校合一”排版流程

3. 计算机排版校样的差错特征

用排版软件排版的校样中，可能出现的差错情况大体相似，但各种软件造成的差错也有细微差别。利用作者提供的原稿电子文件排版形成的校样中，绝大部分文字是作者输入的，还有编辑修改的文字，校样中造成其他差错的可能性小，除非由于计算机系统兼容性不好而出现排版错误。常见差错有如下几种：

（1）编校过程产生的差错

打印稿件与电子文件不一致。作者在使用绘图软件时，可能造成线条图不正确、图中文字不符合要求，有时这些错误能够在编校环节得到更正，但也可能遗留在此环节。采用拼音输入法时，常见的差错有同音别字，同音字差，输入错误。

（2）排版过程产生的差错

排版人员在电子版原稿转换时，可能出现编码差错、击键错误、误读错误、字母混淆、造字差错。在排版过程中，利用排版软件，可能会出现字体差错，转行不合要求，标题差错，文字中出现多余符号，插图、表格、公式差错，以及改版中进行增删文字、调整字号、调整图表大小或位置操作都有可能引起版面变化，出现邻行错改、邻行错位，格式前对后错，简化字、繁体字转换差错，系统不兼容出现乱码等问题。数学式中变量包括标量、向量、矩阵等，需要通过规则法、通读法、常识法、逻辑判断法、专业知识法，逐步排除错误。

第三节 校 对

一、 校对的意义与职责

校对工作的专业性在于其是以字、词、词组、标点、线条、图形为单位对稿件进行地毯式检查，从字里行间查错补漏。编辑人员除在“三审”过程中把好思想政治关，匡正学术上、内容上的谬误之外，其更大量更具体的工作和任务，便是会同校对人员一道，为了祖国的语言文字的健康使用而不懈努力，具体而言就是构成我们文章的字、词、句、标点、数字、量和单位等，都能按照国家颁布的有关法规和标准，科学、准确、规范地加以使用。

(一) 校对工作是学术期刊出版的不可缺少的环节

校对工作是在编辑加工后、印刷前对内容、文字的最后一道质量把关工序，是学术期刊编校质量的一个把关环节。其作用是将编辑加工和排版中的差错消灭在期刊印刷之前，从而保证期刊的学术质量和积累价值。校对工作的失误将无可挽回地造成期刊的差错。

(二) 校对工作是编辑加工的延续和补充

校对工作以对原稿和通读检查为主。三级审稿后，对编辑加工的稿件进行“校异同”和“校是非”。在组版的过程中，一些符号、冷僻字可能发生变异(甚至变成乱码)，字母的正斜体也容易发生变化，插图、表格、公式更容易发生差错，校对过程需要认真细致，逐步积累经验。

二、 校对的基本制度、 规范及要求

责任校对制度和“三校一读”制度，是我国校对工作的基本制度，是任何书刊校对必须坚持的制度，也是学术期刊必须遵循的制度，对保障期刊质量十分有效。任何书刊的校样都必须经过初校、二校、三校和通读检查，随意减少校次就会导致不良后果。学术期刊中这些工作基本由责任编辑承担。随着智能化编校工具的出现，编校模式的更新，实际操作中，这些工序在逐步地交融、更替、简化，达到电子化、数字化、无纸化。

三、 校对的程序及注意事项

传统的校对由初校、二校、三校、通读、誊样、核红、文字技术整理等基本操作工序组成。实际操作中，有的工序需依次进行，有的需穿插进行，有的可根据情况简化。

(一) 需依次进行的工序

1. 一校

初校也称“一校”，是针对编辑加工的稿件初次交付排版单位排版后的校样进行的第一次校对。校对者必须依据原稿核对校样，订正编辑加工的疏漏，以

及排版时产生的文字、符号、图表、公式等方面的差错和版式错误。如果在编辑加工环节遗留任务较多，那么，一校工作的纠错任务会增多，工作量加大，错误会频繁出现。

2. 二校

二校是同一期稿件的第二次校对，核对初校订正的差错，消灭可能遗留的差错。

3. 三校

三校是同一期稿件的第三次校对，二校可能遗漏的差错，在这一校次逐步解决。

4. 通读

通读是脱离原稿审读校样，通读的任务是校是非，兼顾校异同。如果是二校样，通读者可以直接开始通读，在通读过程中，注意核实前面校对的改动之处。如果是三校样，通读者首先要核红，然后再开始通读。如果改动很多，要先改版。通读的重点是检查校样的政治性、思想性、科学性、知识性，及语言文字、逻辑等方方面面的差错。发现疑问时，仔细核对和推敲原稿。

（二）可穿插进行的校对工序

1. 核红

核红又称“核对”，是指检查、核对前次（或前几次）校样批改之处在后次校样上是否已经订正，并校正其漏改或错改之处。

2. 誊样

誊样又称“过红”或“并样”，一般由责任编辑承担。为了让作者和编辑进一步把关，除校对人员使用的一份校样外，一般还要将一份相同的校样交给作者审读。在该校次即将结束前，一般是把副样所作的改动誊抄到正样上。誊样时对副样的改动不能简单地誊抄，还要判断改动是否合理。

3. 文字技术整理

文字技术整理简称“技术整理”，主要是核对页码是否衔接、上转下接是否对应；版权页相关项目是否一致；目录的标题和文中是否一致，页眉页脚是否符合设计，内容是否准确无误；核对正文文字、标题、参考文献的字体字号，查看图表、公式在版心的位置等。

（三）校对应注意的事项

① 拿到纸质校样后，应注意检查原稿是否齐全。

② 每一校次应用不同色笔标注。

③ 校对发现的错误，及时与编辑人员联系，或咨询作者和审稿专家核实后处理。

④ 校改过的地方，下一校次应注意核实是否修改到位。

⑤ 每天工作完毕，应整理校样和原稿，不同的校样和原稿要分清，切勿混淆。

⑥ 校对环节可利用辅助校对工具。利用 NoteFirst 参考文献辅助编校系统、Xodo 远程协同办公软件、Word VBA 一键智能编校系统等人机结合辅助校对。

⑦ 作者远程校对环节取代誊样环节。清样作者校对是学术期刊提高编校质量的重要手段。将校样文件转化为电子文档，通过采编系统平台或 E-mail 反馈给作者。作者采用 Adobe Reader for Android 或 Adobe Reader for iOS 作为 PDF 校样校对软件，利用平板电脑或智能手机接收、注释和发送 PDF 校样。

四、智能化编校工具

随着国内更多专业编校公司以及智能计算机编校工具的出现，学术期刊编校模式革新的时代已经来临。人工智能可代替编辑进行烦琐的编校工作，将机械的、重复的、耗时的、复杂的传统编校过程变成自动化、标准化的作业流程。实现编辑模式统一化、精细化、规范化，极大提升编校效率与质量。近年来，国内很多学术期刊探索新的校对方法，减少人工校对工作量、降低校对差错率、提高出版效率。

（一）NoteFirst 参考文献辅助编校系统

NoteFirst 已经升级至 V5.0 版本，是西安三才科技实业有限公司开发的一款能够指出和直接修改 Word 稿件中参考文献存在的错误的专业编校软件。在论文的编校过程中，参考文献编校是比较费时和机械的一项工作。使用 NoteFirst 的目的是把编辑从烦琐事务中解放出来。

1. 使用前提

使用前，Word 稿件必须作如下规范化处理：①参考文献必须是《信息与

文献 参考文献著录规则》(GB/T 7714—2015)顺序编码制的文献样式。②在软件工程中的“工具”“参考文献样式管理器”内选定自己的期刊名称，下载并完善自己期刊的参考文献格式。③所提交的Word稿件不能有批注且不能是“修订模式”。④软件在编校过程中决不能修改Word稿件，否则无法生成编校报告。

2. 特点

①自动修正作者题名、刊名、卷期、页码出版地、著录符号、数据项次序等数据，规范参考文献格式。②查询速度快。中文文献查询时间平均为7 s/条，外文文献为46 s/条。系统完成后会自动弹出气泡提示编校完成。③可灵活设置著者姓名汉语拼音著录格式。可以根据各刊具体要求在NoteFirst汉语拼音方案中设定著录格式。④可自动匹配出版地城市名。NoteFirst收录了数千条出版社及其所在城市名称、学术授予单位和城市名称。此类文献可以自动匹配城市字段，避免了著录失误。

(二) Xodo远程协同办公软件

采用Xodo软件结合Surface Pro笔记本电脑(安装Win 10系统，带有手写笔)对PDF格式稿件进行编校。既可以实现多人远程实时交互编校同一篇稿件，又可以兼顾“纸和笔”模式下对图表修改的直观性，同时可以快捷地编校具有共性的修改意见，高效完成与作者的沟通。

1. 特点

①图表直观编校。当使用手写笔模式进行文章编校时，选择好合适的笔型和颜色后，就可直接利用手写笔对PDF排版稿件的图表进行编校，不需要别的编校工具进行插入式或批注式修改。②文字快捷编校。Xodo软件自带快捷方式，可将具有共性的“修改意见”编辑为文本文件，采用Xodo在PDF稿件上给出的编辑好的成熟文本作为“add note”，将具体的意见全部体现在标记处，点击“view note”，即可查看相应修改意见。③作者高效校对。编校工作完成后，编辑需要将排版定稿发回论文作者进行稿件出版前的校对，使用Xodo软件在排版定稿中用手写笔直接书写修改，能最大限度地避免编辑的漏校或误校，提高校对效率。

2. 操作步骤

①在Xodo的移动程序中打开PDF稿件，点击操作栏中的“连接”图标。

②输入 A 的姓名和电子邮件，点击“确定”，输入 B 和 C 的电子邮件地址，再次点击“确定”发送邀请。③在 Xodo Connect 中打开文件，A 可以加入协同作者，返回 Xodo 的浏览菜单并点击 Xodo Connect，点开需要编校的文档。④B 和 C 同时登录移动设备，打开邮箱，点击 A 发送的电子邮件中的链接，即可在其 Web 浏览器中打开文档。

（三） Word VBA 一键智能编校系统

该系统具有如下特点：①自动搜索敏感词条。②查找并标注重复词句。③快速删除文中空白段落。④自动调整图片格式。⑤自动编号转换为静态编号。

（四） 善锋软件参考文献自动校对系统

该系统创始于 2011 年，专注于期刊、会议、学位、图书（含古籍）、专利、报纸、标准等各类中英文文献的自动化校对（图 4-12）。整套程序无须安装，从邮箱收到定制软件包后，解压下载即可供用户在本地电脑上使用。

方法：①将主程序图标锁定到任务栏。②打开 Word 文件，将光标放在首条文献最前方。③点击任务栏上程序图标，开始自动校对。④人工复核，自动清除程序。

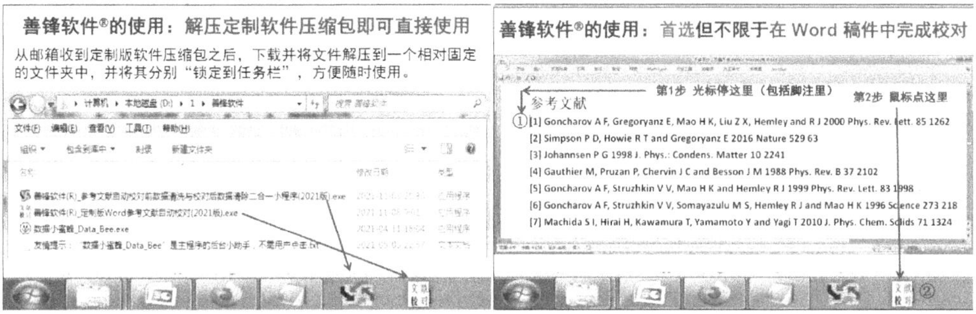

图 4-12　善锋软件定制 Word 参考文献格式自动校对系统操作图示

（五） 方正智能审校系统

该系统是方正电子自 2015 年以来研发的一款专业的内容智能检查及纠错产品。截至 2023 年最新版本为方正智能审校 V4.0，主要在编辑加工前、出版校样前、组稿期间作者样稿审校几个工作场景使用，拥有字符检查（敏感内容、上下文查重、逻辑）、专项检查（知识、版面要素、参考文献、格式）、特色功能（公式识别、图表检查）等多项校对功能。通过审校系统，作者、编辑、校对等人员可以随时在编辑工具中对多种维度的项目进行检查，并根据检查结果独立或批量修改稿件内容，从而提升稿件质量。

方法：①安装方正审校 Word 版本和 PDF 版本。②首次需要用户名和密码登录，勾选好一键审校的选项，包括字符检查、敏感内容检查、知识检查、上下文查重、逻辑检查、参考文献格式、版面要素等。③点击“一键审校”，1 分钟后形成详细审校结果，也可输出查看（图 4-13、图 4-14）。

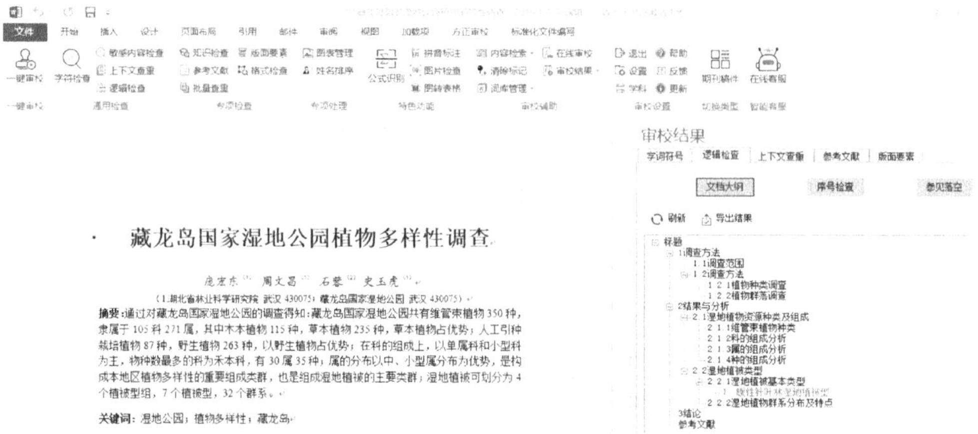

图 4-13　方正智能审校系统 word 自动校对操作图示

图 4-14　方正智能审校系统在线审校操作图示

第四节　装帧设计

学术期刊装帧设计应突出特色、简洁美观、和谐统一。不仅要体现设计感，还应将学科的前沿、热点、科学原理、最新数据通过设计手段展现其中。一个好的期刊装帧设计能将科学原理可视化，将科学数据用艺术美展现出来，用设计感将客观科学原理和客观数据赋予人文色彩，让科学数据有温度，规范著录的信息充满协调和秩序之美。科学可视化传播是近年来科学传播的新领域。一般通过摄影图片、插画等多种形式，诠释科技研究领域新成果，用直观的图形语言来表现深奥专业的科学研究。这种传播方式在国际顶级科技期刊中得到了广泛的探索。

一、期刊整体设计的概念及内容

期刊整体设计是对期刊载体的工艺性设计，也是对期刊载体的艺术性设计。整体设计是对书稿内容、主题及塑造形象、构图、色彩、技巧等一切思想性和技法性内容的筹划过程。对书稿的每一种构思及每一个设计行为都是书籍构成的外在和内在、整体和局部、文字传达与图像传播以及工艺兑现的一系列探索过程。在有限的空间（封面、版面）里，把构成期刊的各种要素——文字字体、图片图形、线条线框、颜色色块等，根据特定内容的需要进行组合排列，按照造型艺术的原理，把构思与计划以视觉形式表达出来。整体设计应与书稿的内容、性质相匹配，又与印刷工艺要求相适应。期刊整体设计包括期刊形态设计、期刊美术设计、期刊版式设计、期刊装帧制作工艺设计（图 4-15）。

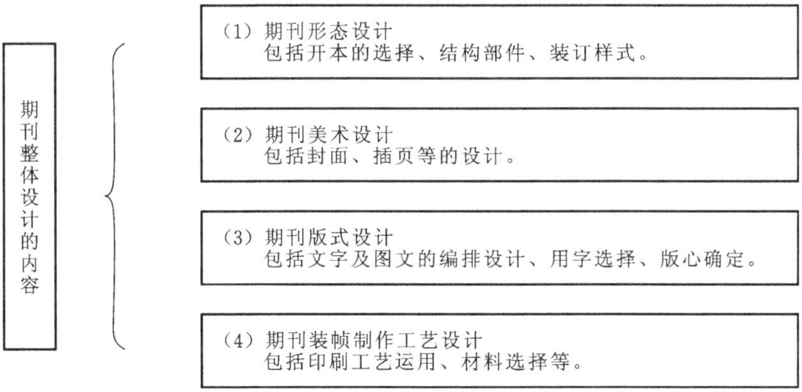

图 4-15　期刊整体设计

在材料工艺选择上，要体现配套协调的原则，在期刊内容与形式上，要使使用和审美价值统一。在版式阅读上，要顺应读者心理，减轻读者的视力疲劳。人眼最大有效视觉角度左右为160°，上下为65°，最适合眼球肌肉移动的视觉角度左右为114°，上下为60°。有实验表明：行长超过120 mm，阅读速度将会降低5%。此外，还应考虑资金投入与实际经济效益、期刊定价与读者承受能力。

二、 期刊的形态设计

（一）期刊的开本选择

开本是用全张印刷纸开切成若干等份，表示期刊幅面的大小。开本以“开数”来区分。“开数”指一全张纸开切成的纸页数量。期刊的开本按开数可以分为不同类型；而同一开数的开本，幅面大小又有不同的规格。

1. 开本类型

开本类型包括大型本（12开及以上）、中型本（16～32开）和小型本（36开及以下）三类。

2. 开本规格

开本规格指同一种开数的开本所具有的实际幅面面积。因为用以开切的全张纸有大小不同的规格，所以按同一开数开出的开本也有不同的规格。国际标准开本一般为A4或B5。

（1）根据期刊性质种类选择

画册、图集常采用大型开本。学术期刊普遍选择中型开本（A4：210 mm×265 mm～210 mm×297 mm；16开：260 mm×185 mm；32开：148 mm×210 mm）。儿童读物一般为小型开本等。

（2）根据期刊的容字图量选择

容字图量较大的期刊，多采用大中型开本；容字图量较小的期刊，多采用中小型开本。

（3）根据期刊的用途选择

如鉴赏类、藏本类、时装类期刊多采用大中型开本；阅读类期刊多采用中型开本；便携类期刊，多采用小型开本。

（二）期刊的结构部件

1. 书心

书心是期刊的主体，是承载期刊主体内容的部分，包括目次页。书心的制作程序：纸张—两面印刷—折页—帖—若干书帖套帖或叠帖—装订。

2. 封面

期刊的封面一般分为封面（封一）、封二、封三、封四（封底）和书脊5部分。

（三）期刊的装订样式

期刊结构及其装订样式的选择，应考虑期刊的性质、类别、篇幅、用途、读者对象及可提供的材料、工艺等因素。期刊的装订样式，是指用不同装帧材料和装订工艺制作期刊。学术期刊一般采用平装，由不带勒口的软质纸封面和书心构成。一般不用环衬，有时有插页。平装书大多做了覆膜处理，分有光和无光（亚光）。为了环保，最好少用覆膜办法，可选用特种纸做封面。精装、散页装、线装都是学术期刊不常用的形式，在此不赘述。

三、期刊的美术设计

期刊的形象是通过行业定位、学术评价、版面编排和封面设计等综合实现的，其中封面主题故事和版面编排设计是读者对期刊最直观的视觉认知。学术期刊的美术设计要遵循美术创作的一般规律，也要根据期刊的性质和内容，通过艺术构思确定装帧艺术风格。可以尝试采用多种艺术性的表现手法（剪纸、水墨、版画、卡通等），打破学术期刊严肃、枯燥的封面设计形象。利用人文艺术塑造期刊形象。还可以通过社会热点、地域文化特色、行业特色进行封面设计，建立差异化、个性化的期刊形象，有效提升品牌形象。

（一）期刊美术设计的特点

从属性与独立性相统一、文化性和商品性相统一、艺术性与科学性相结合、时代特色与民族特色相结合，它们都是既对立又统一。必须从整体的角度去设计期刊的各个部件，运用独特的形式法则和形式语言创作完美和谐的作品，既能从形式上吸引和打动读者，又能在内涵上经得起推敲。在专业属性、创作思想、设计手段、研究方式上，既体现科学性，又凸显艺术性，展现时代特色和民族特色。

（二）期刊美术设计的要求

社科类期刊，从内涵到文字形式都具有程度不等的理性色彩和论述性质，因此，其美术设计的特点是着意在具体内容与抽象概括的对立统一中体现独特的风格。文学类期刊，因体裁、内容、作者国籍、时代的不同而丰富多彩，其美术设计的特点及风格可以多彩多姿。科技类期刊力求体现科技的理性和严谨，用设计感将客观科学原理和客观数据赋予人文色彩，让科学数据充满协调和秩序。艺术类期刊，美术设计要体现艺术的前沿和审美个性，做到形与质的和谐统一。辞书类期刊，既有信息密集、表述准确、行文严谨的共性，又有综合或专业性强、学科分类严密的特点，美术设计要求突出其厚重、博大的风格。

（三）期刊美术设计的内容

学术期刊美术设计主要是对封页、插页以及书脊等进行整体艺术形式的设计、加工。国内重视封面可视化传播的科技期刊并不多，大多数科技期刊封面设计严肃、呆板，没有很好地体现该期刊的学科背景、特色，忽视对核心成果的重点传播。科技期刊的封面可视化设计，可以让复杂的科学理论、研究、成果视觉化，构建一个科学故事，能够让读者通过简单形象的视觉图形，了解封面文章的创新之处和科学价值。

1. 封页设计

学术期刊封面对期刊展示重要成果、构建期刊品牌具有重要价值。在一定程度上可以增强刊物对读者的吸引力、推进品牌效应，使封面成为传播学术思想的文化现象与思潮，成为文化传承的一部分。封面设计最基本的要素包括期刊标志、刊期、文章导读、插图、办刊单位、期刊荣誉等。文字设计应真实、符合创意概念、生动、简明、字数不宜过多。图片设计在艺术风格、构图色调、主题上应协调统一，其版面的信息完整度、图像比例、出版风格连续性、封面配色以及文字信息的布局、字体、字号、字形必须规范；同时，具有强烈的与时俱进特点。学术期刊封页设计包括封面、封二、封三、封四（封底）的设计。封面一般按照年份统一设计。必须注明以下项目：刊名；出版年、卷号、期号，或出版年、期号；主办者（刊名已标明主办单位者除外）；出版者（必要时）；中国标准连续出版物号（优先位置是封一左下角，也可为封四右下角）。

封面编排设计时，应根据封面主题文章的创意、所在行业、文化等设计元素，加强封面插画设计和色彩的使用，确保突出设计主体，形成独特的封面设计风格。封面系列化设计通常有两种模式：一是根据期刊细分后的学科定位，重新设计杂志的标志和封面版式，以区分所属学科领域的特点；二是统一系列期刊形象，保持主刊统一的形象和设计风格，每期在色彩和版式上进行微调，保证既统一又有区别。封面上标志项目中的数字，应采用阿拉伯数字。封二、封三的重要性仅次于封面，可做一些广告设计。

例：*Cell Reports* 每期选择重要论文，进行科学可视化设计，促进期刊读者关注封面文章，尤其是从人文艺术视角来诠释科学理论和研究成果，对科技期刊封面来说是全新的尝试。图 4-16 通过中国皮影艺术来传递中国研究者的研究成果，表达长时程增强作用（Long-Term Potentiation，LTP）加强神经元之间联系，在学习和记忆过程中起着至关重要的作用，不但让读者了解这是来自中国的研究成果，还提升了该文的关注度。

图 4-16　*Cell Reports* 2016 年 8 月 16 日封面

2. 目次页设计

期刊每期应编有目次页。目次页不宜编入期刊正文连续页码。目次页包括目次页版头和目次表。目次页的版头应标明刊名、卷号、期号和出版年、月（半月刊、旬刊、周刊还应标明“日”）。目次表的标题为“目次”。在“目次”

下方编排目次表。期刊的目次页宜置于封二后的第1页，如需转页，应转到第2页。目次页也可以印在封一、封二、封三或封四。其所在位置在一种期刊中应保持固定。目次页始于封一时，如有必要转页，应转到封二或封四；目次页始于封四时，如有必要转页，应转到封三。如果必须变更时，应从新一卷（年）的第一期开始。

目次表的编排应按照《期刊目次表》（GB/T 13417—2009）的规定，列出本期下列内容：各篇文章的完整题名；著者姓名；各篇文章的起始页码或起止页码。广告宜单独编制广告目次。

3. 插页及其他设计

装帧设计还包括插页和书脊的设计。根据《期刊编排格式》（GB/T 3179—2009）的规定，期刊单册和合订本，其书脊厚度大于5 mm时，应在书脊上排印刊名、卷号、期号和出版年份；若书脊厚度小于5 mm或由于其他原因不能排印上述信息，可将其排印在封四距订口不大于15 mm的范围内。

二维码（图4-17）成为期刊封面新增的设计元素之一，二维码能够容纳更多的数据，访问速度快，可以存储的数据类型多样，作为微信公众号的入口，是打通科技期刊与移动社交媒体的接口，赋予了科技期刊封面新的功能。一般封面设置不超过2个二维码，链接微信公众号和采编系统平台。

图4-17 创意二维码设计

4. 广告发布的要求

学术期刊除了刊登传统意义上的纸质封面广告、封页广告及插页广告以外，还涉及期刊官方网站广告和微信公众平台广告。按照《中华人民共和国广告法》的要求，广告内容应当真实、合法，广告发布者应当对广告内容的真实性负责，并建立、健全广告业务的承接登记、审核、档案管理制度。广告使用数据、统计资料、调查结果、文摘、引用语等引证内容的，应当真实、准确，并标明出处。广告中不得有以下内容：

① 使用或者变相使用中华人民共和国的国旗、国歌、国徽，军旗、军歌、军徽；

② 使用或者变相使用国家机关、国家机关工作人员的名义或者形象；

③ 使用“国家级”“最高级”“最佳”等用语；

④ 损害国家的尊严或者利益，泄露国家秘密；

⑤ 妨碍社会安定，损害社会公共利益；

⑥ 危害人身、财产安全，泄露个人隐私；

⑦ 妨碍社会公共秩序或者违背社会良好风尚；

⑧ 含有淫秽、色情、赌博、迷信、恐怖、暴力的内容；

⑨ 含有民族、种族、宗教、性别歧视的内容；

⑩ 妨碍环境、自然资源或者文化遗产保护。

医药卫生类期刊不得含有诱导性内容，如“热销、试用、抢购”“家庭必备、免费医疗、免费赠送”等。不得含有综合评价性内容，如“评比、排序、推荐、指定、选用、获奖”等；不得含有保证性内容，如“无效退款、保险公司”等；不得有使用科研单位、学术机构、行业协会或专家、学者、医师、药师、临床营养师、患者等名义或者形象作推荐、证明的行为。麻醉药品、精神药品、医疗用毒性药品、放射性药品等特殊药品，药品类易制毒化学品，以及戒毒治疗的药品、医疗器械和治疗方法，不得做广告。处方药只能在国务院卫生行政部门和国务院药品监督管理部门共同指定的医学、药学专业刊物上做广告。医疗、药品、医疗器械广告不得含有下列内容：

① 表示功效、安全性的断言或者保证；

② 说明治愈率或者有效率；

③ 与其他药品、医疗器械的功效和安全性或者其他医疗机构比较；

④ 利用广告代言人作推荐、证明。

农业、林业期刊的广告发布以《农药广告审查发布规定》《农药登记公告》《兽药广告审查发布标准》《中华人民共和国种子法》《肥料登记管理办法》为依据，涉及农作物种子、林木种子、草种子等广告，关于品种名称、生产性能、生长量或者产量、品质、抗性、特殊使用价值、经济价值、适宜种植或者养殖的范围和条件等方面的表述不能夸大。

刊登教育、培训广告不得含有下列内容：

① 对升学、通过考试、获得学位学历或者合格证书，或者对教育、培训的效果作出明示或者暗示的保证性承诺；

② 明示或者暗示有相关考试机构或者其工作人员、考试命题人员参与教育、培训；

③ 利用科研单位、学术机构、教育机构、行业协会、专业人士、受益者的名义或者形象作推荐、证明。

广告中涉及专利产品或者专利方法的，应当标明专利号和专利种类。未取得专利权的，不得在广告中谎称取得专利权。禁止使用未授予专利权的专利申请和已经终止、撤销、无效的专利做广告。

四、 期刊的版式设计

版式设计是指在一种既定的开本上对期刊原稿的文字、图片做合理的处理，使书稿各个组成部分的结构形式与期刊的开本、封面、装订样式相协调，给读者阅读带来方便与舒适感。

版式设计包括版心大小、文字排列顺序、字体、字号、行间和章节段前后空距、版面的布局和装饰等的设计。版心由文字、图表和间空构成。间空包括字空、行空和段空等。版心四周的空白称为周空或“版口”，包括天头、地脚、订口、切口（书口、翻口）。版心尺寸与周空大小相互制约。凡周空较大的设计，版面显得疏朗、爽目；而周空较小的设计，版面显得饱满、醒目。版心的大小，要根据期刊的性质、种类和既定开本来选择确定。

周空设计是向版面注入生机的一种有效手段。按照周空白边的大小变化，版心在版面上的位置有以下几种：

① 版心居正常位置，即上下左右的白边都相等。它适合于常规的以文字为主的期刊。

② 版心偏上，即地脚空白增大。国外期刊采用，适用于摄影、画册等艺术类期刊。

③ 版心偏下，即天头空白增大。国内期刊采用，适用于摄影、画册等艺术类期刊。

④ 版心向订线靠拢，即订口空白缩小，翻口空白增大。

其他图文版式设计详细见本章第二节排版相关内容。

五、 期刊的装帧制作工艺设计

随着科学技术的不断发展，各种新型的装帧工艺材料大量涌现。为积极应对传播环境变化，推动传统媒体和新兴媒体融合发展，构建新型内容产品体系，面对品种繁多、各有特色的书刊装帧工艺材料，学术期刊要坚持使用经济环保、坚实防潮的纸张材料，厉行节约、减少书本积压，逐步达到按需印刷。

（一）用纸材料

常用印刷用纸见表 4-7。

表 4-7 常用印刷用纸种类和用途

种类	用途
铜版纸	适用于画册、期刊封面的印刷
轻型纸	适用于印张少的高档读物
胶版纸	平版印刷用纸
字典纸	适用于字典、袖珍便携手册
白卡纸	适用于卡纸、里封、包装

除此之外，还有特种纸张，比如丝光铜版纸、幻彩纸系列、花纹纸、彩色双胶纸、荧光色彩卡纸、象牙卡纸等，在学术期刊中并不经常使用。对纸张克重而言，目前有 60 g、70 g、80 g、100 g，选择克重较大的纸张，能提升纸品厚重感，但也会相应增加成本。编辑部应考虑期刊内容、市场需要和成本控制等多种因素后，合理选择用纸材料。

（二）整饰加工工艺

期刊的表面整饰加工，只有结合工艺材料来选择合适的加工工艺，才能形成完整、完美的期刊物质形态。期刊的外部整饰加工工艺与图书外部整饰加工工艺相同，有上光、覆膜、压痕、特种印刷等。特种印刷工艺有烫印、立体印刷、磁性印刷、浮凸印刷等。对于工艺和材料的选择应考虑生产成本以及市场需求等。

1. 上光

上光是在印刷后的纸张表面涂布上一层无色透明的涂料，经一定技术处理后形成薄而均匀的透明光亮（或亚光）层。采用这种工艺处理后，印刷品的光泽度、防水性、耐光性和油墨色彩耐久性都能得到改善。涂料固化工艺可分为两种，即热固化上光和紫外线固化上光。

2. 覆膜

覆膜又称“贴膜”或“过胶”“过塑”，这是将塑料薄膜刷上黏合剂后，在一定温度、压力下贴压在印刷品表面，这种工艺与上光类似。可分为光膜和亚光膜两种。

3. 压痕

压痕是印刷品表面整饰加工中的一种特殊技术。这是利用相互匹配的凹形和凸形钢膜对印刷品施压，使印刷品基材在压力作用下发生塑性变形，表面出现凹凸痕迹，形成浮雕状的图形或印纹图案轮廓。压痕工艺主要有凹凸压痕和浮雕压痕。此工艺可以增强刊物的立体感和艺术感染力。

中　　篇

传播与服务篇

第五章　学术期刊传播

第一节　学术传播概述

一、传播内涵

信息科学中的传播（communication）是自然和人类社会的普遍现象，有关“传播”一词的定义多达上百种，不同的学科研究给出不同的传播定义。库利（Charles Horton Cooley）从社会学角度出发，认为传播是指人与人关系赖以成立和发展的机制——包括一切精神象征及其在空间中得到传递、在时间上得到保存的手段。它包括表情、态度、动作、声调、语言、文章、印刷品以及人类征服空间和时间的其他任何最新手段。通俗地说，传播是人与人、人与社会之间，通过有意义的符号进行信息传递、信息接收或信息反馈活动的总称；是向任何人以任何手段传递任何信息，它是人类社会生活和知识传递的最重要手段之一。

库利强调了传播的社会关系性，将传播视为人与人、人与社会之间信息流通、关系发展循环的基础，一定程度上揭示了传播的内涵之一——传播是社会互动行为的表现，即人类是通过传播来进行相互影响和相互作用的。互动行为要求传播需要有主体和客体（传播者和传播对象），而由于传播的社会互动性，传播对象对于传播内容的反馈又会影响和作用于传播者，同时，传播者和传播对象的主客体关系并不是绝对的，在传播的过程中，主客体关系可能发生变化。

信息科学对传播学的内涵阐释做出了重要贡献，解决了传播的内容是什么这一问题。由于人与人、人与社会之间的社会互动行为的介质是信息（information），传播的内容也就必然是信息。信息是由物理载体和意义构成的统一整体，具有物质属性，也具有精神属性，包含了库利对传播学的定义中所提到的一切手段。此外，“有意义的符号”概括出传播的第三个内涵——共通认知空间与噪声，即理想的传播的主体和客体对符号有共同或者达成共识的解读，或者在接收信息、做出反馈之后能够形成共通认知空间。这也意味着当传播者在信息传递中不能给出传播对象有共识的符号体系时，传播的效果会受到影响，甚至可能歪曲传播者想要传递的信息。在传播学中，阻碍、歪曲或干涉信息顺利传播的介质被称为噪声。噪声对传播效果有非常重要的影响。最后，从全过程的角度来看，传播是一种全过程化社会活动，它拥有一定的运动机制，甚至可能形成极其复杂的系统体系。传播的内涵决定了它是一种受到社会发展和技术进步影响的社会性活动（体系）。

在对传播的研究中，学者依据传播对象、信息介质、传播规模、传播手段等的不同对传播的类型不断细分。本章所涉及的学术期刊传播即是当传播内容为学术期刊及其所承载和衍生的信息时发生的传播活动。学术期刊的传播本质上是一种学术传播，但随着移动互联网技术的发展和公民科学素养的提升，学术期刊的传播又具备了某些大众传播的特征，我们将在本章第二节和第三节中来逐一认识和理解。

二、 学术传播及其特点

学术传播是人类传播活动的一个特殊分支，是应学术研究、学术内容生产与交流需求而生的，主要是学术共同体成员之间或学术共同体与外部社会之间的信息交流活动。学术传播总体而言是一个相对封闭的系统，传播的内容是学术信息，传播活动具有一定规模。随着数字出版技术和移动互联网技术的发展，科研环境逐渐呈现开放化、学科交叉化的特点，而科学数据和学术论文爆发式激增，学术共同体进行学术研究、生产和交流的“基础环境”“主流形态”和“功能需求”都发生了深刻的变化，促使学术传播的主体结构、信息介质、传播噪声和传播系统都随之不断改进创新，在新形势新环境下拥有了新的特点。

（一）学术传播主客体角色高度一体化，社会交互更为频繁

学术传播主客体角色高度一体化要从科学研究活动的一般步骤和学术论文的制式格式来理解。在现代科学研究培养体系中，科学研究活动往往是从阅读文献开始，然后根据文献来确立和明确研究内容及路线，并从事学术生产工作。在学术生产工作进行到一定阶段后，总结经验，产出学术论文或其他学术成果，并在学术共同体中对学术成果进行传播交流。科学研究的复杂性决定了学术传播的主客体角色是高度一体化的——学术研究者是学术信息生产者，也是学术信息传播者和接收学术信息的主要对象。学术传播与交流的形式是多种多样的，

最初期以大学和科研院所内部之间的面对面交流、通信交流为主要形式，后来学会、协会等学术交流组织打破传统大学、科研院所的局限，学术会议和学会成员之间的通信活动成为学术传播的主要形式。随着第一本学术期刊《学者杂志》的出现，以同行评议为基石的学术期刊逐渐成为学术传播最为重要的载体。学术期刊参考文献和注释的标引，是作者在学术研究过程中与其他主体的思想对话的记录，展示了作者作为传播客体接收的信息，而作者又作为传播主体以发表学术论文的方式参与传播，这便是学术传播主客体角色高度一体化淋漓尽致的体现。此后，随着互联网和计算机软硬件技术的快速发展，通信网络的不断优化，数字出版技术不断得到应用，致使预印本平台、虚拟学术社区和以博客、微博（推特）等为代表的社交网络也逐渐成为学术传播的重要渠道。技术的发展使学术传播的难度逐渐减小，学术传播的社会交互性大大增强，学术传播的主客体在频繁进行社会交互的同时不断地变换身份，且变换身份的时间间隔越来越短、学术交流的频率越来越高。

（二）学术传播规模不断扩大，传播的信息形式更加多样

学术传播始于学术共同体，随着科学技术的发展，从事学术研究的人员基数不断增大，相应的学术传播规模也不断扩展。不同学科之间相互交叉、融合、渗透，并产生新兴的交叉学科。交叉学科融合了不同学科的范式，增加了不同学科之间的交流，各学科中容易忽略的研究领域可以使用其他学科的理论体系或者研究方法来进行研究。交叉学科诞生后，学术传播具有了打破学科壁垒、消除学术偏见、融合学术意见的优势，这些优势是学术传播规模不断扩大的重要原因。此外，学术期刊这一学术传播的主要载体的商业价值在学科交叉融合发展期间得到了充分的挖掘，以国际出版巨头和超大型学术数据库为代表的商业机构创办了数量巨大、学科门类繁多的学术期刊，也在客观上推动学术传播规模的不断扩大。

技术的进步对于人类文明和科技的发展作用是巨大的。多线程处理、数据挖掘、分布式文件系统、分布式数据库、云计算平台、互联网和可扩展的存储系统等的出现，使得学术传播的信息介质种类越来越多、数据量越来越大、数据更新速度越来越快。学术研究中的理论思想、概念框架、研究方法、调研数据、访谈资料等信息都可以以数字介质的形式被传播。如科学数据广泛地以数据仓储的形式传播着，又如一些在操作上具有技术难度的实验过程和医学手术过程，都能以视频形式记录下来并进行传播，抑或是一些晦涩艰深的学术概念可以被通俗的语言、插画或者音频形式解读，此类信息常被用来向所谓的“大

同行”乃至学术共同体以外的社会公众进行科学普及，使得学术传播的规模进一步扩大。

（三）学术传播的信息噪声不断增大，传播效果良莠不齐

学术传播的信息噪声不断增大与学术传播的规模不断扩大且传播形式多样化是一体两面、相伴相生的。学术传播的信息噪声增大原因可总结为几方面：①从传播受众的角度看，随着学术传播规模扩大，学术论文的数量越来越多，无须舟车劳顿和耗时耗力就能轻松抵达的线上学术交流活动也越来越频繁。传播受众接收了浩如烟海的学术信息，从中发现有价值的学术信息，能快速作用于传播受众，成为了一件十分困难的事情。②从传播者的角度来说，传播受众的规模不断扩大，对日益庞大的群体进行需求共性分析，以恰当的传播渠道传播适合绝大多数人的信息也几乎成为一件不可能的事情。③科学技术的发展已经进入大踏步的阶段，当今时代的知识更新速度是过去任何一个时代都无法比拟的。其中以学术传播的重要载体学术期刊为例，学术期刊深受出版时滞影响，“一发表就过时”，甚至“未发表已过时”的情况屡见不鲜。学术传播要追上学术发展的步伐实属不易。

不同于以内容消费偏好为导向的大众传播的用户需求，学者对学术信息的价值衡量是较为固定的，通常是以其在多大程度上能促进学术生产活动为标尺的。学者搜集阅读文献资料不是为了获得内容消费的体验，而是为了甄别学术信息的新颖性、创造性、可复制性，积累学术生产资料。因此，如果不能准确定位学者科研过程中的多元信息需求，就会使学术传播的效果大打折扣①。如何发现克服学术传播障碍与传播隔阂的科学方法，找到社会信息系统良性循环的机制，由此来推动整个学术生态的健康发展是学术传播亟待解决的问题。

（四）学术传播的边界不断模糊，整个传播系统正从封闭向开放发展

在一段相当漫长的发展时期，由于公民受教育程度偏低，科学素养相对缺乏，学术传播的边界是相当分明的，整个学术传播体系也是相对封闭的。学术传播信息代表了人类思考的深度和智慧的高级形式，非常难通过“有意义的符号”向其他学科甚至社会公众传播，即学术传播系统的封闭性。由于学术传播是一种社会活动，不可避免地具有社会学相关属性。将其投射至场域视角可以

---

① 马婧. 媒介技术变革下学术传播体系的演变［J］. 出版发行研究，2019（6）：63-67.

发现，学术传播除了是学术信息的交流过程之外，往往还被赋予了争夺学术声望或学术权力的行为特点。学术传播者都更倾向于将信息向学术地位高的受众传播，以期得到权威专家的认可和二次传播。因此，学术地位高的学者可以接收到更多学术信息，这种情形是不公平的。

在新媒体时代，高度发达的社交网络在较大程度上打破了不同学术地位之间人的界限，使得人与人之间的交流变得更直接；同时，社交网络的开放性促使学术共同体的被认同需求更加强烈，这种需求不仅包括被学术共同体内部认同，还包括被社会公众了解、认同和关怀。许多学术研究者积极地利用社交媒体进行通俗化的学术传播，这已经打破了组织传播和大众传播之间的边界，使得学术传播一面向着更快更高效的科学交流发展，一面向着更通俗更活泼的大众传播靠拢。未来，学术传播的边界还将不断被打破，开放科学可能催生更为开放的学术传播体系。

三、 学术期刊传播及其发展

（一） 学术期刊与传播的不解之缘

前文提到，学术期刊是学术传播的重要载体。事实上，学术期刊的诞生即是为了解决学术共同体的交流和科学成果的有效传播问题。1660 年，英国皇家学会成立，之后几年间，以秘书为管理者的科学家固定连续通信网络逐渐形成——秘书负责整理、归类这些信件，并在学会的会议上宣读信件，给予回复。时任英国皇家学会秘书的亨利·奥尔登伯格（Henry Oldenburg）为了解决此种通信交流耗时耗力、传播不畅的问题，先是倡议成立了通信委员会，又于 1665 年负责创办出版了《哲学汇刊》，它被公认为世界学术期刊的鼻祖之一。

奥尔登伯格期望，《哲学汇刊》的创办能够让它替代书信，成为科学家之间成果传播、科学交流的舞台。在《哲学汇刊》创刊号中，奥尔登伯格撰写了一篇导言，其中提到《哲学汇刊》的创刊目的是“致力于科学发现、知识经验的交流，改善和增进自然科学的研究”。事实上，这份历史悠久的刊物不仅在当时成为成果传播便捷有效的渠道，更展现出了强大的生命力，历经数百年，至今仍在出版，是世界上影响范围最大的学术期刊之一。《哲学汇刊》的创办和流通至今，很好地说明了学术期刊在解决科学传播问题方面的有效性和优越性。从某种程度上说，学术期刊是学术交流和科学传播的最有效载体之一；而传播是学术期刊最核心的功能之一。

（二）学术期刊的传播功能及其在数字化时代的变化

美国研究图书馆协会从期刊功能角度认为："学术期刊是通过出版活动对科学知识进行认证、精炼、传播和保存的一种过程。通过这种过程将科学发现传播给研究者、教授、学生和公众。"① 这个定义通过简练的语言描述出了现代学术期刊最核心的4种功能：记录、评价、传播和保存。其中，记录体现了学术期刊承载学术信息的功能，评价体现了学术期刊对学术思想和成果的遴选作用，保存体现了学术期刊作为连续出版物不可取代的文献价值，而传播则是学术期刊为学术发展、社会进步和学科融合服务的精华功能。在学术期刊的4种核心功能中，传播功能最能反映学术期刊的媒体属性，也是学术期刊功能中受技术影响最大、最先发生变化的功能之一。印刷技术的成熟促进了以纸质刊物（hardcopy）为代表的学术期刊的订阅、发行；数字出版技术的出现促进了学术期刊数字化介质的不断优化以及大型学术数据库的诞生；移动互联网技术的不断发展打破了学术共同体内部及其与科学公众间的壁垒，对学术期刊可传播内容的内涵和外延都有了深远的影响。在数字出版技术和移动互联网技术双重作用下，学术期刊传播较印刷时代发生了巨大的变化。主要表现为：①学术期刊从印刷载体走向数字载体，只要遵循一些条件（如为期刊付费或在学术期刊官网留下个人信息等），所有人都可以从互联网上获取学术期刊。期刊数字化的进程是惊人的，大多数期刊的数字化都能回溯到印刷时代。这使得学术期刊承载内容的传播变得简单、迅捷和直接。②学术期刊传播的内容进一步扩大，从学术期刊刊载的学术论文到其相关的佐证材料、科学数据、评审意见、科普化解读等。③学术期刊传播的对象不断扩大，以往的学术期刊，特别是专业性的科技期刊，其传播者和接受者往往都是同一学科乃至同一研究方向的学术同行；而数字化时代学术期刊的传播对象已经扩大到社会公众，并呈现分层分级的特征。以上具体表现，将在本章第二节中应用拉斯韦尔"5W"理论详细解析。

学术期刊对中国而言是舶来品。但近百年来，随着中国的不断崛起和中国科学的迅速发展，一大批中国主办的学术期刊呈现雨后春笋之姿，对中国学术的传播乃至中国与世界的学术交流起到了十分重要的作用。与此同时，中国政府也充分意识到数字化时代的重大机遇和学术期刊传播的重大意义，颁布了一

---

① PRIEM J, HEMMINGER B M. Decoupling the scholarly journal [J]. Frontiers in Computational Neuroscience, 2012, 6 (19): 1-12.

系列有利于学术期刊传播的政策。2014 年 8 月 18 日，中央全面深化改革领导小组第四次会议审议通过了《关于推动传统媒体和新兴媒体融合发展的指导意见》（以下简称《指导意见》）。媒体融合（media convergence）的概念出现于 20 世纪 80 年代的美国，最早由尼古拉斯·尼葛洛庞帝提出，美国马萨诸塞州理工大学教授浦尔在其著作《自由的技术》中提到媒介融合是指各种媒介呈现多功能一体化的趋势。在媒体融合的大潮下，基于互联网和移动通信技术的各种新兴媒体以崭新的理念和便捷的服务获得社会公众的认可，积累了一大批忠实用户，日益成为人们信息消费的第一选择。《指导意见》的通过，意味着以互联网为纽带的新兴媒体正式进入主流媒体格局的范畴，甚至从一种产业概念上升到政治概念的高度。2019 年 8 月，中国科协、中宣部、教育部、科技部联合印发《关于深化改革 培育世界一流科技期刊的意见》，其中明确指出："科技期刊传承人类文明，荟萃科学发现，引领科技发展，直接体现国家科技竞争力和文化软实力。"这为全国科技期刊提供难得的发展机遇，同时也赋予了中国科技期刊更加重要的历史使命。政策支持是中国学术期刊传播的重要利好消息，但也从侧面说明，受到技术、机制和人员素质等因素的制约，中国学术期刊传播正陷于困境中，必须鼓足勇气，找到一条在新传播环境下生存与发展的道路，方能实现"弯道超车"，向着培育世界一流科技期刊的目标努力。

随着现代医学的发展，普通公众对于自身健康相关的科学信息越发关注。近年来，与大型传染性疾病有关的疫苗、特效药及其相关的一系列学术信息更是得到了全球社会的空前关注。而由于学术传播话术与大众传播具有非常大的区别，有关疫情相关的新闻报道鱼龙混杂，许多学术信息在传播的过程中被曲解甚至误解，使得公众对"真"的、"听得懂"的学术信息的兴趣空前高涨，倒逼学术传播更进一步地走近社会公众，并强化学术传播的社会责任感。学术期刊传播作为学术传播的重要组成部分，也必须跟上时代，以为公众传播科学真理、普及科学常识为目的。受众从"学术共同体"扩大至"社会公众"，这迫使学术期刊必须强化"跨圈"思维，重视传播功能，在各项政策的支持下扭转当前的不利局势。

第二节　学术期刊传播的全过程分析

数字化时代的学术期刊传播发生了许多重大变化，期刊载体的数字化、传播内容的多样化、传播对象的分层化等，使得我们不能将学术期刊传播视为一个单链条的、要素单一的社会化互动过程，而必须从多方面来分析其发展变化，重新解构学术期刊的构成要素，从而对学术期刊传播的本质有更深刻的认识。

哈罗德·拉斯韦尔博士（Harold Lasswell，1902—1978年）是传播学最重要的代表人物之一。他的主要贡献之一就是提出了传播学上的经典“5W”理论。该理论是拉斯韦尔在1948年所著的论文《社会传播的结构与功能》（*The Structure and Function of Communication in Society*）中首次明确提出的，但限于篇幅（该论文仅一万字左右），并未对“5W”做详细介绍。1964年，拉斯韦尔与布鲁斯·兰尼斯·史密斯等合著的《宣传、传播与舆论指南》（*Propaganda，Communication and Public Opinion：A Comprehensive Reference Guide*）一书，分四章内容详细地介绍了“5W”传播模式中的重要因素——“渠道”“传播者”“内容”和“效果”，并首次明确了“大众传播学”的概念。自此，“5W”传播模式成为现代传播学的经典理论之一。

“5W”传播模式是指：Who（谁），Say What（说了什么），In Which Channel（通过何种渠道），To Whom（对谁说），With What Effect（有什么效果）。概括而言，就是传播主体、传播内容、传播渠道、传播受众和传播效果这五个传播环节。尽管“5W”模式提出后在传播学研究中一直受到争议，但无可否认的是，“5W”模式是传播学史上首次比较详细、科学地分解了传播的过程模式，这使得传播研究的细化、深化成为可能。因此，本章选用“5W”模式来对学术期刊传播进行解读。在媒体融合浪潮下，学术期刊从表现形态到承载功能均发生了重大变化，本章通过详细介绍学术期刊传播主体、传播内容、传播渠道、传播受众和传播效果发生的变化，可以帮助读者更深刻地理解新形势下学术期刊传播的内涵和外延。

一、传播主体（Who）

传统出版模式下，学术期刊传播的主体主要包括：学术期刊的专业编辑、传播团队、主办单位或出版集团等（以下统称“出版团队”）与学术共同体（主要是学术期刊的作者以及学术期刊涵盖学科的“小同行”）。但随着数字化技术、移动互联网技术、高速通信技术等的发展，学术期刊传播的主体发生了变化，呈现出新的特点。

（一）传播主体的多元化

许多媒体或个人自发地加入学术期刊传播的行列，通过社交媒体等工具，采用更灵活、多样的传播方式。例如，大众媒体（报纸、广播、电视等）对学术期刊刊发的与社会公众兴趣相符合的学术成果的报道和解读，专业学术数据库聚合多个学术期刊的内容统一向购买客户传播（此类传播大多为被动传播，因此学术数据库也可视为学术期刊传播的渠道），学术期刊自发构建的新媒体账号（微博、微信、推特、脸书等）向订阅用户的传播，学术社区（ResearchGate、Academia 等）以及社交媒体的学术自媒体团队搜集学术期刊内容的传播，乃至一些开设自媒体账号的科研工作者对其研究方向上各期刊论文的解读等。

大众媒体对学术期刊刊发的学术成果进行报道和解读的源动力主要来自社会公众的兴趣，如生命科学、医学等学术期刊的相关成果。需要注意的是，大众媒体成为学术期刊传播的主体离不开学术期刊自身的驱动。如自然出版集团（Nature Publishing Group）对其旗下的世界顶级期刊《自然》（*Nature*）就规定，*Nature* 在其出版前一周要向全球 1000 多位新闻界联系人提供一份新闻稿，供媒体在规定时间报道。这使得 *Nature* 的学术成果受到了来自全球的广泛关注。这就是典型的学术期刊驱动大众媒体成为学术期刊传播主体的成功案例。

个人或自媒体在公共社交媒体上积极进行学术期刊内容分享，如微博博主“最后一次吃糖”（图 5-1），这种情况并不少见。他们有的用通俗的语言介绍顶级期刊上的最新论文，快速传播最新学术成果；有的积极推广自己作为编委、主编、客座编辑（Guest Editor）或作者的学术期刊论文，同时也对学术期刊的专辑征稿函、投稿须知等进行宣传。可见，多元化的传播主体带来了多元化的传播内容，对学术期刊传播是有促进作用的。

（二）传播主体的个性化

多元化的传播主体必然导致个性化。机构或企业作为传播主体进行传播时目的各不相同，如大型学术数据库等带有商业化性质的机构需要吸引传播受众为传播内容付费，报纸、电视等大众传媒则依然带有以内容消费偏好为导向的特征，学术研究者在进行学术期刊传播时具有主动性，其传播语言、传播频率等通常具有强烈的个人风格。传播主体的不同个性导致了传播过程的千差万别，进而使得学术期刊传播的内容、渠道和效果等大相径庭。在此对不同的传播主体做简要介绍。

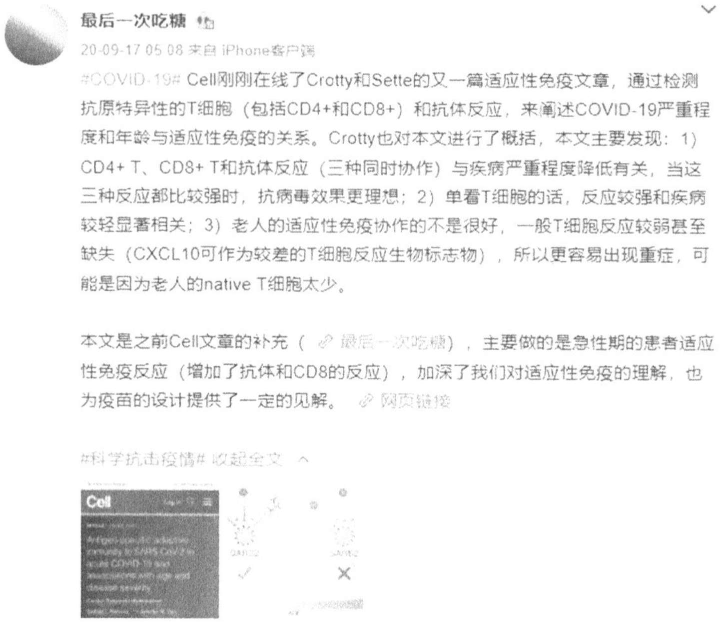

图 5-1　微博博主“最后一次吃糖”在微博上传播研究论文

1．学术期刊官方网站

官方网站是公开团体的主办方体现其意志想法，公开团体信息，并具有权威性、公开性的一种网站。学术期刊的官方网站可以说是学术期刊在互联网时代最重要、最权威的传播主体，同时体现了学术期刊除具有传统纸质期刊发表文献和介绍期刊信息等基本服务功能外，还具有其他更广泛的延伸性增值服务。

学术期刊的官方网站通常与学术期刊的创刊宗旨、载文范围、服务对象等保持一致，延续了纸质期刊的品牌特色。其一般具有如下个性化特点：①页面交互性友好，总体布局合理，涵盖完整的期刊基本信息，功能操作简易、直观。②支持学术期刊所有传播介质的显示，加强学术期刊内容的可获得性。③对学术期刊传播内容进行一定的整理和不同形式的组合，使得学术期刊内容更聚焦，目的更明显。④提供相应的增值服务，拓宽传播渠道，如相关学术会议、科学新闻等，这些增值服务会有效增强期刊的品牌效应。

图 5-2、图 5-3 分别是国际一流科技期刊 *Nature* 和一流中文科技期刊《中国科学》杂志社的官网页面。从图中可以看出，官网这一传播主体明显经过了精心的设计，对科技期刊刊载资源做了不同于纸刊的整理，对所呈现内容实现

了动态更新，使得官网具有鲜明的个性化特征，很好地达到了提升期刊显示度，扩大期刊品牌影响力的目的。

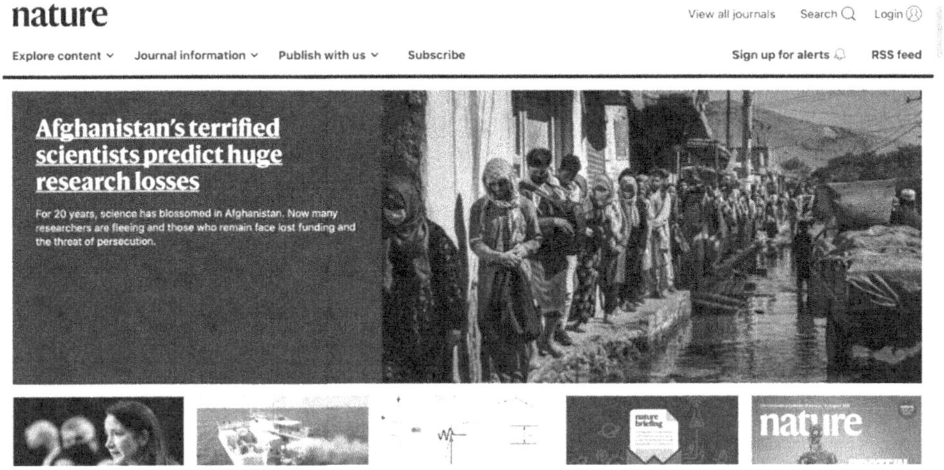

图 5-2　学术期刊 *Nature* 的官网页面

图 5-3　中文科技期刊《中国科学》杂志社官网

2. 大型学术数据库

数据库，顾名思义，是数据存储的仓库，可以存放数量庞大、类型多样的各种数据。学术数据库是汇聚各种学术资讯，包括各种学术期刊上发表的论文、会议论文集、专利等，并提供信息资源产品、信息增值服务和信息处理方案的特色数据库。进入数字出版时代，随着读者阅读习惯的改变以及互联网数据库平台公司的崛起，学术出版的原有链式产业链被打破，逐渐演化为以数据库平台为中心的网状产业链。学术数据库作为学术期刊传播的重要载体之一，其最大的优势是打破了以期刊为单位的学术内容聚合方式，将不同期刊的学术内容聚集在一起，并通过自身建设的强大检索功能使科研工作者能快速查找到与自己专业兴趣相关的更多内容。

学术数据库的网状结构和强大的内容聚合及检索功能在一定程度上缓解了场域视域下的学术传播的不均衡问题。学术数据库的个性化则体现在其收录数据的个性化和在学术评价中的权威性（关于学术数据库的评价功能具体如何实现，我们将在后面的章节中详述）上。一部分大型学术数据库通过一系列期刊或论文评价指标的设计、统计、发布和更新，从广大学术数据库中脱颖而出，成为优质学术传播主体的代表。不可否认的是，这些具有广泛认可度的学术数据库能够为学术期刊内容提供更广阔的显示平台，有助于学术期刊内容的传播。但是，大部分学术数据库带有商业属性，要查看数据库中收录的学术期刊需要支付费用，这也在一定程度上阻碍了学术期刊的传播。

（1）Web of Science

Web of Science 数据库是最有代表性和认可度的综合性国际学术数据库之一。它是全球覆盖学科最多的综合性学术信息索引与链接资源，收录了自然科学、工程技术、生物医学等各个研究领域最具影响力的 20000 多种核心学术期刊。Web of Science 具有严格的期刊遴选标准，从全球数以万计的学术文献中，精选覆盖各个学科的高影响力和代表新兴研究成果的权威学术期刊。图 5-4 为 Web of Science 核心合集的遴选流程。

Web of Science 数据库包含了 SSCI（社会科学引文索引）、A&HCI（艺术与人文引文索引）、SCI（科学引文索引）、ESCI Emerging（新兴源引文索引）等，具有丰富而强大的检索功能。科睿唯安公司于 2021 年 7 月 1 日为用户全面提供新版 Web of Science 平台。新平台能够基于用量数据和文章数据推荐相关阅读列表，帮助用户高效地获取更多相关文献。此外，还上线了 Web of Science My Research Assistant（MyRA）移动端应用程序（App），能为移动用户提供即时高效的文献检索服务。

（2）Scopus

有代表性和认可度的综合性国际学术数据库还包括 Elsevier 公司在 2004 年推出的 Scopus 数据库（图 5-5）。Scopus 是全球规模最大的同行评议文献（科

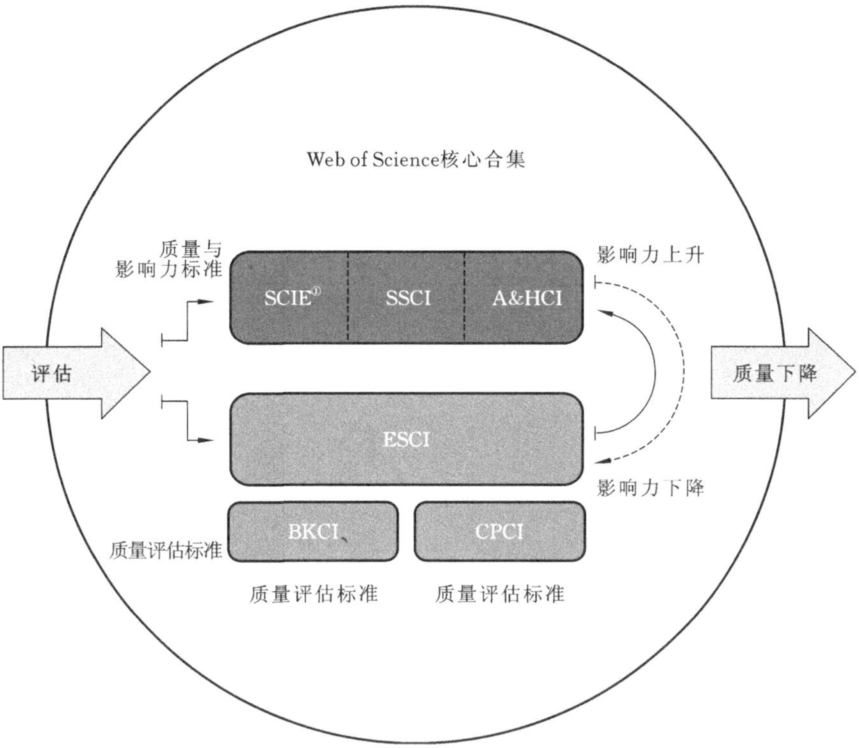

图 5-4 Web of Science 核心合集的遴选流程

学期刊、书籍和会议记录）的摘要和引文数据库。Scopus 有覆盖学科全面、数据来源丰富等特点，兼有检索、引文分析评价、超链接等功能，集成了对学术期刊、书籍和网络信息以及图书馆本地资源的访问，提供全文、引文、摘要、网络资源、专利资源、图书馆资源之间的相关快速链接，能够与研究领域内的最新信息保持同步。涵盖了 23452 种科学、技术及医学方面的同行评议期刊（数据截至 2020 年 1 月）。Scopus 数据库也是收录中文科技期刊数量最多的国际权威数据库。对于中国的学术期刊而言，Scopus 数据库是最重要的国际化传播阵地之一。

（3）中国知网

“中国知网”（www. cnki. net）是中国学术期刊（光盘版）电子杂志社和同方知网（北京）技术有限公司共同主办的出版网站，是各类知识信息内容的数字出版平台和知识服务平台，是中国国内最大也是最有影响力的学术数据库之

① SCIE 为 SCI 的扩展库。

图 5-5　Scopus 数据库首页

一。CNKI 工程是以实现全社会知识资源传播共享与增值利用为目标的信息化建设项目，由清华大学、清华同方发起，始建于 1999 年 6 月。CNKI 工程集团经过多年努力，采用自主开发并具有国际领先水平的数字图书馆技术，建成了世界上全文信息量规模最大的"CNKI 数字图书馆"，通过产业化运作，为全社会知识资源高效共享提供丰富的知识信息资源和有效的知识传播与数字化学习平台。

除了为学术期刊在中文世界内的传播提供便利以外，中国知网还在 2016 年 3 月正式推出了国内首款中英全文对照期刊数据库（Journal Translation Project，JTP，网址为 http：//jtp. cnki. net），遴选和翻译了 140 余种中国优秀学术期刊的文章（截至 2020 年 9 月已有 2.6 万篇论文上线），提供中文、英文、中英对照、中英浮动对照 4 种在线浏览方式，可选择段段对照阅读，打破语言障碍，帮助海外学者方便获取和使用中国学术研究成果，支持读者对照阅读学习中国专业文献，从而大大扩展了期刊的服务人群，获得了期刊界的广泛好评。

（三）传播主体与传播受众的高度一体化

传统以同行评议和期刊订阅为主的学术期刊的传播速度是受限的，传播受众对传播内容及呈现形式的反应也是隐藏的、滞后的。但在媒体融合时代，社交媒体天然具有的交互性特点打破了这一局面。无论是学术期刊、期刊刊载论文的作者或者对学术期刊进行传播的其他主体，都可以即时接收受众的反馈。而传播受众也可以通过反馈交互变换身份。在此过程中，甚至出现了以预印本平台为代表的超前同行评议的网站或学术社区。预印本（Preprint）是指科研工作者的研究成果还未在正式出版物上发表，而出于和同行交流目的自愿先在学术会议上或通过互联网发布的科研论文、科技报告等文章。尽管学术工作者发表预印本的主要目的是抢夺首发权，但其为提高学术期刊传播主体和客体间的交流频率（即学术传播频率）、促进学术传播主体和客体之间的身份互换起到了作用。

我们分析新时代学术期刊传播主体的变化后发现，传播主体的新特征——多元化、个性化以及主客体一体化，在极大程度上促进了学术期刊传播的繁荣。多元的传播主体必然要带来个性化的表达，而越有个性的传播主体越容易汇聚更多的学术期刊内容和受众关注度，传播主体和传播客体的频繁交互是促进学术信息快速交流的重要表现，也是科学技术高速发展的重要途径之一。

二、传播内容（Say What）

科学的发展促进了学术期刊传播内容的质量提升，技术的进步为学术期刊传播内容的多样性提供了必要条件。学术期刊传播内容和载体的范畴都在不断拓宽，因此，新时代学术期刊的传播也就包含了更多的内容。当前学术期刊传播的内容主要有以下四点：①学术期刊刊载的内容，指学术期刊刊载的学术论文及科技资讯等非学术内容；②学术期刊刊载内容的增强材料，指与学术期刊刊载的学术论文和非学术论文相关的音视频、实验数据、检测谱图、公式推导过程等富媒体资料；③学术期刊自身品牌形象的构建内容，指期刊刊载的或非期刊刊载的，二次整理的有关本期刊自身的品牌形象相关内容；④学术期刊其他附属内容，指学术期刊主动承担科学普及和科学传播任务，将与学术期刊相关的事件进行二次创作，制作的贴合热点的内容。

（一）学术期刊本身内容及其表现形式

在印刷时代，学术期刊通过印刷体的形态在科学共同体之间传播。随着科学技术的发展，在数字出版技术的推动下，学术期刊从整体上基本实现了纸本期刊的数字化和传播的网络化（但纸本期刊同时存在并发行，数字化期刊更多表现为纸本期刊的一种电子镜像）。在以数字形态传播的学术期刊内容中出现了以下变化：①内容可以被轻易复制，使得作者能够更容易整理文献资料和进行内容引用；②大多在数字形态中加入了超链接，使得作者更容易找到相关信息，其中参考文献可以借助DOI技术实现直接的链接，真正实现了全球文献在互联网上的互联互通和知识网络构建；③科学材料，如图片、表格等能够实现更有效的访问查看，图片可进行缩放、复制、存储操作，表格可导出各种格式的原始表格等。可见，数字出版技术扩大了知识聚集的规模，形成了更紧密的知识网络，信息传播的效率提高，范围大大扩大。在学术期刊内容的数字传播形态和介质中，应用最广泛的当属 PDF 格式和 XML 格式。

1. PDF

PDF 是 Portable Document Format 的简称，意为“可携带文档格式”，是由 Adobe Systems 用于与应用程序、操作系统、硬件无关的方式进行文件交换所发展出的文件格式。PDF 格式是学术期刊论文传播最常用的电子载体（图 5-6）。

武汉大学学报·信息科学版

Geomatics and Information Science of Wuhan University

Aug. 2021

利用管道胶囊进行排水管网协同检测的新方法

李清泉 谷宇 涂伟 朱家松 赵天鸿 朱松

关键词：排水管网检测；管道胶囊；协同检测；多目标优化

中图分类号：P228 文献标志码：A

城市管网系统（给排水管网、油气运输管网等）是城市基础设施的重要组成部分。城市管网长期运输相关物质，管道易发生腐蚀老化、破损、变形、塌陷等病害，导致水体黑臭和水环境污染，以及城市内涝、油气泄露等城市重大安全事故。对于已建设的管道，需要进行快速高效的管道检测，及时发现管道病害，进行管道维修整改，解决环境污染和城市安全问题。

城市管网具有里程长、结构复杂等特点，导致大范围检测成本高昂、速度缓慢。现代管道检测方法包括激光检测法、超声波检测法、压力波检测法等。这些方法通过声波、激光等手段检测管道变形和病害，检测精度较高，但存在设备成本高昂、操作复杂、无法检测含水管道等不足。闭路电视检测法和全景视觉传感器检测法通过拍摄管道内壁影像，利用计算机视觉技术识别病害区域，是目前应用最广的管道检测方法。但视觉传感器需要工作人员操作牵引设备辅助前进，提前对管道进行清淤抽水，导致单次检测范围小、作业强度大。这些方法均无法完全满足大规模城市管网全面高效检测的需求。因此，亟需发展高效、低成本的管网检测新方法，为管网普查提供有效的手段，提升管网智慧运维水平。

管道胶囊是一种新型的管道检测设备，可以受流体驱动或内置动力设备在管道内运动，能够在不损害结构安全性的情况下进行长距离、高效率管道检测，已经在油气管道检测、肠道检测等领域取得了显著进展。

管道胶囊可以应用于城市地下排水管网检测中。该设备被工作人员在上游井口投放后，随水漂流并拍摄管道内壁影像，在管道下游打捞回收，完成对该段管道的病害检测。在实际工作中，多名工作人员可以相互配合，同时，投放多个胶囊进行协同检测，以提高检测效率。

在城市排水管网检测任务中，管道检测比例

收稿日期：2020-09-28

项目资助：国家自然科学基金-高铁联合基金

图 5-6 PDF 格式的学术论文

PDF 的文件结构（即物理结构）包括四个部分：文件头、文件体、交叉引用表和文件尾。文件头指明了该文件所遵从的 PDF 规范的版本号，它出现在 PDF 文件的第一行。文件体由一系列的 PDF 间接对象（indirect object）组成。交叉引用表则是为了能对间接对象进行随机存取而设立的一个间接对象的地址索引表。文件尾声明了交叉引用表的地址，即指明了文件体的根对象（catalog），还保存了加密等安全信息。①

PDF 的优点包括：①文件格式与操作系统平台无关，也就是说，PDF 文件在各种操作系统中是通用的，并不会因为使用者将操作系统环境从 Windows 切换到 Linux 而出现显示上的差异。这一特点使它成为在 Internet 上进行电子文档发行和数字化信息传播的理想文档格式。②PDF 文件以 PostScript 语言图像模型为基础，无论在何种打印机上都可保证精确的颜色和准确的打印效果，会忠实地再现原稿的每一个字符、颜色以及图像。③PDF 文件格式可以将文字、字形、格式、颜色及独立于设备和分辨率的图形图像等封装在一个文件中。该格式文件还可以包含超文本链接、声音和动态影像等电子信息，支持特长文件，集成度和安全可靠性都较高。④PDF 文件使用了工业标准的压缩算法，易于传输与储存。它还是页独立的，一个 PDF 文件包含一个或多个“页”，可以单独处理各页，特别适合多处理器系统的工作。⑤PDF 允许应用程序对其中的某个对象进行随机存取。对 PDF 文件中任意一页的存取速度是一样快的，无须对其之前的页面进行解析，这就使得 PDF 的阅读体验较其他格式更为流畅。⑥PDF 提供了数字签署和公文安全管理等不同级别的安全控制，防止非法访问、修改、打印或拷贝，有利于文件的安全管理。⑦PDF 在其阅读器中内嵌了较多标注工具。读者可以添加丰富多样的标注、高亮等，这种体验和阅读纸质书有一定的相似之处；同时，丰富的标注功能也有助于科学交流。读者可以将阅读中提出的问题以标注的形式存储在原 PDF 中再发还给其他读者或者作者。其他人可以直接根据标注来进行回答。

但是，PDF 格式也存在一些不足：①PDF 格式的可编辑性较差，尽管提供了丰富的标注工具，但对 PDF 格式文档进行内容编辑和修改与 Word 等文档撰写软件有相当大的差距。②PDF 格式较难转换为 Word 等其他格式的数据。③PDF格式的阅读必须依赖 PDF 阅读软件。④PDF 的自适应功能较差，不同的阅读硬件造成的阅读体验偏差较大。特别是随着个人电脑的普及，用户习惯 16∶9 或者 4∶3 的屏幕显示，再来阅读按照打印印刷尺寸设定的 PDF 会存在

① 许法强. PDF 的信息表达原理及特点分析 [J]. 广东印刷，2004 (4)：20-21.

不适应的情况；⑤PDF 作为较为封闭的格式，对其内容进行搜索、导出均较为困难。

由此可见，PDF 格式良好的平台无关性、稳定性和轻量级的特征使它在很长的时间内成为学术期刊传播的最重要工具。尽管增强型的 PDF 功能日趋完善，可以进行超链接、3D 展示等，但随着数据库技术的发展和语义出版的兴起，PDF 的一些缺点也逐渐凸显，与新形态下学术期刊传播的某些特点的适配性变弱。因此，另一种格式逐渐兴起。

2. XML

XML 是 Extensible Markup Language 的简称，意为可扩展标记语言，它是一种简单的数据存储语言。XML 的优点包括：①XML 是标准通用标记语言（standard generalized markup language）的一个子集，是描述网络上的数据内容和结构的标准，天生适应网络传播技术。②XML 不是一个依附于特定浏览器的语言，是个公共格式。和 PDF 格式不同，它不专属于任何一家公司，开源可用。③XML 本质上是文本流，相比 PDF 而言更加轻量级，占用的空间更小。④XML 非常便于修改，每个人都可以根据自己的需要对 XML 进行编辑修改。⑤XML 易于在任何应用程序中读写数据，具有极强的跨平台和自适应性。

在媒体融合、复合出版的环境下，读者对于多媒体、跨平台的数字内容资源的需求越来越大。XML 的上述优点非常适合多媒体跨平台内容的传播，因此各大出版集团和许多学术期刊都在自己的官方网站上提供 XML 格式的学术论文（图 5-7）。总体来说，学术期刊内容传播的 XML 格式文件是基于 HTML 的增强文件，主要关注研究人员如何使用在线文章，并针对阅读者的体验和反馈不断更新，如将屏幕分为多个区域，分别显示文章的大纲视图和正文等。

由图 5-7 可以看出，学术期刊的 XML 格式经过了精心设计和改良，更适合学术期刊传播。其特点包括：①文章结构的碎片化标引。从图 5-7 可知，文章的标题、关键词、作者、图、表等要素都已进行了加工标引，读者可以通过标引方便地跳转至任意图片或者表格。②术语标引和知识互联。如 ScienceDirect、Royal Society of Chemistry（RSC）等平台都可以实现学术论文的术语链接。通过 XML 文件的链接功能，当点击学术论文中的术语之后，会跳转到平台自建或者外链的术语语义本体库，读者可自行查阅不熟悉的术语的权威定义和样例。在国内，如仁和汇智有限公司制作的 XML 文件还能实现国家自然科学基金、国家重点研发计划等开放基金库的查询。读者可以通过点击文中的基金编号或者名称详细了解该基金立项的相关信息。③作者身份标识。如 RSC、

图 5-7 ScienceDirect 平台的 XML 格式论文

Taylor & Francis Group 等学会或出版商均要求每位作者注册开放研究者和贡献者身份识别码 ORCID，并在 XML 的学术论文中对作者进行标识。读者通过点击作者的 ORCID，可以了解该作者的教育和职业背景、曾发表的文章和简短的个人简历等信息。④单篇论文评价数据。越来越多的期刊或出版商会在学术论文的 XML 文件中内嵌动态更新的论文评价数据，如该篇文献的点击次数、下载次数、被引次数和施引文献、网络转载情况（如 Altmetric 指数）等。⑤其他增值模块。如 ScienceDirect 和 Science 网络出版平台在 HTML 文章页面中设置有推荐服务模块，即自动推荐相关研究文献链接，供读者点击阅读。

国际权威学术期刊出版商（Springer，Elsevier，Wiley 和 Taylor & Francis）和国际知名学会协会主办的期刊（如 IEEE、RSC 等）均已实现出版论文的 XML 呈现。在国内，学术论文的 XML 形态得到了一定重视，但国内期刊和学者对 XML 的学术期刊内容的接受度仍十分有限。如周小玲等对入选第三届全国百强科技期刊的中文期刊进行调研，发现只有 17 种期刊在网站平台推出了 HTML 全文阅读，而绝大部分中文期刊只提供 PDF 阅读模式，且仅限于简单重复纸刊内容，未充分利用和发挥出互联网环境下数字内容资源结构化关联、跨平台链接、多媒体呈现及实时分享的巨大优势①。

除了PDF、XML格式的学术期刊刊载内容形式之外，许多国际出版商还针对Kindle等电子阅读器制作了相应形式的内容，如epub格式等。为了方便从纸本期刊到电子期刊的形式转变，学术期刊对其刊载内容的形式做了多样化的调整，以适应读者的阅读习惯，达到有效传播的目的。

（二）学术期刊内容增强材料

进入数字时代，学术期刊可承载的内容在某种意义上进行了无限扩容。一方面，传统纸质期刊受到版面、印刷条件等限制，对承载内容会进行严格的筛选；而数字形式的学术期刊则不需要受到这些客观条件的限制。另一方面，随着科学研究手段的不断更新和科学实验的复杂性加深，同时伴随交叉学科相关研究的增多，遵循传统格式规范的“凝练、简洁、清晰”的学术论文可能无法涵盖更多有用的重要信息，特别是与学术论文相关的实验数据和过程操作等。增强出版的概念应运而生。增强出版是指在科技论文的基础上依靠互联网手段，将与论文相关的增强材料以协同传播的方式出版。增强材料包括视听内容、实验数据、检测谱图、公式推导过程等富媒体资料。根据增强出版的定义，我们可以总结出学术期刊内容增强材料的传播形态。

1. 视听内容

狭义上的视听内容是指声像文本，广义上的视听内容还包括纯视觉文本和纯听觉文本。本文所指的视听内容包含广义上的三种类型：一是视觉文本，包括静态2D图像、动态3D图像等；二是听觉文本，包括音频摘要、播客等；三是声像文本，包括视频摘要、增强视频等。

在新媒体时代下，视听内容的快速发展为学术期刊的传播形态发展提供了良好的基础。智能手机和家用相机的视听内容采集能力逐渐增强，视听内容剪辑制作软件也越来越趋向于智能化、完备化、去专业化，使得科研人员以及普通科学公众也能够制作影音素材。在此基础上，视听内容已经成为当前国际国内学术期刊传播的新形态，包括音视频内容的丰富与加强，以及音视频出版的萌芽。利用音视频直观、生动、门槛低的特点，对内容实现增强传播。

---

① 周小玲，侯春梅，黄爱华，等. 我国百强中文科技期刊XML/HTML出版现状调研与分析［J］. 中国科技期刊研究，2019，30（1）：40-45.

（1）视觉文本——图片

图片是学术期刊论文的重要组成部分之一。学术论文受到篇幅、格式要求、出版载体等限制，往往只展现一部分最重要的图片，其他与学术论文相关的图片则可作为附加材料展示。动态图形出现之后，图形不再单纯地以平面图片的形式发布，而是可以根据文章的实验数据生成动态图片呈现，有助于读者更好地理解实验过程或数据演化。

本书中学术期刊视觉文本的传播形态是指学术论文本身携带的图表之外的2D、3D图像。这些视觉文本内容大多经过了渲染、加工、重置，能够更好地表达学术论文的实验过程或者文中提到的科学概念的模型特征。如Elsevier为其ScienceDirect平台上HTML格式的论文提供了“虚拟显微镜”工具，以便展现具有复杂细节的大尺寸图像，用户通过单击超链接调取查看器，就能在交互式查看器中平移和缩放图像。

数字期刊平台Taylor & Francis Online和数据转储平台ScholeXplorer合作，在出版物和3D模型等关联材料之间建立永久链接，帮助研究人员查找和访问数据。动态3D模型主要用于分子模型、晶体结构、神经影像数据等内容的可视化。

（2）听觉文本

听觉文本是个专业术语，拥有丰富的含义。本书中的听觉文本指的是存储声音内容的文件。比起文字流，听觉文本的门槛更低，可接受性更强，兼容性也更高。

如图5-8所示，一些国际集团开始为单篇学术论文添加听觉文本，并通过官方网站进行传播。学术论文的听觉文本的主要表现形式是音频摘要，时长通常在8～15 min，一般由作者提供文本内容，利用AI配音软件或者通过人员配音进行制作。在较长的时长内，作者能够更全面地阐述观点，解释实验过程和实验结果。

（3）声像文本

声像文本，又称视频（video），泛指将一系列静态影像以电信号的方式加以捕捉、记录、处理、储存、传送与重现的各种技术。声像文本将音频和影像技术有机结合，使得其包含的内容更加丰富、直观，这也使得声像文本传播信息更容易被接收和接受。

视频摘要是学术期刊声像文本的主要表现形式之一。Elsevier鼓励作者使用有声幻灯片（AudioSlides）——幻灯片和旁白录音创建的交互式演示文稿来充实自己的文章，Elsevier的内容创新项目负责人表示：推出AudioSlides是为

图 5-8 泰勒弗朗西斯集团的音频增强出版材料

了提高论文对年轻一代研究人员的吸引力，这些伴随 YouTube 成长的研究人员喜欢使用这种形式进行学习。

Wiley 在进行视听化实践时推出了视频摘要（video abstract）与短视频（video bytes）两种形式：视频摘要的时长为 2～3 min，面向专业受众，简要阐释研究过程和成果；短视频的时长约为 1 min，面向非专业受众，概述研究内容及其对社会的影响。

对于部分特定学科，如医学、生物学、化学等，对实验过程、手术过程进行描述的视频能够帮助读者很快地理解文章的实验原理或者手术要点，如中华医学会和中华医学杂志社的“医学新视界”视频栏目（https://movie.medline.org.cn）中就包括了查房点评、病例讨论、手术演示等板块，这些视频可作为《中华医学杂志》的学术论文增强材料进行传播。

2. 科学数据

科技期刊的研究成果往往需要大量的实验数据来支撑。包括实验数据在内的科学数据，是学术成果的结论来源、数据支撑和复核基准，也是学术研究的重要成果之一。由于研究人员越来越希望访问期刊文章中呈现结果所依据的数据，一些国际科技期刊出版商尝试收集并管理、呈现科学数据，并通过网络进行传播。科学数据有多种传播形态，如增强材料、科学数据共享数据库（图 5-9）、科学数据期刊等。

出版商或学术期刊通过科学数据提交系统、开源科学数据仓储要求作者提

图 5-9 全球变化科学研究数据出版系统

供科学数据的获取路径等，并通过前文所述的数据期刊等进行传播。

3. 其他附加材料形态

除了音视频和科学数据外，学术期刊内容增强材料的传播形态还包括演示文稿（PowerPoint）、附加图片、地理标记等。

演示文稿是科学会议交流的常用工具。在科学会议中，科研人员使用演示文稿对科研成果进行概括和重点突出的描述，使听众更容易理解明白。当演示文稿作为学术期刊内容的增强材料时（图 5-10），同样对学术期刊内容进行了抽象、概括和细节优化，使得学术期刊内容更易于理解。

地理标记作为附加材料往往出现在考古学、流行病学、环境科学、地球科学等领域的学术期刊内容中。图 5-11 为 Elsevier 开发的 Geofacets 地理标记解决方案，它能为地学科学家提供含有来源出版物相关内容的同行评审地图。

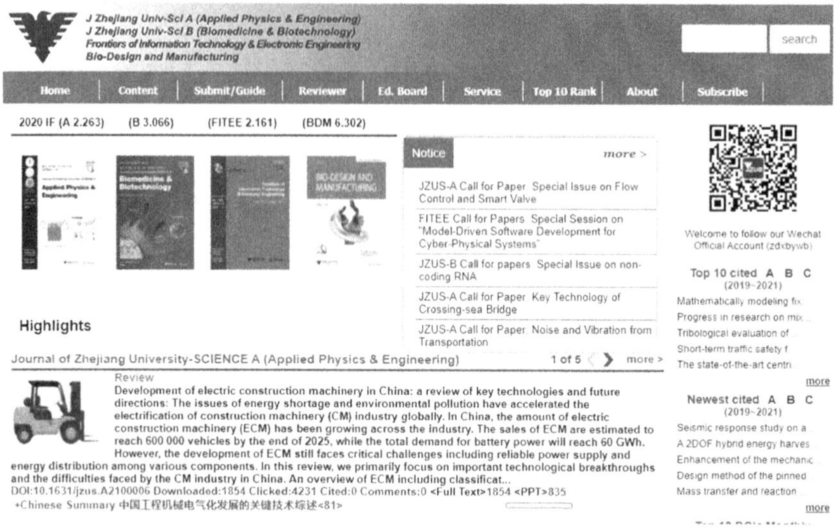

图 5-10 《浙江大学学报（英文）》的 PPT 附加材料

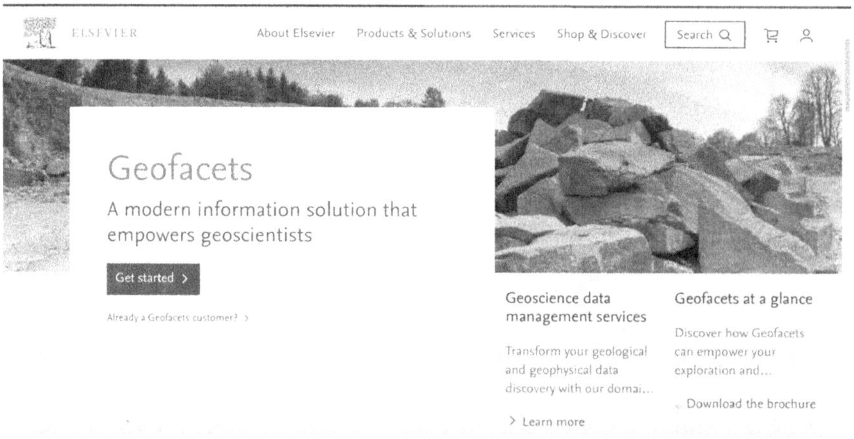

图 5-11 Geofacets 地理标记网站

（三）学术期刊自身品牌形象的构建内容

学术期刊品牌是指学术期刊产品（含内容、衍生品和知识服务等）及其之外的附加价值。有研究表明，读者和作者对品牌期刊的看法、信任程度和价值认知，是直接影响期刊论文下载阅读、转载引用、投稿期刊选择、学术交流与参加培训等品牌化“消费”行为的关键，而论文的下载阅读、转载引用直接体现学术期刊传播的能力。因此，要构建良好的学术期刊传播生态，需要重视学术期刊自身品牌的构建。学术期刊自身品牌形象的传播形态与前文介绍的传播形态基本一致，只在传播工具和传播技巧上有所不同，以下将分析学术期刊自身品牌形象的主要构建内容。

1. 期刊标识、期刊封面与封面文章

品牌差异性是品牌构建的要素之一，具有辨识度、流传度和认可度的期刊标识对学术期刊品牌建设来说十分重要。国际一流学术期刊均十分重视对期刊标识的设计。如《自然》（*Nature*）杂志从 1869 年起，150 多年间曾 11 次修改标识，每一次修改都是对当时先进审美的回应和对先进技术要求的跟进，同时也蕴含了对学术的纪念意味。2019 年《自然》标识（图 5-12）的改动主要是为了保证其在数字设备，特别是移动设备上的显示度。而 2019 年 *Nature* 的所有字体都采用定制字体 "Harding"，这是为了纪念英年早逝的英国神经病学教授 Anita Harding。

图 5-12　《自然》的最新标识

越来越多的中国期刊也认识到期刊标识的重要性。如由中国环境科学学会、哈尔滨工业大学、中国环境科学研究院共同主办的《环境科学与生态技术（英文）》（*Environmental Science & Ecotechnology*）在其创刊一周年之际发表了其设计标识，并在其微信公众号中详细解释："ESE 期刊 logo 在设计上秉承'青山绿水'的理念。第一个'e'采用流线型以表现水之灵动，第二个'e'的曲直表现更加直接、简洁，山坡线条在其中清晰可见……ESE 期刊 logo 的标准色为常青藤。常青藤于 ESE 期刊而言既是对'绿水青山'的取色展示，又是'绿色发展'理念的标志性象征。"（图 5-13）①

图 5-13　《环境科学与生态技术（英文）》杂志标识

① ESE 微信公众号 https://mp.weixin.qq.com/s/W7jYRB6E8e2Lh6tjWeNVUA。

同样，对于学术期刊而言，千篇一律、一成不变的期刊封面不利于期刊品牌的构建。因此，国际一流学术期刊普遍重视其封面设计。一般来说，封面设计的主题均对应期刊当期发表的高亮（Highlight）文章，这也是对期刊刊载内容的凝练、抽象和强调。张辉洁等①分析了国外顶级生物医学综合科技期刊 *Cell* 及国内一流科技期刊代表 *Cell Research*（图 5-14）和 *Protein & Cell* 封面设计的特点，发现其封面设计每期不同，但封面的设计思路大致相似，即渲染实验结果、仿真模拟生物元素、直接使用研究对象照片、绘制卡通动画、改编故事、融入民族特色元素等。

图 5-14　中国高影响力学术期刊 *Cell Research* 封面设计

2. 虚拟专辑、专栏

优秀的学术专辑、专栏是学术期刊品牌构建的重要组成部分。但学术专辑、专栏的组织周期十分长，在配合与专辑、专栏主题相关的热点事件进行传播时往往有心无力。因此，学术期刊在品牌内容建设时，多将已发表过的学术论文按照其研究内容、是否为封面文章、发表国别、纪念意义、作者等进行虚拟专辑组织，以便在相应热点时进行宣传，多维度地展示学术期刊的前瞻性、引领

---

① 张辉洁，唐秋姗，曾玲，等. 科技期刊融合科学与传统文化的封面设计策略［J］. 中国科技期刊研究，2020，31（9）：1068-1074.

性和权威性，为学术期刊品牌建设储备内容。如《地球空间信息科学学报》（*Geo-spatial Information Science*）在嫦娥五号发射成功之后，整理汇总了2020—2021年发表的7篇学术论文及1篇评述论文，集结为“中国测绘遥感发展成果与创新趋势”虚拟专辑（图5-15），对中国遥感卫星网络发展、全球地表

目录

2021年

中国高分辨率光学遥感卫星及其测绘应用
——李德仁，王密，蒋捷

国产全球地表覆盖数据产品GlobeLand30的协同验证：方法和实践
——陈军，陈利军，陈斐，等

从西部测图工程到全国动态测图——中国遥感测图进展研究
——张继贤，顾海燕，侯伟，程春泉

中国遥感卫星的海外应用——以中奥合作建设自然资源卫星遥感云服务平台奥地利节点为例
——Wolfgang Kainz，唐新明，薛玉彩

中国星载高光谱遥感研究进展
——钟燕飞，王心宇，王少宇，张良培

2020年

地理空间智能研究进展——以武汉大学测绘遥感信息工程国家重点实验室为例
——李德仁，邵振峰，张瑞倩

嫦娥三号和嫦娥四号月球车任务的地理空间技术
——邸凯昌，刘召芹，万文辉，等

评述

Gottfried Konecny教授：中国摄影测量与遥感的良师益友
——李德仁、朱宜萱、石立特

图5-15　《地球空间信息科学学报》“中国测绘遥感发展成果与创新趋势”虚拟专辑目录

覆盖产品验证和应用、中国遥感动态制图趋势、卫星遥感云服务平台全球应用、中国星载高光谱遥感进展、中国探月工程等的研究与进展进行了全面综述。此举为刊物建设“立足中国、国际交流”的一流英文科技期刊品牌形象增色不少。

3. 学术期刊作为主办方或承办方组织的学术会议、学术论坛直播等

学术期刊作为主办方或承办方组织学术会议的传统由来已久，学术期刊和学术会议是互相促进、共同发展的。在新媒体时代，相当多的学术会议采用线上+线下同步的方式进行，极大地缩减了学术会议和学术论坛的成本，有助于学术期刊利用自身学术资源丰富而资金相对匮乏的特征来承办大型学术会议。如《园艺研究》（*Horticulture Research*）期刊作为主办方之一组织的“国际园艺研究大会”，旨在展示园艺领域的最新成果和研究进展，促进国内外专家的交流与合作，截至2023年已顺利举办8届，该期刊通过学术会议内容进行学术期刊传播，取得了世界范围内的广泛认同。

4. 投稿指南、学术论文撰写培训、同行评议介绍等期刊生产全流程的展示资料

从学术生产和科学发展的角度来看，学术期刊是科学成果的一个载体，但也不仅仅只具有单一的载体功能。从接收投稿到正式出版，学术期刊对科学成果进行了一个全流程化的生产加工过程，对该过程中的学术期刊相关内容进行总结、归纳和传播，特别是对单个期刊的收稿范围、期刊数据、评审过程等进行详细的介绍，可以帮助期刊宣传自身的定位和要求，吸引潜在作者。同时，一些有用的经验分享也能够加深学术共同体对学术期刊高质量、高把关的印象。如 *Nature*、*Science* 都制作了自己的投稿指南视频和期刊简介视频，一些国际出版集团如 Taylor & Francis 推出了 Early Career Reviewer Training 的活动，讲解如何为国际期刊开展同行评议等。

5. 学术期刊的主编、编委会、客座编辑、编辑等的宣传材料

主编、编委会成员是学术期刊赖以生存和发展的最重要学术资源之一，也是期刊树立自身品牌形象，避免陷于同质化竞争的重要资源。学术期刊可通过整理主编、编委会成员、客座编辑甚至编辑的个人简历和代表作，对其进行学术传播；也可以邀请上述成员撰写或者录制一些与学术期刊建设、学术论文发表、科研诚信准则、同行评议方法等相关的内容音视频；还可以通过期刊对其进行采访，以采访稿为内容来进行传播。如《光：科学与应用》（*Light：Science & Applications*）推出了“light人物”栏目，该栏目定位为高端人物

访谈，访问了光学领域世界知名的科学家，讲述了他们的科研动态和幕后故事。

（四）学术期刊其他附属内容

学术期刊其他附属内容主要指学术期刊主动承担科学普及和科学传播任务，将与学术期刊相关的事件进行二次创作，制作的贴合社会热点的内容。这些内容主要通过社交媒体进行传播，因此，具有理论阐述较为浅显、语句通俗易懂、遣词造句活泼生动的特点。从某种意义上说，这些附属内容使学术期刊变被动为主动，是将传播受众从学术小社群扩大到科学公众大社群的关键内容。由于学术期刊的刊载内容大都经过了严格的同行评议，具有一定的科学性和权威性，这使得其在进行科学传播时具有与生俱来的较高可信度，这也是学术期刊科学传播的优势之一。学术期刊对与自身相关学科的科学热点和公众关注度较高的研究进行二次内容创作是十分重要的。如《自然》杂志在中国的微信官方账号“nature portfolio”就经常发布此类原创内容。

除了科学普及内容之外，学术期刊还可以通过创造科学话题等方式来产出优秀的内容。如《自然》杂志每年都会从其刊发的文章中遴选出“十大科学进展”，该内容一经发布即成为全球科研界的热点内容。在中国，2020 年度“中国科学十大进展”的初选包括由《中国基础科学》《科技导报》《中国科学院院刊》《中国科学基金》和《科学通报》等 5 家编辑部共推荐的 286 项科学研究进展。此后通过专家遴选、网上投票等方式，得票数排名前 10 位的进展入选 2020 年度“中国科学十大进展”。“中国科学十大进展”亦可视为中国学术期刊二次创作的内容，只是在内容遴选过程中得到了专家的帮助和公众的监督。

三、传播渠道（In Which Channel）

数字出版技术成熟之前，学术期刊传播的渠道主要是通过邮局订阅发行、读者自行购买或前往大学图书馆等知识贮存机构借阅。进入数字化时代之后，学术期刊的传播渠道得到了极大的拓展。与此同时，传统的传播渠道也通过互联网技术得到了更好的完善。本节将逐一介绍。

（一）学术期刊“微店”“网店”

尽管学术期刊的数字形式已经成为学术期刊读者接受的主流，但纸本期刊的阅读体验一直没有下降，甚至许多受众在阅读学术论文时依然习惯将其打印出来。因此，邮局订阅发行依然是学术期刊传播的一个重要渠道，但邮发渠道的灵活性较差，数字时代学术期刊的受众往往会选择自己需要的传播内容，未必需要订阅半年或一年的学术期刊，学术期刊社或者出版社开设的“微店”“网店”（指以微信、淘宝店铺为代表的网络店铺）应运而生。如科学出版社的期刊销售旗舰店“中科期刊”（图 5-16）集中销售国内正版科技期刊，截至 2023 年各类学科期刊合计已达 500 种，在架期刊均为纸质期刊，单期定价，下单时可灵活选择需要的期数。

图 5-16 中科期刊淘宝旗舰店

学术期刊对学术论文具有编辑成集功能，特别是一些专辑的组织结构，拥有单篇学术内容所不具备的深度，对其纸质版本进行传播具有很大的传播价值。“微店”“网店”的形式拓宽了学术期刊的网络传播渠道，同时也较好地打击了盗版行为，有望成为媒体融合形势下纸质期刊的主要传播渠道。

（二）线上学术社区、机构知识库等

一般而言，学术社区是指用户交流与共享专业知识的开放性社区，其特点为交流和共享的内容具有学术性，交流对象呈现专业性，用户关注点具有相似性。学术社区能帮助期刊与广大科研人员建立联系，因此也就成为移动互联网环境下学术期刊传播最重要的渠道之一。其与社交媒体的区别在于，所有在学术社区中传播的内容均具有学术性，而传播主体和传播受众均为学术共同体成员。

Mendeley 平台（www. mendeley. com）是一个比较成熟的线上学术社区（图 5-17），其特点包括：（1）将文献管理、信息分享、群组合作与学术社交网络结合在一起，实现了从文献阅读、追踪推荐、学习交互到互助合作的学术社交系统；（2）得到世界上最大的学术出版商 Elsevier 的大力推广，用户量和活跃度在同类产品中均居首位；（3）开发和使用了智能化的文献匹配与推荐算法，极大地提升了用户的使用效率和效果。

图 5-17　Mendeley 平台首页

由于学术社区的形式和内容都在不断拓宽中，许多学者认为其不止于一种表现形式，因为如 Mendeley 这样的学术社区是需要商业化的投入和维护的。如 *Light：Science & Applications* 于 2020 年启动了全国光学与光学工程博士生学术联赛，为全国光学与光学工程领域的年轻科学家提供了极具影响的成果分享和交流平台；*Nano Research* 于 2021 年起设立 Nano Research 奖学金，并举办校园巡回学术讲座，旨在搭建期刊学术社区的校园终端，这些都属于学术期刊建设学术社区传播渠道的优秀案例。

机构知识库是应开放获取（Open Access）大潮诞生的新型知识组织和传播门户。一般而言，它是以机构为单位，其建立和运行是以机构为轴心和主线的，如武汉大学机构知识库、中国科学院机构知识库（图 5-18）等。机构知识库管理和传播机构中的各个部门及其成员创作的数字化产品，也包括其发表在学术期刊上的作品。对于开放获取的期刊（包括绿色开放获取、金色开放获取和钻石开放获取期刊），其期刊内容可以免费在各个机构的知识库中得到传播。随着各个大学和科研院所机构知识库的建立，及其员工对机构知识库的认可程度不断加深，机构知识库已经成为学术期刊传播的重要渠道之一。但机构知识库大多只针对机构内部用户开放，对于机构外用户却具有访问壁垒。

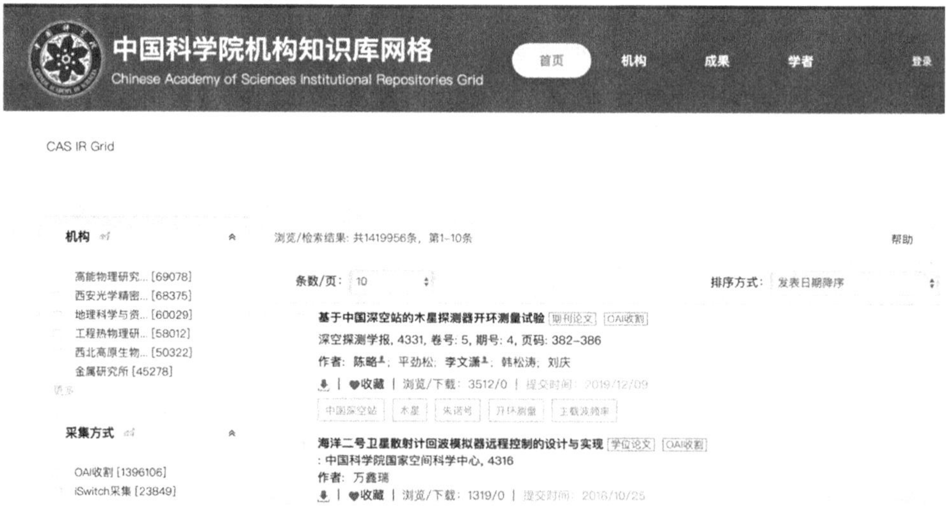

图 5-18　中国科学院机构知识库网络

（三）大众媒体

前文谈到，学术期刊在自身品牌建设和品牌形象传播时经常与大众媒体合作，向大众媒体提供新闻信息源，通过大众媒体这一覆盖广泛的渠道向社会公众进行传播。事实上，不仅学术期刊需要主动拓展大众媒体传播渠道，大众媒体在对热点新闻、重大事件、科学进展进行介绍时也需要学术期刊的力量。如《航空知识》编辑部与中央电视台等数家大众媒体建立了良好的合作机制，在珠海航展等重大新闻报道中，编辑部成员积极参与大众媒体的节目录制，并形成长效合作机制，从而使准确、全面的学术期刊信息能够通过稳定的大众媒体传播渠道进行传播。

（四）社交媒体

社交媒体（social media）指互联网上基于用户关系的内容生产与交换平台。社交媒体是人们彼此之间用来分享意见、见解、经验和观点的工具和平台，现阶段主要包括社交网站、微博、微信、博客、论坛、播客等。社交媒体与大众媒体互补，具有传播结构扁平化、传播速度快、准入门槛低、交互性强等特征。

随着智能手机的普及和移动互联网技术的发展，以微信为代表的即时通信软件进入大部分人的生活。微信已成为中国用户最多，交互最活跃的社交软件之一。微信公众号也是中国学术期刊乃至世界出版集团在中国最重要的传播渠道之一。2014 年发布的《即时通信工具公众信息服务发展管理暂行规定》明确表示："鼓励各级党政机关、企事业单位和各人民团体开设公众账号，服务经济社会发展，满足公众需求。"微信公众号是腾讯开发的，由客户申请接入的移动公众服务平台，客户无须重新开发，便能利用微信公众平台提供的如即时信息推送、界面个性化管理、移动支付、Web 2.0 等服务；只要利用该服务平台中提供的高级接口，便可将已有的传统服务移植到公众服务平台中来。中国学术期刊在微信公众号的传播渠道建设上投入了比较大的精力，其中如《中国科学院院刊》《中国光学》等期刊都取得了非常好的传播成效，具体在后文阐述。

近两年来，媒体环境不断变化，原本热门的微信公众号、微博等社交媒体受运营团队政策调整、用户新鲜感下降、隐私保护等因素影响，各类使用指标数据增长呈现疲态。而以抖音、快手等为代表的短视频平台迅速兴起，截至 2018 年 6 月，抖音的日活跃用户达到 1.5 亿人次，短视频平台正成为大众了解世界的新平台。对此，一些学术期刊积极适应变化的新媒体传播渠道，在短视频平台的建设上也取得了一定成效。如《国际计算与自动化杂志》通过对微信视频号的建设，自主制作了一系列画面精美、原理清晰的短视频，受到了学术界的极大关注和认可，同时被一些主流媒体转载。短视频时代已经来临，如何将其"短、平、快"的特点与科技期刊权威、丰富的内容资源相结合，更好地提供知识服务，传播科学知识，树立品牌形象，值得科技期刊从业者思考和实践。

（五）专业学术传播工具

随着学术期刊和学术资讯的不断增多，如何将学术期刊的内容精准地传播给受众，成为一个难题。在这种情况下，一些商业化公司利用大数据搜索和网络爬虫等技术，为学术期刊定制传播渠道，确保不同侧重点的内容能传播到最适合的受众处，TrendMD 就是其中的典型代表。TrendMD 是由创建于 2014 年，总部设在加拿大多伦多的创新型科技公司开发的一款内容推荐引擎。依托其合作关系网，它能够把目标内容推送到全球上千家学术机构的网络平台。它在形式上表现为文章主页下方或者侧边栏的一个独立窗口，窗口中展示 6～10 条带有超链接的文章标题，点击这些标题可以访问这些文章的来源网站。根据 TrendMD 官网公布的数据，世界排名前 10 位的顶级出版商已有 7 家与该公司建立合作。与此同时，该引擎每月文章推送数量已超过 5 亿篇，其产生的每月总访问量达到 6800 万次，其中来自中国的访问量达到 1200 万次。

专业的学术传播工具，对于出版商而言，可以提高出版物的显示度（跨学科、跨出版商）、扩大自身的影响力、增加读者数量并增强用户黏性，尤其是有利于开拓新的读者群。还可反向追踪文章被推荐到哪里以及阅读量如何。对于个人用户来说，阅读一篇文章时，同时会看到引擎推荐的其他相关文章，这些推荐的文章与读者的契合度非常高，因此点击率也很高。发生这种情况的原因是该引擎使用了一套独特的算法，计算时不仅考虑了文章的主题词匹配，同时还考虑了近期阅读热点、用户历史阅读数据、其他相关用户行为数据等因素。

（六）二维码

二维码（2-dimensional bar code），又称二维条码，是用某种特定的几何图形按一定规律在平面（二维方向上）分布的黑白相间的图形记录数据符号信息的条码技术。二维码可存储的信息包括网址、名片、文本信息、特定代码，甚至大小满足一定要求的文件等。正是由于二维码存储信息的多样性，使其能灵活地运用于学术期刊的出版传播之中。有许多学术期刊利用二维码存储文件，来传播已经定稿录用但未来得及编辑加工的优秀成果；另外，学术期刊通过二维码在单篇文章链入作者讲解视频，对内容进行再加工、再阐释、再呈现，能为科研人员提供更快捷、更直接、更深入的服务。

四、传播受众（To Whom）

在对传播主体进行介绍时，笔者已经提到传播主体与传播客体（即受众）的高度一体化。传播主客体一体化是由于信息交互速度加快，传播客体对于传播内容的反馈可以几乎实时地传播到传播主体处，从而推动主客体之间的交流，使得传统意义上的传播主体吸收传播客体的反馈意见，完成主客体的位置变换。但需要注意的是，由于期刊传播的内容有了分层化的加工，期刊传播渠道可以直通社会公众，使得学术期刊传播的客体范围被迅速扩展，传播广度、深度、效率、效果都得到了极大的加强。

五、 传播效果（With What Effect）

总体而言，在媒体融合的背景下，学术期刊的传播主体、传播内容、传播渠道、传播客体都不断扩展，传播效果有了极大的提升，不仅使得学术期刊的内容能更快速、更精准地传播到学术共同体内部，更能通过大众媒体和学术期刊自身的社交媒体渠道进入社会公众视野，对公众科学素养的提升起到非常积极的作用。但这也对学术期刊传播的效果评估有了更高的要求。除了直接对传播受众进行调查之外，学界和业界对不同传播渠道的传播效果也有一些粗浅的研究。以下以微信公众号传播渠道的传播效果评估为例进行说明。

微信公众账号的综合传播效果测评一般有几个重要指数，即关注人数（粉丝数）、发送消息频度、消息的阅读次数和转发次数、消息的点赞数等。但对于学术期刊而言，由于一般的学术期刊都关注某一个学科或者是某几个学科内的几处分支学科的科研进展和学术成果，受众十分有限，单纯用粉丝数来衡量学术期刊微信公众账号的运营效果是失之偏颇的。同样的原因，学术期刊发布的消息转发量一般都不会太高，使用消息转发次数来衡量学术期刊公众服务的运营效果也是不科学的。因此，对学术期刊微信公众账号传播效果的评估工作一直在探索中，影响较大的效果评估实践是领研网（www.linkresearcher.com）携手开科思（Cactus Communications）旗下科研传播旗舰品牌 Impact Science 共同推出的学术期刊新媒体影响力榜单，该榜单每季度更新一次评估结果。以 2021 年 7—9 月的榜单为例说明其评估方法。首先从数据库中采集 934 个具有广泛影响力的各学科学术公众号，对其在 2021 年 7—9 月间共推送的近 10 万篇文章进行语义挖掘，从这些文章的标题中提取出 1642 余个独立的中外学术期刊，并以推文的阅读量表征期刊在微信公众号平台的传播情况，该评估方法从阅读量视角表征了这 1642 多个学术期刊公众号在统计时段内的传播影响，但需要注意的是该评估方法仅从微信公众号的标题中提取期刊名称数据，其评估范围及效果具有极大的局限性。

第三节 学术期刊传播实践的优秀案例

随着科学技术的不断发展繁荣，学术期刊的功能和学科不断细分，从综合类期刊为主逐渐过渡到学科类期刊为主。交叉学科的出现和壮大，又催生了一部分具有交叉学科性质的期刊，甚至有一部分跨自然科学和社会科学的期刊。这就使得期刊在进行内容传播时需要考虑更多的因素，根据期刊自身发展方向、服务范围、载文种类的差异，确立不同的传播道路，明确传播主体、内容、受众和有效的传播渠道，并对传播效果进行评估，从而调整传播策略，更有效地实现学术传播。

本节遴选了部分具有代表性的特色期刊，对其传播实践过程进行介绍，以期帮助读者明晰期刊传播的相关概念，引发读者思考，并帮助相关期刊从业者总结经验，为自身期刊传播发展提供思路。

通过对中国学术期刊传播实践的调研[①]，本节选择以下案例作为阐述对象：

① 综合类优秀中文科技/社科期刊——《中国科学院院刊》；

② 综合类优秀英文科技期刊——*The Innovation*（《创新》）；

③ 专业类优秀中文科技期刊——《中国中药杂志》；

④ 专业类优秀英文科技期刊——*Horticulture Research*（《园艺研究》）；

⑤ 专业类优秀中文科普期刊——《航空知识》；

⑥ 技术类优秀中文期刊——《长江蔬菜》；

⑦ 专业类期刊优秀集群代表——中国科学院长春光机所 Light 学术出版中心；

⑧ 新传播业态下出现的新型期刊——视频期刊 *Journal of Visualized Experiments*（《实验视频期刊》）和数据期刊《全球变化数据学报》。

一、 综合类中文科技/社科期刊——《中国科学院院刊》

（一）案例介绍选取缘由

《中国科学院院刊》（以下简称《院刊》）是中国科学院主管、主办的以战

---

① 本节调研内容部分来自中国科学院自然科学期刊编辑研究会 2021 年研究课题——“科技期刊全媒体融合发展实践及策略研究”。

略与决策研究为主的智库类期刊，向国内外公开发行，是中国科学院国家高端智库建设的重点媒体平台。《院刊》重点刊登两院院士和科学家就我国科技及经济社会发展的重大战略问题提出的研究报告，对重要前沿及交叉学科的发展现状与趋势进行评述。《院刊》的办刊和发展特色主要包括：

1．定位特色

院刊自1986年创刊至今，其发展定位经历了从“沟通中国科学院内外联系”到“国家科学思想库核心媒体”再到“国家高端科技智库的多元化传播平台”的发展变化。《院刊》将自身定位为智库期刊，依靠主办单位中国科学院这一科研机构型科技智库，发展方向更倾向于期刊的多元化传播。

2．内容特色

《院刊》内容以专题、专栏策划为主，每期刊发至少一个专题或专栏，这其中除每年第5期固定为“建设世界科技强国”专刊外，其余每期主题选择丰富多彩。以2021年1—11期为例，专题内容包括科技哲学（2021年第1期专题“哲学助力科技创新”）、生命科学（2021年第4期专题“生物多样性保护与生态文明”）、农学（2021年第10期专题“科技助力‘黑体粮仓’建设”）等。多元优质的期刊内容使得《院刊》在传播上具有天然优势，不仅能够吸引多个学科的科技工作者，也能够吸引具有一定科学视野的普通公众。

《院刊》通过传播优质内容，扩大期刊影响力，使其“智库”型传媒的权威性得到了科技界和社会的广泛认同，是中国科技期刊学术传播的优秀代表。同时，由于其坚持“国家科学思想库核心媒体”定位，打造了多圈层多渠道的新媒体传播矩阵，对传播内容进行有效的二次创作，具有鲜明的特色。《院刊》的传播成效具体表现为：建立了多元化、多层次的传播矩阵；每年多篇文章被《新华文摘》等重要报刊转载；与相关期刊共同承担的“中国科学十大进展”成果推荐工作得到科技界广泛认可。

除了被中国科学院“中国科学引文数据库（CSCD）”、科技部“中国科技论文统计源期刊核心库（CSTPCD）”、中国社会科学院“人文社会科学引文数据库（CHSSCD）”、北京大学《中文核心期刊要目总览》收录为核心期刊之外，《院刊》也被中文社会科学引文索引（CSSCI）收录在管理学分类中，是CSSCI来源期刊。其传播策略和优秀经验不仅可以为科技期刊借鉴，也可为广大社科期刊借鉴。

（二）具体实践措施

1. 打造多圈层新媒体传播矩阵

在传播渠道构建上，《院刊》充分考虑到目标受众在不同渠道、不同场景中的需求，在线上形成了3个圈层的新媒体传播矩阵①：一是面向决策层及科研管理者等核心受众的内圈传播，由《中国科学院院刊》官方网站、微信公众平台、邮件推送（推送对象包括科技决策层、管理层、科研人员、高校教师等在内的40万用户）等构成；二是面向科研人员及社会中高端读者等科学共同体的中圈传播，由中国科学院官方网站、学习强国平台、新华网、人民网、中国网、科学网、贵州卫视等主流官媒构成；三是面向社会公众的外圈传播，由头条号、企鹅号、搜狐号、新浪微博、喜马拉雅等市场媒体平台构成。其传播平台和新媒体矩阵如图5-19所示。

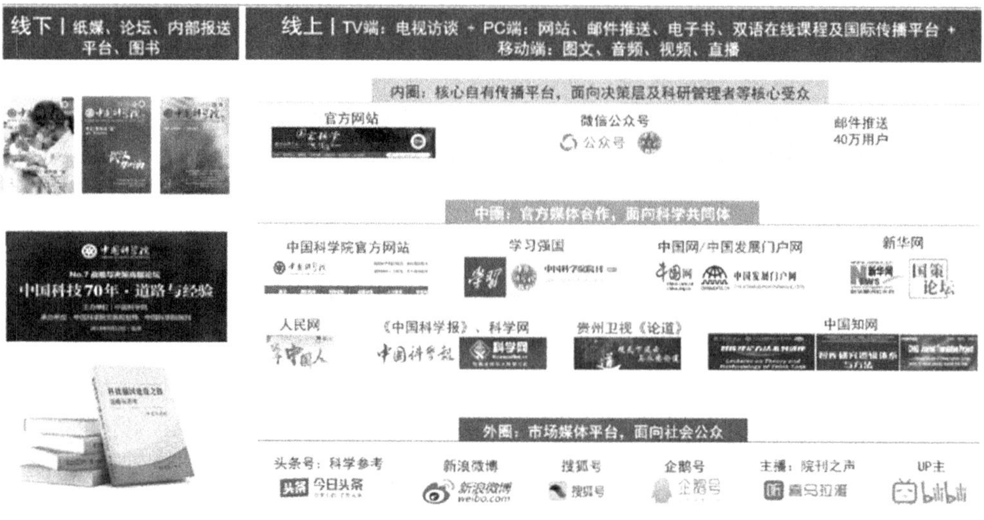

图5-19 《中国科学院院刊》传播平台和新媒体矩阵

2. 针对不同受众的有效二次创作

在这3个圈层的传播中，《院刊》针对不同圈层的用户特点，对传播内容进

① 张帆，杨柳春，岳凌生，等. 推动媒体融合纵深发展 践行智库期刊使命担当——以《中国科学院院刊》开办“智库战‘疫’”栏目为例 [J]. 中国科技期刊研究，2020，31（6）：636-643.

行有效的二次创作。在面向社会公众的外圈传播中，责任编辑将会对拟传播的已发表论文进行二次创作（改编），具体包括：①弱化原文数据、公式等技术参数细节，提炼出文中的背景、现状、主要观点及结论；②对标题进行口语化、大众化的改编，激发读者兴趣；③寻求合适的配图，以帮助读者快速感知内容重点；④清楚标注出引言、一级标题、二级标题、三级标题等文章结构，以便排版制作时能准确对应模板。在视频端的传播中，《院刊》积极引入音频、视频、直播等手段，利用音频对文章进行解读，制作"闳议"专题视频，与中国知网等平台合作开展直播活动等。这些有效的二次创作，让传播内容更加的鲜明、有特色、易于接收，从而提升了传播效果。

二、综合类英文科技期刊——*The Innovation*（《创新》）

（一）案例介绍选取缘由

The Innovation《创新》是一本由中国科学院青年创新促进会（YIPA）会员与Cell Press于2020年共同创办、合作出版的综合性英文学术期刊，是一本新的广泛开放获取期刊，出版内容涵盖基础和应用研究，同时具有良好的社会效应。其主办者之一的中国科学院青年创新促进会成立于2011年，旨在培养中国本土成长的青年科学家，拥有13个地方分会，6个学科分会，会员4000余名，其中国家优青及以上会员近400人。

《创新》（英文）的办刊宗旨为：向科学界展示鼓舞人心的跨学科发现，鼓励研究人员专注于科学的本质和自由探索的初心（See the unseen & Change the unchanged）。收稿领域覆盖全部自然科学（包括天文学、化学、物理学、地球科学、医学、信息科学、数学、生命科学、材料科学以及管理学）。《创新》（英文）已被DOAJ、ADS、Scopus等数据库收录。在学术期刊本身内容传播、新媒体宣传、与主流大众传播媒体合作传播上，《创新》（英文）拥有诸多独到之处，其经验可以为广大英文综合类科技期刊借鉴。

（二）具体实践措施

1. 注重论文的科学可视化工作，打造"一图胜千言"的可视化传播成果

《创新》（英文）在每篇论文的摘要页面，都为论文打造了图形摘要（graphical abstract）和文字解读（public summary）。该刊通过调整图形内容、

色彩、渲染、呈现方式，使得图形摘要能够凸显文章的核心内容和主要贡献，其在图形摘要的下方提供3～4句的文字解读（图5-20），图文相结合，使得论文摘要页面可以通过多种传播途径向相同研究方向的小同行、相同学科背景的大同行和有一定科学素养的科学公众传播准确、易懂、有用的科学信息。

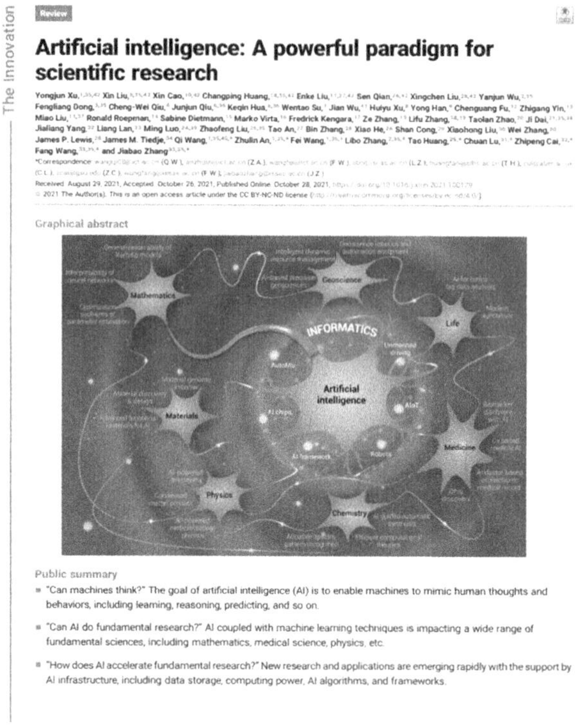
The Innovation

Review

Artificial intelligence: A powerful paradigm for scientific research

Yongjun Xu, Xin Liu, Xin Cao, Changping Huang, Enke Liu, Sen Qian, Xingchen Liu, Yanjun Wu, Fengliang Dong, Cheng-Wei Qiu, Junjun Qiu, Keqin Hua, Wentao Su, Jian Wu, Huiyu Xu, Yong Han, Chenguang Fu, Zhigang Yin, Miao Liu, Ronald Roepman, Sabine Dietmann, Marko Virta, Fredrick Kengara, Ze Zhang, Lifu Zhang, Taolan Zhao, Ji Dai, Jialiang Yang, Liang Lan, Ming Luo, Zhaofeng Liu, Tao An, Bin Zhang, Xiao He, Shan Cong, Xiaohong Liu, Wei Zhang, James P. Lewis, James M. Tiedje, Qi Wang, Zhulin An, Fei Wang, Libo Zhang, Tao Huang, Chuan Lu, Zhipeng Cai, Fang Wang, and Jiabao Zhang

*Correspondence: (Q.W.), (Z.A.), (F.W.), (L.Z.), (T.H.), (C.L.), (Z.C.), (F.W.), (J.Z.)

Received: August 29, 2021; Accepted: October 26, 2021; Published Online: October 28, 2021

© 2021 The Author(s). This is an open access article under the CC BY-NC-ND license

Graphical abstract

Public summary

- "Can machines think?" The goal of artificial intelligence (AI) is to enable machines to mimic human thoughts and behaviors, including learning, reasoning, predicting, and so on.
- "Can AI do fundamental research?" AI coupled with machine learning techniques is impacting a wide range of fundamental sciences, including mathematics, medical science, physics, etc.
- "How does AI accelerate fundamental research?" New research and applications are emerging rapidly with the support by AI infrastructure, including data storage, computing power, AI algorithms, and frameworks.

图5-20　*The Innovation* 论文的图形摘要和解读

除此之外，《创新》（英文）会对作者提供的科技论文中的配图进行加工，主要的加工内容包括：①对科技论文配图的色彩、布局、图形符号、注记字体等进行重新设计，使其更具视觉冲击力，符合一般人群的读图习惯，以加深读者印象；②准确理解科技论文配图所表达的科学内容，并对其进行恰当的符号化处理，如使其结构更鲜明，突出重点内容，删减不必要或不重要的内容等；③重视科技论文配图的逻辑性，特别是对科技论文图片中常见的流程图，采用具有隐喻的图案（如以波纹形图例的流动来表示流程的顺序）搭配不同曲度的图例，让读者自然而然地提取图片意义。经过《创新》（英文）加工后的科技论文配图，准确、简洁、要素明确、具有一定的交互性，对科技论文的有效传播有非常大的促进作用（图5-21）。

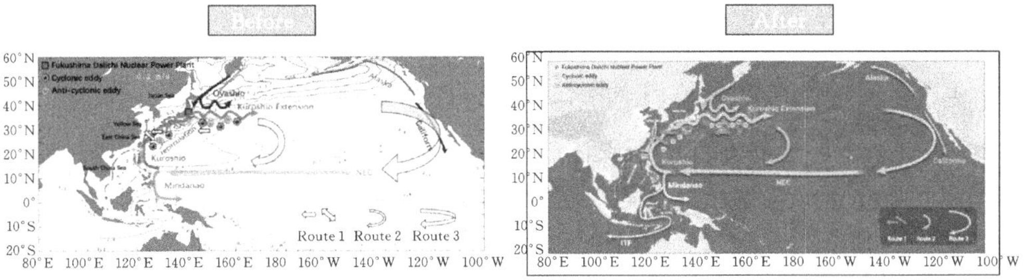

图 5-21　*The Innovation* 对科技论文配图的加工

2. 与有影响力的大众媒体合作，对期刊内容进行大众化传播

《创新》（英文）建立了一个公众传播体系，旨在发表优秀创新成果的同时，向社会公众传播科学知识和最新成果，这与其创刊宗旨“See the unseen & Change the unchanged”一脉相承。在《创新》（英文）发表文章后，编辑部会邀请作者为文章撰写宣传稿，对其进行科普化解读。解读之后，还会邀请几位相关的科学家帮助一起打磨，最终形成宣传稿件。《创新》（英文）会遴选时效性强、公众关注度高的研究文章对大众媒体进行推荐。

三、专业类中文科技期刊——《中国中药杂志》

（一）案例介绍选取缘由

《中国中药杂志》（以下简称《中药杂志》）是由中国科协主管、中国药学会主办、中国中医科学院中药研究所承办的中医药专业学术期刊。《中药杂志》在国际、国内医药学领域具有广泛影响。该刊被“国际性综合生物医学信息书目数据库”（MEDLINE）收录，在被 MEDLINE 收录的中国期刊中排名第 3 位，居我国药学和中医药学期刊首位；在国内，为“中国科学引文数据库”“中国学术期刊综合评价数据库”来源期刊，中文核心期刊，中国科技核心期刊，中国核心学术期刊。

《中药杂志》重视新媒体传播，设有专门的新媒体部门来负责传播工作。2019 年官方微信公众号订阅号“中国中药杂志”及服务号“奔跑吧中医药”粉丝用户量已超过 20 万，全年阅读量 710 万余次，发布中医药科普与文化内容 1000 余条，其中原创作品 300 余条，其新媒体建设和内容传播，可为相关专业类科技期刊提供启示。

（二）具体实践措施

1. 专业的新媒体传播团队

《中药杂志》设有专门的新媒体部，新媒体编辑与期刊编辑业务分离，新媒体编辑主要负责“中国中药杂志”公众号的文案制作，包括素材搜集、选题策划、对外约稿、后台编辑、与读者和作者互动等，同时也要负责视频号、抖音平台的运维管理，并参与策划制作。

2. 出色的专题策划能力助力传播

尽管《中药杂志》发表的论文非常学术和专业，但其微信公众号的定位却十分明确，是以科普内容为重点，从而极大丰富和延伸了读者群体，为内容广泛传播奠定了基础。《中药杂志》微信公众号坚持每天发布信息，一般情况下每次发布 3 条，且原创内容占比较高。为了保持较高的原创率，《中药杂志》的新媒体团队策划了一系列专题，如 2017 年 7 月 31 日至 8 月 24 日的“漫画连载图解《中医药法》”，共连载 19 期，对《中华人民共和国中医药法》进行了全方位的解读；此外，与中医有关的小说《首席医官》也作为专题在微信公众号进行连载，此类连载深受读者欢迎。

2015 年，屠呦呦研究员获诺贝尔生理学或医学奖。《中药杂志》敏锐地抓住了这一热点，利用其主办单位为屠呦呦所在单位的优势，策划了深入而持续的“青蒿素研发”和“中医药未来”专题。专题通过持续深入地挖掘，从屠呦呦发现青蒿素的历程、屠呦呦的科研经历、屠呦呦在《中药杂志》发表的学术论文、青年中医药科研工作者对屠呦呦获奖事件的见解等方面策划，取得了非常好的传播效果。

四、专业类英文科技期刊——*Horticulture Research*（《园艺研究》）

（一）案例介绍选取缘由

Horticulture Research（《园艺研究》）是南京农业大学主办的英文期刊，主要刊发园艺作物的基础和理论研究，其合作出版商为英国自然出版集团。2021 年，《园艺研究》JCR 影响因子达到 6.793，位于园艺类一区（第 1/37 名），是中国科技期刊“走出去”的优秀代表之一。《园艺研究》于 2019 年入选“中国科技期刊卓越行动计划领军期刊”。作为一本专业类英文科技期刊，《园艺

研究》在创刊时选择与自然出版集团合作，借助出版集团的平台，获取了较多的国际关注度；在发展中，立足于国际/国内传播布局，开设了包括推特、脸书、微信公众号、哔哩哔哩、科学网等国际/国内社交媒体账号。这些举措都为更好地传播期刊内容，扩大期刊国际影响力提供了助力。在传播过程中，《园艺研究》还创新性地提出了其独特的“学术社区”传播平台理念，值得借鉴。

（二）具体实践措施

1. 精心规划，创立云实习编辑团队，保证传播频次和传播内容质量

在传播主体方面，《园艺研究》的探索包括：仿照国际出版集团的构架建立，在编辑部内设数据分析/项目（所有跟文字相关的工作）/市场推广模块；由1位专职负责市场推广的编辑负责新媒体运作，使得学术期刊传播的责任主体进一步明确。然后，《园艺研究》通过创立云实习编辑团队，解决了科技期刊传播主体小、散、弱的问题。来自国内外30多所大学和科研院所的云实习编辑承担了许多学术传播的工作，如传播内容的翻译和改编、微信群运营（《园艺研究》拥有近50个微信交流群，超12700人）、哔哩哔哩和YouTube账号的管理和视频发布等工作。云实习团队为期刊带来的好处有：①有效缓解了传播主体人员不足的情况；②带来了新鲜的传播理念和方法；③云实习编辑既是传播主体，也是传播节点，可将期刊的影响有效渗透到线下。

2. 构建虚拟学术社区，通过社区活动，实现垂直传播

在传播渠道构建上，《园艺研究》主导构建“学术社区”，尝试了“在线研讨会”“作者分享会”等一系列社区活动，取得了不俗的成绩，有效地扩大了期刊影响力。学术社区使科研人员能快速找到具有相同研究兴趣的人员，讨论并解决共同关注的问题，发掘新的合作者，而《园艺研究》在学术社区中发挥着主动服务的功能，能够整合学术资源、提供知识共享服务，使学术社区有着明确的主体，积极保障交流的内容和质量。通过编辑部的一系列努力，学术社区达到了“提高期刊在科学家心目中的存在感和影响力，让期刊提高科学交流的运转效率”的目的。《园艺研究》的新媒体传播国际国内学术社区如图5-22所示。

图 5-22　《园艺研究》的学术社区平台矩阵①

五、科普类期刊——《航空知识》

（一）案例介绍选取缘由

《航空知识》是中国航空学会主办的国家级科技期刊，以普及航空航天知识、宣传航空航天事业为己任，详尽报道航空航天历史、最新发展、研发动态、原理知识等，并获得第三届中国出版政府奖。与一般的学术期刊不同，《航空知识》是一本科普期刊。科普期刊是向大众普及科学知识、提升公民科学素养的重要媒介，《航空知识》通过实践探索出一条科普期刊的传播道路，不仅对于科普期刊有重要的借鉴意义，同时对于学术期刊的科学普及和大众传播有积极的启示。

（二）具体实践措施

1. 融合广播、电视新闻媒体，业务骨干参与航空航天相关节目录制

在传播渠道上，《航空知识》融合广播、电视新闻媒体，打破内容单一供给的局限。近年来，《航空知识》力推业务骨干参与广播、电视等多媒体的航空航天相关节目录制，提升《航空知识》的知名度和认可度。《航空知识》全部编

① 尹欢，孔敏，张彤，等. 英文学术期刊学术社区的探索与思考——以《园艺研究》为例 [J]. 中国科技期刊研究，2021，32（8）：1040-1048.

辑、记者担任了包括中央电视台、凤凰卫视、东方卫视等在内的20多家电视台、广播电台航空及军事类节目的嘉宾主持，长期合作，年节目量超过100期。如俞敏、王亚男受邀作为嘉宾，参与中央电视台中文国际频道直播的我国长征二号F遥十火箭在零窗口成功把载有3名航天员的神舟十号载人飞船送上九重天、我国首次太空授课和“神十”返回着陆的相关特别报道等活动。与广播、电视的融媒体合作，不仅提升了航空领域知识的大众传播效果，也有效提高了杂志在大众和行业内的影响力，使期刊发行量和广告收益显著增加。

2. 增强纸刊与新媒体内容黏合度，拓宽传播形态，注重传播效果

从2015年起，杂志社在一些文章内附加拓展性链接或二维码，读者通过移动设备扫描二维码能快速观看文字内容所涉及的其他相关资料，比如原始数据、图片、历史纪录片视频或工程技术试验视频；对一些重要插图的来源也给出链接，供读者自行查阅欣赏。这些创意为读者呈现了远超文章内容的信息量。随着新媒体技术的不断发展和大众接收信息传播渠道的变化，《航空知识》开始在传播内容上不断尝试，自制微视频，将主编、编辑团队的现场解说和介绍剪辑制作成为短视频，发布在《航空知识》的微信公众号中。

《航空知识》注重传播效果的评估和分析，对新媒体用户进行地域、年龄、职业等属性分析，有助于精准推送科普，并能够指导纸质期刊的发行调整、线下活动策划。同时，对内容的阅读量和关注度的分析，有助于杂志社策划、运营针对性更强的周边产品，从而不断拓展业务范围。

六、技术类期刊——《长江蔬菜》

（一）案例介绍选取缘由

《长江蔬菜》由长江蔬菜杂志社主办，创刊已有30年，是一本历史悠久、充满活力的技术性期刊。曾先后荣获“第三届国家期刊奖”“中国百强期刊”（2013、2015）等奖项。《长江蔬菜》为半月刊：上半月刊为技术版，主要报道全国蔬菜生产管理新技术、新品种、新模式、新设施和新经验，主要读者对象为蔬菜科研推广人员、种子经销商和种植大户；下半月刊为产业版，主要报道蔬菜政、学、研、推、产、销全产业链的新成果、新经验和新典型。《长江蔬菜》从受众需求出发，通过视频方式呈现生动、直观、易于接受的蔬菜产业相关技术视频，这使其在同行业期刊中脱颖而出，赢得受众青睐。同时，《长江蔬

菜》搭建了“期刊、网站、微信、影视、App”五位一体的精准传播平台，并借助新媒体传播平台，通过线下推介、线上转发、直播授课引流、策划转盘抽奖等多种活动，实现用户增长的裂变效果，构建了新媒体盈利模式。《长江蔬菜》的成功经验为技术类期刊提供了宝贵的启迪。

（二）具体实践措施

1. 根据传播受众特点，布局全媒体融合发展平台

《长江蔬菜》主要读者是一线的蔬菜种植、推广人员以及技术员，期刊内容与蔬菜种植的实际操作工作更为贴近。因此，根据用户需求，《长江蔬菜》较早地布局了全媒体融合发展平台。为帮助非技术型读者快速理解文字内容，更好地实现有效传播，《长江蔬菜》编辑团队选择了生动形象、通俗易懂、更容易被接受的视频形式。如其负责人所说，“通过视频技术，我们呈现了手把手的教学内容”。编辑部投入资金，组建了专门的媒体团队，购置设备，搭建演播室，添置用于户外直播的无人机，摸索出一条适合期刊的视频策划与制作模式，确保了视频内容发布的时效、频率及内容质量。

2. 多点触发，五位一体，吸引资源入驻自制传播平台，实现盈利

在社交平台布局上，期刊以微信公众号为起点并加以触发，其传播内容涉及免费电子刊、直播、微商城等。《长江蔬菜》搭建了“期刊、网站、微信、影视、App”五位一体的精准传播平台。特别值得一提的是其打造的App，汇集行业资讯、科教视频、网上商城、直播网展、掌上阅刊五大功能；用专业、权威、公正的资讯内容，以文字、图片、视频等多种呈现形式，为科研与生产、种企与农户、产品与市场搭建起更加直观、更加快捷的信息交流平台。

《长江蔬菜》借助新媒体传播平台，通过线下推介、线上转发、直播授课引流、策划转盘抽奖等多种活动，实现用户增长的裂变效果，而用户的增加也为期刊吸引了上百家种子、农资名优企业入驻商城，带动了新优品种和产品进行线上展示和交易。相比纸刊，期刊数字平台的运营、技术、人才成本更高，但在广告位、视频广告制作及发布上更具优势，也容易吸引更多的广告商入驻。同时，商城电商入驻费及商品销售提成和付费阅读等多种形式为期刊实现了创收，用于维持数字平台的正常运转。

七、 集群期刊——中国科学院长春光机所 Light 学术出版中心

（一）案例介绍选取缘由

中国科学院长春光机所 Light 学术出版中心（以下简称 Light 中心）以“立足期刊，服务科研，传播科学，促进交流”为宗旨，着力打造学术期刊类型旗舰级新媒体品牌公众号“中国光学”，孵化多项原创内容版块，包括顶刊进展解读、顶刊综述解读、产业科技解读、课题组系列报道、Light 人物访谈、Light 未来之星、中国光学领域十大社会影响力事件评选（Light 10）等，搭建传播科学、共享科学、服务科学与产业的桥梁。

“中国光学”公众号于 2018 年注册并投入使用，注册时名称为“光科学与应用”，后改名“中国光学”。“中国光学”公众号的传播内容包括全球光学最新研究进展及 Light 中心下辖的品牌期刊集群，分别有 *Light：Science & Applications*、*eLight*、*Light：Advanced Manufacturing*、《光学精密工程》、《中国光学》、《发光学报》、《液晶与显示》七种。其中 *Light：Science & Applications* 影响因子一直稳居光学领域前三，入选“中国科技期刊卓越行动计划”（2019—2023）领军期刊名单。

“中国光学”公众号现有光电领域活跃用户超过 50000 人，篇均阅读量超过 3500 次，入选“2020 年度中国期刊公众号 TOP 10”。在大众对公众号的热情相对低迷，公众号吸引粉丝变得越来越困难的时期，中国光学通过重视传播内容制作、多领域多方位开拓传播渠道、了解传播受众需求等举措，实现了有效的传播。

（二）具体实践措施

1. 对标优秀榜样，打造独特传播风格

“中国光学”公众号认为，学术期刊公众号的传播内容要向知名综合学术商业号看齐，如科学网、丁香医生等。因此，学术期刊一开始要做的是学习，寻找一个对标的公众号，观察对标公众号怎样来排列内容，如何组织自己的活动，用什么样的措辞来表达。随着运营水平的不断提升，变换对标公众号，直至找到最适合自己的发展风格。“中国光学”公众号已基本形成“中国光学”式风格。该风格在业界拥有较高的评价，科学公众普遍认为其内容精练、权威、结

构合理、引人入胜。

2. 重视内容生产，建设高端高效主笔库

“中国光学”公众号重视内容生产，建设了高端高效的主笔库，以“科技媒体”要求培养主笔人。“中国光学”现有主笔300余人，绝大部分为全球光学Top 100名校的博士、博士后及以上人员，该主笔库是传播内容的主要产出者。在主笔人撰写传播内容之后，负责人会广泛征求传播受众的意见，并以受众的角度与主笔人进行沟通，指出文章在逻辑性、科普性、趣味性等方面存在的问题，培养主笔人的科学新闻写作思维。“中国光学”认为，论文是提供选题的，是引子，科技新闻写好是论文之外的工作，要更多地挖掘、延伸一些横向的内容。

3. 实践“破圈”思维，打通线上线下以及企业和高校

“中国光学”积极开展线上活动，并以线上活动为触发点，拓宽传播渠道，吸引传播受众。同时，将线上活动和受众社群进行融合，互相影响，互以优质资源吸引。“Light online”是中国光学最具代表性的线上活动，所有的优质课程均为知名教授甚至两院院士讲授。“Light online”的部分内容即为Light中心学术期刊的出版内容或延伸内容，由于保证了高质量的课程，“Light online”推出之后，基本每期都能保证5000人次以上的观看量，最成功的活动有几万人同时在线。“Light online”注重与传播受众的交互，通过直播间问答等互动方式，提高用户观看的积极性，植入Light纪念品或者由企业提供的奖品，进一步提高用户的参与热情。“中国光学”也为高校、企业等线下活动进行宣传，如与长春理工大学合作举办青年光电论坛等。未来中国光学计划从学术圈跨界到企业圈，借助企业资源，将平台进一步壮大，为企业内的优秀人才提供路演机会，展示、传播先进思想和技术。

八、新传播业态下的新型期刊——视频期刊 *Journal of Visualized Experiments*（《实验视频期刊》）和数据期刊《全球变化数据学报》

（一）案例介绍选取缘由

视听内容在表达上具有文字不具备的优势，特别是视频内容生动直观，其观看时间远远短于阅读一篇学术论文的时间，但信息量更为丰富，观看体验更具实景感，因此，视频内容常被用来实现学术论文的增强传播，之前的案例中

也提到期刊利用视频或短视频平台进行学术期刊的内容传播，这些传播方法是依附学术期刊而存在的。对于以实验技术为基础的生物、医学、化学及物理等相关学科而言，研究者对于重现性差的实验技术和不断涌现的新实验技术的学习需要花费大量时间，传统的实验相关学术论文无法满足研究者的学习需求。随着近年来学术期刊的发展探索，视频期刊应运而生。

同样值得关注的科学需求还有科学数据问题。随着大数据时代的到来，科学研究不再单纯地由科学问题或假设驱动，科学数据成为重要的研究对象，数据集成与共享问题引起广泛关注。在此背景下，国际大型出版机构制定了“科学数据共享政策”，要求作者投稿时必须向期刊编辑提供相关科学数据。随着科技期刊数据共享政策的推进，数据论文和数据期刊应运而生。

视频期刊和数据期刊是学术期刊对科学共同体需求的及时响应和有益探索，是学术出版的新兴形式，对于科学传播和科学发展都具有十分重要的意义。视频期刊和数据期刊都处于发展初期，以下以世界第一本视频期刊 *Journal of Visualized Experiments* 和中国具有特色的数据期刊《全球变化数据学报》为案例，介绍其为促进科学传播做出的举措。

（二）具体实践措施

1. 视频期刊 *Journal of Visualized Experiments*

Journal of Visualized Experiments（以下简称 *JoVE*）是全球首例实验视频期刊，于 2006 年 10 月正式创刊，是第一本致力于以视频方式展现生物学、医学、化学、物理等学科领域研究过程与成果的期刊；同时也是世界首个 100%经同行评审，并被 MEDLINE、Scopus、SciFinder 收录索引的视频数据库。

每年，*JoVE* 都会发表来自世界各地顶级研究机构的 1000 多篇文章。*JoVE* 官网写道：“通过视频进行记录归档，帮助您轻松地保留和传播实验室开发的研究方法。同时，也可以防止因实验室成员的离开而导致的重要知识的流失。”

视频拍摄和制作是视频期刊稳定、持续发展的关键。在 *JoVE* 的稿件经过同行评审之后，*JoVE* 编剧将致力于创建视频脚本以拍摄实验。拍摄脚本是由 *JoVE* 给出，但会征求作者的意见，在作者同意脚本之后，才会开始拍摄。

拍摄当天，摄影师将前往实验室（或拍摄地点），根据视频脚本拍摄实验流程。*JoVE* 的摄影师接受过科研环境拍摄培训，将携带拍摄独特实验流程所需的所有器材。整个拍摄过程将在一天（通常为 6～8 小时）内完成。拍摄是在完成实验的实验室中进行的。拍摄后，*JoVE* 员工会编辑视频，添加专业配音，视频完成后会发给作者以征求其同意。

视频期刊内容更加利于学术内容的丰富与深化展现，也更加满足大量在电子媒体环境中成长起来的、对视频喜闻乐见的年轻潜在读者的需求。这种方式给我们以经验和启示，那就是“被同行评议过的非文本文件是能够被学术团体认可的”①，而且非文本文件推进科学传播、促进科学研究发展的效率也许将大大超过传统出版的推动效率。

2. 数据期刊《全球变化数据学报》

《全球变化数据学报》（以下简称《学报》）由中国科学院地理科学与资源研究所、中国地理学会主办，于 2017 年 3 月创刊。《学报》的创刊基础是中国科学院地理科学与资源研究所联合中国地理学会于 2014 年 6 月创建的“全球变化科学研究数据出版系统”，依托该系统，《学报》实现了实体数据与数据论文关联的一体出版。

实体数据集采取 DOI 注册的方式公开发表，并与期刊发表的数据论文相关联，实现计算机网络关联，较其他数据期刊出版办法，如没有相关的数据论文配套或者实体数据和数据论文由不同出版单位出版等，该出版方法能更好地实现科学数据和数据论文的传播。用户通过阅读数据论文，了解科学数据集的内容、范围、收集方法、数据加工要点，也可以非常方便地下载和传播科学数据。《学报》自创刊以来，发文量稳步上升。其中 2019 年共出版 62 篇论文，其中数据论文 36 篇，数据科学影响力 1 篇，数据政策与标准规范 2 篇，全球变化数据大百科词条 11 个②。

从《学报》以及其他数据期刊的创办发展和对科学传播的推动作用可以看出，建设国际数据期刊有利于提升科技期刊的影响力，有助于推动科学数据的共享与传播。相关政府部门、科研资助机构、国内科技期刊应重视对数据共享与出版政策的研究与实践，加快推进我国数据期刊的发展。

---

① 李苑. 视频实验期刊（*JoVE*）——视频出版的启示 [J]. 中国科技期刊研究，2014，25（9）：1157-1161.

② 石瑞香，马军花，刘闯，等. 全球变化科学研究数据 2019 年度出版成果分析 [J]. 全球变化数据学报（中英文），2020，4（1）：94-100.

第六章　学术期刊服务

学术期刊肩负传承人类文明、荟萃科学发现、引领科技发展的科技使命。我国是学术期刊大国，在社会经济、文化发展越来越倚重科技发展的知识经济时代，如何变期刊大国为期刊强国，如何提升期刊的服务水准，如何将已发表的科研成果转化为现实生产力，是中国学术期刊界亟须探讨的重要问题。2016年5月30日，习近平总书记在全国科技创新大会、两院院士大会、中国科协第九次全国代表大会上提出："加强科技供给，服务经济社会发展主战场。"他呼吁"广大科技工作者要把论文写在祖国的大地上，把科技成果应用在实现现代化的伟大事业中"。作为科技成果传播、交流、转化的重要根据地，学术期刊须响应习近平总书记号召，深化自身服务潜能的挖掘，为推动科技成果转移、转化，推动产业和产品向价值链中高端跃升献策献力。随着数字技术与媒体融合的发展，学术文献的传播方式呈现多元化态势。同时，受到阅读需求变化、优质稿件外流、学术评价标准变动等因素影响，学术期刊的发展受到冲击。面对国际化、数字化、网络化的时代要求，学术期刊亟须二次转型。应面向科技界、学术界协同研究、协同创新的大趋势，面向各行各业战略管理对各类知识信息的需求，实现从传统学术出版向"互联网＋服务产业"转变，以此提升学术期刊的传播力和服务能力。

第一节　学术期刊服务的概述

学术期刊服务依托网络环境，是以用户目标为驱动，对知识进行搜寻、分析、重组、应用的过程，是基于专业化和个性化的服务。近年来，随着移动互联网迅猛发展，学术期刊服务从一个小众概念发展出一个大规模市场，数字技术和媒体融合的发展使得出版业关于学术期刊服务模式的探索和实践更加深入，因此，有必要适时厘清学术期刊服务内涵、要素、类型等基本问题。

一、 学术期刊服务的内涵

学术期刊是开展学术研究交流的重要平台，是传播思想文化的重要阵地，是促进理论创新和科技进步的重要力量。加强学术期刊建设，对于提升国家科技竞争力和文化软实力，构筑中国精神、中国价值、中国力量具有重要作用。

服务，在字义上来说是履行某一项任务或是从事某工作。在中国，通常将它定义为为集体（或他人）的利益或为某种事业而工作。在西方国家，服务是个经济用语，涵盖所有在买卖过程后不会有物品留下，提供其效用来满足客户的各类无形产业。这也就是英国经济学家科林·克拉克所提到“斐帝-克拉克法则”中所谓的“第三产业”。马克思在《资本论》里认为：服务是使物品的使用价值得到发挥。它是劳动的一部分。

学术期刊服务，应该是学术期刊服务主体为围绕创新型国家和科技强国建设任务，聚焦国家重大战略需求，服务经济社会发展主战场，借助信息技术、系统工程等现代科学技术，利用学术期刊资源，而有偿或无偿地提供其效用来满足学术期刊用户需求的一种无形产业，是新时代学术期刊提升其出版服务能力的关键环节。具体包括知识生产的服务、知识传播的服务、知识利用的服务等。

二、 学术期刊服务的构成要素

学术期刊服务构成要素是指基于现代信息技术、传播技术等现代科技，以满足学术期刊用户需求为导向，构成完整的学术期刊服务网络的基本组成部分，主要包括服务主体、服务对象、服务渠道、服务内容等。

1. 服务主体

传统学术期刊服务主要是依托纸质期刊的单向发行模式，因此服务主体集中在期刊本身，包括期刊编辑部、期刊社、期刊主办单位等以编辑部为链接中心的服务主体。现代科学技术介入后，学术期刊服务主体呈现多元化的发展态势，新增了期刊官网、集成数据库和社交媒体平台等。

2. 服务对象

服务对象是指享受学术期刊服务的个体、团队或机构，以及科研环境。相比于传统媒体时代，在当今新媒体环境下，学术期刊的服务对象更加多元化和广泛化，包括科研工作者、行业从业人员、社会公众。学术期刊问世之初，多依托科研机构或高校生存和发展，受科研评价体制影响，在创刊或改革之初，大部分学术期刊服务对象为科研工作者，即成为科研工作者获得学历或晋升职称的工具。历经更长时段的发展与进阶，学术期刊成为能够在本行业内发挥包含学术水平、学术课题、学术服务和学术争鸣等导向作用的高端学术交流平台。例如，20世纪末期，日本医学期刊《日本临床》通过保持专题化的特点，体现了行业内研究的现实性，其将独立的文章融合成有机的整体，通过分阶段推出不同的专题体现行业内研究的连续性，引发了全行业对研究重点、热点和难点问题的关注，产生了良好的社会效益，树立了期刊的形象。该刊也逐步发展成为日本医学期刊中最具有代表性和影响力的期刊，甚至受到全球医学界的重视。

3. 服务渠道

作为期刊与科研用户的关键接触点，学术期刊官网可在服务供给阶段通过为用户提供多元化的数字内容，构建期刊品牌影响力，增强用户黏性，加强与行业媒体、学术类社交平台的合作，优化期刊论文的社会传播路径。学术期刊微信公众号、微博等可为用户构筑以图文信息为主的社交媒体平台，抖音等短视频直播平台则可为用户提供更加直观和多元化的学术内容服务。

4. 服务内容

服务内容是不断演进的，服务类型是趋于多元化的，学术期刊服务已从单一的文献服务，发展到综合立体化的知识服务。现阶段的学术期刊服务主要包括学术论文检索服务、学术论文推送服务、学术资讯响应服务等。

（1）学术论文检索服务

学术论文检索服务主要包括论文检索、知识共享。其中论文检索是学术期刊最基本的服务，也是大部分期刊可以提供的服务。我国大多数学术期刊都开设了公众号，但暂处于初级阶段，主要是把论文以流媒体格式在移动端呈现，供读者进行文献检索与分享。也有部分期刊根据移动端特性做了进一步的深入加工处理，例如，《国际新闻界》《编辑之友》等将论文缩写到3000字左右，将论文精华直接呈现给读者，符合移动端阅读的短小精悍特点，帮助读者快速了解关键信息；《科技与出版》为每篇学术论文配上思维导图，将论文结构第一时间呈现在论文开头，便于读者快速定位需要精读的内容等。

知识分析则要求更高的技术手段，如可视化分析、知识图谱等手段。中国知网提供的可视化分析，可帮助科研工作者快速了解研究领域的发展脉络、获取关键词之间的聚类关系、锁定研究领域的重要文献和学术大咖，了解影响该主题学术发展潮流的经典文献以及学科与期刊之间的关系，最终帮助读者从整体上把握研究现状，理清发展脉络，找准研究切入点。知识分析主要包括：总体趋势分析、文献互引网络分析、关键词共现网络分析、作者合作网络分析、其他信息分析等。

（2）学术论文推送服务

学术论文推送服务主要包括论文内容推送、专家讲解推送、专业会议直播推送、论文相关课程推送等。论文内容推送成为大多数期刊为扩大期刊影响力而采取的重要手段，微信小程序、微博、公众号等更丰富了论文内容推送的手段。而专家讲解推送、专业会议直播推送、论文相关课程推送则应根据期刊自身特点开展。例如，“短视频”适合专家讲解推送，但是专家的选择和讲解方式、内容则需要期刊进行策划组织。

以 AMiner 智能学术期刊服务为例，AMiner 学术期刊服务是基于 AMiner 学者画像的智能服务。AMiner 系统旨在提取和挖掘学术社交网络，从网络上自动提取研究人员的个人资料，将现有数字图书馆出版数据整合到网络中，对整个学术网络进行建模，为学术网络提供搜索服务。AMiner 平台年度访问量达 1000 万次，拥有超 160 个特色专家子库。AMiner 智能期刊推广服务主要有以下几个亮点：①“秒读论文”视频推送。“秒读论文”可自动提取论文核心内容，生成形象直观的可视化论文解读，让推送更“好看”。②国际化传播。通过社交平台实现论文精准推送，“秒读论文”英文视频在 Facebook 或 Twitter 传播。③一键式推送。无须登录，无须手工输入，适配期刊自己的出版平台，勾选论文即可一键式推送，非常简便。④“省心”服务。无须编辑挂心，专人负责按计划推广，定期汇报进展和推送报告。

（3）学术资讯响应服务

学术资讯响应服务通常包括在线的留言问答，也包括现场互动等。建立快速响应作者诉求机制的具体做法，包括：树立一流的服务理念、拓宽多层次诉求收集渠道、建立诉求响应机制流程、强化诉求监督与考核等。其中，有学者根据多年服务作者的实际工作经验，建立了一套学术期刊快速响应作者诉求机制①的流程。第一步，完善诉求渠道。首先，可以由科技期刊编辑通过电话、邮件、微信、QQ 群、期刊网站等“线上”渠道征集作者诉求信息；然后，专人负责诉求信息的归纳整理，领导负责相应诉求响应工作的统一协调，明确各编辑人员的职责分工，达到既各司其职，又互为补充的最佳服务状态。第二步，

---

① 孙菊. 科技期刊建立作者诉求快速响应机制的研究 [J]. 中国科技期刊研究，2019，30（2）：111-115.

整合诉求信息。作者诉求可归为5类，即投稿前的咨询、审稿中的交流、退稿后的申诉、编校中的互动和发表后的反馈。第三步，分析具体诉求。第四步，及时反馈诉求。现场互动可以是编辑讲座，也可以是编辑部组织的专家讲座。这种模式非常常见，若把这种现场的讲解进行录制、剪辑，然后售卖，也可以成为期刊论文的一种增值知识服务。

三、 学术期刊服务的主要类型

就学术期刊服务的类型而言，不同分类标准，将产生不同类型的学术期刊服务。

有学者基于服务阶段区分，将学术期刊服务分为知识生产服务、知识传播服务、知识利用服务①。①知识生产服务为科研用户提供及时的学术资讯，帮助用户把握前沿的研究热点，引导其进行科研选题设计。服务内容包括移动优先出版、增加学术资讯内容服务、提供个性化服务。②知识传播服务主要是针对科研人员的成果发布过程，利用社交媒体搭建的社会网络及其即时性的特点，为科研人员的成果发布找到便捷的方式，提高科研成果的传播力。具体包括：丰富学术期刊社交媒体传播形式，提供文本、图片、视频等多媒体元素，引入视频摘要、可视化论文、作者栏目等新的呈现方式；拓展期刊社交媒体多元传播渠道，借助期刊微信平台、学术社交平台、集成数据库平台等进行立体化知识传播。③知识利用服务主要针对知识的深层次挖掘与利用，结合社交媒体平台延伸出多种服务方式，如组织学术交流活动，对期刊论文社会影响力进行评估，从而推动科研成果转化。包括组织策划线上线下学术交流活动、开展期刊论文社交媒体影响力评估。

有学者基于知识链理论视角，将学术期刊服务划分为知识获取、知识内化、知识共享、知识评价与知识外化等服务②，并认为，学术期刊服务目标是通过多元化的方式，同时满足作为知识使用者和创造者的科研用户的整体需求，最终实现繁荣学术交流和知识创新的目标。①知识获取服务，是指学术期刊用户从学术期刊的学术交流系统中获取新知识的过程。②知识内化服务，是指学术期刊将显性知识形象化和具体化的过程，即显性知识到隐性知识的转化。③知识共享服务。关于知识共享，一般认为包含知识拥有者的知识分享与知识接受

---

① 丛挺，保韵涵. 社交媒体环境下学术期刊服务链构建与优化路径研究［J］. 科技与出版，2021（12）：57-62.

② 丛挺. 基于知识链的全球学术出版服务模式创新研究［J］. 出版科学，2018，26（1）：27-32.

者的知识获取，在此过程中起主导作用的是知识拥有者的知识分享频率和程度。④知识评价服务，本质上是从科研投入产出角度进行的结果评价。良好的知识评价体系有助于科研机构和人员客观评估研究成果的价值。在数据驱动科研环境下，科研成果评价趋于开放透明。⑤知识外化服务，根据知识链理论，知识外化指的是将知识融入组织的产出中。

国际科学技术与医学出版商协会发布的《STM出版技术趋势2020》，颇具前瞻性地展望了学术出版服务的未来服务类型与趋势[①]。①数据仓储服务。为满足科研人员对大宗研究数据获取日益增加的需要，诸多学术出版巨头在数据仓储技术方面进行了有力的革新和再造，促进了数据密集型科学的强劲发展。例如，2016年，Elsevier正式上线全新的数据仓储平台Mendeley Data，该平台允许不同学科的科研人员上传、发布和管理其研究数据。Mendeley Data上的数据遵循公平（fair）原则，即易检索、可获取、互操作、可再用。这几项原则完全符合开放科学理念，是Elsevier在数据密集型科学研究模式推动下进行的有益探索。Springer Nature则宣布将旗下超过1300种期刊全部纳入SharedIt开放平台，倾力打造出一个开放共享的整体数据仓储。SharedIt允许已订购数据库服务的个人和机构用户自由分享内容，分享渠道包括社交媒体、个人网站、邮件乃至其他数据仓储。尽管这种允许付费用户自由分享的服务并未降低实际订阅成本，但此举却极大提高了付费内容的利用效率。②语义出版服务。语义出版要求不断发掘并丰富文章的知识内涵，使其在网络上能够更方便地被自动发现，可自动链接与之相关的文章；支持对文章中所包含的各种知识进行关联、访问及操作，文章之间各种知识能便捷地进行关联和集成，其核心就是实现知识的关联及共享。近年，在英国皇家化学学会（RSC）、美国科学公共图书馆（PLoS）等众多知名学术组织及出版机构的参与和共同推进下，语义出版已经初步实现了从雏形向应用的过渡，研究成果不断涌现。③决策辅助服务。2013年4月，英国医学杂志（BMJ）出版集团更名为BMJ集团。其更名的主要动因在于弱化传统出版的概念，积极选择从单纯的内容提供商向知识服务商转型。BMJ集团意识到随着全球人口的增长、疾病负担的增加和新治疗技术的发展，社会需求的医疗服务更加复杂。医生需要为患者提供更好的治疗和解决方案；医疗机构在寻求提升服务的方式、方法；政府希望能有效地配置有限的资源；BMJ集团寄希望于依仗循证信息和专业的洞察力，高效利用拥有的高质量大数据资源，

---

① 姚长青，田瑞强. 新科学研究范式下的学术期刊出版趋势研究［J］. 科技与出版，2018（5）：31-36.

为他们的潜在用户提供 Best Practice（循证医学临床决策支持知识库），Clinical Evidence（循证医学证据库），Best Health（健康决策服务），BMJ Learning（在线学习数据库），BMJ Quality（医疗质量服务）等个性化知识服务。

本书主要基于服务对象区分，将学术期刊服务划分为面向科研工作者的服务、面向行业人员和社会公众的服务。

第二节　面向科研工作者的服务

面向科研工作者的服务，顾名思义，是以科研工作者为主要对象的服务。主要包括知识生产服务、传播服务及利用服务。

一、知识生产服务

知识生产服务主要指助力用户产出其知识生产成果的服务，包括及时发布最新学术论文、及时发布学术动态信息、配套视频解读学术论文、科研数据及辅助科研支持、出版伦理审查、内容质量控制、内容生产环节的版权服务、出版内容制式设计等。

（一）及时发布最新学术论文——网络首发

首先，网络首发即紧跟国家建设需求，及时发布最新学术论文。网络首发不但可以有效减少学术论文出版时滞，推动学术期刊的数字化转型升级，更有助于吸引更多优质稿源，快速传播、扩散创新成果，实时产生学术影响力。对增强学术论文发表时效，提升作者发表论文的学术竞争力和读者获取科研情报的及时性也具有重要意义。

其次，面向国际前沿，鼓励在空白学科、新兴学科、交叉学科领域的高质量的论文网络首发；同时，加强我国学术期刊对国际科学前沿资讯的报道能力，保障最前沿科技信息的可持续供给能力，并加快提升我国学术期刊对国际热点问题的跟踪能力和领跑能力，使更多中国学术期刊能够代表我国科学研究的前沿水平，从而推动我国学术期刊从“论文工厂”转向“创新发动机”。

（二）及时发布学术动态信息

学术期刊肩负及时发布学术动态信息的职责与使命。例如，*Nature* 非常重视世界顶级科学家的研究进展，除了拜访实验室和参加传统会议与科研人员互动外，还跟踪科学团体的报道和基金会相关获奖者的研究、与相关科研机构合作，最大限度地保证紧跟国际科学研究进展。

（三）配套视频解读学术论文等

国外出版机构及平台很重视检索结果的可视化和分析，以满足不同读者的知识服务需求。国内的期刊平台也基本可以实现数字出版，但在出版内容的细化阐释方面的实现力度还不大，在知识服务方面还处在比较浅层的阶段。关于配套视频解读学术论文，一些会议论文中已经优先应用。例如，AMiner 顶会专版推出了全新视频专栏。在视频专栏里，既有作者几分钟内对论文进行简洁概述，让读者快速掌握论文全貌；也有作者以深入浅出的方式对文章的深度解析，带读者了解文章背后的问题背景、动机、模型及结果应用等。除了中国知网外，中华医学会期刊平台对其发表的论文做出更深层次的挖掘，可以提供语义知识库，可搜索期刊、指南、病例、图表和专家等，其知识库包括精选指南、视频、科研与写作、名师讲座、全科教育、医学人文等。

（四）科研数据及辅助科研支持

科研数据服务主要指为了鼓励数据共享并使得科研人员更多地获益于数据共享而提供的研究数据支持服务。其目的不仅在于帮助科研人员更好地分享数据，更重要的是在科研人员分享数据后尽可能提高其影响力。

在科研数据服务方面，国内多数出版社或期刊编辑部还未制定相应的数据政策，但国外的数据服务政策相对较为完善。

Elsevier、Springer Nature 是数据共享政策的积极推动者和制定政策的先行者。Elsevier 的数据政策特点是强制数据存储和获取，Springer Nature 则推出了 1～4 级从弱到强的分级数据政策，其中 1 级鼓励数据分享和引用。

与 Elsevier、Springer Nature 等合作出版的国内期刊参照海外合作出版社的政策制定了自己的数据政策，内容包括数据提交、存储和引用等方面的规定，只有极少数期刊规定了数据审查的内容。还有一些国内期刊有自己的数据政策，只是相对简单。

在科研辅助工具服务技术支持方面，现有的国外期刊平台较为引人注意的服务除了提供辅助工具外，还非常重视作者服务，如帮助作者提升已发表文章的影响力，即在论文页面增加论文的使用数据，用 Altmetric 指标跟踪发文的影响力等；Elsevier 还专门开放了 Newsflo 工具进行论文影响评价；多学科数字出版机构（Multidisciplinary Digital Publishing Institute，MDPI）稿件管理系统可以生成用户年度学术报告。国内的期刊平台（如中国知网）也关注作者服务，能够生成作者论文的检索结果报告（图 6-1），对作者和读者都非常有价值。

图 6-1　作者论文的检索结果报告

（五）出版伦理审查

由中国科协组织编写的《科技期刊出版伦理规范》于2019年正式发布，通过切实规范办刊行为，完善科学研究自律规范、防范学术不端行为，助力世界一流科技期刊建设。期刊出版是科研诚信全方位建设的重要一环。《科技期刊出版伦理规范》的发布，能够为我国学术期刊应对学术不端问题提出可参考、可操作的准则，切实引导我国学术期刊更好发挥在科研诚信建设中的作用，规范办刊行为，提高审稿质量，加强对学术论文的审核把关。学术期刊高度重视学术出版伦理规范与科研诚信建设，从期刊角度加强学术诚信宣传教育与管理、推进学术不端治理是学术期刊出版伦理规范建设的重要内容。不仅涉及编辑、专家，更强调对作者及其论文的学术出版伦理的审查与规范。

（六）内容质量控制

学术期刊通过出版流程各个环节的质量控制实现出版内容的质量控制，为科研工作者提供优质的学术内容。学术期刊的编辑出版流程主要由稿源筛选、审稿、编校、印制、评价5个环节构成。期刊出版单位通过各个环节的质量控制实现对出版内容的质量控制。

1. 稿源筛选

期刊依赖于稿源生存，有了高质量的稿源才能确保期刊的出版质量，因此，学术期刊应不断增强吸引优质稿件的能力。学术期刊的稿源一般有两种：作者投稿和编辑约稿。约稿对象一般是业内的专家或者优秀作者，所得稿件的质量一般较高。通常来说，稿件作者所在单位的知名度与学术级别对文章的学术质量有一定影响，稿件作者的职称也与稿件的学术质量存在相关性，这些都可以帮助我们获得优质稿件。

2. 审稿

审稿是决定稿件能否被录用的中心环节，也是影响出版质量的关键环节。当前，学术期刊出版质量出现问题与审稿环节的不严格、不规范有着很大关系，一些期刊社没有组建专业的编委队伍或者审稿流于形式，编辑部（主编）审稿时碍于情面等没有严格执行审稿要求，稿件中的许多问题考虑不周不细，导致有质量问题的稿件得以出版，影响了期刊的出版质量。

3. 编校

编校质量是保证期刊高质量的前提，编辑的专业素质影响着期刊的出版质量。编辑是稿件质量的最初判断者，对期刊的出版质量负有重要责任，因此应具备较高的学术素养，能熟练使用多媒体系统，有较强的语言表达能力，还要具备管理能力和经营能力，这是学术期刊编辑适应新时代的必然要求。许多期刊社都面临编辑新老更替的问题，一批有经验、有资源的老编辑逐渐离开工作岗位，新编辑还处在成长过程中，这对学术期刊的编辑校对质量产生了很大的影响。

4. 印制

印制规范化是衡量学术期刊质量的重要标准。通常来说，印制包括排版、制版和印刷三个方面，在工作实践中，一定要认真做好印前审读和印后检查工作，仔细校对颜色、字体尤其是各种符号是否出现变化，尽可能减少学术期刊的瑕疵。

5. 评价

学术期刊出版后，业内的评价信息对提高学术期刊的出版质量具有重大意义。学术期刊需要有专人负责收集整理、分析评价信息，包括论文被引用情况，期刊质量评估情况，读者订阅情况等。做好评价信息的管理，通过评价信息为学术期刊的出版质量控制提供科学依据。

（七）内容生产环节的版权服务

中国版权服务主要包括个人版权的申请、登记、保护及后续的维护等。国家为此成立了中国版权保护中心，行使部分原来由国家版权局行使的职能。版权亦称“著作权”，是非常重要的一项权益，维护版权所有者权利不会受到侵犯。

内容生产是指学术期刊出版机构为了实现经济价值及社会价值，以作者、创作团队等为内容创作主体，针对消费者的不同需求，对精神产品的内容进行创作、获取及编辑的过程。内容生产的主要工作有：前期市场调研、内容构思、项目策划、内容创作（再加工）、编辑及排版等。内容生产是学术期刊出版机构的核心业务。

从版权视角看，内容的生产过程也是版权的原创及集成阶段，需要完成获取版权的基础性工作，同时要规划好版权增值点。内容生产环节的版权服务应着重考虑以下两点：版权战略规划服务以及信息检索服务。学术期刊出版机构可以利用自身掌控的大数据资源，对作者的写作内容或创意、主题策划进行检索和预警，协助作者了解创意、策划或作品是否侵权，避免可能出现的版权争端，提高其版权预知能力。

（八）出版内容制式设计

学术期刊的出版内容制式设计服务，是指在既定的开本上，将原稿进行合理的有秩序的排列，使期刊内容的结构形式既能体现刊物自身特点和风格，又能与四封设计、整体装帧等外部形式取得协调，并且能给读者提供阅读方便的一种艺术与技术相结合的创作活动。具体应做到：①规范有度，风格一致。版式设计应符合出版规范。刊物的正文字号统一、行距统一，不可随意转页，更不可逆转。刊物所要求的各项元素准确到位，不可有随意性和不稳定性，以体现编排规范的严谨与统一。②彰显个性，特点鲜明。版式设计如同其他造型艺术，是人类与世界审美关系的物化形态，也是社会文化（如哲学、政治、道德等观念）的某种形象性的表现；倘若从人的主观世界来观察，它则蕴含了设计者的艺术情感。版式设计作为一种创造，这种创造的本身就说明它的与众不同。设计最忌讳的是“千人一面”，但个性突出的目的不是追求形式上的标新立异，而是在于与读者沟通，要设计出读者认同、喜爱的版式，树立刊物独特的整体形象，以灼热的情怀去感染并吸引读者。③气韵灵动，冲击视觉。期刊当以冲击视觉的设计编排去吸引读者。气韵灵动、生动活泼的版式不仅给读者带来愉悦，更能激发读者在接收刊物传递信息的过程中，萌发驾驭或利用这些信息的愿望，并与设计者产生理念和情感上的互动。版式设计者可以黑、白、灰调整版面，使其产生缩小与扩张的视觉变化；以点、线、面分割空间，使段落清晰、跌宕有致；以摄影创作影调关系的对比来控制节奏；以电影艺术创作蒙太奇的手法调整结构。

二、 知识传播服务

知识传播服务主要指利用社交媒体搭建的社交网络及其即时性的特点，为科研人员的成果发布找到便捷的方式，扩大科研成果传播范围，提高科研成果的影响力。

媒介融合背景下，学术期刊传播呈现出新的特点，不再是单一的物流发行渠道，而是多渠道传播、多媒体形态传播、多模式传播、高时效传播。

（一）多渠道传播

1. 常规传播

常规传播指的是通过常规传播渠道、传播载体和传播方式进行的传播。

Nature 从收到稿件到正式接受的平均时间间隔为 13 周，从收稿到发稿的时间间隔最短为 7 周。重要论文在投稿后 1 个月甚至 2 周内发表。*Nature* 官方网站承担了大量的内容传播工作，网站以快报（比例为 33%）和新闻评论（比例为 27%）为主，兼顾评述文章、研究论文，采用多种媒体形式（如视频、博客等）丰富网站内容，还提供各类服务，如工作招聘信息、会议通知等，侧重新闻性和服务类的综合信息。*Science* 以纸质和电子版发行为主。2014 年，*Science* 表示没有把内容全部在线无纸化出版，纸质版仍将存在，会通过网络在线数据库弥补纸质版在视频、音频等多媒体表现形式上的不足。

2. 大众媒体传播

Nature 通过新闻发布会、新闻栏目、新闻采集平台来实现大众媒体的传播。这里需要提一下新闻采集平台（NPG NEWS），平台上不仅有提前在线出版（Advance Online Publication）的论文信息，还有来自世界各地的最新的科学新闻等。此外，还通过优睿科（EurekAlert!）向记者和自由撰稿人提前传播信息。

3. 移动社交平台传播

Nature 充分利用社交网站和微博等新媒体。*Nature* 已经在其授权的由中国传媒企业运营的微信公众号上发表原创文章千余篇，并开发了小程序。同时，*Nature* 读者可以在 iPhone、iPad、e-Reader 和其他移动设备上看到 *Nature* 出版集团旗下期刊。*Science* 也充分利用社交网站和微博等新媒体。*Science* 已经在其授权的由中国传媒企业运营的微信公众号上发表原创文章百余篇。读者同样可以在 iPhone、iPad、e-Reader 和其他移动设备上看到 *Science*。

4. 衍生刊群传播

Nature 通过衍生刊群扩大作者视野和投稿选择。由于一些领域的高质量论文数量的增加要比其他领域的快得多，*Nature* 通过创办系列刊反映科技发展的新生长点，并推动这一领域的科研进展。*Nature* 衍生出来的子刊 51 个，基本上覆盖了所有学科。此外，*Nature* 还与其他出版商及世界著名专业学术团体合作推出一系列高水平期刊。*Science* 在经历一段时间单刊发展阶段后，也开始创办新刊。此外，*Science* 还在其官方网站上推出《科学》合作期刊（*Science* Partner Journals）项目。如与中国科协合作创办刊物 *Research*。*Science* 为 *Research* 提供国际化出版平台和推广服务。

5. 开放获取和预印本传播

在开放科学大背景下，国外学术出版商十分重视开放获取，不断提升其在开放科学中的形象与支持作用。不仅发布相关的开放获取政策，而且将预印本纳入自身的投稿流程。比如 Elsevier 提供开放获取基础架构 Digital Commons（数字共享空间），所提供的 MDPI 期刊编辑管理系统可供期刊选择是否成为开放获取期刊。国内期刊也在逐步参与并推动开放获取，并不断改善对预印本库的态度，开始接收来自预印本的稿件；国内新创办的英文科技期刊大多为开放获取期刊，在发布、传播科研成果方面作出了重要贡献。

（二）多媒体形态传播

多媒体形态传播，即丰富的学术期刊社交媒体传播形式，包括文本、图片、视频等多媒体元素，引入视频摘要、可视化论文、作者栏目等新的呈现方式。以 *Nature* 为例，*Nature* 非常重视音频与视频的应用，设有独立的音频和视频（Audio&Video）栏目，每周出版免费的音频节目“播客”（Podcast）。*Science* 作为非营利性刊物，与国内大多数学术期刊的定位是一致的，但这并不妨碍其探索多媒体呈现方式。1996 年开始实践网络化办刊，建立了高效便捷的投稿审稿数据库和网络出版平台，实现了快捷的在线出版。

（三）多模式传播

多模式传播是指随着社会进步与发展，在传统传播模式外探索出的全新、多元的传播范式，主要表现为学术社区模式传播与科普模式传播。

1. 学术社区模式传播

随着互联网技术的广泛应用，学术传播媒体平台呈现多样化，学术期刊目标用户群体建立起了以学科、行业、研究兴趣等细分的网络学术社区，这种基于学术趣缘而建立的网络学术社区为学术期刊学术运营提供了新的思路。学术期刊的新媒体传播是不可逆的趋势，在新媒体传播环境下，以纸质期刊发行为基础的学术传播难以适应当前的发展，导致学术期刊的知识传播与学术运营能力不断被弱化。究其原因，除了新技术改变学术传播与阅读行为的外因，核心内因是期刊社新媒体学术传播意识不足。学术新媒体在传播方式、传播内容、阅读需求方面与学术期刊有很大不同，加上学术新媒体运营需要一定的周期与资金投入才能见效，期刊出版单位也存在采编与运营团队新媒体知识和技能掌握不足的问题，造成学术期刊新媒体运营水平普遍低于商业学术新媒体。学术期刊核心受众对基于共同学术趣缘构建的网络学术社区有较大的偏好，这类网络学术社区包括“科学网”“小木虫”“丁香网”等，人们通过网络学术社区交流研究心得、课题申报、学术热点等。此外，网络学术社区运营与研究发现，学术领域的意见领袖对学术社区中的知识传播与知识管理有积极影响，不少专业性强、活跃度高的意见领袖逐渐成为学术社区中的知识网红，在引导学术话题、增强用户黏性、提升学术社区活跃度上发挥重要作用。学术传播的网络社区类型包括学术网站、论坛、有声及短视频平台，数量众多的学术社区是学术媒体运营的基础。

2. 科普模式传播

新技术与新媒体赋予了学术期刊学术传播新的职能，学术期刊不仅是发表科研成果的专业媒体，同时也发挥着科学知识普及的作用。基于网络社区、社交媒体、短视频等媒体平台构建的学术传播媒体生态，为前沿、专业的知识普及创造了条件，借助掌握专业知识的专家、学者的知识传播，达成促进学术传播的科普目标。国内知识网红大多由掌握专业知识的教师、医生、工程师等专家学者组成，不仅具有很强的学科专业背景，同时也具备科普传播的能力，是新媒体传播平台知识的传播者、解释者和翻译者，为大众提供了更加精细、多元的科普知识，尤其是在特殊的社会热点事件下，知识网红能够准确把握受众需求和兴奋点，比如“天和空间站与登陆火星”“蛟龙号深潜科考”等专业话题。

（四）高时效传播

时效控制是学术期刊发行的“生命线”。高时效传播，是一种理想状态，多数期刊，尤其是社科期刊的时效性差强人意。实践证明，通过引入数字化的时效控制和时效考核，使学术期刊流向跟踪可视化和透明化，将传统的事后管理模式转变为事前计划和事中控制，对各个环节建立成本控制标准，可以帮助发行企业改进学术期刊物流效率，提高时效可控性，提高用户满意度。通过与精细化时效考核挂钩，使各类参与学术期刊传播过程的员工的薪酬管理更加市场化和科学化，改善激励机制，让每个员工都“抢时间”，提高生产力乃至整个学术期刊发行企业的核心竞争力。

三、知识利用服务

知识利用服务主要指的是针对知识的深层次挖掘与利用，结合社交媒体平台延伸出多种服务方式，如组织学术交流活动，对期刊论文社会影响力进行评估，从而推动科研成果转化。知识利用服务主要包括搭建学术交流平台、促进科研成果转化等。

(一) 搭建学术交流平台

搭建学术交流平台，包括组织策划线上线下学术交流活动、开展期刊论文社交媒体影响力评估、推进科研社区交流与科研传播等。

1. 组织策划线上线下学术交流活动

学术会议是学术交流的重要渠道，依托期刊移动平台组织策划学术会议具有极大的便捷性，一方面可通过社交平台及时发布会议筹备相关资讯，另一方面线上线下同步直播让会议成果更加惠及科研共同体。例如，从2011年开始，Light编辑部先后与美国光学学会（Optical Society of America，OSA）、欧洲激光协会、俄罗斯激光协会、美国罗切斯特大学等国际知名学术组织、重点大学联合举办了7届Light Conference系列国际会议（主题研讨会、编委会、论坛、培训等），年均参会人数400余人，来自美国、英国、德国、法国、西班牙、荷兰、澳大利亚、加拿大、中国、印度、以色列等30个国家的1000余名专家出席会议，来自国内外近百个机构的600余位科学家作了学术报告，为科学家创造深层次学术交流和科研合作的平台，以期更好地传播科研成果，促进学术交流，延伸期刊价值。

2. 开展期刊论文社交媒体影响力评估

对于期刊移动社交平台而言，积极利用社交媒体评价指标和数据，有助于引导学术期刊提升社会影响力，促进科研成果的广泛利用。除此之外，深度参与期刊社交媒体影响力评估体系建设，也为期刊拓展社会价值提供了可能性。

《柳叶刀》为旗下所有期刊论文提供了阿尔特量度（Altmetric）评价指标。与传统的论文指标相比，Altmetric评价指标是网络社会化大背景下的产物，主要了解论文的认可程度和分享讨论程度。Altmetric评价指标是一个新兴的评价指标，用于了解网络文献的分享关注度情况。在社交媒体上，除了论文引用情况，人们可能更关心其他科研人员对一篇论文的分享关注度情况。[①] 将来，在社会化媒体优势愈发凸显的趋势下，越来越多的学术期刊可能会加入类似Altmetric的平台评价框架，诸如Altmetric的评价指标会成为评价期刊论文的重要指标之一。

---

① 尹欢，孔敏，张彤，等. 英文学术期刊学术社区的探索与思考——以《园艺研究》为例［J］. 中国科技期刊研究，2021，32（8）：1040-1048.

3. 推进科研社区交流与科研传播

国际出版商非常重视社区交流，建立或直接利用社交平台进行交流，如Blog、Twitter、LinkedIn都是常用的交流平台，与期刊平台紧密连接。相比之下，国内出版社网站或期刊编辑部的信息更新较慢，互动交流的内容较少，即使纳入了社交工具，但实际转发、评论的科研成果很少，还没有形成基于科技期刊出版资源的社区平台。

（二）促进科研成果转化

要面向市场需求，积极举办学术论坛和学术活动，搭建创新成果供需对接平台，及时了解企业的具体需求，为企业提供接地气的、能够解决实际问题的科技信息，特别是可应用于生产实践中的新技术和新方法，促进科研与生产在创新资源上协同，加速创新成果转化；促进科学家与企业的科研合作，实现科研人员社会价值。

科技期刊在提升品牌影响力的同时，也要在积极促进产学研联合中发挥作用，促成研究机构与企业结成创新联盟，促进科研与生产在创新资源上协同，促进技术创新上、中、下游对接，促进科研成果落地，促进以企业为主体、市场为导向、产学研相结合的创新体系的构建，促进“政用产学研”协同发展的实现。例如，*Light: Science & Applications*（《光：科学与应用》）开展了一系列科研服务，既服务于科研一线又服务于企业生产，帮助国内外科学家搭建合作平台。《航空学报》与企业联合，以产学研论坛等形式，促进高级人才与企业对接，满足企业对精准引进人才的需求。

同时，学术期刊还要推动与产业上下游深度融合，探索“刊-网-馆”融合运营模式以及“期刊＋高校”“期刊＋科研机构”“期刊＋企业”等多种联合形式，利用先进的学术期刊知识传播与应用平台，打通知识供需两侧，形成良性循环的创新链条，促进知识的高效生产、传播与应用。

第三节　面向行业人员和社会公众的服务

互联网已全面而深刻地改变了学术期刊的出版形态。学术期刊或主动投入网络化、数字化、移动化的发展洪流中，或被动地卷入这股势不可挡的潮流中，其迈出的第一步，大多是建立期刊专属的官方网站。在网站建设的初级阶段，学术期刊对于网站功能的认知，大多局限于在线期刊内容发布、期刊介绍、期刊公告通知等，服务对象主要是行业人员。但随着互联网思维逐渐被越来越多的人所认可，依托互联网产生了新的服务形态、商业生态及社会关系。对于学术期刊而言，在期刊网站的创新建设方面，通常更关注于期刊的显示度及社会服务能力的提升，服务对象扩充为社会公众。期刊围绕这种社会化服务思维，以用户为中心，发展出专业、丰富、多层次、个性化、精准、快速、互动的信息传播模式，甚至引入商业模式。这些围绕用户需求而创建的创新增值服务为科技期刊网站带来了多元面貌，展现出新的发展活力。

一、 开放阅读， 提供免费的权威信息

互联网深刻改变学术期刊的出版形态。为此，一些学术期刊开始重新审视和思考如何挖掘单刊或多刊官方网站的更多潜在可能性，从而超越简单推送纸质版期刊内容的初级阶段，以适应“互联网＋”时代不断创新的信息传播和服务模式。部分学术期刊基于社会化服务思维，在实现期刊网站传统功能的基础上，开展了积极的探索。这些期刊网站充分借助学科优势及所在行业的特色，开放阅读，提供免费的权威信息，延伸和拓展了期刊网站的服务功能。以中国光学期刊网及光电汇、中国船舶期刊网、中国水产期刊网、肿瘤科学网、中国自仪网和《肝脏》杂志网站的实践为例，探讨学术期刊如何基于社会化服务思维，提供免费的权威信息，实现期刊网站功能的无限拓展。

这些网站皆是上海市建成的带有行业门户网站特色的学术期刊网站。其中，中国光学期刊网、中国船舶期刊网、中国水产期刊网和肿瘤科学网的一大特色是提供行业期刊集群服务，及其他创新增值服务；中国自仪网虽是单刊网站，但基于整个自动化仪表行业，同时也提供创新增值服务。此外，中国光学期刊网和光电汇均隶属于中国激光杂志社，前者致力于对光学文献的深度挖掘和快捷传播，后者立足于为光学产业中买卖双方提供企业产品服务，是类似于“阿里巴巴”网站的具有商业生态性质的导购网站，两网可实现数据共享。《肝脏》杂志网站通过开辟“肝脏学快讯”和“诊疗指南”板块，旨在提升专业信息的传播和服务能力。

（一） 中国光学期刊网及光电汇

光电汇（http://www.oeshow.cn/）是中国激光杂志社继中国光学期刊网

（https：//www. opticsjournal. net/）之后创建的面向光电企业及其产品的购销网站，其特色在于在搜索产品的同时，可以基于与中国光学期刊网的数据共享，同步显示与产品相关的学术文献和资讯，辅助购买产品；同时，光电汇上的展商产品可通过关键字匹配，同步显示在中国光学期刊网上，从而实现精准的产品展示效果。

（二）中国船舶期刊网

中国船舶期刊网（http：//www. cssmc. cn）是由《船舶工程》《机电设备》和《船舶标准化》等技术类期刊发起创建的带有船舶行业门户特色的网站。该网站涵盖了16种国内船舶领域的学术期刊。此外，中国船舶期刊网尤其重视企业和产品的在线交流，为行业内的相关企业及其产品提供增值服务。为此，网站设置了新闻资讯中心（包括行业动态、专家信息、技术交流、展会信息）、企业中心（包括船舶配套企业、修造船厂、航运物流企业、船舶设计单位及其他相关企业，并下设推荐企业名录）和产品（包括产品中心及推荐产品）等栏目，商业服务特色较为显著。

（三）中国水产期刊网

中国水产期刊网（http：//www. aquaticjournal. com/）是由《水产学报》《上海海洋大学学报》等发起创建的网站。网站创建了国内水产期刊集群（即中国水产期刊数字出版平台），包含30余种水产领域的学术期刊。中国水产期刊网的一大特色是提供了国内水产行业的各类资讯服务，包括水产行情发布（图表演示）、水产词典、水产资讯、会展及供求信息发布等。

（四）中国自仪网

中国自仪网（http：//www. paimag. com/）是中国科协主管、中国仪器仪表学会和上海工业自动化仪表研究院合办的自动化仪表行业的技术类刊物。2016年改版后的中国自仪网除具备原有的《自动化仪表》单刊论文检索和发布功能以外，还新增了不少创新服务，包括在网站上发布行业动态（包括行业信息、会展信息）、学术活动信息和技术培训信息，并且突出了辅助企业销售产品的电商功能。电商功能包括刊发企业广告及推出本月广告（广告内容涵盖工业自动化系统、设备及解决方案，过程测量控制中的各类仪表，以及企业形象宣传等），以及展示企业标识（可直接链接至企业网站）等。

（五）《肝脏》杂志网站

《肝脏》杂志网站（http：//www.hepatoday.org/CN/1008-1704/home.shtml）不局限于单纯的期刊在线功能，针对临床医生，网站设置了“前沿与探索”和“学术争鸣”栏目，包括传递肝脏学领域最新动态、最新活动信息等，同时提供国际临床指南等，丰富了网站的信息内容，提升了服务于临床医生诊疗实践的能力。

二、科普化处理学术信息，促进公众的理解与应用

学术期刊应开展科普工作逐渐成为共识。以学术期刊《航空知识》为例，其在对应行业领域的科普工作成效显著，为公众对本领域知识的理解及应用作出了重要贡献。

（一）科普服务核心模式

《航空知识》是中华人民共和国最早出版的，也是全球发行量最大的航空科普杂志之一，由中国航空学会主办，航空知识杂志社出版。《航空知识》在与新媒体、图书出版及文化资源的融合发展方面进行了全方位的尝试，扩展了期刊的盈利模式，提升了期刊的品牌影响力。其科普核心模式为微传播，即期刊完成内容制作，然后通过专门的新媒体部门进行期刊的新媒体融合出版：开通官方微博，以图片和视频的形式传播科普内容；建立微信公众号，关注的用户众多，是航空领域粉丝数量最大的传播平台；成立视频工作室，拍摄航空科普短片、录制微视频，并在微博、微信、今日头条等平台发布，实现了平均单集点击量突破10万次；尝试航空科普直播，在直播平台的首次直播2小时有270万受众观看。

（二）科普服务实现措施

（1）在移动平台方面

基于微信强交互、信息百分之百抵达、精准营销、“零”技术开发、对接端口开放等诸多特性，创立微信公众号。2017年共实现了1785万次阅读，平均每月留言近1000条。

（2）在平台和内容建设方面

增加在线的微视频、科普动漫、游戏，同时进行线下航空体验项目的策划

与开发。科普微视频集语言、图片资料、影像元素于一体，以简单易懂、生动有趣的形式传递科学知识，达到事半功倍的效果；动漫能以更生动的形象调动受众的感官体验，使得晦涩难懂的科学知识以一种简洁明了和富于亲近感的方式呈现给受众。

（3）在新媒体应用方面

《航空知识》记者在2016年珠海航展期间，正式加入直播大军，共完成3大类7场直播，其中歼-20首秀直播仅1分钟在腾讯视频上点击量就达到18.7万次，各视频平台累计点击量达30万次。对于突发、新奇、要求现场感的内容，采用直播形式可以提高效率，达到短平快的传播效果。

传统科普期刊一直在逐步适应新时代科技浪潮下传播模式的变化，在移动互联网时代，更应关注如何利用好新媒体产品的及时互动和反馈功能，将受众细分，实现精准科普；在内容建设方面，应以创意为牵引，尝试提供多种形式的优质服务，真正从市场出发，为受众服务。

总体上，学术类期刊对产学研对接服务的重视不够，依然是曲高和寡，缺少盈利点。对于科普教育的意识也不足，在学术科普上投入比较有限。科普工作不仅是学术期刊扩大社会影响力的重要路径，更是学术期刊须承担的社会责任，这是学术期刊不忘促进科技进步与社会发展初心的重要工作。

三、积极应对公共突发事件，承担期刊的社会责任

公共突发事件是指在较短的时间内急速爆发的，具有一定普遍性的社会危机，包括自然性突发事件、社会性突发事件。此处主要以应对紧急突发公共卫生事件为例，学术期刊可开展的服务工作包括以下几个方面：

（一）优化信息传播服务，促进科研成果快速传播与技术创新

面对突发的公共卫生事件，学术期刊应该不断优化信息传播的内容、表现形式和传播途径，以促进相关科研成果的传播、学习和技术创新。期刊工作者可以做好科研者的坚实后盾，做好文章发表、观点阐述、问题讨论、经验传播等方面的服务，帮助一线科研人员和医务工作者在最新研究成果出来后迅速交流和探讨，引导他们学习到最先进的研究方法，开发更深层次的研究方向，开创性地探索高效解决此类问题的路径。学术期刊充分利用官方网站、微信平台等媒介以最快速度提供最高质量的理论研究成果和经验总结，这既是科学研究取得持续进步的需要，也是我国学术期刊在应对与破解突发公共卫生事件的职

责所在。

（二）进行宣传导向服务，引导舆论正向发声

学术期刊要在公共卫生事件中充分发挥宣传导向作用，引导舆论的发展方向。在媒体融合发展的信息大爆炸时代，有太多的不实信息充斥着人们的精神世界，这些谣言加剧了民众恐慌，给社会治理工作带来了阻力。引导公众迅速辨别信息真假，不被缺乏事实根据、别有用心的谣言所误导是学术期刊的重要任务。学术期刊因其学术性和专业性，在人们心中具有较高的权威，公共事件发生时，学术期刊从专业角度进行权威解读，从而营造健康的抗疫学术氛围和人文环境，起到很好的辟谣和引导舆论的作用。

（三）助力社会反思自进化服务，促进国家综合治理能力提升

面对公共突发事件，国家应急管理机制如何更加健全，卫生系统、教育系统、交通系统、法治建设等领域如何提升和加强建设，都需要人们的思考和行动。公共安全与应急管理机制、应急管理与中国制度优势、公众思想文化建设等方面的探究成为现实之需。学术期刊作为人类思想的启迪者，可以基于学术研究的高度，结合自身刊物的学科特点，引导社会各界深入挖掘公共突发事件的起因，引导国家各部门建立成熟高效的防控及应对机制，为提升国家应对公共安全危机能力和综合治理能力献计献策。

下　　篇

评　价　篇

第七章　政府层面的学术期刊评估工作[①]

评价（或评估）是事物发展到一定阶段而必然经历的社会活动，是事物发展过程中必不可少的重要环节。科学的评价是基于特定的目的，根据一定的标准，通过特定的程序对已经结束或者正在继续的过程状态进行检测，或者对事物的发展水平、程度或阶段进行评价，挖掘出反映工作或者事物质量、水平等相关信息，从而对工作获得的成果水平（质量）或对事物的发展状态（质量）进行科学合理的判断，并得出科学结论、给出科学建议的一种活动[②]。一般来讲，学术期刊评价是从学术期刊的政治导向、形式规范、内容质量、学术影响、社会声誉，甚至是办刊条件、办刊过程、办刊能力、服务水平等单个或综合视角出发，根据相关的评价标准（评价指标体系）和相应观测信息（包含数据等），对一段时间内的办刊作用、水平、质量或影响力等进行综合测算、比较（排序）、评判的活动。

学术期刊的出版、传播与服务是一个系统工程，学术期刊评价工作同样内容丰富、社会功能多样。对于不同的主体，学术期刊评价的作用不一、功能不同。对于国家和学术期刊出版管理部门，他们可以通过学术期刊评价结果宏观掌握不同地域的整体办刊水平、学科特点、优质期刊综合布局及“准入-淘汰”决策建议等；对于学术期刊办刊人，学术期刊评价结果能在一定程度上帮助办刊人评价办刊成绩、检验办刊效果、明确办刊不足、寻找改进方向；对于作者，学术期刊评价结果能够推荐优质期刊、降低选刊难度、筛选投稿范围等；对于读者，学术期刊评价结果能够汇聚目标期刊、缩小阅读范围、提高阅读效率等；对于期刊资源采购单位，学术期刊评价结果能够帮助采购预算决策者精准制订采购计划、提高采购质量、优化采购开支；对于科技成果管理部门，学术期刊评价结果能为科技论文评价、项目评价、人才评价等提供一定的信息参考和工具借鉴。此外，对于学术期刊资助政策制定或组织主体，学术期刊评价结果同

---

① 考虑到政府层面的办刊工作评估以定性评估为主，故此部分主要用“评估”来表述，而第三方学术期刊评价工作大多是建立在定量评价的基础上进行的，故以“评价”表述之。

② 胡小洋. 国内学术期刊资助政策实施效果评价研究［D］. 武汉：武汉大学，2019：34.

样可以为学术期刊资助政策提供资助依据、监控资助过程、掌握整体资助效果等。

学术期刊评价工作系统分类众多。从评价主体看，学术期刊评价工作主要分为由政府相关管理部门主导的期刊质量及办刊过程的评估或评奖活动（包括行业学/协会开展的期刊评价分级工作）、由第三方评价主体组织的学术期刊评价研究工作；从评价内容看，可分为政治导向评价、出版规范评价、内容质量评价、影响力评价、品牌价值评价、服务（能力）水平评价、社会贡献评价（社会效益、经济效益）等；从评价目的看，可分为期刊质量检查评价、学术期刊管理规范和制度执行情况评价、学术期刊评奖、学术期刊认定、学术期刊分级、来源期刊筛选和核心期刊评价等；从评价方法来看，可分为定性评价、定量评价和定量与定性相结合的评价。

为对学术期刊评价工作有一个清晰的呈现，我们将按照不同的组织主体分类逻辑对学术期刊评价工作进行分类梳理（图 7-1），本章对政府层面的学术期刊评估工作展开探讨，下一章则围绕第三方学术期刊评价工作进行分析。

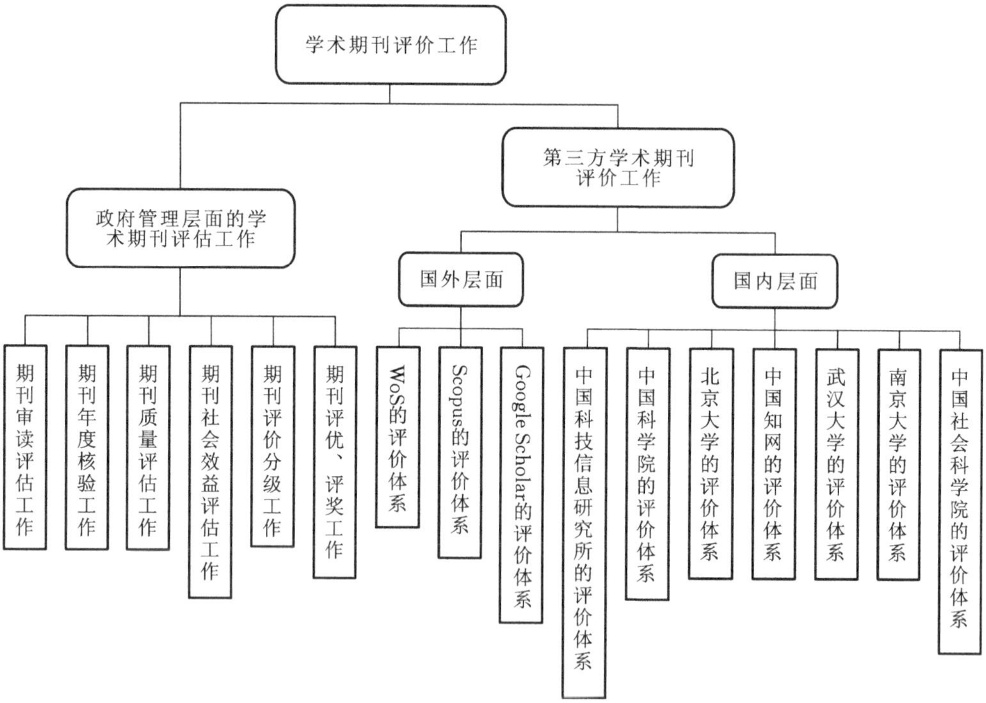

图 7-1 基于组织主体的学术期刊评价工作分类框架

第一节　政府层面的学术期刊评估工作概述

学术期刊是学术出版市场的重要学术产品和资源，同时也是国家政治、经济、科技、文化、教育等事业的重要宣传阵地。在我国，学术期刊出版除了遵守出版市场的基本规律外，还必须接受相关政府部门（本部分主要指国家层面的期刊行政管理部门及其他期刊主管单位）的管理、指导和监督。为了使期刊的出版过程和秩序规范有序、出版内容坚持正确的舆论导向、出版质量满足必要的标准要求，政府层面的期刊出版管理全面启动期刊出版事后审读、期刊出版质量评估、期刊出版年度社会效益评价考核、期刊年度核验和期刊出版从业人员资格管理等工作。其中期刊出版事后审读、期刊出版质量评估、期刊出版年度社会效益评价考核制度和期刊年度核验制度等都属于政府部门参与实施的重要期刊管理制度。这些制度一方面是对办刊方向的引导，监督规范办刊过程；另一方面，又是对办刊质量和水平进行基本的评估、考核和检查。因此，长期以来，这些工作构成了政府层面的学术期刊评估工作的基本内容。

此外，在这些基本的评估工作之上，为了表彰先进、激励优质期刊更好更快地发展，政府部门还启动了各类期刊评先、评优工作。比如，中国出版政府奖期刊奖，各省市的出版政府奖期刊奖，各省市出版管理部门组织的精品期刊奖、优秀期刊奖等。

2019年起，为加快推进世界一流科技期刊建设，推动建设与世界科技强国相适应的科技期刊评价体系，中国科协在推进“中国科技期刊卓越行动计划”的基础上，依托全国学科性学会的力量，主导推出了“高质量科技期刊分级目录”发布工作，这也是近些年政府层面系统开展期刊质量综合评估的重要探索。

总之，政府层面主导的期刊评估工作（含检查、评奖等）对学术期刊的繁荣发展产生了积极的影响，是学术期刊高质量发展的灯塔和指挥棒。

第二节　政府层面的学术期刊评估类型

基于不同评估目标和标准，在政府层面组织实施的期刊评估工作主要包括期刊审读工作（主要对期刊办刊宗旨、舆论方向、内容质量、出版规范等进行审查评估）、期刊年度核验工作（主要对办刊条件、期刊出版与经营基本状况进行审查评估）、期刊质量评估工作（主要对期刊内容质量、编校质量、出版形式质量、印制质量等方面进行综合评估）、期刊社会效益评估（主要对导向正确性、舆论引导与社会责任、出版与管理、规模与效果和党的建设与人才培养等方面进行系统评价考核）、期刊分级工作（主要基于分领域的科技期刊质量和影响力的评估和分级）、期刊评优或评奖工作（主要对一定范围内的高水平、高影响力、高贡献力期刊进行评估、认定和表彰），以下按照此顺序对各项评估工作的基本内容、主要流程和评估结果及利用等进行逐一介绍和解释。

一、 期刊审读评估工作

期刊审读制度是期刊出版质量控制的基本制度，主要包括刊前审读制度和刊后审读制度。其中刊后审读是报刊出版事后管理的重要制度，是新闻出版行政部门和报刊主管单位在报刊出版后组织有关人员，依法对报刊出版质量进行的审阅和评定。由此可见，期刊的刊后审读工作除了对期刊出版内容有审阅检查的职责外，同时也兼具出版质量的评定功能。

期刊审读工作是国家管理期刊出版的重要工作。国家相关职能部门曾先后针对期刊等出版物的审读工作出台了多项工作指导文件。1988 年新闻出版署发布的《关于加强对报纸、期刊、图书审读工作的通知》，1992 年国家科学技术委员会颁发了《科学技术期刊审读办法》，2001 年新闻出版总署颁发了《关于进一步加强和改进报刊审读工作的通知》，2007 年新闻出版总署颁布了《关于加强音像制品、电子出版物和网络出版物审读工作的通知》，2009 年原新闻出版总署印发了《报纸期刊审读暂行办法》（以下简称《审读办法》）；此外，其他期刊主管部门也制定了一些审读工作指导文件，如 1992 年，国家中医药管理局发布了《中医药期刊审核审读办法（试行）》，1993 年，中国科协制定了《中国科学技术协会科技期刊审读办法》（科协发宣字〔1993〕479 号），1999 年又出台了《中国科协科技期刊日常审读工作制度暂行规定》等。

《审读办法》中明确指出："审读工作坚持以马克思列宁主义、毛泽东思想、邓小平理论和'三个代表'重要思想为指导，深入贯彻落实科学发展观，坚持党的领导，坚持正确的舆论导向和出版方向，坚持把社会效益放在首位，督促报刊出版单位严格遵守国家有关法律法规，努力传播社会主义核心价值观，传播和积累有益于提高民族素质、经济发展和社会进步的科学技术和文化知识，弘扬中华民族优秀文化，丰富人民群众的精神文化生活，努力为推动社会主义经济建设、政治建设、文化建设、社会建设以及生态文明建设作出积极贡献。"

由此可见，期刊审读工作意义重大，责任明确。根据《审读办法》，审读工作的内容主要包含以下几项：

① 是否刊载《出版管理条例》和其他法律、法规以及国家规定的禁止内容。

② 新闻报道是否坚持真实、全面、客观、公正的原则，是否刊载虚假、失实报道；发表或摘转涉及国家重大政策、军事、民族、宗教、外交、保密等内容是否符合有关规定。

③ 刊载涉及重大革命和重大历史题材的内容，是否按规定履行重大选题备案程序，办理有关审批手续。

④ 报道涉及灾情疫情、交通事故、安全生产、刑事案件、社会稳定等重大、敏感和突发事件，是否符合有关规定。

⑤ 是否刊载有悖于社会主义道德风尚，格调低下的文章，是否含有色情淫秽、凶杀暴力、迷信愚昧等有害内容。

⑥ 转载、摘编社会自由来稿和互联网信息，是否符合有关规定，是否按规定对其内容进行核实，并标明下载文件网址、下载日期等；是否转载、摘编内部发行出版物的内容。

⑦ 刊登广告是否符合国家有关法律法规，是否刊载虚假违法、内容低俗的广告；报纸刊登广告是否在明显位置注明“广告”字样，是否违反规定以新闻报道形式刊登广告。

⑧ 报刊标示的版本记录是否符合规定，专版、专刊、增刊的内容是否与报刊宗旨、业务范围一致。

⑨ 出版质量是否符合报刊质量管理的有关要求，出版形式是否符合报刊出版形式规范的有关要求。

⑩ 出版质量是否符合现行国家标准和行业标准，使用语言文字是否符合国家通用语言文字法的规定。

国家新闻出版署负责全国期刊审读工作。地方各级新闻出版行政部门负责对本行政区域内出版的期刊进行审读。下级新闻出版行政部门要定期向上一级新闻出版行政部门提交审读报告。主管单位须对其主管的期刊进行审读，定期向所在地新闻出版行政部门提交审读报告。期刊出版单位应建立期刊阅评制度，定期写出阅评报告。新闻出版行政部门根据管理工作的需要，可以随时调阅、检查期刊出版单位的阅评报告。

期刊审读工作是一项对于期刊质量进行审读和评估的系统工程，需要各级出版管理部门、主管单位、主办单位、出版单位等上下联动、协同发力来完成。期刊审读工作是对期刊内容的审读把关，通过期刊审读考核是期刊出版工作的基本内容，也是对期刊出版活动执行成效的基本要求。期刊审读工作最终呈现结果的形式是期刊审读报告。期刊审读报告是包含所有审读内容在内的审读结果和结论，是反映期刊出版过程规范性、出版内容方向正确和质量可靠的宏观评估材料。如在期刊审读中发现有相关内容不合格、不合规或违反相关法律规定，则需由主管、主办单位和出版单位对存在问题做出整改，并由出版管理部门对整改结果予以认定，对后续出版工作做出安排和指导。

二、 期刊年度核验工作

与期刊审读工作一样，期刊年度核验工作也是出版管理部门对期刊出版工作进行年度检查和评估的重要内容，是国家对全国期刊出版工作进行定期综合检查和评估的系统性工作。期刊年度核验工作每年开展一次。

1. 核验工作组织主体

该工作每年由国家新闻出版管理部门统一发布期刊核验工作通知，由地方新闻出版管理部门负责所管辖区域内的期刊的核验工作。

2. 年度核验对象

凡已履行登记注册手续，编入“国内统一连续出版物号”的期刊均按年度对登记项目进行审核查验。在检视年度有下列情形之一的，需暂缓年度核验工作。

① 正在限期停业整顿的；

② 经审核发现有违法情况应予处罚的；

③ 主管单位、主办单位未履行管理责任，导致期刊出版管理混乱的；

④ 存在其他违法嫌疑需要进一步核查的。

暂缓年度核验的期限由省、自治区、直辖市新闻出版管理部门确定，报国家新闻出版署备案。缓验期满，按相关流程重新办理年度核验。

3. 核验内容

年度核验工作的内容包括期刊出版单位及其所出版期刊的年度基础出版数据、出版导向、出版质量、出版活动遵纪守法情况等。以 2020 年度期刊核验工作的内容为例，其核验重点具体包括以下几项：

（1） 正常出版情况

期刊是否按照批准的刊期正常出版，是否存在未经备案擅自休刊、休刊超期、长期无法正常出版等问题。

（2）主管主办单位责任落实情况

期刊主管主办单位是否严格落实意识形态工作责任制要求和主管主办职责，加强期刊管理和建设。

（3）出版导向情况

期刊是否坚持正确的政治方向、舆论导向、价值取向，期刊及所办新媒体是否刊发存在内容导向问题的文章。

（4）出版质量情况

期刊是否严格遵守《报纸期刊质量管理规定》要求，落实“三审三校”等各项制度，是否存在编校差错率高、出版形式不规范等问题，学术期刊是否存在学术质量、出版质量低下等问题。在2020年国家新闻出版署组织的期刊编校质量抽查、学术期刊质量检查中被发现存在严重问题的期刊，应给予年检缓验处理。

（5）期刊及从业人员遵规守纪情况

期刊是否存在转让出版权、违规承包、超越办刊宗旨刊发质量低劣论文等违规行为。期刊主要负责人是否切实履行审核把关职责，是否存在挂名、缺位等问题。期刊及其采编人员是否存在新闻敲诈、虚假新闻、违规发稿等问题。

4. 年度核验工作流程

工作流程主要包含四个方面：

① 期刊出版单位提出年度自检报告，填写由新闻出版署统一印制的“期刊登记项目年度核验表”，经期刊主办单位、主管单位审核盖章后，连同本年度出版的样刊报省、自治区、直辖市新闻出版管理部门。

② 省、自治区、直辖市新闻出版管理部门对期刊出版单位自检报告、“期刊登记项目年度核验表”及样刊进行审核查验。

③ 经核验符合规定标准的，省、自治区、直辖市新闻出版管理部门在“期刊出版许可证”上加盖年度核验章；“期刊出版许可证”上加盖年度核验章即为通过年度核验，期刊出版单位可以继续从事期刊出版活动。

④ 省、自治区、直辖市新闻出版管理部门在完成期刊年度核验工作30日内向新闻出版署提交期刊年度核验工作报告。

5. 年度核验结果

年度核验工作结束后，由核验机关在本区域内向社会公布核验结果，结果分通过年度核验和不予通过年度核验。

期刊有下列情形之一的，不予通过年度核验：

① 违法行为被查处后拒不改正或者没有明显整改效果的；

② 期刊出版质量长期达不到规定标准的；

③ 经营恶化已经资不抵债的；

④ 已经不具备创办期刊、设立期刊出版单位的基本条件的。

不予通过年度核验的，由国家新闻出版管理部门撤销其“期刊出版许可证”，所在地省、自治区、直辖市新闻出版管理部门注销登记。

未通过年度核验的，期刊出版单位自第二年起停止出版该期刊。

三、 期刊质量评估工作

期刊质量是期刊出版工作的生命线。期刊质量评估是期刊质量管理的重要内容，国家为加强期刊质量监控，规范期刊出版秩序，促进期刊质量提升，特制定了一系列的期刊质量评估制度和标准。2020 年 6 月，国家新闻出版署印发《报纸期刊质量管理规定》（国新出发〔2020〕10 号）（以下简称《质量规定》），对新时代的期刊出版工作赋予了更高的要求。

1. 期刊质量评估组织主体

全国期刊质量管理工作由国家新闻出版管理部门负责，各行政区域内的期刊质量管理工作由各省级新闻出版管理部门负责。各级新闻出版管理部门应当切实履行监管职责，实施不定期期刊质量检查，并及时向社会公布检查结果。

2. 期刊质量评估的对象

经国家新闻出版管理部门批准，持有国内统一连续出版物号，领取“期刊出版许可证”的所有期刊都必须接受新闻出版管理部门的质量评估。全国或各省市的期刊质量检查采取抽样方式进行。

3. 期刊质量评估的内容

期刊质量评估包括内容质量、编校质量、出版形式质量、印制质量四项评估内容。其中内容质量、编校质量、出版形式质量的抽样检查范围包括期刊正文、封一（含书脊）、封二、封三、封四、版权页、目次页、广告页、插页等。

4. 期刊质量评估的标准

期刊质量评估结果分为合格和不合格两个等级。四项评估内容均合格的期刊，其质量为合格；四项中有一项不合格的，其质量为不合格。四项评估内容的质量判断标准如下：

① 内容质量的评估方法。期刊内容符合《出版管理条例》第二十五条、第

二十六条规定，并符合国家新闻出版管理部门批准的业务范围的，其内容质量为合格；不符合的，其内容质量为不合格。

② 编校质量的评估方法。编校质量以编校差错率为主要判断依据。编校差错判定以相关法律法规、国家标准、行业标准及规范为依据，期刊编校差错率不超过万分之二的，其编校质量为合格；差错率超过万分之二的，其编校质量为不合格。差错率的计算按照《报纸期刊质量管理规定》附件《期刊编校差错率计算方法》执行。

③ 出版形式质量的评估方法。出版形式质量以出版形式差错数量为主要依据。出版形式差错判定以相关法规规章、国家标准、行业标准及规范为依据。出版形式差错数不超过 5 个的，其出版形式质量为合格；差错数超过 5 个的，其出版形式质量为不合格。差错数的计算按照《报纸期刊质量管理规定》附件《期刊出版形式差错数计算方法》执行。

④ 印制质量的评估方法。期刊印制质量包括单册印制质量和批印制质量，印制符合国家和行业现行标准及规定的，其印制质量为合格；不符合的，其印制质量为不合格。

5. 期刊质量评估结果及相关处理办法

新闻出版管理部门实施期刊质量检查时，须将检查结果为不合格的期刊的具体情况书面通知出版单位或主办单位。出版单位、主办单位如有异议，须在接到通知后 15 日内提出复检申请；对复检结果仍有异议，须在接到通知后 7 日内向上一级新闻出版管理部门请求复核。

期刊内容质量、编校质量、出版形式质量不合格的，由省级以上新闻出版管理部门依据《出版管理条例》《期刊出版管理规定》等相关规定，责令改正，给予警告；情节严重的，责令限期停业整顿，或由原发证机关吊销出版许可证。期刊印制质量不合格，出版单位应当及时收回、调换。出版单位违反本规定继续发行印制质量不合格期刊的，按照《中华人民共和国产品质量法》《出版管理条例》等相关规定处理。

省级以上新闻出版管理部门对期刊质量管理工作中成绩突出的单位和个人应予以表扬或者奖励。

四、 期刊社会效益评估

学术期刊出版工作作为文化出版事业的重要组成部分，必须坚持把社会效益放在首位，实现社会效益和经济效益统一的学术出版目标。为了进一步加强报刊出版导向管理，2019年，中宣部出台了《报刊出版单位社会效益评价考核试行办法》（中宣发〔2019〕22号）（以下简称《社效考核办法》），按照《社效考核办法》的要求，包含学术期刊在内的所有期刊出版单位，自2019年开始每年定期开展期刊社会效益评价考核工作。

（1）评价考核主体

全国的期刊社会效益评价考核工作由中宣部负责，各省市宣传部门负责所在行政区域内管辖期刊的社会效益评价考核工作。

（2）评价考核对象

全国依照国家有关规定设立，经国家新闻出版管理部门批准并履行登记注册手续的期刊出版单位。

（3）评价考核程序

评价考核程序包括出版单位自评、主管主办单位复评、备案抽查、总结分析和报备材料。

（4）评价考核内容及标准

期刊社会效益评价考核主要从导向正确性、舆论引导与社会责任、出版与管理、规模与效果、党的建设与人才培养5个方面进行系统评价。其中导向正确性实行一票否决原则，其他4个方面按照《期刊出版单位社会效益评价考核指标和评分标准》打分赋值，汇总得到评价考核总分。

（5）评价考核结果

评价考核满分为100分，其中90分及以上为“优秀”等级，75分及以上不满90分为“良好”等级，60分及以上不满75分为“合格”等级，60分以下为“不合格”等级。对于没有按时完成社会效益评价考核工作的期刊出版单位，将认定为“不合格”等级。对于所有社会效益评价考核为“不合格”等级的期刊均在当年年检申报中予以缓验处理。

五、 期刊分级目录研制工作

近年来，中国科技事业取得了长足的进步，但是一些深层次的问题也逐渐暴露出来。比如，从学术期刊的角度来说，当前国内科技期刊的影响力普遍不足，致使中国学者的很多重要的研究成果都首发在境外的优秀期刊上，这也造成了一部分学者和一部分管理者对于高影响因子期刊的盲目崇拜。在这种背景下，国内学术共同体一再呼吁，希望能够建立我们自己的学术期刊评估体系，尤其是按照不同的学科领域来建立相关的评价标准。

期刊分类和分级管理是期刊评估工作的重要实践，是推进期刊高质量发展的重要举措。在国家世界一流科技期刊建设之际，中国科协认真落实中共中央办公厅、国务院办公厅下发的《关于深化项目评审、人才评价、机构评估改革的意见》的重要精神，聚力发挥全国学会专家队伍的同行评议功能和相关机构的研究职能，从2019年开始试点开展高质量科技期刊分级目录研制与发布工作，希望通过高质量科技期刊分级目录的发布，有效推动中国高质量科技期刊与国外高水平科技期刊的同质等效，有效吸引高水平论文在中国科技期刊首发，有效提升我国科技期刊在国际科技界的影响力和话语权，为增强我国科技创新能力、加快建设创新型国家提供有力支撑。

（一）资助项目的申报要求及成果

1. 申报范围

① 学会单独申报；

② 学会可广泛联合其他相关学会、研究机构、高校等共同申报，联合申报须以学会作为牵头单位；

③ 学会须建设规范，在学术界声誉良好，有能力承担认定和发布工作。

2. 申报学科条件

① 申报学科领域期刊整体水平高；

② 学科划分主要参考《中国图书馆分类法》（第五版）一级、二级相关学科；

③ 某一学科领域中全球科技期刊的有关情况可注册登录 http://jbest.las.ac.cn 查询；

④ 对于上述方式无法涵盖的新兴前沿学科，可根据本学科领域特点，研究确定学科名称，并对学科概念进行精准描述。

3. 分级认定范围、原则及方式

（1）认定范围

面向中外科技期刊分领域分级遴选，引导我国优秀科技成果在入选期刊上发表。

（2）认定原则

按照“价值导向、同行评议”的原则，采取定性评价与定量评价相结合的方式，推动中国高质量科技期刊与国外高水平期刊的等效使用。

（3）认定方式

中国科协统一部署，相关全国学会分领域牵头实施。牵头学会对分级目录工作具有完全自主权，负责结合本学科领域实际制定实施方案、评定标准及工作细则，完善分级认定组织机构，通过科技工作者广泛推荐、专家评议、结果公示等程序，形成期刊分级目录。

4．组织机构

各牵头学会成立科技期刊分级目录审定委员会，确保工作的科学性和权威性。中国科协委托第三方提供相应技术服务和信息保障。

① 科技期刊分级目录审定委员会。牵头学会邀请该领域学科专家、期刊专家、期刊评价专家组成。根据实施方案制定本领域期刊分级评审标准及工作流程，负责评审认定本领域科技期刊分级目录名单，并处理投诉和决定分级目录的动态调整。

② 中国科协委托第三方建立常规工作机制，提供期刊相关数据支撑及信息保障，对牵头学会分级目录工作进程及效果进行监测。

5．分级设置和评价要素

（1）级别设置

学会根据所在领域的学科特征，选择具有一定数量期刊的学科方向进行评估。每个学科领域的期刊分为T1级、T2级和T3级3个级别：T1类表示已经接近或具备国际一流期刊，T2类是指国际知名期刊，T3类指业内认可的较高水平期刊。每个级别的期刊数量由各有关全国学会根据本领域学科特点和期刊实际情况确定。

（2）评价要素

根据科技期刊成果发表、应用推广、同行评议、传播服务等核心特征，综合考量其前沿问题把握能力、学术影响力及话语权、国际学术资源汇聚和融合发展能力、品牌塑造与市场运营能力等指标。

6．成果发布

中国科协负责统筹协调，依托智慧科协建设高质量科技期刊分级目录发布平台。各学会负责及时发布相关领域分级目录、遴选规则和程序，对列入目录的期刊链接其官方网页、接受相关学科领域专家和科技工作者的意见建议。

7．试点申报要求

① 各全国学会要高度重视此项工作，将分领域发布高质量科技期刊分级目

录作为推动世界一流科技期刊建设和一流学会建设的重要抓手，精心组织好申报工作，确保申报材料真实、准确。

② 试点工作周期为3年，第一年完成认定和发布工作，第二和第三年推动期刊分级目录在本领域的使用，监测反馈情况，动态优化分级目录，完善工作体系，为持续发布积累经验。

8. 项目成果

在中国科协的精心组织下，我国已经连续启动5次“分领域发布高质量科技期刊分级目录试点项目”资助工作，截至2023年12月5日，已有49个领域（其中6个领域做了分级目录更新）对外公开发布了高质量科技期刊分级目录，共计8008种（次）期刊入围（部分期刊可能在不同领域同时出现）。各领域的高质量科技期刊数量分布如表7-1所示。

表7-1　各领域的高质量科技期刊数量统计

序号	学科领域	数量
1	临床医学领域	547
2	自动化学科领域	315
3	能源电力领域	139
4	中医药领域	38
5	地球科学领域	642
6	机械工程领域	49
7	建筑科学领域	112
8	煤炭领域	125
9	地理资源领域	406
10	航空航天领域	62
11	植物科学领域	142
12	有色金属领域	212
13	细胞生物学领域	39
14	冶金工程技术与金属材料（金属学与金属工艺）领域	136
15	材料失效与保护领域	102
16	汽车工程领域	24
17	铁路运输领域	90

续表7-1

序号	学科领域	数量
18	生态学领域	177
19	数学领域	440
20	材料-综合领域	369
21	信息通信领域	75
22	安全科学领域	45
23	仪器仪表领域	55
24	核领域	88
25	计算领域	68
26	无机非金属材料领域	79
27	预防医学与卫生学	122
28	振动工程领域	87
29	环境科学领域	161
30	仿真科学与技术领域	49
31	纺织领域	43
32	兵器科学与技术（武器工业）领域	113
33	地球物理领域	287
34	岩土力学与工程地质领域	129
35	航海领域	42
36	护理学领域	88
37	公路运输领域	77
38	舰船科学领域	108
39	光学工程和光学领域	88
40	管理科学领域	1041
41	中国优秀科普期刊目录	50
42	照明领域	99
43	食品科学与工程领域	155
44	图像图形领域	195
45	技术经济领域	174

续表7-1

序号	学科领域	数量
46	石油、天然气工业领域	109
47	电气工程领域	106
48	图学领域	71
49	指挥与控制领域	38

（二）期刊评价分级实施过程及效果

为系统阐述高质量科技期刊分级目录资助项目的实施过程和效果，下面以优秀项目代表——航空航天领域的高质量科技期刊评级分级工作为例①，进行逐一说明。

① 评价主体：中国航空学会

② 评价对象：航空航天领域的中文和英文学术期刊208种（暂未涉及其他语种期刊）。

③ 主要目标：形成标准科学、分类合理、规则公平、共识度比较广泛的一套航空航天类科技期刊评价体系，来推动国内和国外航空航天领域优秀期刊在学术评价中的同质等效进程。

④ 工作思路：成立组织委员会和专门的专家评审委员会，聘请第三方支撑机构。组织委员会负责这项工作的整个策划、方案的设计以及专家的邀请还有和第三方数据支撑机构的联系、对外的发布等；专家评审委员会则负责学术标准的制定及最后入围学术期刊的比例和数量的制定，专家评审委员会下设若干个分委员会对不同的二级学科的期刊进行研究和评价，每一个分委员会专家数量不少于50名，从各个角度对航空航天领域的期刊进行定量考核和定性评议；第三方的支撑机构主要是从事文献计量学研究的机构，它为这项工作提供全世界航空航天期刊根据关键词检索之后得出的基本性的数据和包括影响因子在内的多项指标。评估中期会将评价结果向中国航空航天领域工作人员进行公布，收集各方意见。最后经过中国航空航天领域的专家委员会审定通过，并由中国航空学会正式进行公示和发布。

---

① 根据中国科学院院士、发展中国家科学院院士、航空航天领域期刊分级目录专家委员会主任胡海岩教授于2021年7月28日在“第四届世界科技期刊论坛”上作题为“科技期刊分级探索”的专家报告内容整理。

⑤ 工作原则：一是坚持价值导向。这个价值主要是指的学术价值，而不是商业价值或者仅仅是影响力；二是引入同行评议，不仅按照文献计量学统计，更重要的是邀请大量同行专家全面评估出优秀的期刊；三是中外期刊在学术评价中的等效的使用。

⑥ 评价方法：定量评价与定性评审。

⑦ 等级设置：T1（25%）、T2（30%）、T3（45%）。

⑧ 评价要素：一方面参考文献计量学提供的基础数据，但我更多的是进行综合的考量，要看期刊是不是体现了航空航天科技发展的前沿，是不是发表的大部分论文具有足够的学术创新和影响。另外也关注像发表周期等传播时效的因素，对于学术信誉有问题或者是完全为了追求商业利益的期刊，采取彻底一票否决。

⑨ 补充说明。航空航天领域高质量科技期刊分级目录于 2020 年 11 月 23 日发布第一版，共从 208 本航空航天领域中英文科技期刊中筛选出 62 种高质量科技期刊，进行评估分级，得到 11 种 T1 级期刊、22 种 T2 级期刊、29 种 T3 级期刊。该分级目录于 2023 年 8 月 21 日进行完善，发布了《航空航天领域高质量科技期刊分级目录（2023 版）》。

六、期刊评优、评奖工作

政府层面的期刊评估和管理工作，除了对期刊出版活动、期刊出版质量进行全域的检查评估外，还会对部分优秀期刊进行表彰奖励，政府层面的这种以表彰奖励为目的的期刊出版活动引导和期刊评估工作主要表现为各类期刊的评优、评奖工作。近年来，国家和地方层面的出版管理部门组织的期刊评先、评奖表彰工作主要有——中国出版政府奖期刊奖、全国“百强报刊”奖、各省市出版政府奖等。

（一）中国出版政府奖期刊奖

中国出版政府奖是我国新闻出版领域的最高奖，每三年评选一次，通过表彰和奖励国内出版业优秀出版物、出版单位和个人，促进中国特色社会主义出版事业高质量发展。获奖出版物、出版单位和出版人物坚持正确政治方向、紧扣时代发展脉搏，在传播党的创新理论、巩固壮大主流舆论、满足人民精神文化需求、提升国家文化软实力等方面发挥了积极作用，做出了突出贡献。2005 年，《全国性文艺新闻出版评奖管理办法》出台后，中国出版政府奖应运而生。

第一届2007年、第二届2010年、第三届2013年、第四届2016年和第五届2020年，分别于2008年、2011年、2014年、2017年、2021正式颁奖。按照国家新闻出版署2021年2月1日印发的《中国出版政府奖评奖章程》的规定，中国出版政府奖设有7个子项奖，分别是图书奖，期刊奖，音像制品、电子出版物、网络出版物奖，印刷复制奖，装帧设计奖，先进出版单位奖和优秀出版人物奖。其中，期刊奖是在第二届中国出版政府奖中正式设立①，每届设置有20种期刊奖和40种期刊提名奖，其中学术期刊获奖数量相对多一些。对于获奖的期刊来说，中国出版政府奖期刊奖既是一种对过去工作的肯定，也是一种对未来发展的激励。现将申报流程做出简要梳理。

1. 组织主体

国家新闻出版署成立中国出版政府奖评选工作领导小组（以下简称领导小组），负责中国出版政府奖评选工作的组织领导。领导小组下设办公室，负责评奖具体工作。成立期刊奖评审委员会及办公室，期刊奖评审委员会根据《中国出版政府奖评奖章程》分别制定子项奖评奖办法和实施细则，并据此进行评审，采取无记名投票方式提出获奖建议名单。

2. 申报及评审对象

经国家出版主管部门批准，持有国内统一连续出版物号，领取“期刊出版许可证”，且连续出版5年及以上的期刊。此外，参评期刊应当无版权或其他法律纠纷，并且具备以下条件之一：

①紧扣时代主题，对学习贯彻习近平新时代中国特色社会主义思想、全面贯彻党中央重大决策部署具有积极作用；②内容健康向上，对于传播、积累科学技术和文化知识，促进经济发展和社会进步有较大贡献；③社会效益显著，在本学科领域、本行业、全国有较大影响或在海外产生较好反响，具有较高的知名度和品牌效应；④具有重要思想价值、科学价值、文化价值、艺术价值，有一定的创新性；⑤制作精良，格调高雅，具有先进的印刷复制水平与较高的艺术品位；⑥装帧设计简洁美观，不过度包装，兼顾审美性与实用性，给读者舒适的阅读体验。

---

① 在中国出版政府奖期刊奖设立之前，国内期刊界的最高奖项是国家期刊奖（首届为中国期刊奖），国家期刊奖于1999年设立，2003年启动第二届，2005年启动第三届（也是最后一届），主要设置有国家期刊奖、国家期刊奖提名奖、国家期刊奖百种重点期刊等。此外，对于社科类期刊还有“全国百种重点社科期刊”奖评选，“全国百种重要社科期刊”奖于1998年设立，2000年启动第二届，随后便并入国家期刊奖的评选工作中。

此外，有下列情况之一者不得参评：①出版内容违反国家有关法律、法规；②出版质量未达到有关规定和标准；③过去5年以来受到出版管理部门行政处罚，或在期刊年度核验中有缓验、未通过、未参加等记录；④创刊不满5年，或5年内变更刊名且办刊宗旨发生较大变化。

3. 评审办法及流程

①国家新闻出版署聘请专家，组成中国出版政府奖期刊奖评审委员会，负责制定评奖标准并进行最终评定。评审委员会下设办公室，负责具体评奖工作的组织实施。②各省（自治区、直辖市）和新疆生产建设兵团新闻出版局负责本行政区域内期刊的初审、推荐工作，中央军委政治工作部宣传局负责军队系统期刊的初审、推荐工作，有关中央期刊主管单位负责所主管在京期刊的初审、推荐工作。③评审委员会办公室根据所报材料和参评条件，按照相关法规对参评期刊进行资格审核。评审委员会下设社会科学、科学技术2个评审组，开展评审、质检工作，提出获奖期刊（含提名奖）建议名单，报领导小组办公室。④领导小组办公室对获奖期刊（含提名奖）建议名单进行审核，经领导小组审议后进行公示，公示期为7天。领导小组办公室对相关异议进行处理后，按程序报批审定获奖名单。

4. 评审结果

中国出版政府奖所有奖项同时评出，由国家新闻出版署公布获奖名单，组织表彰颁奖。各地区各部门可以结合实际给予适当奖励。

（二）全国“百强报刊”奖

“百强报刊”奖是报刊出版行业重要的优秀报刊评选活动，是实施报刊业“十二五”时期发展规划、建设精品报刊工程的一项重要工作，由原国家新闻出版广电总局（现为国家新闻出版署）负责组织实施，其目的是通过动态评估推荐，重点推出一批内容原创能力强、社会效益和经济效益俱佳、具有较大发展潜力和竞争力的名报名刊，形成时政、学术、行业、大众服务等门类品牌报刊方阵，充分发挥其舆论传播、公共服务和学术创新等方面的引领示范作用，促进报刊业繁荣发展。

首届“百强报刊”奖评选活动开始于2013年初，每两年启动一次，包含百强报纸（100种）、百强社科期刊（100种）和百强科技期刊（100种）三个子项目。到2023年为止，已经成功开展了3次评选活动。其中在期刊的推荐和评选名单中，学术期刊的占比相对较大，是展示优秀学术期刊风采的重要平台。

该项工作的基本组织情况如下：

1. 组织主体

国家新闻出版广电总局（现为国家新闻出版署）组织实施推荐评选工作。

2. 推荐评审对象

由国家出版主管部门批准设立的出版单位正式出版并公开发行的无任何审读、年检问题的优秀报刊均可作为推荐评审对象。

3. 评审办法及流程

首先由国家新闻出版广电总局（现为国家新闻出版署）对外发布“百强报刊”推荐工作通知，再由各省（自治区、直辖市）新闻出版局、中央报刊主管单位等在认真学习推荐通知的基础上认真组织推荐工作，并完成各类推荐名单上报工作，国家新闻出版广电总局（现为国家新闻出版署）再汇总推荐名单，并组织有关专家严格评审，确定百强报纸、百强社科期刊及百强科技期刊推荐名单，并向社会公示后确定正式入围名单。

4. 评审结果

各级新闻出版行政主管部门及各相关报刊主管单位应结合本地区本部门实际，对入选百强的报刊加大宣传推介和政策扶持力度，并给予奖励，完善报刊扶持激励政策及保障机制，在重大项目、资源配置、数字转型等方面予以政策倾斜，积极争取财政专项基金、资金及财税优惠政策支持，鼓励优秀报刊出版单位加强品牌建设，整合出版资源，扩大产业规模，实现集约化经营，增强报刊业整体实力和竞争力。

（三）地方政府层面的期刊评优、评奖工作

地方政府和出版管理部门为了促进本地区的期刊事业发展，也会定期或不定期开展各类期刊出版工作（或质量）评估、评奖活动，通过以评促建、以奖兴刊，实现期刊事业繁荣发展。为与中国出版政府奖相对应，多个省市启动了省级的出版政府奖。如 2007 年，湖北省启动了“湖北省出版政府奖”评选工作；2009 年，重庆市启动了“重庆市出版政府奖”推荐工作；2012 年，湖南启动了“湖南出版政府奖”评定工作；2017 年，江苏省启动了“江苏省新闻出版广电政府奖”评选工作；2021 年，广东省启动了“首届广东省出版政府奖”的推荐工作等。这类以地方政府主导的出版政府奖期刊奖都是以中国出版政府奖期刊奖为蓝本，以一本期刊的出版活动、出版质量和出版贡献为基本的评估推

荐标准，以严格的评奖章程为工作保障，是期刊出版领域的一项非常严谨、规范且有影响力的期刊奖评工作。

此外，地方新闻出版管理部门也会定期或不定期开展期刊评优工作，如一流学术期刊、十大名刊、十佳期刊、精品期刊、优秀期刊等高水平期刊评奖表彰活动。例如，湖北省每两年开展一次的优秀期刊评奖活动，以严格的综合定量评价和规范的分类专家定性评审为基础，在湖北期刊出版界具有较大的影响，该类评奖活动现已连续举办十多届，对湖北期刊，特别是湖北学术期刊产生了重要的激励和引导作用。

第三节　政府层面学术期刊评估工作的发展建议

学术期刊是开展学术研究交流的重要平台，是传播思想文化的重要阵地，是促进理论创新和科技进步的重要力量。加强学术期刊建设，对于提升国家科技竞争力和文化软实力，构筑中国精神、中国价值、中国力量具有重要作用。因此，加强学术期刊科学培育、监管和引导是政府相关管理部门的重要职责之一。政府部门对学术期刊出版规范、内容质量、舆论导向进行持续的评估是加强学术期刊管理和指导的重要途径。未来的学术期刊发展需要更加规范、有序的政府评估的参与。政府层面实施的学术期刊内容审读、年检、规范抽查、编校差错统计、质量评估、社会效益评价考核、评奖、表彰等工作，存在内容交叉、重复审查、研究结果互认互用程度不高的问题，使整体审查、评估工作效率不高，一定程度上阻碍了期刊出版工作的健康发展。因此，要加强对政府层面评估审查工作的综合设计、安排和整合实施。

随着政府管理部门职能整合工作的不断推进，未来学术期刊评估工作的政府参与过程、形式和质量都需要不断地改进和完善。期刊审查、评估、分级和表彰评奖等均需要科学设计，融合统一。

（1）努力构建分类、分层、错开、不重复的学术期刊系统评估、审查体系

认真梳理审查和评估重点内容，将审查评估内容按照审查评估目标和重要性程度分成不同的阶段来落实，如将意识形态审查、政治导向审查、装帧质量放在日常的内容审读工作中（日常评估），将期刊出版规范、内容质量、编校质量等放在出版质量的评估工作中（中期进行），将期刊出版过程信息评估、经营效果评估、社会效益评估等放在期刊出版物年检核查中进行（终期进行），将期刊评优、评奖，评价分级放在期刊质量、影响和贡献的评价工作中（下一出版

周期的初期进行）。

（2）不断完善相关评估工作规范或标准

规范、操作性强的规章、办法、制度、标准对于科学的检查、评估、管理都有重要的推动作用。基于政府层面的期刊办刊过程和内容审查以及期刊质量、社会效益和影响力评估及分级、评奖工作，相关出版管理、主管主办机构也出台了一些工作办法、方案和标准，如《出版管理条例》《期刊出版管理规定》《报纸期刊审读暂行办法》《报纸期刊质量管理规定》《报刊出版单位社会效益评价考核试行办法》等。但需要指出的是，这些办法、方案和标准给出的相关要求相对抽象，对基层的检查和评估工作具有宏观方向上的引导作用，但对具体实践工作缺乏操作指导。以《报纸期刊审读暂行办法》为例，为弥补其在具体审读工作操作上的不足，2020 年 4 月 14 日中国科协学会学术部在《报纸期刊审读暂行办法》的基础上制定了《中国科协主管期刊审读办法（试行）》，便于中国科协对主管期刊进行具体的审读指导；再如《报刊出版单位社会效益评价考核试行办法》（中宣发〔2019〕22 号）的出台，虽然其给出了 5 个一级指标和 19 个二级指标的报刊出版单位社会效益评价考核指标体系，但对于基层出版单位，这 19 个二级指标中的大部分赋分标准都是模糊的，以至于该评估指标体系的可操作性并不强。而在另一方面，同样作为国家层面的出版管理机构出台的《报纸期刊质量管理规定》（国新出发〔2020〕10 号）对期刊内容质量、编校质量、出版形式质量和印制质量都做了明确的规定，并给出了具体的分项和整体评判依据，具有较好的可操作性。因此，为做好更科学、准确的期刊检查评估工作，国家相关管理部门要在现有检查、评估和考核标准或方案的基础上，努力做好检查、评估标准、规范或方案的完善工作。

第八章　第三方学术期刊评价工作

第一节　第三方学术期刊评价工作概述

除了政府部门以宏观管理与引导为目的的审读、年检、出版质量评估分级、社会效益评价考核、奖项评定等学术期刊出版活动和出版内容的评估监督工作外，来自学术共同体的第三方学术期刊评估实践也是学术期刊评价事业的重要组成部分。此处所指的第三方是在政府层面的期刊出版管理部门和期刊办刊主体之外的，熟悉学术期刊出版、传播和服务规律的科学共同体成员。从学术期刊评价的历史发展看，从事学术期刊评价活动的第三方评价研究主体主要来自图书馆、情报与档案管理学及科学等相关学科领域的研究服务机构，形成的评价方法主要是基于文献计量指标的定量评价方法。

从历史来看，学术期刊评价是文献计量学的重要应用方向。文献计量学的三大经典理论，即布拉德福的“文献离散定律”、加菲尔德的“引文集中定律”、普赖斯的“文献老化指数和引文峰值理论”，共同构成了学术期刊评价的理论基础，是当前开展学术期刊评价创新的重要理论源泉。

首先，“文献离散定律”体现的是一次文献在期刊中的分布规律，由英国文献学家、化学家布拉德福（S. C. Bradford）于1934年前后提出。它揭示了某一学科的学术论文主要集中刊发在该学科下一小部分载文量相对较大、信息密度相对较高的学术期刊上，而且这一小部分学术期刊往往也是该领域学者订阅最多、关注最多、阅读频次最高的期刊群体。后来人们把信息密度大、学科论文承载能力强的这一小部分期刊定义为该学科的“核心期刊”。“文献离散定律”开启了从发文量和文献信息密度视角研究评价“核心期刊”的先河。

“引文集中定律”体现的是被引文献的分布规律，是由美国著名的情报学家、科学计量学家“SCI之父”尤金·加菲尔德（E. Garfield）于20世纪60年代前后发现并提出来的。他发现一个学科下所有学术论文的引用文献主要集中性地指向该领域的一小部分学术期刊：某学科下全部学术论文的引文文献的24%集中指向了该学科下的25本期刊，而所有引文文献50%的部分指向了152

本期刊，75%的部分却占到了767种期刊。后来，尤金·加菲尔德以1994年的SCI-JCR收录的3400种期刊为研究对象，他统计发现44%的被引文献来自3400种期刊中的100种，而70%和95%的被引文献却来自这3400种期刊中的500种和2000种期刊。实际上，“引文集中定律”是加菲尔德对“布拉德福定律”在引文领域中的发展。他在此基础上提出了从引文角度筛选“核心期刊”的做法，并认为“核心期刊”是各学科普遍存在的现象，开创了“核心期刊”引文分析研究的先河。

“文献老化现象”是国际科学计量学奠基人美国科学家普赖斯（D. Price）继1949年发现文献指数增长现象并在1961年对其进行深入研究后，又发现的一个普遍伴随着文献指数增长现象的文献逐渐老化的规律。1971年，普赖斯在贝尔纳（C. Bernard）提出的用放射性物质“半衰期”概念表征文献老化现象（1958年）以及伯顿（R. E. Burton）和开普勒（R. W. Kebler）提出的“中值引文年限”概念（1960年）的基础上提出了“普赖斯指数”概念，用于衡量文献老化的速度。“普赖斯指数”越大，文献的老化速度越快，说明这个学科的信息更替越快，发展越迅速，也可应用于评价学者、机构或期刊。此外，普赖斯还提出了“引文峰值理论”，他发现文章在发表两年后被引频次最高，此后便逐渐递减。影响因子的概念和计算方法就是在“引文峰值理论”的基础上提出来的，现已成为学术期刊评价的重要引文计量指标。

学术期刊已经历了大约350年的发展，学术期刊评价事业也发展近百年，翻开学术期刊评价事业发展的百年历史，从“统计书目学”“核心期刊”概念的出现开始，各类期刊文献出版、传播规律和特征不断被发现，特别是1955年“引文索引”的概念出现后，各类期刊评价工作也在不断地发展和完善。

国外方面，1958年美国著名的情报学家、科学计量学家尤金·加菲尔德创办了美国科学信息研究所（Institute for Scientific Information，ISI），并于1961年成功推出了部分学科的《科学引文索引》（Science Citation Index，SCI），1963年推出了多学科的SCI-JCR报告，1973年继续推出了《社会科学引文索引》（Social Science Citation Index，SSCI），1978年完成了《艺术与人文引文索引》（Arts and Humanities Citation Index，A&HCI）的构建，截至2023年，科睿唯安（Clarivate Analytics，原汤森路透知识产权与科技事业部）已经建立了完整的基于SCI、SSCI、A&HCI的JCR报告——它是国际范围内期刊评价的重要实践。在此期间，其他平台也陆续开展了自己的学术期刊评价实践。如，爱思唯尔旗下的Scopus数据库推出了基于CiteScore数值的期刊评价体系，主要采用3年影响因子（2020年版起开始采用4年影响因子）等指标对全球2万多种期刊进行分学科的评价，每年给出相应的评价报告；此外，还有SCImago Journal Rank（SJR）、谷歌学术指标（Google Scholar Metrics）、自然指数（Nature Index）等相关的期刊评价和期刊筛选工作也备受期刊界和学界关注。

国内方面，自20世纪80年代以来，随着国内学术期刊出版事业的快速发展，与之相对应的学术期刊评价工作也取得诸多成果。如表8-1所示，1987年，中国科学技术信息研究所在原有"中国科技论文与引文数据库（CSTPCD）"研制工作的基础上开始每年发布"中国科技论文统计源期刊（即中国科技核心期刊）目录"，并出版《中国科技期刊引证报告（核心版）》；1989年，中国科学院文献情报中心开始研制"中国科学引文数据库"（CSCD），每两年更新一次来源期刊目录，并将CSCD来源期刊题录和摘要等信息成功引入国际Web of Science检索系统，它是中国高水平学术期刊的重要传播窗口；1992年，北京大学图书馆等单位开始联合研发《中文核心期刊要目总览》，每3年或4年更新一次中文核心期刊目录，它是我国第一次开展全学科中文期刊评价工作的重要实践；1998年，南京大学中国社会科学研究评价中心开始主持研发"中文社会科学引文索引数据库"（CSSCI），每两年（除2014—2016为3年外）发布一次该数据库的来源期刊目录；2002年，中国知网旗下机构与清华大学图书馆共同研制出版了《中国学术期刊综合引证报告》，2009年更名为《中国学术期刊影响因子年报》，2012年开始推出《中国学术期刊国际引证年报》，2016年开始编制《中国英文学术期刊国际国内引证报告》，2018年推出《世界学术期刊学术影响力指数（WAJCI）年报》，2020年引入社交影响力评价指标，创新性地推出《世界期刊影响力指数（WJCI）报告》，近20年来中国知网与清华大学图书馆已经布局了中文学术期刊、英文学术期刊、国内期刊、国际期刊的多维度期刊评价系统，为国家培育世界一流学术期刊目标建设做出了大量创新性的工作；2009年，武汉大学中国科学评价研究中心（RCCSE）等在三大科教评价研究工作的基础上开展中文学术期刊研究工作，推出了《中国学术期刊评价研究报告》（2009），首次提出了信息服务与分级管理的期刊评价理念，后又推出了五版（2011—2012，2013—2014，2015—2016，2017—2018，2019—2020），并在近些年的评价实践中对高职高专成高院校学报和中文OA学术期刊进行了独立的评价和分级管理，是全面和系统开展国内中文学术期刊评价和分级管理服务工作的重要创新实践；2014年，中国社会科学评价研究院推出《中国人文社会科学期刊评价报告（2014年）》，2018年和2022年分别发布了《中国人文社会科学期刊AMI综合评价报告（2018年）和（2022年）》。总之，上述七大评价主体开展的学术期刊评价实践是我国学术期刊评价领域的杰出代表，其所开创的五大期刊评价体系从不同角度不同层面上发展、丰富和繁荣了我国学术期刊评价研究工作，在一定程度上促进了学术期刊事业的快速发展。

本章第二节和第三节将从国外和国内两方面来介绍这些评价体系的主要工作，以期让读者有更深入的了解和认知。

表 8-1　国内学术期刊评价体系的基本信息

主要研制机构	评价体系名称	首次启动时间	更新周期	定量评价指标类型
中国科学技术信息研究所	中国科技论文与引文数据库（CSTPCD）	1987 年	每年	以文献计量指标综合评价为主
中国科学院文献情报中心	中国科学引文数据库（CSCD）	1989 年	2 年	以文献计量指标综合评价为主
北京大学图书馆	《中文核心期刊要目总览》	1992 年	3 年或 4 年	以文献计量指标综合评价为主
南京大学中国社会科学研究评价中心	中文社会科学引文索引数据库	1998 年	2 年	以文献计量指标为主
中国社会科学评价研究院	《中国人文社会科学核心期刊要览》	2000 年	4 年	以文献计量指标综合评价为主
	《中国人文社会科学期刊评价报告》	2014 年		AMI 综合评价指标
	《中国人文社会科学期刊 AMI 综合评价报告》	2018 年		AMI 综合评价指标
中国知网（旗下多家分支机构）、清华大学图书馆等	《中国学术期刊综合引证报告》	2002 年	每年	以分学科的影响因子排序
	《中国学术期刊影响因子年报》	2009 年	每年	以分学科的影响因子（2009—2013 年间）或期刊国际影响力指数 CI 值（2014 年及以后）排序分区

续表8-1

主要研制机构	评价体系名称	首次启动时间	更新周期	定量评价指标类型
中国知网（旗下多家分支机构）、清华大学图书馆等	《中国学术期刊国际引证年报》	2012年	每年	以分学科的CI值排序和分区
	《世界学术期刊学术影响力指数（WAJCI）年报》	2018年	每年	以分学科的WAJCI值排序分区
	《世界期刊影响力指数（WJCI）报告》	2020年	每年	以分学科的WJCI值排序分区
武汉大学中国科学评价研究中心等	《中国学术期刊评价研究报告》（RCCSE）	2009年	2或3年	以文献计量指标综合评价为主，综合得分排序分区

第二节　国外主要的第三方学术期刊评价体系

一、Web of Science的评价体系：SCI及其JCR

需要先说明一下，这里提及的SCI是包含SSCI和A&HCI在内的科学引文索引平台，在介绍Web of Science（简称WoS）及其SCI的JCR评价体系之前，本部分先梳理一下SCI及其相关产品的前世今生。

SCI的创立者，同时也是影响因子之父——尤金·加菲尔德（Eugene Garfield，1925—2017，图8-1）是美国著名的情报学家和科学计量学家，是美国科学信息研究所和科学引文索引的创始人，为全球科学事业的进步做出了卓越贡献。

1955年，尤金·加菲尔德博士在美国《科学》杂志上发表*Citation indexes for science：A new dimension in documentation through association of ideas*一文，系统地提出了通过引文索引检索科技文献的全新方法。1957年，加菲尔德创立美国科学信息研究所（ISI），其宗旨是为科研人员提供全球最重

图 8-1 尤金·加菲尔德

要和最具影响力的研究成果。1963 年，加菲尔德提出了期刊影响因子（Journal Impact Factor，JIF），用于评估期刊的影响力。1964 年，加菲尔德和他的同事们正式推出了 SCI。1973 年，推出 SSCI。1975 年，影响因子正式以网络版期刊引证报告（Journal Citation Reports，JCR）的方式发布。1978 年，推出 A&HCI。1992 年，ISI 正式加入汤姆森集团，成为汤姆森科技与医疗事业部的一部分。1997 年，ISI 将 SCI、SSCI、A&HCI 整合，创建了网络版的多学科引文数据库——Web of Science。2000 年，ISI 推出以 SCI、SSCI、A&HCI 为核心的新一代学术资源整合平台——Web of Knowledge。2005 年，Century of Science 推出后，Web of Science 数据自此可回溯到 1900 年。2008 年 4 月，加拿大汤姆森集团完成了与英国路透集团的并购，成立汤森路透（Thomson Reuters），原 ISI 所在的汤姆森科技与医疗事业部变更为汤森路透知识产权与科技事业部。2012 年 Web of Knowledge 平台上线科研评价服务系统 InCites。2014 年，Web of Knowledge 平台更新并正式更名为 Web of Science 平台，原 Web of Science 数据库更名为 Web of Science Core Collection（Web of Science 核心合集）。2015 年，Web of Science 核心合集的新子集——Emerging Sources Citation Index（ESCI）正式推出，帮助科研人员了解学术研究的新兴趋势。2016 年 7 月 11 日，汤森路透宣布与 Onex（Onex Corporation）和霸菱亚洲投资基金（Baring Private Equity Asia）达成协议，后者以 35.5 亿美元的价格购买汤森路透知识产权与科技事业部，并成为全球独立运营的新公司科睿唯安

(Clarivate Analytics)。2017 年，科睿唯安宣布收购全球同行评审数据平台 Publons。2018 年，科睿唯安宣布收购 Kopernio，利用 AI 人工智能技术帮助科研人员快速访问全文文献。2019 年，Churchill 资本集团和科睿唯安宣布达成最终合并协议，合并后的企业以科睿唯安（Clarivate）的名义运营并于 2019 年 5 月在纽约证券交易所上市。科睿唯安拥有超过 60 年的专业服务经验，其旗下拥有众多业界知名品牌，如 Web of Science、InCites、EndNote、Cortellis、DWPI、Thomson Innovation、Techstreet 国际标准数据库等。

按照惯例，科睿唯安（Clarivate）每年 6 月份推出 JCR 报告。以 2020 年的 SCIE-JCR（2021 年 6 月发布）为例，JCR 报告分简易版和完整指标版。简易版主要包括期刊名称（Full Journal Title）、总被引频次（Total Cites）、期刊影响因子（Journal Impact Factor）、本征因子得分（Eigenfactor Score）等内容；完整指标版除了这些信息外，还包括国际标准连续出版物号或国际标准电子连续出版物号（ISSN、eISSN）、学科类别（Category）、影响因子分区（JIF Quartile）、期刊引文指标（JCI）、金色 OA 出版比例（% of OA Gold）、他引期刊影响因子（Impact Factor without Journal Self Cites）、5 年影响因子（5-Year Impact Factor）、即年指标（Immediacy Index）、可被引文献量（Citable Items）、被引半衰期（Cited Half-Life）、引用半衰期（Citing Half-Life）、论文影响力得分（Article Influence Score）、研究性文献占比（% Articles in Citable Items）、平均期刊影响因子排名百分位（Average Journal Impact Factor Percentile）、标准化的本征因子（Normalized Eigenfactor）、研究性文献总量（Total Articles）等。以下主要介绍期刊总被引频次、期刊影响因子和期刊影响因子分区三个指标，其他指标将以附录的形式加以解释。

1. 总被引频次（TC）

广义上的被引频次是指某一期刊在特定时间窗口（T_1）出版的可被引文献（被引文献，B_1）在统计时间窗口（T_2）被某统计源的所有文献（施引文献，B_2）引用的总次数（F）。从被引频次的概念来看，它的大小与两个时间因素和两个文献范围因素有关。例如，A 刊在 2021 版 JCR 报告中的总被引频次，即 A 刊所有年份出版的可被引文献在 2020 年被 SCIE 数据库全部文献引用的总次数（图 8-2）。由此可见，总被引频次与期刊的可被引文献量和期刊论文质量有关，它是一个累积量，刊物出版历史越长，可被引文献越多，质量越高，它的数值将越大。

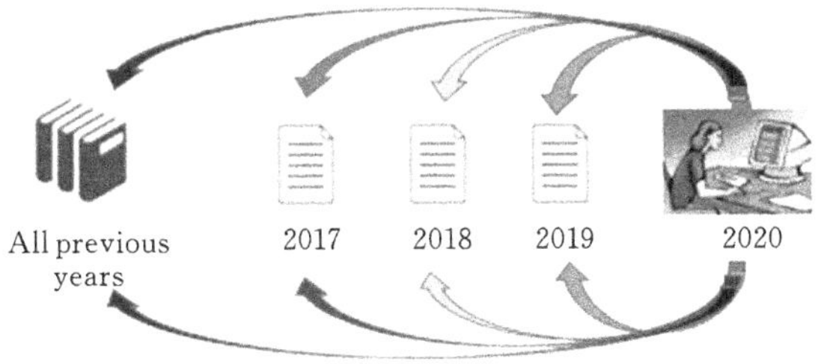

图 8-2　总被引频次的引证关系

2. 期刊影响因子（JIF）

期刊影响因子是指，某一期刊在统计当年前两年发表的可被引文献（B_1）被统计源所有施引文献（B_2）在统计当年引用的总次数（F）与该刊前两年出版的可被引文献总数（N）的比值。例如，A 刊在 2021 版 JCR 影响因子的计算方法是，2020 年 SCIE 数据库所有文献引用 A 刊出版于 2018—2019 年的可被引文献的总被引频次除以 A 刊 2018—2019 年发表的可被引文献总数。即

$$JIF=\frac{F_{2018-2019}}{N_{2018-2019}}$$

式中，$F_{2018-2019}$ 为 2020 年引用 2018—2019 年可被引文献的总被引频次，$N_{2018-2019}$ 为 2018—2019 年该期刊发表的可被引文献总数（图 8-3）。由此可见，JIF 是一个衡量可被引文献的引用强度的量，与可被引文献的整体质量具有重要关系。

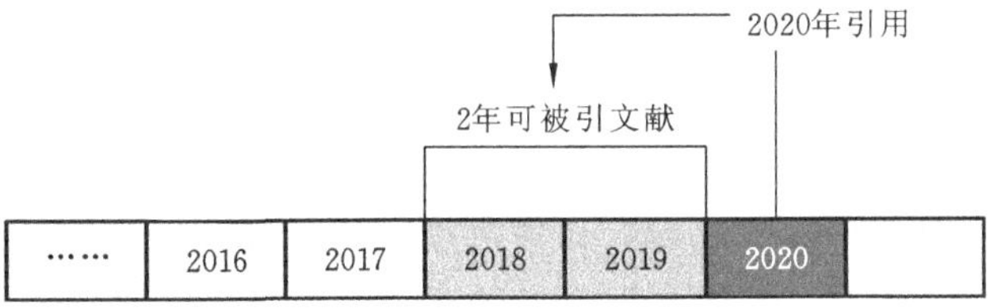

图 8-3　JIF 的引用统计时间窗口

3. 期刊影响因子分区（JIF Quartile）

期刊分区是指按照一定的分区标准将期刊分成不同类别或层次。JCR 的期刊分区，是将同一学科的学术期刊按照期刊影响因子的高低进行排序，期刊影响因子最高者排第一位，最低者排最后一位，然后将排位数按照 $\left(1-\frac{\text{排位数}}{\text{总期刊数}}\right)\times 100\%$ 的换算方法，计算出每一本期刊的期刊影响因子学科排

位比，排位比越大，期刊的影响越大。在此基础上，将排位比在75%～100%的确定为Q_1分区，50%～75%的确定为Q_2分区，25%～50%的确定为Q_3分区，0～25%的确定为Q_4分区，以此将同一学科的期刊均分为4个分区，其期刊的影响力由大到小依次为Q_1、Q_2、Q_3、Q_4。

科睿唯安的JCR评价体系是基于引证指标的评价体系，其评价期刊质量或影响力的前提假设是一篇学术文献（称为可被引文献）被其他文献（称为施引文献）引用，表示被引文献的相关工作对施引文献相关工作产生作用，我们定义这种作用为可被引文献质量或影响的重要体现，可被引文献被其他文献引用得越多，我们就认为可被引文献的质量和影响力越大——这是采用所有引证类指标对期刊质量或影响力进行评价的理论前提。但实际上，诸多研究人员发现，期刊引证是一件非常复杂的行为①②③。诚然，一部分引用行为确实可以归属为一种正向的启迪或推荐，但也有很多情况存在一些负面的引证动机④⑤。此外，期刊引证行为和规模受学科的学术交流习惯和引证行为影响较大，不同学科甚至不同领域的引证数据规模和分布差异明显。所以，基于引证视角的期刊评价体系都存在一定的局限性。主要表现或建议：

① 不同学科的影响因子、被引频次等指标不能进行比较；不同统计范围和统计时间窗口的影响因子、被引频次等指标也不能加以比较。

② 文献引用分布具有集中与分散的规律，对影响因子和被引频次产生贡献的文献只占期刊可被引文献总量的一小部分，而绝大多数的可被引文献的质量或影响力无法通过期刊影响因子或被引频次等指标表征出来。

③ 影响因子、被引频次等引证指标能够在一定程度上反映学术期刊的受关注程度，但它们并不代表学术期刊质量和影响力的全部；此外，基于2年统计窗口的引证指标容易被人为操纵，在评价期刊质量或影响力时不建议以引证指标作为唯一视角，需要寻找更具综合性的评价视角和指标加以补充。

---

① 赖方中. 引文动机分析 [J]. 四川警察学院学报，2009，21 (6)：115-119.

② 朱大明. 参考文献的引用动机 [J]. 科技导报，2013，31 (22)：84.

③ 邱均平，陈晓宇，何文静. 科研人员论文引用动机及相互影响关系研究 [J]. 图书情报工作，2015，59 (9)：36-44.

④ 程志波. 论强制引用的表现、成因与治理 [J]. 中国科技期刊研究，2020，31 (1)：10-17.

⑤ 马凤，武夷山. 关于论文引用动机的问卷调查研究——以中国期刊研究界和情报学界为例 [J]. 情报杂志，2009，28 (6)：9-14，8.

二、 Scopus 的评价体系

Scopus（www. scopus. com）创建于 2004 年，是一个收录大量同行评议期刊、书籍和会议文献摘要和引文的数据库，隶属于爱思唯尔出版集团（Elsevier），包含有 25000 余种同行评议期刊、300 余种行业出版物、850 多个系列图书（21 万余种）、980 万篇会议论文、4400 余万篇专利文献的摘要和引文信息（图 8-4），并保持及时的内容更新，内容涉及科学、工程、医学、社会科学和人文与艺术领域的 330 多个学科，有来自全世界 5000 多家出版机构为其提供出版内容，其中被索引的出版物数量排名靠前的出版机构有 Elsevier（10%）、Springer（8%）、Wiley-Blackwell（5%）和 Taylor & Francis（5%），其他出版机构被索引出版物的占比相对较少（图 8-5）。

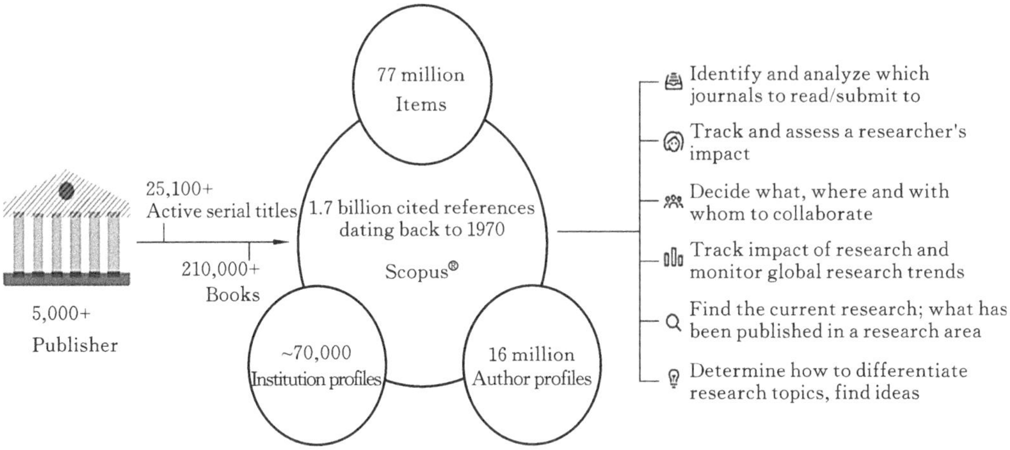

图 8-4　Scopus 数据库的基本结构信息

引用分组（CiteScore）是 Scopus 于 2011 年推出的一款基于出版物引证数据的评价指标，用于评估学术出版物（主要是学术期刊）近 4 年所产出文献的影响力或水平。由于 Scopus 收录出版物的数据是动态的，每年都有不同程度的变化，如图 8-6 所示，CiteScore 2020 报告中包含 330 个学科领域的 25990 种活跃出版物，其中有 24900 种学术期刊，212 种行业论文，728 种系列图书，150 种会议论文集。CiteScore 的计算方法是收录的出版物（论文、评论、会议论文、书籍章节和数据论文）在 4 年内的被引用次数除以被收录 Scopus 索引的相

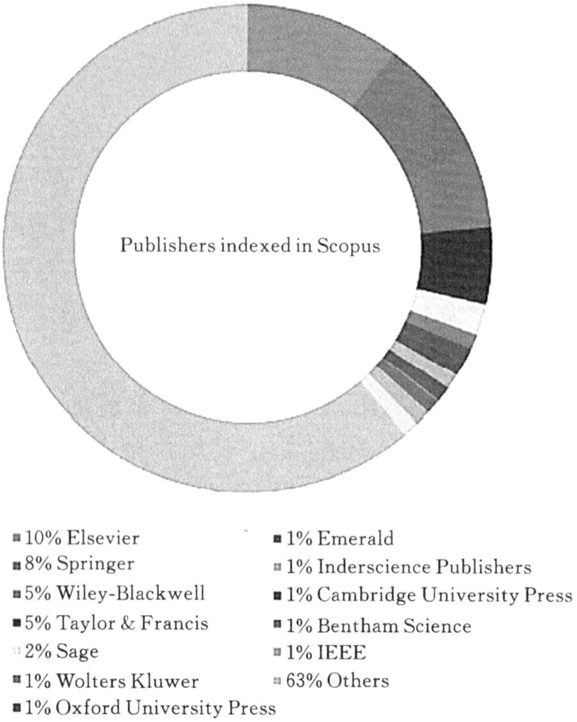

图 8-5 被 Scopus 索引的出版物的出版机构分布情况（来自 Scopus 官网）

图 8-6 CiteScore 2020 的活跃出版物规模统计（来自 Scopus 官网）

同类型文献在这 4 年内的发表总数。例如，“CiteScore 2020”统计了 2017—2020 年发表的论文、评论、会议论文、书籍章节和数据论文在 2017—2020 年间的被引频次，然后除以 2017—2020 年发表的这类文献的总数。需要解释的是，经过同行评审的计量文献（如 *Journal of Information Science*）的引证特征显示，3 年的时间窗口已经足以抓住大多数学科的引用高峰，但 CiteScore 从 2020 年开始选择 4 年窗口期进行统计，目的是将最新一年的情况纳入其中，让计算结果能包含当年出版内容的即时贡献，使结果的评估内容更全面、更有说服力。

Scopus 网站每年 6 月会发布新一年的 CiteScore 报告，此外还会给出动态的 CiteScore Tracker 值。CiteScore Tracker 与 CiteScore 的计算方式相同，但其针对的是当前年份的结果，而非过去几年的结果。CiteScore Tracker 计算会每月自动更新，当前年份 CiteScore Tracker 指标的分子（引用次数）和分母会逐月累积，但 CiteScore Tracker 不是基于过去 12 个月的滚动时段的，其指标值将会在第二年春季固定，之后计算下一年份（当年）的 Tracker 指标。例如，CiteScore Tracker 2020 将在 2021 年 5 月末完善和固定，然后 Scopus 网站中会开始显示 CiteScore Tracker 2021 的值。CiteScore Tracker 可以用于预测来年来源出版物的表现。

每年的 CiteScore 报告中除了 CiteScore 值以外，还有 CiteScore Percentile（引用分值排位比）、CiteScore 排名、分区、引用次数、学术产出、SJR（SCImago Journal Rank）、SNIP（Source Normalized Impact per Paper）等信息。其中 CiteScore Percentile 指示期刊在其学科领域中的相对地位，如 CiteScore Percentile 值为 95%意味着期刊在其学科领域中处于前 5%的地位。CiteScore 排名指连续出版物在其领域中的绝对地位。引用次数是统计当年在内的 4 年窗口内引用这 4 年出版的可被引文献的总次数，是 CiteScore 计算的分子部分；学术产出是指近 4 年的可被引文献总数，是 CiteScore 计算的分母部分。SJR 是一个既考虑了期刊被引数量，又考虑了期刊被引质量的指标。它采用 Google 的 PageRank 算法，赋予高声望期刊的引用以较高的权重，并以此规则迭代计算直到收敛。SNIP 是衡量期刊影响力的新工具，是由荷兰学者 Moed 教授于 2010 年提出的全新期刊评价指标，旨在对不同主题领域的期刊影响力进行评价。

CiteScore 值可以在同一学科下进行比较，但该指标不是领域标准化的值，由于不同领域中不同的出版物和科研人员的引文行为会影响 CiteScore 指标的值以及表现出差异性，因此，不能将其在不同的学科领域中进行比较。CiteScore

报告考虑到了这个问题，可以通过以下 3 种方式之一开展不同学科领域出版物的影响力比较工作：①使用学科领域中的 CiteScore 百分比排名。处于不同领域前 10%地位的期刊对该领域有类似的引用影响，即使此百分比排名基于绝对值不同的 CiteScore；②使用领域标准化指标 SNIP 进行比较；③用领域标准化指标 SJR 进行比较。

此外，在表述 CiteScore 指标时，应提供指标的名称、指标的值、指标对应的年份、计算指标的数据单位、数据来源出版物、指标引用的连续出版物名称，另外还包括指标的来源 URL 或链接，其格式为：www. scopus. com/sourceid/×××××××。在计算相应学科类别的 CiteScore Percentile、排名以及四分位指标时，引用学科类别也是很实用的做法。需要提供的最低程度的信息是指标名称以及年份。可通过 Scopus 和指标链接（如期刊首页）提供其余信息。

以某期刊 P 的 CiteScore 指标值表述为例有：

期刊 P 的 CiteScore™ 2020 由 Scopus 于 2021 年 5 月 31 日计算。可在 www. scopus. com/sourceid/×××××××中找到；

CiteScore™ Tracker 2020 由 Scopus 于 2020 年 12 月 31 日计算，可在 www. scopus. com/sourceid/×××××××中找到；

CiteScore™ Percentile 2020 由 Scopus 于 2021 年 5 月 31 日就某一学科领域计算，可在 www. scopus. com/sourceid/×××××××中找到。

三、 Google Scholar 的评价体系

Google Scholar 是美国 Google 公司开发的一款功能强大的学术搜索引擎，于 2004 年底对外发布，2006 年初推出中文版搜索平台。Google Scholar 主要服务于全球的科学家和从事学术研究的人员，其检索内容涵盖几乎所有领域的可被访问得到的学术研究资源，包括学术论文、书籍、研究报告等，通过 Google Scholar 搜索学术资源时，它不仅能过滤掉大多普通网络信息，还能提供很多可以免费获取全文内容的链接，在科研圈中很受欢迎。Google Scholar 除了能获取丰富的学术文献资料，还能对这些文献资料之间的关联关系进行统计，如基于引证关系的统计，在搜索结果页面上，Google Scholar 对每一条学术文献在 Google Scholar 下的引用频次进行了显示。基于这种学术文献和学术文献间引证数据的动态收集，谷歌学术计量（Google Scholar Metrics，GSM）于 2012 年 4 月

推出学术期刊或会议论文集的学术排名。GSM 在引证指标 h 指数①的基础上提出了一种评价学术期刊或者会议论文集影响力的引证量效评价指标——h5 指数（h5-index）。

以学术期刊为例，某种期刊在过去 5 年内发表的论文按照 5 年内的被引频次从大到小顺序排列，若第 h 篇论文的引用频次不少于 h 次，这个最大的 h 值就是这本期刊该年的 h5 指数。此外，除了 h5 指数外，GSM 还发布了 h5-核心（h5-core）和 h5-中位数（h5-median）指标，其中 h5-核心是指该期刊或会议论文集被引用最高的 h 篇论文，h5-中位数是指 h5-核心的中位数论文的引用次数。例如，P 学术期刊 2016—2020 年出版的学术论文按照 2016—2020 年被引频次从高到低排列（表 8-2），第 7 篇的被引频次 8 是大于排序号 7 的，而第 8 篇的被引频次 6 是小于排序号 8 的，那么 P 学术期刊在 GSM 2021 报告中的 h5 指数就是 7，而 h5-核心就是 A—G 这 7 篇核心文章，h5-中位数就是 7 篇 h5-核心论文的中位数第 4 篇论文（论文 D）的被引频次，为 12。

表 8-2　P 刊 h5 指数及相关指标的确定过程

2016—2020 年 P 刊发表的学术论文在 2016—2020 年间的被引频次的降序排列序号	2016—2020 年 P 刊发表的学术论文	论文被引频次	判断（序号与被引频次之间的大小关系）
1	引用次数最多的论文 A	25	1＜25
2	引用次数第 2 的论文 B	20	2＜20
3	引用次数第 3 的论文 C	16	3＜16
4	引用次数第 4 的论文 D	12	4＜12
5	引用次数第 5 的论文 E	8	5＜8
6	引用次数第 6 的论文 F	8	6＜8
7	引用次数第 7 的论文 G	8	7＜8
8	引用次数第 8 的论文 H	6	8＞6

① h 指数由美国物理学家 Hirsch 于 2005 年提出用于“评价科学家的科研绩效”，Hirsch 将科学家的 h 指数定义为：当且仅当这位科学家发表的 N_p 篇论文中有 h 篇论文每篇至少获得 h 次的引用数，其余的 N_p-h 篇论文中各篇论文的引用数都$\leqslant h$ 时，该科学家的成就分值为 h。对于某种期刊，如果它发表的全部论文中 h 篇文章，每篇被引用数至少为 h 次，同时要满足这个自然数为最大，那么这个最大的 h 即为该期刊的 h 指数。

续表8-2

2016—2020 年 P 刊发表的学术论文在 2016—2020 年间的被引频次的降序排列序号	2016—2020 年 P 刊发表的学术论文	论文被引频次	判断（序号与被引频次之间的大小关系）
9	引用次数第 9 的论文 I	5	9＞5
10	引用次数第 10 的论文 J	5	10＞5
…	…	…	…

注：统计源为 Google Scholar 中编入索引的所有学术文献及其引文。

需要指出的是入选 GSM 评价体系的学术期刊（或会议论文集）在评价统计的 5 年内的学术论文数量不得少于 100 篇，而且这些学术论文在 Google Scholar 中的总被引频次不少于 1。每年 7 月 GSM 会面向全球发布 GSM 学术期刊（会议论文集）排名报告，可通过 GSM 官网免费在线查看不同语言、不同学科的 h5 指数排行榜，图 8-7 所示为 GSM 2021 全球排名前 20 的学术出版物一览。从 GSM 主要指标 h5 的统计规则可知，h5 不仅与学术出版物的单篇学术文献的在统计时间窗口内的被引频次有关，还与学术出版物的发文量有关。一本学术期刊的发文量越大，高被引文献越多，h5 指数就越高。由此可见，GSM 推出的 h5 指数及其排名情况在一定程度上能够帮助学者快速评估学术出版物最近 5 年的学术关注度和影响力。

虽然 h5 指数能从学术引证视角评估学术出版物的影响力，但同样也具有一定的局限性。

① h5 指数与影响因子、被引频次等文献计量指标一样，无法进行跨学科的比较；同时，由于网络数据的动态变化，h5 指数的统计不具备重复核查性。

② 受 h5 指数统计源及统计方法的影响，虽然 Google Scholar 一直在努力提高鉴别水平，但在实际统计网络中的引证数据时比较难以确认其真实性，因而数据是可以被刻意操纵的。

③ 根据信息传播的幂律分布特征，h5 指数只能反映一种学术出版物 5 年发表学术文献中引证最多的那一小部分学术文献的贡献，无法将发文数量占大多数的、引证频次低于引证频次降序排序数的学术文献的贡献纳入进来。h5 指数无法全面体现学术出版物的整体学术影响。

④ h5 指数在统计规则上的粗粒度特征，无法揭示 h5 核心内部的具体影响力分布特征，导致单独的 h5 指数无法细致地区分两本 h5 指数相近或相同的学术出版物的相对影响力大小。由此 GSM 在报告中同时给出了 h5-中位数指标，

它能在一定程度上为 h5 指数提供进一步的测评帮助，但在更细粒度的测评上依旧无能为力。

排名	出版物	h5 指数	h5-中位数
1.	Nature	414	607
2.	The New England Journal of Medicine	410	704
3.	Science	391	564
4.	IEEE/CVF Conference on Computer Vision and Pattern Recognition	356	583
5.	The Lancet	345	600
6.	Advanced Materials	294	406
7.	Cell	288	459
8.	Nature Communications	287	389
9.	Chemical Reviews	270	434
10.	International Conference on Learning Representations	253	470
11.	JAMA	253	446
12.	Neural Information Processing Systems	245	422
13.	Proceedings of the National Academy of Sciences	245	337
14.	Journal of the American Chemical Society	245	330
15.	Angewandte Chemie	235	314
16.	Chemical Society Reviews	234	339
17.	Nucleic Acids Research	233	512
18.	Renewable and Sustainable Energy Reviews	225	294
19.	Journal of Clinical Oncology	213	297
20.	Physical Review Letters	209	297

图 8-7　GSM 2021 全球排名前 20 的学术出版物网站截图

第三节　我国第三方学术期刊评价体系

一、中国科学技术信息研究所的评价体系[①]

中国科学技术信息研究所（ISTIC，简称中信所），是为科技部等政府部门提供决策支持，为科技创新主体（企业、高等院校、科研院所和科研人员）提供全方位信息支撑的科研信息服务机构，是全国科技信息领域的共享管理与服务中心、学术中心、人才培养中心和网络技术研究推广中心，其在国家科技创新体系建设和国家科技信息系统开发与应用推广中发挥着积极的指导和示范作用。

1987 年，中信所受科技部（原国家科委）委托，开始对中国科技人员在国内外发表论文的数量和被引用情况进行统计分析，并利用统计数据建立了中国科技论文与引文数据库（CSTPCD）。这项工作开展后受到了社会各界的普遍重视和广泛好评，多年以来积累了大量的宝贵数据，为科技部等各级管理部门、高等院校、

① 有关本评价体系相关内容梳理主要参考中国科学技术信息研究所官网及其发布的《中国科技期刊引证报告（核心版）》的相关内容。

科研机构、期刊编辑部和科研工作者提供了各类论文统计基础数据和期刊评估指标。《中国科技期刊引证报告》（CJCR）的研制出版始于1997年，是一种专门用于期刊引用分析研究的重要检索评价工具。利用CJCR所提供的统计数据，可以清楚地了解期刊引用和被引用的情况，以及进行引用效率、引用网络、期刊自引等统计分析。同时，利用CJCR中的期刊评价指标，还可以方便地定量评价期刊的相互影响和相互作用，正确评估某种期刊在科学交流体系中的作用和地位。CJCR自面世以来，在开展科研管理和科学评价期刊方面一直发挥着重要作用。

《中国科技期刊引证报告》（CJCR）来源期刊的申报遴选工作每年开展一次，具体流程以2021年的申报筛选工作为例叙述。

1. 申报条件

2018年及以前取得国内连续出版物唯一编号（即CN号）、2019年和2020年全年完整出版的学术期刊，刊载内容以科学发现和技术创新成果为主。已入选中国科技核心期刊的无须再次申请，曾于2020年申请的期刊此次申请时可选择“导入2020年申请内容”。

2. 提交申请方式及时间

申请者需要通过中国科技核心期刊网络申请平台（https：//cjcr-review.istic.ac.cn/，图8-8）提交“申请表”和其他相关附件材料。其中提交的附件材料主要包括：期刊出版许可证复印件，能反映审稿流程的近期期刊审稿单复印件，能反映期刊学术水平的2篇近期已发表的论文，期刊获奖、收录和推荐材料（可选），其他材料（可选）。

在线提交后须将“申请表”和附件各项内容用A4打印纸打印、左侧装订制作成1份申请材料，经主编亲笔签名和主办单位及编辑部签章后，连同申请期刊2020出版的全年样刊1套，快递寄送到中国科学技术信息研究所科学计量与评价研究中心。

3. 定量评价

CJCR对学术期刊进行评价，设计出各类指标20余项，有的是来源期刊计量指标，有的是期刊引证计量指标，其中CJCR的定量评价最终以中国科技期刊综合评价总分来呈现评价结果，以2015年为例，中国科技期刊综合评价总分主要由6项指标①综合计算得来，6项指标分别是核心总被引频次（TC）、核心

① 马峥，张玉华，潘云涛．“中国科技期刊综合评价总分”的定义与应用［J］．编辑学报，2015，27（6）：519-521.

图 8-8　中国科技核心期刊网络申请平台

影响因子（IF）、核心他引率（OT）、基金论文比（NT）、引文率（RE）和开放因子（OP）（各项指标概念详见本章名词解释），将 6 个指标分别进行学科内离差归一化处理，并通过权重赋值，计算综合得分 S_{cp}。通过 S_{cp}在学科下进行降序排名，得出定量评价结果。

$$S_{cp}=\sum_{i=1}^{i=6}\mu_i \cdot k_i \quad (i=1,\ 2,\ 3,\ 4,\ 5,\ 6)$$

$$k_i=\frac{x_i-x_{min}}{x_{max}-x_{min}}$$

式中，x_i 为第 i 个指标的实验数值，μ_i 为第 i 个指标的权重。

表 8-3 所示为 A 刊综合得分计算过程。

表 8-3　A 刊在该学科下的综合得分 S_{cp}的计算过程①

指标	数值 x	x_{max}	x_{min}	k	μ	加权分值 μ_k
TC	2541	4122	100	0.607	26	15.8
IF	1.057	1.954	0.177	0.495	26	12.9
OT	0.87	0.95	0.53	0.810	18	14.6
NT	0.91	0.93	0.24	0.971	10	9.7

① 马峥，张玉华，潘云涛．“中国科技期刊综合评价总分”的定义与应用［J］．编辑学报，2015，27（6）：519-521．

续表8-3

指标	数值 x	x_{max}	x_{min}	k	μ	加权分值 μ_k
RE	51.08	86.45	11.37	0.529	10	5.3
OP	29	60	2	0.466	10	4.7
S_{cp}						62.9

4. 定性评价

在定量评价的基础上，对新申报期刊和部分定量评价排名位于各学科末尾的期刊进行定性评审工作。定性评审工作主要采用同行评议形式开展，每位被邀请的专家需要对所有被评审期刊的纸质期刊进行审阅，根据审阅情况依次给出审阅意见和建议，并给出最终评审结论（是否通过本次 CJCR 来源期刊评审）。

5. 结果发布

中国科学技术信息研究所一般在每年 9—10 月择期召开“中国科技论文统计结果发布会”，由中国科学技术信息研究所对外发布一系列的年度研究成果，《中国科技期刊引证报告（核心版）》是该发布会的重要内容。《中国科技期刊引证报告（核心版）》包括自然科学卷和社会科学卷，入选期刊可从“数字证书系统-IDCS”下载一份“中国科技核心期刊”年度核心期刊收录证书，图 8-9 所示为《湖北大学学报（自然科学版）》的中国科技核心期刊收录证书。

图 8-9　《湖北大学学报（自然科学版）》中国科技核心期刊收录证书

此外，也可通过手机App“引证报告”（图8-10）在线获取各个学科收录期刊的年度全部指标数据及其学科排名情况，图8-11所示为《科学通报》2020年在CSTPCD数据库中的各项指标统计情况。

图8-10 《中国科技期刊引证报告（核心版）》在线App图示

图8-11 《科学通报》2020年在CSTPCD数据库中的各项指标统计情况

二、 中国科学院文献情报中心的评价体系①

中国科学院文献情报中心②（National Science Library，Chinese Academy of Sciences），原名中国科学院图书馆，其立足中国科学院、面向中国，主要为自然科学、边缘交叉科学和高技术领域的科技自主创新提供文献信息保障、战略情报研究服务、公共信息服务平台支撑和科学交流与传播服务，同时通过国家科技文献平台为国家创新体系其他领域的科研机构提供信息服务，该中心为国际图书馆协会与机构联合会（IFLA）成员。

中国科学引文数据库（Chinese Science Citation Database，CSCD），创建于1989年，是我国第一个引文数据库，曾获中国科学院科技进步二等奖。1995年CSCD出版了我国的第一本印刷本《中国科学引文索引》；1998年出版了我国第一张中国科学引文数据库检索光盘；1999年利用文献计量学原理出版了基于CSCD和SCI数据的《中国科学计量指标：论文与引文统计》；2003年CSCD开启上网服务，推出了网络版；2005年CSCD出版了《中国科学计量指标：期刊引证报告》；2007年中国科学引文数据库与美国Thomson-Reuters Scientific合作，中国科学引文数据库以ISI Web of Knowledge为平台，实现与Web of Science的跨库检索，成为ISI Web of Knowledge（现为Clarivate的WoS数据库）平台上第一个非英文语种的数据库。

中国科学引文数据库具有专业性强、内容丰富、结构科学、数据准确规范、检索能力强大等特点，自提供服务以来，深受用户好评，被誉为“中国的SCI”。该数据库收录了我国数学、物理、化学、天文学、地学、生物学、农林科学、医药卫生、工程技术、环境科学和管理科学等领域出版的中英文科技核心期刊和优秀期刊千余种。该数据库除具备一般的检索功能外，还提供新型的索引关系——引文索引，通过该功能，用户可迅速从数百万条引文中查询到某篇科技文献被引用的详细情况，还可以从一篇早期的重要文献或著者姓名入手，检索到一批近期发表的相关文献，对交叉学科和新学科的发展研究具有十分重

① 有关本评价体系相关内容梳理主要参考中国科学院文献情报中心中国科学引文数据库官网发布的相关内容。

② 中国科学院文献情报中心建于1950年4月，1951年2月正式定名为“中国科学院图书馆”；1985年11月，更名为“中国科学院文献情报中心”，同时保留“中国科学院图书馆”的名称；2001年10月，进入中国科学院知识创新试点工程序列；2006年3月，确定为中国科学院国家科学图书馆（筹）；2014年3月19日，正式确定为中国科学院文献情报中心。

要的参考价值。CSCD除了检索和引文分析功能外，它还提供了数据链接机制，支持用户获取全文，并实现了CSCD数据库在WoS平台的国际化传播，为中国高水平科技文献的国际传播搭建了一条重要的传播渠道，有利于中国科技文献国际影响力的快速提升。

众所周知，文献数据库的内容质量取决于文献数据库中文献内容的质量，CSCD数据库的内容质量取决于CSCD来源期刊的整体质量。因此，CSCD来源期刊的筛选工作是一项关于CSCD数据库质量建设的重要工作。CSCD来源期刊的筛选每2年开展一次，已经推出了CSCD（2023—2024）版①。CSCD课题组制定了严格、科学的筛选程序和标准，建立了高水平期刊的动态调整机制，确保每一版来源期刊名单的科学、公正和高质量特性。

下面以CSCD（2023—2024）版为例简要介绍一下CSCD来源期刊的筛选工作。

1. 申报条件

①期刊需经过国家新闻出版广电总局批准出版，同时具有国际标准刊号（ISSN）和国内统一连续出版物号（CN）的中英文期刊；②期刊为原创性学术性期刊，CSCD以反映我国科学研究和科研成果应用为主要方向，着重显示我国的科学研究水平，因此以学术性期刊为主要收录对象，即主要以发表理论研究论文为主体的期刊；③中国科学引文数据库期刊收录的学科范围为数学、物理、化学、生命科学、地球科学、农业科学、医学、工业技术、环境科学、科研管理等学科领域及其交叉学科，分类依据为《中国图书资料分类法》；④期刊论文除具有题名、明确的作者及所属机构外，还要具备关键词、文摘，文后具有完整的参考文献。建议题名、作者、机构、文摘、关键词等信息实施中、英文双语对照。

2. 材料提交

CSCD来源期刊评价工作每两年开展一次。CSCD来源期刊数量为我国自然科学、工程技术、医学等领域出版总量的30%左右。接受期刊编辑部的自由申请，需要提交的材料包括一套期刊样本（最新的2期）和一份关于学术期刊

---

① 经过定量遴选、专家定性评估，CSCD（2023—2024）版于2023年6月2日对外发布。本次收录来源期刊1340种，其中中国出版的英文期刊317种，中文期刊1023种。CSCD数据库来源期刊分为核心库和扩展库两部分，其中核心库996种（以C为标记）；扩展库344种（以E为标记）。

的学科特点、期刊质量的详细介绍。此外，不论期刊申请与否，所有的期刊将通过以上指标进行统计比较。对于更名的学术期刊，坚持不同的 ISSN 视为不同的期刊的总体原则，即统计数据时不做数据合并处理。

3．学科分类与数据来源

通过施引期刊的论文学科对期刊的学科属性进行定位，一种期刊会分属于多个学科。所有期刊之间的比较在各自所属的学科范围内进行。学科属性来自《中国图书馆分类法》。

数据统计年限为近 3 年。统计值为 3 年数据平均值。对指标进行分别统计，标准化处理并乘以权重后，得出的各项指标分值之和，即为该期刊的综合分值，以综合分值降序排列，并计算累积百分比，累积百分比进入 80％的期刊即为预选期刊目录。

对于新创办的期刊（指近 5 年创办的期刊），可以不受以上各种统计指标的限制，主要考察其学术特点，与其相关领域已有期刊的学术特色对比。根据我国科技发展规划纲要或其他学科发展规划的说明，判断期刊的学科特色是否符合我国科学研究的发展方向。

4．定量评价

中国科学引文数据库来源期刊每次遴选均采用定量与定性相结合的方法，定量数据来自中国科学引文数据库，定性评价则通过聘请国内专家定性评估对期刊进行评审。由定量与定性综合评估结果得出 CSCD 来源期刊目录。

CSCD 来源期刊的定量评价采用文献计量学方法进行，以定量数据为主，期刊遴选的统计指标来自 CSCD 的统计数据，主要包括以下指标：

① 影响因子：在统计时间窗口内，某种期刊前 5 年发表的论文在第 6 年被其他期刊所引用的总次数除以该期刊在前 5 年内发表的论文总数。

② 热点指数：以 10 年为统计窗口，统计某种期刊高被引论文数量占该刊所属学科的高被引论文总数的比例。

③ 特征因子：在 5 年统计时间窗口内，基于期刊的引用网络图数据，运用 PageRank 相似的算法，计算引用网络中期刊的影响力。

④ 文章平均水平：期刊的特征因子得分除以标准化之后的期刊发文量数据。

⑤ 扩散因子：在 4 年统计时间窗口内，某种期刊在各学科领域被其他期刊引用数与 CSCD 数据库收录期刊总数的比值。

⑥ 优秀指数：在 3 年统计时间窗口内，某种期刊的篇均引用频次与该期刊

涉及的学科领域的篇均被引频次均值的比。

⑦ 标准化论文利用指数：在5年统计时间窗口内，期刊某年超过该学科篇均被引频次的论文数量（被引次数大于或等于学科领域篇均被引频次的文章数量）占当年全部论文数量的比例。

⑧ 互引指数：在5年统计时间窗口内，某一期刊的互引指数为该刊被其他期刊引用频次数据偏度系数的正向标准化值。偏度系数用来度量该刊的被引频次数据分布的偏斜程度。该值越大，互引行为越严重。互引指数为=（所有期刊偏度系数最大值－该期刊偏度系数）/（所有期刊偏度系数最大值－所有期刊偏度系数最小值）。

⑨ 学科他引频次：在10年的统计时间窗口内，某种期刊在各个学科的被引频次。

⑩ 需要特别说明的是，涉及期刊被引频次的数据仅统计他引被引频次，以保证非CSCD来源期刊的公平呈现。

5. 定性评价

CSCD来源期刊的定性评价工作由其成立的CSCD来源期刊遴选委员会负责，CSCD来源期刊遴选委员会成员由学术领域科研专家，期刊出版、编辑专家，文献计量学专家组成。委员会在定量统计的基础上，负责来源期刊调整、审定工作。经过数据统计后，将来源期刊的预选名单提交CSCD来源期刊遴选委员会评审，评审专家在定量统计的基础上进行审定，得到CSCD来源期刊目录。

6. 结果发布

来源期刊名单在中国科学院文献情报中心网站上进行公示，公示结束后，凡是进入CSCD的期刊，由CSCD与编辑部联系，请编辑部填写确认回执后，由CSCD出具收录证明，有效期为两年；期刊编辑部须提交CSCD印本、电子版文档各一份，用于数据处理之用。如果期刊违反我国新闻出版法规或被期刊管理部门查处，则退出CSCD。凡是进入CSCD的学术期刊可以通过WoS平台实现高水平的国际化传播。

三、 北京大学图书馆等的评价体系①

改革开放以来，随着经济、科技、文化、教育等事业的快速发展，我国的

① 陈建龙，张俊娥，蔡蓉华. 中文核心期刊要目总览：2020年版［M］. 北京：北京大学出版社，2021.

期刊出版事业也进入蓬勃发展的阶段，公开出版发行的期刊品种从 20 世纪 70 年代初的不足百种迅速增至 80 年代末的 6000 余种。如此众多的期刊，一方面在传递和交流科技文化最新成果、促进和推动社会文明进步发展等方面发挥了积极重要的作用；另一方面，也给期刊的收藏（经费、空间不足）、管理（工作量巨大）和利用（读者精力有限）带来了严峻的挑战。为缓解这个问题，运用文献计量学的方法筛选、确认各学科的核心期刊，已成为图书馆界和情报界的重要课题。在 1990 年底，北京地区高等院校图书馆期刊工作研究会和北京大学图书馆共同发起研究和编制《中文核心期刊要目总览》。1992 年，《中文核心期刊要目总览》第一版正式出版。随后在 1996 年、2000 年、2004 年、2008 年、2011 年、2014 年、2017 年、2020 年分别更新一版，截至 2022 年 8 月已经更新到第九版，是我国大规模开展中文期刊综合评价的重要实践者。下面以最新出版的《中文核心期刊要目总览》（2020 年版）为例，介绍一下《中文核心期刊要目总览》的评价过程。

《中文核心期刊要目总览》（2020 年版）［以下简称《总览》（2020 年版）］从 2018 年 10 月开始研究，研究工作由北京大学图书馆主持，北京大学图书馆、中国人民大学图书馆、清华大学图书馆、北京师范大学图书馆、北京大学医学图书馆、中国农业大学图书馆、北京科技大学图书馆、中国科学院文献情报中心、重庆维普资讯有限公司、中国学术期刊（光盘版）电子杂志社、中国人民大学书报资料中心、中国科学技术信息研究所、北京万方数据股份有限公司、国家图书馆和北京世纪超星信息技术发展有限责任公司等 28 个单位的 145 位专家和工作人员参加了本项研究工作，全国各地万余位学科专家参加了核心期刊的评审工作。

1. 评价对象

全国所有具有 CN 号的期刊均可纳入评价筛选范围。

2. 学科分类方法

大多数中文期刊评价体系在进行期刊分学科评价时，都是首先确定每种期刊所属学科类目，然后归入各学科类目进行定量评价，而《总览》的分学科评价方法与此种做法有所不同，是从学科论文入手进行统计，获取期刊在各学科的评价指标数据。大量文献计量学的理论研究和统计实践证明，各学科领域论文在期刊中的分布、利用都存在着“集中与分散”的客观规律，即大量学科论文及其被利用量集中在少量期刊上，少量学科论文及其被利用量则分散在大量期刊中。《总览》正是根据这一规律对期刊进行分学科评价，即根据对期刊所载学科论文的分布情况及其在各学科的被利用情况的统计分析，找出各学科中利用率较高、影响力较大的学科核心期刊，其评价结果具有较强的客观性和实用性。

我国许多文献检索工具都采用《中国图书馆分类法》对期刊文献内容进行分类标引，并且我国大多数图书馆、文献情报机构也采用《中国图书馆分类法》对馆藏期刊文献进行分类管理。因此，为了便于各评价指标数据的分学科统计及图书情报服务机构期刊订购和导读参考使用，《总览》（2020 年版）采用《中国图书馆分类法》（第五版）作为学科分类的依据。

期刊评价体系中学科类目的设置直接影响核心期刊评选结果，因此如何科学合理地设置期刊评价体系中的学科类目，是期刊评价研究的重要内容和难点之一。期刊评价体系在设置学科类目时，必须综合考虑学科知识体系整体情况、学科期刊数量分布等多种因素。学科类目设置过大过疏，专业性强的小学科中的优秀期刊就容易被淹没，无法进入核心区；学科类目设置过细过多，则文献的“集中效应”难以体现，可能会造成部分一般性期刊也进入了核心区；此外，考虑到综合性期刊所特有的多学科和跨学科的特点，不易也不宜进入各分学科的专业核心期刊表，应相应地设置一些综合性类目。《总览》（2020 年版）设置学科类目的基本原则：学科发展比较成熟，学科界限相对明确，并且已形成了一定数量的期刊群。同时，《总览》每版也会总结前几版在学科类目设置方面的经验和问题，并结合当时学科发展的实际情况，对学科类目进行适当的调整，以期更好地反映学科发展情况。《总览》（2020 年版）学科类目设置情况详见表 8-4。

表 8-4　《总览》（2020 年版）的学科分类方案

各编名称	学科名称
第一编　哲学、社会学、政治、法律	①综合性人文、社会科学；②哲学；③宗教；④社会科学总论（除民族学、文化人类学）；⑤民族学、文化人类学；⑥政治学（含马列）；⑦法律
第二编　经济	①综合性经济科学；②经济学/经济管理（除会计、企业经济）；③会计；④农业经济；⑤工业经济/邮电通信经济（含企业经济）；⑥贸易经济；⑦财政、国家财政；⑧货币、金融、银行、保险
第三编　文化、教育、历史	①文化理论/信息与知识传播（除图书馆事业、信息事业，档案事业）；②图书馆事业、信息事业；③档案事业；④科学、科学研究；⑤教育；⑥体育；⑦语言、文字；⑧文学；⑨艺术；⑩历史

续表8-4

各编名称	学科名称
第四编　自然科学	①综合性理工农医；②自然科学总论；③数学；④力学；⑤物理学；⑥化学，晶体学；⑦天文学；⑧测绘学；⑨地球物理学；⑩大气科学（气象学）；⑪地质学；⑫海洋学；⑬地理学；⑭生物科学
第五编　医药、卫生	①综合性医药卫生；②预防医学、卫生学；③中国医学；④基础医学；⑤临床医学/特种医学；⑥药学
第六编　农业科学	①综合性农业科学；②农业基础科学；③农业工程；④农学（农艺学），农作物；⑤植物保护；⑥园艺；⑦林业；⑧畜牧、动物医学、狩猎、蚕、蜂；⑨水产、渔业
第七编　工业技术	①一般工业技术；②矿业工程；③石油、天然气工业；④冶金工业；⑤金属学与金属工艺；⑥机械、仪表工业；⑦武器工业；⑧能源与动力工程；⑨原子能技术；⑩电工技术；⑪电子技术、通信技术；⑫自动化技术、计算机技术；⑬化学工业；⑭轻工业、手工业、生活服务业；⑮建筑科学；⑯水利工程；⑰交通运输；⑱航空、航天；⑲环境科学；⑳安全科学

3. 评价方法

《总览》（2020年版）在深入研究核心期刊评价理论和方法的基础上，总结前8版的经验，决定在总体研制原则和研制方法上仍延续以往各版的做法：分学科、多指标综合评价；定量评价与定性评价相结合。

（1）定量评价

在对期刊进行定量评价的过程中，建立科学的评价指标体系是评价成功的关键。能反映期刊质量和水平的因素很多，如论文被引用量、被索引量、被文摘量、发行量、流通量、网络下载量等，它们都能从不同角度反映期刊的特征。为了能对期刊进行多方位的全面评价，《总览》采取多指标综合评价方法，即将多种不同性质的评价指标科学地组织在一个评价体系中，使各评价指标能优势互补，以求取得更为科学客观的评价效果。《总览》选择评价指标的基本原则是：能够反映期刊学术水平、核心效应明显、有较好的统计源、具有可操作性等。《总览》根据这一原则并结合当时实际情况，不断地对各种评价指标进行研究分析，逐步改进评价指标体系，使之更趋科学完善。表 8-5 为《总览》历年版的定量评价指标设置情况。

表 8-5　《总览》的定量评价指标体系演变

版本	评价指标
1992 年	载文量、文摘量、被引量
1996 年	被索量、被摘量、被引量、载文量、被摘率、影响因子
2000 年	被索量、被摘量、被引量、载文量、被摘率、影响因子
2004 年	被索量、被摘量、被引量、他引量、被摘率、影响因子、获奖或被重要检索工具收录
2008 年	被索量、被摘量、被引量、他引量、被摘率、影响因子、获奖或被重要检索系统收录、基金论文比、Web 下载量
2011 年	被索量、被摘量、被引量、他引量、被摘率、影响因子、被重要检索系统收录、基金论文比、Web 下载量
2014 年	被索量、被摘量、被引量、他引量、被摘率、影响因子、他引影响因子、论文被引指数、互引指数、被重要检索系统收录、基金论文比、Web 下载量
2017 年	被摘量（全文、摘要）、被摘率（全文、摘要）、被引量、他引量（期刊、博士论文、会议论文）、影响因子、他引影响因子、5 年影响因子、5 年他引影响因子、特征因子、论文影响分值、论文被引指数、互引指数、获奖或被重要检索系统收录、基金论文比（国家级、省部级）、Web 下载量、Web 下载率
2020 年	被摘量（全文、摘要）、被摘率（全文、摘要）、被引量、他引量（期刊、博士论文）、影响因子、他引影响因子、5 年影响因子、5 年他引影响因子、特征因子、论文影响分值、论文被引指数、互引指数、获奖或被重要检索系统收录、基金论文比（国家级、省部级）、Web 下载量、Web 下载率

注：本表中所提到的评价指标除“特征因子”“论文影响分值”“论文被引指数”“互引指数”“获奖或被重要检索系统收录”外均为学科指标，如“影响因子”为学科影响因子。

《总览》（2020年版）依旧按照多指标评价体系的综合隶属度计算方法来确定定量评价结果。为了实现不同属性指标数据的综合计算，期刊的每项指标都需要在各自指标下进行最大值归一化处理，得到学科相对指标数值，并根据各指标的相对重要性程度来确定各指标的权重，通过相对指标数值和各指标的相对权重即可得到基于多指标评价体系的综合隶属度结果。根据期刊的隶属度大小对期刊实施学科内排序，并按照核心期刊数量确定方法来确定基于定量评价结果的核心期刊暂定名单，提交给定性评价阶段的专家审查。

（2）定性评价

《总览》的研制是一项应用性研究，研究成果必须兼具科学性、客观性、实用性，才能被社会接受和使用。历年版均采用了定量与定性相结合的评价方法，以定量评价为依据，以专家定性评审为补充，取得了较好的效果。专家定性主要以在线通信评审的方法开展。评审主要内容：①调整学科核心期刊排序。核心区期刊的排序反映了期刊的学术水平和影响力，如果专家认为定量排序不符合客观实际，可以调整核心区期刊的排序位置，并说明理由。②调整学科核心期刊表。如果专家认为扩展区中存在比核心区中学术水平高的期刊，可以将此刊调入核心区中的恰当位置，并说明理由。此时，核心区排位最后的期刊将落入扩展区；同样，如果专家认为核心区中的某种期刊的水平不高，不适宜排在核心区内，也可将其调出核心区，核心区内其余各刊的位置将顺序变化。③增补优秀期刊进入学科核心期刊表。如果专家评审后认为送审期刊表有重大遗漏，需要补充表外期刊进入核心区，则可以在相应位置添加新刊，并说明理由。此时，核心区中排位在最后的期刊将落入扩展区。④修改学科核心期刊数量。如果专家对项目组测定的学科核心期刊数量有不同意见，可以修改学科核心期刊的数量，并给出充分的理由。

4. 数据统计与计算

《总览》（2020年版）数据统计年限为2016—2018年。统计源为数据库型的，由数据库编制单位按项目要求统计；统计源为印刷型的，由各学科研究人员手工统计。所有评价指标均分学科汇总统计数据。

① 被摘量、被引量、他引量：各种相关统计源数据相加。

② 基金论文比的分子：相关统计源数据互相补充。

③ 获奖或被重要检索系统收录：以统计源的最新版为准，按检索系统的重要程度赋予被收录期刊相应的分值，然后将所有分值相加。SCIE收录期刊计3分；国家社科基金资助期刊、获中国出版政府奖期刊奖期刊、中国科技论文与

引文数据库收录期刊、中国科学引文数据库收录期刊、北京大学图书馆遴选人文社会科学引文统计源期刊、中文社会科学引文索引收录期刊等计 2 分；其他统计源计 1 分。

④ 影响因子、他引影响因子的分子：相关统计源数据相加。

⑤ 影响因子、他引影响因子、被摘率、基金论文比和 Web 下载率的分母：采用整本刊载文量。

⑥ 整本刊载文量：各种统计源数据相较，取大者；少数载文量有明显错误的，通过手工统计加以纠正。

⑦ Web 下载量和 Web 下载率分子：相关统计源数据相加。

⑧ 特征因子、论文影响分值、论文被引指数和互引指数：理工农医各类期刊采用。

5. 结果发布

专家定性评估结束后，按照专家意见排序，得到新的学科核心期刊表。项目组对被专家调整排序的期刊进行数据再审查，对专家评审调出或新增进入核心区的期刊以及专家意见相左的期刊，除了审查数据外还要审阅刊物，有的还要进一步征求专家意见。《总览》（2020 年版）经过定量和定性评价后，最终确定核心期刊数量为 1990 种，项目组通过北京大学出版社出版《中文核心期刊要目总览》（2020 年版）对外公布本次评价结果和相关细节（图 8-12）。

图 8-12　《中文核心期刊要目总览》（2020 年版）封面

四、 南京大学中国社会科学研究评价中心的评价体系

1997年底，根据当时我国中文信息资源建设的现状和信息服务的需要，南京大学提出了研制开发电子版《中文社会科学引文索引》的设想，该设想于1998年上半年被列入南京大学重大项目。1999年4月，由南京大学蒋树声校长、香港科技大学吴家玮校长在香港科技大学签订了两校共同研制、开发“中文社会科学引文索引”（Chinese Social Sciences Citation Index，CSSCI）数据库的协议。1999年8月，教育部正式发文将《中文社会科学引文索引》列为教育部重大项目。为了保证CSSCI的研制工作的顺利实施，并为国内社会科学领域提供相关学科状况的检索查询和统计分析服务，2000年4月，南京大学正式发文成立了“南京大学中国社会科学研究评价中心”（南字发〔2000〕16号）。

中国社会科学研究评价中心是产研一体的科学研究和咨询服务机构，也是南京大学“985工程”哲学社会科学创新基地。自成立以来，中心以研发建设CSSCI数据库为核心开展人文社会科学文献的数字化加工、推广服务、科学研究等工作。经过多年的发展，中心建设了中文社会科学引文索引（CSSCI）数据库、中文学术图书引文索引（CBKCI）数据库、中文社会科学引文索引（扩展版）数据库、学术集刊引文索引数据库、港澳台及海外华文引文索引数据库等多个人文社科引文数据库系统，并同步开展学术期刊、学术集刊、学术图书等学术出版的相关研究。

中心除向全国高校科研机构提供CSSCI数据服务外，同时还开展下列方向研究：

① 引文分析、知识库与人文社科评价研究；

② 哲学社会科学研究现状与趋势研究；

③ 人文社会科学信息资源与研究状况评价研究。

CSSCI是一项凝聚了国内学术界、期刊界、管理部门集体智慧的知识创新成果，南京大学拥有“CSSCI”“CBKCI”的全部知识产权和相关领域的商标所有权。CSSCI系列数据库已被国内外数百所高等院校和科研院所订购或包库使用，在我国学术界和期刊界产生了重要影响。

CSSCI是一个人文社会科学引文索引数据库，旨在服务于人文社会科学领域的知识创新、前沿研判、综合评价，提升中文学术影响力。其数据是对中文人文社会科学领域以期刊/集刊为载体的成果产出状况和学术引用情况的真实记录，可以为研究机构、学术期刊和研究人员提供可用于分析、研究、批评和评

价的原始数据和统计结果。从某种意义上讲，CSSCI数据库来源期刊代表着我国人文社会科学中文学术期刊的最高水平。为实现CSSCI来源期刊的动态调整，中国社会科学研究评价中心每2年开展一次（除2014—2016年外）来源期刊的评价与筛选工作。最新评出的为CSSCI（2023—2024）版（包括拓刊版和辑刊版），但官方并未公布完整名单。所以，下面就以CSSCI来源期刊目录（2021—2022）版为例，简要介绍一下CSSCI来源期刊的评价与筛选过程。

1. 遴选范围

国内外公开出版的中文人文社会科学学术期刊以及中国大陆公开出版的学术集刊。学术集刊参加遴选须由主办单位提出申请，并提交近3年出版的样刊和“学术集刊基本信息表”。

2. 遴选原则

CSSCI数据库来源期刊/集刊的遴选工作遵循以下原则：①公开、公平、公正；②总量控制，动态调整；③定量（文献计量指标）评价与定性（学科专家）评价相结合；④质量优先，兼顾地区与学科平衡。

3. 基本条件

所有入选期刊/集刊必须具备以下基本条件：①以刊载人文社会科学原创学术论文和学术评论等一次文献为主的中文学术期刊/集刊；②中国大陆出版的期刊应具有CN号，港澳台及海外出版的期刊应具有ISSN号，学术集刊应具有ISBN号；③按既定出版周期准时出版，符合期刊编辑出版规范，文献信息著录完整、规范。

以下期刊/集刊不列入遴选范围：①属自然科学类期刊（集刊）；②以刊载文艺作品、译文和知识普及性文章以及动态资讯等为主的期刊/集刊；③转载类、文摘类期刊和年鉴等期刊/集刊。

此外，凡有下列情形的期刊/集刊不予入选：①存在违反国家期刊出版管理相关法律法规或条例情况的期刊；②存在学术不端或缺乏学术诚信行为的期刊/集刊；③上一年度引文差错率过高的期刊/集刊。

4. 学科分类

CSSCI数据库的学科分类依据是《学科分类与代码》（GB/T 13745—2009）并参照《学位授予和人才培养学科目录（2011年）》（学位〔2011〕11号）和《国家社会科学基金学科分类目录》进行（表8-6）。

表 8-6 CSSCI 来源期刊目录（2021—2022）学科分类及期刊数量一览表

序号	分类名称	期刊数量（种）	序号	分类名称	期刊数量（种）
1	马克思主义理论	21	15	民族学与文化学	15
2	管理学	40	16	新闻学与传播学	18
3	哲学	17	17	图书馆、情报与文献学	21
4	宗教学	3	18	教育学	40
5	语言学	25	19	体育学	12
6	外国文学	6	20	统计学	4
7	中国文学	21	21	心理学	8
8	艺术学	25	22	人文经济地理	13
9	历史学	30	23	自然资源与环境科学	6
10	考古学	7	24	综合性高校学报	62
11	经济学	74	25	综合性社会科学	49
12	政治学	40	26	高校社科学报	11
13	法学	27	27	报纸理论版	2
14	社会学	13	28	冷门绝学	5

5. 工作流程

中国社会科学研究评价中心按以下流程实施来源期刊/集刊的遴选工作：①形式审查。根据中宣部、教育部等部门有关学术研究、学术期刊出版的法律法规、条例、规定等以及行业主管部门发布的公告和行业通行规范对遴选范围内的学术期刊的出版规范和形式规范等要件指标进行审查和记录。主要审查内容：期刊的政治导向、专业导向是否正确，版本和频率是否符合管理要求，期刊信息、论文题录、引文著录是否完整规范，期刊自引率、机构自引率、期刊互引率等文献计量指标统计结果是否符合入选期刊要求。②数据统计。对符合形式审查要求的期刊，根据 CSSCI 系列数据库的统计结果形成《期刊引证指标统计报告（统计年）》，引证指标主要包括影响因子、总被引频次、即年指标等。③数据发布。向来源期刊定向发送年度形式审查结果和统计报告，并获得反馈意见。④问卷调查。根据具体需要邀请学科专家或编辑专家就期刊/集刊的学术水准和学术影响力等进行网络评议。⑤信息汇总。汇集各刊反馈信息和问卷调查信息及其他必要信息所反映的问题，拟定解决方案，提交专家审议。⑥专家审议。由南京大学召集专家会议，综合评议并通过实施细则。⑦发布目录。南京大学根据专家会议通过的实施细则进行相关数据处理和统计工作，根据数据直接生成下一年度来源期刊/集刊及扩展版期刊目录并正式公布。

五、 中国社会科学院中国社会科学评价研究院的评价体系

中国社会科学院是我国社会科学研究的重要基地，为我国人文社会科学的发展做出了重要贡献。除了开展各学科重要问题的研究外，中国社会科学院在人文社会科学学术期刊评价和重要文献数据库的构建中也做出了积极的探索。中国社会科学院文献信息中心于 1996 年开始人文社会科学文献计量研究工作，建有“社会科学论文统计分析数据库”“中国人文社会科学引文数据库”“社科论文摘转量统计库”；2000 年编印内部参考资料《中国人文社会科学核心期刊要览（2000 年版）》；2004 年正式对外出版《中国人文社会科学核心期刊要览（2004 年版）》，此后，中国社会科学院又推出了《中国人文社会科学核心期刊要览（2008 年版）》和《中国人文社会科学核心期刊要览（2013 年版）》。2013 年 12 月，中国社会科学评价中心正式成立，2014 年推出《中国人文社会科学期刊评价报告（2014 年）》。2017 年 7 月，中国社会科学评价研究院成立。2018 年发布《中国人文社会科学期刊 AMI 综合评价报告（2018 年）》，2021 年 5 月颁布国家知识管理推荐标准《人文社会科学期刊评价（GB/T 40108—2021）》，2023 年 1 月发布《中国人文社会科学期刊 AMI 综合评价报告（2022 年）》。下面以《中国人文社会科学期刊 AMI 综合评价报告（2018 年）》为例，系统介绍中国社会科学评价研究院人文社会科学学术期刊评价工作。①

1. 评价对象

《中国人文社会科学期刊 AMI 综合评价报告（2018 年）》包含 3 部分内容，分别是 A 刊评价报告、新刊评价报告和英刊评价报告，本部分主要介绍该报告的主体工作——“A 刊评价报告”的相关内容。A 刊评价报告部分，首先对 1304 种中国人文社会科学学术期刊（有 CN 号，出版年限在 5 年及以上的）进行初评，采用一票否决指标、学术不端指标以及停刊等原因剔除 13 种期刊，最终有 1291 种期刊参与 A 刊评价。

---

① 有关本评价体系相关内容梳理主要参考 2018 年 11 月由中国社会科学院中国社会科学评价研究院发布的《中国人文社会科学期刊 AMI 综合评价报告（2018 年）》的相关内容。

2. 学科分类

2018 年 7 月，中共中央办公厅、国务院办公厅印发了《关于深化项目评审、人才评价、机构评估改革的意见》（简称《三评意见》）。《三评意见》中提出，“三评”的指导思想是“统筹自然科学和哲学社会科学等不同学科门类，推进分类评价制度建设，发挥好评价指挥棒和风向标作用，营造潜心研究、追求卓越、风清气正的科研环境，形成中国特色科技评价体系”。根据《三评意见》要求，A 刊评价按照学科大类和学科类进行。在结合教育部《学位授予和人才培养学科目录（2018 年）》、国家标准《学科分类与代码》（GB/T 13745—2009）以及《中国图书馆分类法》（第 5 版）等学科、图书分类的基础上，2018 年度 A 刊评价共分成 3 个学科大类、23 个学科类和 33 个学科子类进行。

第一大类侧重人文学科类期刊，包括考古文博、历史学、马克思主义理论、民族学与文化学、文学、艺术学、语言学、哲学和宗教学共计 9 个学科类、10 个学科子类。

第二大类侧重社会科学类期刊，包括法学，管理学，环境科学，教育学，经济学，人文地理学，社会学，体育学，统计学，图书馆、情报与档案学，心理学，新闻学与传播学和政治学共计 13 个学科类、21 个学科子类。

第三大类侧重综合类期刊，共计 1 个学科类、2 个学科子类（表 8-7）。

表 8-7 中国人文社会科学期刊分类统计表（按音序排列）

序号	学科大类	一级学科	二级学科	期刊种数
1	侧重人文学科期刊	考古文博	考古文博	21
2		历史学	历史学	44
3		马克思主义理论	马克思主义理论	21
4		民族学与文化学	民族学与文化学	36
5		文学	外国文学	7
6			中国文学	30
7		艺术学	艺术学	53
8		语言学	语言学	40
9		哲学	哲学	20
10		宗教学	宗教学	8

续表8-7

序号	学科大类	一级学科	二级学科	期刊种数
11	侧重社会科学期刊	法学	法学	47
12		管理学	管理学	58
13		环境科学	环境科学	9
14		教育学	教育学	99
15		经济学	财政	17
16		经济学	工业经济	12
17			金融	28
18			经济管理	14
19			经济综合	60
20			贸易经济	28
21			农业经济	17
22			世界经济	10
23		人文地理学	人文地理学	27
24		社会学	社会学	22
25		体育学	体育学	19
26		统计学	统计学	6
27		图书馆、情报与档案学	图书馆、情报与档案学	42
28		心理学	心理学	9
29		新闻学与传播学	新闻学与传播学	28
30		政治学	国际政治	37
31			中国政治	95
32	侧重综合期刊	综合性人文社会科学	高校综合性学报	244
33			综合人文社科期刊	83
合计				1291

3. 评价模型

人文社会科学期刊评价主要从3个层次对期刊进行评价（图8-13）：一是吸引力（attraction power），指评价客体的外部环境，良好的外部环境能够吸引更多的资源，提升评价客体的吸引力；二是管理力（management power），指评价客体管理者管理评价客体的能力，促进评价客体发展的能力；三是影响力（impact power)，是评价客体实力的直接表现，是吸引力和管理力水平的最终体现。

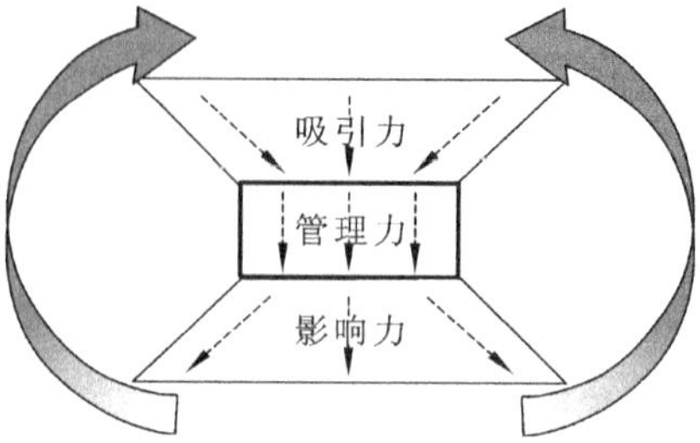

图 8-13 中国人文社会科学期刊 AMI 综合评价模型

2018 年，中国社会科学评价研究院提出了“中国人文社会科学期刊 AMI 综合评价指标体系（A 刊 AMI，2018）”（简称“A 刊 AMI 评价指标体系”，如表 8-8 所示），该评价体系由 3 个一级指标、10 个二级指标和 24 个三级指标构成，同时实行一票否决制；设置一票否决指标、计分指标、扣分指标和观察指标。各指标按照三大学科类划分权重计分，各指标统计时间及数据来源有所不同，具体如表 8-8 所示。

表 8-8 中国人文社会科学期刊 AMI 综合评价指标体系（A 刊 AMI，2018）

<table>
<tr><td colspan="3">一票否决指标</td><td colspan="3">如认为该期刊有违马克思主义基本原理，或有违中央现行基本方针政策，或存在情节严重的捏造、篡改、抄袭等学术不端行为，则一票否决，直接取消参评资格</td><td>是□
（一票否决）</td><td>否□
（继续打分）</td></tr>
<tr><td colspan="3">各学科类指标权重</td><td rowspan="2">一级指标</td><td rowspan="2">二级指标</td><td rowspan="2">三级指标</td><td rowspan="2">指标说明</td><td rowspan="2">指标采集时间、来源及备注</td></tr>
<tr><td>第一大类</td><td>第二大类</td><td>第三大类</td></tr>
<tr><td rowspan="3">45%</td><td rowspan="3">40%</td><td rowspan="3">35%</td><td rowspan="3">吸引力</td><td rowspan="3">获奖状况</td><td rowspan="3">期刊、编辑、人员获奖</td><td>中国出版政府奖，中宣部“四个一批”</td><td>时间：2012 年至今；来源：网络</td></tr>
<tr><td>国家社科基金资助出版</td><td>时间：2012 年至今；来源：网络；备注：已经取消资格的期刊不加分</td></tr>
<tr><td>百强社科期刊</td><td>时间：2012 年至今；来源：网络</td></tr>
</table>

续表 8-8

各学科类指标权重 第一大类	第二大类	第三大类	一级指标	二级指标	三级指标	指标说明	指标采集时间、来源及备注
45%	40%	35%	吸引力	获奖状况	论文获奖	论文获得的行业奖项	时间：2012 年至今；来源：网络； 备注：每个学科不多于 2 项
				论文状况	基金论文比	国家级基金的基金论文比	时间：2012—2016 年；来源：CHSSCD； 备注：中国人文社会科学引文数据库（CHSSCD）是评价院自建引文数据库，下同
					开放获取	开放获取的程度和更新速度	时间：2018 年 1—2 月采集；来源：网络
					下载量	篇均下载次数	时间：2018 年 1—6 月，2017 年 1—12 月；来源：国家哲学社会科学文献中心学术期刊数据库
				同行评议	专家委员	根据同行评议指标进行打分	时间：2018 年 1 月至今；来源：座谈会、通讯评审等
					推荐专家	根据同行评议指标进行打分	时间：2018 年 9 月开始；来源：数据采集网站 备注：由专家委员、编辑部及特邀专家推荐的学者构成
					科研人员、管理人员	根据同行评议指标进行打分	时间：2018 年 9 月开始；来源：数据采集网站 备注：参加评议的人员要遵守学术规范，抽查学者的真实性，以保证评议人员的真实有效性

续表 8-8

各学科类指标权重			一级指标	二级指标	三级指标	指标说明	指标采集时间、来源及备注
第一大类	第二大类	第三大类					
20%	20%	20%	管理力	学术不端		交叉引用/交叉署名，变相买卖版面，抄袭剽窃等学术不端行为	时间：2012年至今； 来源：国家新闻出版署，CNKI学术不端文献检测系统检测数据，评价院接到举报后核实的信息等； 备注：该指标为扣分指标，无学术不端行为得“0”分，存在问题进行扣分
				编辑队伍、作者队伍	编辑队伍	编辑人员数量、学历构成等	时间：2012年至今； 来源：国家新闻出版署，期刊自评表数据； 备注：该指标为观察指标，2018年评价时不计分，但会关注各期刊编辑队伍建设情况，为开展后续评价做准备
					作者队伍	作者的年龄、学历、地区、机构构成等情况	时间：2012—2016年； 来源：CHSSCD 备注：该指标为观察指标，2018年评价时不计分，但会关注各期刊作者队伍建设情况，为开展后续评价做准备
				制度规范	制度建设	采稿（约稿）制度、发稿（审稿）制度、业务考核制度	时间：2012年至今； 来源：国家新闻出版署，期刊自评表数据（同上），各期刊网站数据等
					编辑规范	中外文题录信息，参考文献著录规范性、准确性，出版规范	时间：2012年至今； 来源：国家新闻出版署，期刊自评表数据（同上），评价院对期刊论文抽检数据等
				信息化建设	网站建设	网站建设，网站内容完备性及更新情况	时间：2018年6月； 来源：评价院采集各期刊网站建设情况

续表8-8

各学科类指标权重			一级指标	二级指标	三级指标	指标说明	指标采集时间、来源及备注
第一大类	第二大类	第三大类					
20%	20%	20%	管理力	信息化建设	在线稿件处理系统	在线投稿、审稿系统建设情况	时间：2018 年 8 月； 来源：评价院从各期刊网站采集该数据； 备注：旨在引导编辑部弥补传统投审稿方式的不足，提高投审稿效率、缩短出版周期，以满足网络环境下用户需求
					微信公众号	微信公众号建设情况	时间：2018 年 6 月； 来源：评价院从各期刊微信公众号采集该数据； 备注：新环境下期刊的建设情况
35%	40%	45%	影响力	学术影响力	即年影响因子	期刊在统计年发表的论文在当年被引的次数与该刊当年发表的论文数之比	时间：2012—2016 年； 来源：CHSSCD、评价院自建文摘库
					影响因子	期刊在统计年前两年发表的论文在统计年被引的次数与该刊前两年发表的论文数之比	
					5 年影响因子	期刊在统计年前 5 年发表的论文在统计年被引的次数与该刊前 5 年发表的论文数之比	

续表8-8

<table>
<tr><th colspan="3">各学科类指标权重</th><th rowspan="2">一级指标</th><th rowspan="2">二级指标</th><th rowspan="2">三级指标</th><th rowspan="2">指标说明</th><th rowspan="2">指标采集时间、来源及备注</th></tr>
<tr><th>第一大类</th><th>第二大类</th><th>第三大类</th></tr>
<tr><td rowspan="4">35%</td><td rowspan="4">40%</td><td rowspan="4">45%</td><td rowspan="4">影响力</td><td rowspan="2">学术影响力</td><td>论文转载量</td><td>中国社会科学文摘、新华文摘、高等学校文科学术文摘和人大复印报刊资料</td><td rowspan="2">时间：2012—2016年；
来源：CHSSCD、评价院自建文摘库</td></tr>
<tr><td>期刊与学科关系指标</td><td>学科扩展指标：在统计源期刊范围内，引用该刊的期刊数量与其所在学科全部期刊数量之比；
学科影响指标：期刊所在学科内引用该刊的期刊数与全部期刊数量之比</td></tr>
<tr><td rowspan="2">社会影响力</td><td>发行量</td><td></td><td>时间：2012—2016年；
来源：国家新闻出版署；
备注：该指标为观察指标，2018年评价时不计分</td></tr>
<tr><td>网络显示度</td><td>网络传播力</td><td>时间：2012—2016年；
来源：国家新闻出版署；
备注：该指标为观察指标，2018年评价时不计分，但会关注期刊网络传播情况</td></tr>
</table>

续表8-8

各学科类指标权重			一级指标	二级指标	三级指标	指标说明	指标采集时间、来源及备注
第一大类	第二大类	第三大类					
35%	40%	45%	影响力	国际影响力	海外发行	版权输出、海外出版情况	时间：2012 年至今； 来源：国家新闻出版署； 备注：该指标为观察指标，2018 年评价时不计分
					国际引用	被国外期刊引用次数	时间：2012 年至今； 来源：CNKI 的《中国学术期刊国际引证年报》

注：具体学科类划分如下。

学科类 1：考古文博、历史学、马克思主义理论、民族学与文化学、文学、艺术学、语言学、哲学和宗教学；

学科类 2：综合；

学科类 3：法学，管理学，环境科学，教育学，经济学，人文地理学，社会学，体育学，统计学，图书馆、情报与档案学，心理学，新闻学与传播学和政治学。

4. 数据来源及统计时间

评价数据主要由三部分构成：一是中国社会科学评价研究院自建、自采数据；二是第三方平台数据；三是期刊编辑部自评数据。

（1）中国社会科学评价研究院自建、自采数据

① 中国人文社会科学引文数据库（CHSSCD）。由中国社会科学评价研究院自主研制建设，包含 1798 种人文社会科学期刊自 1999—2016 年的期刊引文数据。

② 中国人文社会科学论文摘转数据库。由中国社会科学评价研究院自主研制建设，包括《新华文摘》《中国社会科学文摘》《高等学校文科学术文摘》《人大复印报刊资料》2012—2016 年论文摘转数据。

③ 纸本期刊数据。通过到图书馆直接阅读的方式采集期刊印刷质量、阅读舒适程度（检查字体字号、栏数）等指标信息。

④ 电子版期刊数据。通过下载期刊论文电子版的形式抽查期刊论文参考文

献信息准确性等内容。

⑤ 网络信息数据。通过访问期刊网站、机构网站等采集期刊“网站建设”“微信公众号”等信息。

⑥ 以问卷调查、电话咨询、实地走访、专家座谈等形式采集“同行评议”“匿名审稿”“审稿流程”等指标的数据。

（2）第三方平台数据

① 全国哲学社会科学工作办公室，2012—2017 年国家社科基金资助学术期刊考核情况；

② 国家新闻出版署，2012—2016 年期刊年检数据；

③ 中国社会科学院国家哲学社会科学文献中心，学术期刊数据库，2018 年 1—6 月、2017 年 1—12 月下载量数据（http://www.nssd.org/）；

④ 中国知网，CNKI 学术不端文献检测系统检测数据。

（3）期刊编辑部自评数据

各期刊编辑部填写“期刊编辑部自评信息表”，采集编辑队伍、管理制度等指标数据。

（4）统计时间

由于指标的计算方法不同，每个指标的采集时间亦有所不同。如“即年影响因子”由 CHSSCD 数据库 2016 年数据计算而得，“5 年影响因子”由 CHSSCD 数据库 2011—2016 年数据计算而得出，“同行评议”指标问卷发放回收时间是 2018 年 9 月 28 日—10 月 15 日。

5. 评价结果

本次评价结果的排序方法是“划等不排序”，每个等级期刊的排列顺序按照期刊名称音序进行排列。按照期刊学术水平、综合评价得分及实际工作情况依次划分为顶级、权威、核心、扩展及入库 5 个等级。

（1）顶级期刊

期刊等级划分中的最高级别，不仅代表其所在学科的最高研究水平，也代表了我国人文社会科学学术研究的最高水平。划分方法是以综合评价打分排序为依据，根据期刊的学术水平、所在学科分类的期刊数量及专家意见，坚持宁缺毋滥原则，确定每个学科的顶级期刊数量。

（2）权威期刊

期刊等级划分中的第二级别，是其所在学科的高水平期刊。划分方法是以综合评价打分排序为依据，根据期刊所在学科分类的期刊数量及专家意见，确定每个学科的权威期刊数量。每个学科一般有1个权威，但不超过5个权威。

（3）核心期刊

期刊等级划分中的第三级别，能够代表其所在学科的研究水平。划分方法是以综合评价打分排序为依据，根据期刊所在学科分类的期刊数量及专家意见，基于一定比例确定每个学科的核心期刊数量。

（4）扩展期刊

期刊等级划分中的第四个级别，是其所在学科具有一定学术水平的期刊。划分方法是以综合评价打分排序为依据，将进入评价范围，但非顶级、权威、核心的期刊列为扩展期刊。每个学科的扩展期刊数量不限。

（5）入库期刊

期刊等级划分中的第五个级别，该级别的期刊虽然已经进入CHSSCD数据库，但是在数据库中没有连续5年以上的引文数据。

经过定量和定性评价，最终评出5种顶级期刊、56种权威期刊、519种核心期刊、711种扩展期刊和164种入库期刊。具体期刊等级分布情况如表8-9所示。

表8-9　中国人文社会科学期刊评价结果分类统计表（按音序排列）

序号	学科大类	一级学科	二级学科	顶级	权威	核心	扩展	期刊种数
1	侧重人文学科期刊	考古文博	考古文博		3	7	11	21
2		历史学	历史学	1	2	18	23	44
3		马克思主义理论	马克思主义理论	1	2	10	8	21
4		民族学与文化学	民族学与文化学		1	14	21	36
5		文学	外国文学		1	4	2	7
6			中国文学		2	12	16	30
7		艺术学	艺术学		1	23	29	53
8		语言学	语言学		3	19	18	40
9		哲学	哲学		1	10	9	20
10		宗教学	宗教学		1	2	5	8

续表8-9

序号	学科大类	一级学科	二级学科	顶级	权威	核心	扩展	期刊种数
11	侧重社会科学期刊	法学	法学		3	20	24	47
12		管理学	管理学	1	3	22	32	58
13		环境科学	环境科学		1	3	5	9
14		教育学	教育学		3	43	53	99
15		经济学	财政		1	7	9	17
16			工业经济		1	4	7	12
17			金融		1	11	16	28
18			经济管理		1	5	8	14
19			经济综合	1	2	24	33	60
20			贸易经济		1	12	15	28
21			农业经济		1	7	9	17
22			世界经济		1	4	5	10
23		人文地理学	人文地理学		1	10	16	27
24		社会学	社会学		1	10	11	22
25		体育学	体育学		1	10	8	19
26		统计学	统计学		1	1	4	6
27		图书馆、情报与档案学	图书馆、情报与档案学		3	17	22	42
28		心理学	心理学		1	3	5	9
29		新闻学与传播学	新闻学与传播学		1	11	16	28
30		政治学	国际政治		2	16	19	37
31			中国政治		3.	40	52	95
32	侧重综合期刊	综合性人文社会科学	高校综合性学报		4	74	166	244
33			综合人文社科期刊	1	2	46	34	83
合计				5	56	519	711	1291

六、 中国知网等的评价体系

1999年3月，为全面打通知识生产、传播、扩散与利用各环节信息通道，打造支持全国各行业知识创新、学习和应用的交流合作平台，同方知网技术有限公司总经理王明亮先生提出建设中国知识基础设施工程（China National Knowledge Infrastructure，CNKI）项目。中国知识基础设施工程数据库平台简称“中国知网数据平台”，是由清华大学发起，同方知网技术产业集团承担建设，是“十一五”国家重大出版工程项目。21世纪以来，CNKI收录了90%以上的中国知识资源，有来自70多个国家和地区10万多家重要出版机构加盟。CNKI现有综合出版数据平台、行业知识服务与知识管理平台、研究学习平台、专题知识库、众知·众创平台、软件平台等，其中出版数据平台有《中国期刊全文数据库》《中国优秀博硕士学位论文全文数据库》《中国会议论文全文数据库》《中国报纸全文数据库》《中国图书全文数据库》《中国专利全文数据库》《中国标准全文数据库》《中国法律法规全文数据库》《中国企业标准全文》《中国科技报告全文数据库》等诸多分支数据库。CNKI是全球最大的数字化知识集成、检索传播与知识服务的综合平台。

如果从文献计量指标统计工作及其相关报告发布开始计算，中国知网的期刊评价工作可以追溯到2002年。如图8-14所示，2002年中国知网与清华大学图书馆联合发布《中国学术期刊综合引证报告》（2001年版），2009年推出《中国学术期刊影响因子年报》，2012年首次发布《中国学术期刊国际引证年报》，2016年首次发布《中国英文学术期刊国际国内引证报告》，2018年创造性地推出《世界学术期刊学术影响力指数年报》（WAJCI，2018），2020年与中国科学技术信息研究所等单位合作研制出《世界期刊影响力指数报告（科技版）》（WJCI，2020）。近20年来中国知网已经布局了中文学术期刊和英文学术期刊，国内期刊和国际期刊的多维度期刊评价系统，为国家世界一流科技期刊目标建设做出了很多创新性的工作。

（一）中国学术期刊综合引证报告

2002年中国知网首次出版《中国学术期刊综合引证报告》（简称《综合引证报告》），对外发布被中国知网收录的中国学术期刊的主要出版数据和引证数据，除学术期刊的基本出版信息外，《综合引证报告》发布的指标数据主要有期刊综合总被引、期刊综合影响因子、期刊综合即年指标、可被引文献量、Web

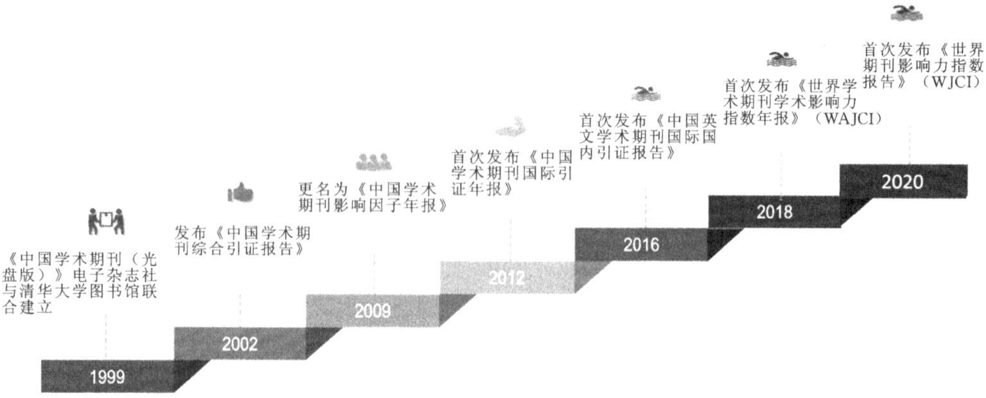

图 8-14　中国知网旗下的期刊评价工作发展历程

即年下载率、总下载量等，这些数据能够在一定程度上揭示期刊内容的质量和影响情况。

（二）中国学术期刊影响因子年报

2009 年，中国科学文献计量评价研究中心和清华大学图书馆共同研制出了《中国学术期刊影响因子年报》（简称《影响因子年报》），《影响因子年报》分自然科学与工程技术版和人文社会科学版。

以《影响因子年报（自然科学与工程技术）》（2010 版）为例，其主要呈现的是不同统计源下的期刊影响因子指标，可被引文献量及被引频次和其他各类计量指标（图 8-15），其中期刊影响因子指标包括复合影响因子、期刊综合影响因子、基础研究影响因子、技术研究影响因子 4 类，每一类别下均包含有影响因子、他引影响因子和即年指标数据，此外还包括复合总被引、期刊综合总被引、可被引文献量、可被引文献比、基金论文比、Web 即年下载率、他引总引比、总下载量、互引指数、引用半衰期、被引半衰期等指标数据。长期以来，国际国内一直在不断探讨科学评价学术期刊质量和学术影响力的理论与方法，尽管以引证计量为主的定量评价方法存在某些不足，而且出现了过度延伸其适用范围，甚至单纯地“以数论刊、以刊论文”等不正常现象，但由于期刊影响因子（JIF）等主要统计指标的重要意义和统计规律的客观性，其依旧是当前评价学术期刊的重要工具之一。在国内现行的期刊出版管理体制之下，这种评价对学术期刊的资源优化配置、出版质量和影响力的提升均具有重要的意义。

期刊影响因子

序号	刊名	复合总被引	复合影响因子			期刊综合总被引	期刊综合影响因子			基础研究影响因子			技术研究影响因子		
			JIF	他引JIF	即年指标		JIF	他引JIF	即年指标	JIF	他引JIF	即年指标	JIF	他引JIF	即年指标
	N/Q,T/X　综合性科学技术														
1	科学通报	15965	1.270	1.109	0.236	7216	0.830	0.669	0.193	0.809	0.648	0.183			
2	江苏大学学报(自然科学版)	1916	1.164	0.966	0.097	903	0.765	0.567	0.083				0.761	0.563	0.083
3	中南大学学报(自然科学版)	2915	1.155	0.924	0.056	1385	0.747	0.516	0.038	0.700	0.469	0.035			
4	东北师大学报(自然科学版)	1770	1.151	0.632	0.114	739	0.862	0.343	0.098	0.828	0.310	0.098			
5	自然科学进展	3975	1.139	1.107	0.258	1717	0.711	0.680	0.154	0.689	0.658	0.143			
6	西南交通大学学报	3702	1.114	1.027	0.101	1104	0.594	0.507	0.077	0.540	0.453	0.071			
7	陕西理工学院学报(自然科学版)	584	1.110	0.352	0.253	328	0.973	0.214	0.241				0.962	0.203	0.241
8	东南大学学报(自然科学版)	5144	1.109	1.066	0.080	1660	0.654	0.611	0.052	0.570	0.527	0.036			
9	吉林大学学报(工学版)	2645	1.096	0.997	0.139	961	0.566	0.467	0.050	0.526	0.427	0.041	0.561	0.462	0.044
10	中国科学:技术科学	3060	1.088	0.991	0.230	1322	0.690	0.594	0.189	0.651	0.554	0.185			

可被引文献量及被引频次

序号	刊名	可被引文献量			复合统计源引用		期刊综合统计源引用		第Ⅰ类统计源期刊引用		第Ⅱ类统计源期刊引用	
		2007	2008	2009	2007-2008	2009	2007-2008	2009	2007-2008	2009	2007-2008	2009
	N/Q,T/X　综合性科学技术											
1	科学通报	468	465	564	1185	133	774	109	755	103		
2	江苏大学学报(自然科学版)	136	132	145	312	14	205	12			204	12
3	中南大学学报(自然科学版)	217	229	288	515	16	333	11	312	10		
4	东北师大学报(自然科学版)	121	118	132	275	15	206	13	198	13		
5	自然科学进展	241	206	182	509	47	318	28	308	26		
6	西南交通大学学报	148	150	169	332	17	177	13	161	12		
7	陕西理工学院学报(自然科学版)	95	87	83	202	21	177	20			175	20
8	东南大学学报(自然科学版)	226	216	249	490	20	289	13	252	9		
9	吉林大学学报(工学版)	293	292	317	641	44	331	16	308	13	328	14
10	中国科学:技术科学	155	197	265	383	61	243	50	229	49		

各类计量指标

序号	刊名	可被引文献量	可被引文献比	基金论文比	引用半衰期	被引半衰期	引用期刊数	被引期刊数	他引总引比	互引指数	Web即年下载率	总下载量(万次)
	N/Q,T/X　综合性科学技术											
1	科学通报	564	0.83	0.91	6.7	7.8	607	1542	0.93	35/23	51	37.24
2	江苏大学学报(自然科学版)	145	0.96	0.99	4.6	4.9	213	469	0.84	10/23	39	5.87
3	中南大学学报(自然科学版)	288	0.98	1.00	6.2	4.8	672	625	0.82	22/23	30	9.53
4	东北师大学报(自然科学版)	132	0.96	1.00	6.9	5.8	294	405	0.78	1/23	30	4.95
5	自然科学进展	182	0.90	0.96	7.4	5.2	456	819	0.98	54/23	48	11.38
6	西南交通大学学报	169	0.98	0.86	6.6	6.3	260	579	0.93	30/23	54	8.26
7	陕西理工学院学报(自然科学版)	83	0.95	0.43	5.5	2.7	225	178	0.52	1/23	21	2.72
8	东南大学学报(自然科学版)	249	0.97	0.90	5.5	5.9	464	838	0.97	60/23	47	14.73
9	吉林大学学报(工学版)	317	1.00	1.00	6.6	3.6	464	477	0.86	36/23	36	10.72
10	中国科学:技术科学	265	0.91	0.87	8.0	5.5	320	535	0.93	25/23	52	7.36

图 8-15　《影响因子年报（自然科学与工程技术）》（2010 版）发布的主要指标数据

（三）中国学术期刊国际引证年报

2012年，为了探索国内期刊在国际上的影响力，中国知网与清华大学图书馆共同推出了《中国学术期刊国际引证年报》（简称《国际引证年报》）。但是，鉴于当时的条件限制，《国际引证年报》（2012版）选定Web of Science的JCR收录期刊为引文统计源。其中，科技类统计源选用SCI收录的8336种期刊，人文社科类统计源选用SSCI、A&HCI收录的2996种期刊，以及WoS数据库收录的会议论文。在科技类与人文社科类两大类期刊中，分别按国际他引总被引频次和国际他引影响因子排序，以自然数序列由高到低给出每个期刊排序编号。

$$综合排序序参量=国际他引总被引频次序号\times\frac{2}{3}+国际他引影响因子序号\times\frac{1}{3}$$

（两类序号权重根据期刊在统计年前两年的可被引文献被引频次之和与总被引频次的比例确定），综合排序序号按综合排序序参量的数值从小到大编号，国际影响力大的排名在前。在得出编号排序的基础上，中国知网将科技类中排名前176名和人文社科类排名前34名的期刊定义为“2012年中国最具国际影响力学术期刊”，将科技类第177至第352名和人文社科类第35名至第68名的期刊定义为“2012年中国国际影响力优秀学术期刊”。

2013年，中国知网创新性地提出了期刊国际影响力指数（Clout Index，CI）这一评价期刊影响力新模型，即

$$CI=\sqrt{2}-\sqrt{(1-A)^2+(1-B)^2}$$

式中，$A=\frac{IF_{个刊}-IF_{组内最小}}{IF_{组内最大}-IF_{组内最小}}$，$A\in[0, 1]$；$B=\frac{TC_{个刊}-TC_{组内最小}}{TC_{组内最大}-TC_{组内最小}}$，$B\in[0, 1]$；$IF$为他引影响因子；$TC$为他引总被引频次。

采用各组组内期刊的他引总被引频次（TC）和他引影响因子（IF）各自离差标准化处理后的组合计算得到个刊在各学科下的CI。

《国际引证年报》（2013版）在研制过程中还建立了《中国期刊中英文刊名规范数据库》《中国学术期刊题录数据库及载文量统计标准》《中国学术期刊国际引文数据库（2013年）》，并测定引文数据的完整率和正确率分别达到99.7%和99.6%以上。最终，《国际引证年报》（2013版）按照两大学科的CI排序和专家评议结果，得到了175种科技类和56种人文社科类“2013年中国最具国际影响力学术期刊”，175种科技类和56种人文社科类“2013年中国国际影响力优秀学术期刊”。由于CI既考虑到了影响因子的贡献，也引入了总被

引频次的历史贡献，在一定程度上优化了仅通过单一指标评价期刊学术影响力的做法，得到了刊界和学界的普遍认可，自此，*CI* 就被固定下来成为后续《国际引证年报》定量评价的主要指标模型。

《国际引证年报》（2014 版）及以后，采用 *CI* 排序的 top 5%和 top 10%来分别确定“中国最具国际影响力学术期刊”和“中国国际影响力优秀学术期刊”，其中 2021 版中科技类的分别是 175 种和 175 种，人文社科类的分别是 80 种和 80 种（2020 版人文社科类的两种期刊数量分别只有 60 种和 60 种）。

为进一步拓展 *CI* 的应用范围，《中国学术期刊影响因子年报》从 2015 版开始，也启用了分学科的 *CI* 评价和排序方案，并对 *CI* 的计算进行如下修正：

$$CI=\sqrt{2}-\sqrt{(1-A)^2+(1-k\times B)^2}$$

式中，k 为他引频次调整系数。k 的大小由期刊量效指数（Journal Mass Index，JMI）① 的大小决定，按照 *JMI* 的大小将“臃肿”型期刊分成若干档位，不同的档位对应不同的 k 值。

此外，从 2016 版开始，《中国学术期刊影响因子年报》在分学科 *CI* 评价排序的基础上还按照四等分法，将各学科的学术期刊按照影响力指数大小降序排名，排名前 25%的学术期刊被定义为 Q1 分区，25%（不含）～50%（包含）为 Q2 分区，50%（不含）～75%（包含）为 Q3 分区，75%（不含）～100%（包含）为 Q4 分区。需要指出的是，由 *CI* 的计算模型可知，*CI* 除了与自身他引总被引频次（*TC*）和他引影响因子（*IF*）有关外，还与组内（即同一学科内）所有期刊他引总被引频次（*TC*）和他引影响因子（*IF*）的最大值、最小值有关，期刊离开了该组别，或者该组别有新的期刊加入时，*CI* 都有可能发生变化。因此，*CI* 不能用来进行跨学科比较，也不能进行同一学科的跨年份比较。

（四）世界学术期刊学术影响力指数年报

2018 年，在世界一流科技期刊目标建设之际，中国知网与清华大学图书馆积极推进世界学术期刊评价工作，并于 2018 年底推出了国内第一家对世界范围内的学术期刊进行系统评价的新体系——《世界学术期刊学术影响力指数年报》（World Academic Journal Clout Index，WAJCI）。除了评价对象和学科分类外，

---

① 量效指数（JMI）是某刊影响因子对应的发文量与该刊影响因子的比值，意义是该刊每产生单位影响因子所需要的论文数量。*JMI* 越大表示该刊越“臃肿”，即发文规模很大而效用不高。JMI 的提出是用来修正影响因子太小，而总被引频次太大的“臃肿”型期刊的 *CI* 值。

WAJCI 在评价方法上做出了重要创新——提出了 WAJCI 指标。

期刊的 $WAJCI$ 是该期刊 CI 除以世界本学科 CI 中位数得到的比值，反映了该期刊 CI 相对于世界该学科排名中间的那个期刊 CI 的倍数，其计算公式为：

$$WAJCI=\frac{\text{期刊 }CI\text{ 绝对值}}{\text{学科期刊 }CI\text{ 中位值}}$$

$WAJCI$ 为 1，代表该刊影响力指数等于学科中位数，$WAJCI$ 越大，代表该刊超越学科平均值水平越高。WAJCI 反映了期刊在学科内学术影响力的相对位置，因而，WAJCI 突破了 CI 的诸多局限性，可以实现同一年份的跨学科比较，甚至可以实现跨年度的自我比较，具有实用价值。

《世界学术期刊学术影响力指数年报》包含科技版和人文社科版，2018 和 2019 年分别推出了两版，报告中除了按照不同学科给出各期刊的 $WAJCI$ 外，也都能按照 $WAJCI$ 从高到低进行排序，并通过四等分法来实现各学科期刊影响力分区划定，与《中国学术期刊影响因子年报》的做法一致，排名前 25%的学术期刊被定义为 Q1 分区，25%（不含）～50%（包含）为 Q2 分区，50%（不含）～75%（包含）为 Q3 分区，75%（不含）～100%（包含）为 Q4 分区。通过期刊分区的划定与统计，还能实现其他统计维度上的评价工作。

（五）世界期刊影响力指数报告

2020 年，为进一步完善世界期刊影响力评价研究工作，中国知网与中国科学技术信息研究所、清华大学图书馆等单位联合研究，在 WAJCI 的基础上创新性地提出科技期刊世界影响力指数（World Journal Clout Index，WJCI）评价指标体系，完成了《世界期刊影响力指数报告》（科技版，2020 年）的研制与发布工作。从全球 6.3 万余种活跃科技学术期刊中，以 R&D 投入、科技论文产出、科研人员数量、期刊规模和水平 4 个维度为标准确定各国入编来源期刊的比例，最终遴选出最具地区代表性、学科代表性、行业代表性的优秀期刊约 1.5 万种为来源期刊。课题组在充分调研国内外多个索引数据库期刊分类体系的基础上，确定了以《学科分类与代码》（GB/T 13745—2009/XG2 -2016）为总纲，参考《中国图书馆分类法》《学位授予和人才培养学科目录》等自主创编了包含 5 个一级类，45 个二级类，279 个三级类，全面覆盖科学技术各领域的，体现新兴、交叉学科发展的期刊分类体系。项目组还得到国际上 CrossRef、Digital Science 的支持，建立了计算指标用的《世界引文数据库》，获得了中国知网、万方部分下载数据和 Altmetrics 等期刊网络使用数据。在此基础上，项目组研制出基于综合引证和网络使用的新的期刊影响力评价指标——世界期刊影响力指数（WJCI）：

$$WJCI=WAJCI+WI$$

式中，$WAJCI$ 为世界学术期刊学术影响力指数，WI（Web Impact）为网络影响力指数。

$WAJCI$ 按照《世界学术期刊学术影响力指数年报》的统计和计算方法获得，WI 为本研究首次提出，是基于国际网络用户使用数据与国内期刊全文数据库用户下载数据提出的新的评价指标。以下重点介绍一下它的计算过程。

考虑到网络使用数据在期刊中差异很大，头部期刊集中了大量的关注量和下载量，如果使用常规的最大值归一化法，对大多数期刊来说，此项指标都近似等于 0。为此，项目组研究后采取了分档赋分法，将网络影响力分为 10 档，同一档期刊的 WI 相同。具体赋值方法简述如下：

1. 算法设计

网络影响力（Web Impact，WI）采用分档赋分法，每档期刊的 WI 通过学术影响力指数（$WAJCI$）倒推得到。按照 WI 与 $WAJCI$ 对世界期刊影响力指数（$WJCI$）的贡献率为 2∶8 的原则，可推出一定区间内 WI。同时，在对 WI 的贡献中，国内关注度（WIB）与国际关注度（WIA）的贡献率也为 2∶8。

2. 具体计算

如表 8-6 所示，将国际期刊在 Altmetrics 中的“total mentions”和国内期刊在中国知网和万方数据中的下载频次根据期刊 $WAJCI$ 降序排列分为 10 档，计算每档参考值 WI。

$$WI=0.2\times\frac{WAJCI\text{ 档位均值}}{0.8}$$

（1）国际关注度

“total mentions”（2019 发表的文章在当年的 total mentions）有值的期刊 9694 种，按 total mentions 值降序排列，取 TOP 80%的期刊（共 7808 种），分为 10 档，赋予每档期刊国际关注得分（Web Impact A，WIA）。

$$WIA=WI\times 0.8$$

（2）国内关注度

CNKI 和万方下载（2019 年论文在 2019 年的下载量，即年下载量）有值的期刊 1387 种，按即年下载量降序排列，取 TOP 80%的期刊（共 1109 种），分为 10 档，赋予每档期刊国内关注得分（Web Impact B，WIB）。

$$WIB = WI \times 0.2$$

（3）网络影响力指数

网络影响力指数是国际关注度与国内关注度之和。

$$WI = WIA + WIB$$

需要注意的是，*WI* 的引入主要是为了解决技术类期刊使用量（浏览、阅读、下载、转载、评论等）大而引用少的问题，所以，在计算 *WI* 时，total mentions 和即年下载量分区并没有按学科分类，这样在计算中才能凸显技术类期刊在使用量大上的优势。此外，在《世界期刊影响力指数报告》中，课题组采用同样的方法将同一学科下的学术期刊按照 *WJCI* 的高低，将期刊划分为 Q1、Q2、Q3、Q4 区，以显示它们在期刊影响力上的学科相对区间位置（表 8-10）。

表 8-10　WJCI 2020 中网络影响力指数各档实施赋分情况

档位	WAJCI 档位均值	国际关注度			国内关注度		
		刊数	total mentions 区间	*WIA*	刊数	即年下载量区间	*WIB*
1	8.638	775	[1934，1215603]	1.728	110	[60410，298814]	0.432
2	3.459	776	[829，1931]	0.692	111	[40256，60349]	0.173
3	2.409	775	[426，826]	0.482	111	[30350，40206]	0.12
4	1.831	779	[257，425]	0.366	111	[24434，30331]	0.092
5	1.448	775	[161，256]	0.29	111	[19512，24382]	0.072
6	1.165	781	[99，160]	0.233	111	[15478，19415]	0.058
7	0.959	771	[62，98]	0.192	111	[12348，15464]	0.048
8	0.761	772	[37，61]	0.152	111	[9640，12336]	0.038
9	0.551	806	[22，36]	0.11	111	[7097，9627]	0.028
10	0.273	798	[12，21]	0.055	111	[4107，7089]	0.014

七、 武汉大学中国科学评价研究中心等的评价体系

武汉大学中国科学评价研究中心（RCCSE），由中国著名的文献计量学家、

科教评价专家邱均平教授于2002年创立，是我国高校中第一个综合性的科教评价研究中心，是集科学研究、人才培养和评价服务于一体的多功能实体机构。中心由武汉大学信息管理学院、教育科学学院、学校图书馆等单位的有关研究人员组成，是一个文理交叉、跨学科的湖北省重点研究基地。从2004年开始，中国科学评价研究中心定期研制和公布四大评价报告——《世界一流大学和一流学科评价研究报告》《中国大学及学科专业评价报告》《中国研究生教育及学科专业评价报告》《中国学术期刊评价研究报告》，其中首版《中国学术期刊评价研究报告》（以下简称《报告》）发布于2009年，以后每两年发布一次，截至2022年8月，已推出RCCSE［2011—2012、2013—2014、2015—2016、2017—2018和2019—2020（第6版）］。现以《报告》（第6版）为例简要介绍一下该评价体系的主要内容。

（一）评价对象

《报告》（第6版）的评价对象为国内外公开出版且只刊载一次性文献的中文（含中英文，下同）纯学术期刊（含半学术期刊[①]，排除内部交流性的学术期刊和以书号代替刊号出版的学术辑刊）。对于中文学术期刊评价对象，按照国家新闻出版署的学术期刊评定要求，在《报告》（2017—2018）6193种中文学术期刊评价对象的基础上严格剔除了185种不适合评价的期刊（主要包括变更外文刊、停刊、变更为非学术期刊等），并加入了382种新刊（主要是2014—2016年新办且连续出版3年的中文学术期刊），最终确定6390种中文学术期刊作为《报告》（第6版）的评价对象。此外，RCCSE研制小组还统计出了254种高职高专成高院校学报和129种中文OA学术期刊作为另两个独立评价工作部分的评价对象。

（二）评价指标体系

《报告》（第6版）评价继续采用“多元指标”和“分类评价”的评价原则，采用定量和定性评价相结合的评价方法，从期刊发文、期刊被引、第三方专家评价三个层面构建期刊评价指标体系，主要对学术期刊的出版质量和学术影响力进行系统评价。基于办刊功能定位和出版环境的差异，《报告》（第6版）设

① 以评价周期内最新一年论文的出版情况统计，若一本期刊不完全刊载学术论文，但其刊载学术论文的数量超过该刊本年度刊载论文总量的50%，则认定该刊为半学术期刊，并纳入学术期刊评价对象中。

立三项独立的评价内容，即中文学术期刊的评价模块、高职高专成高院校学报的评价模块和中文OA学术期刊的评价模块。因此，每一项评价工作均构建了独立的评价指标体系。

1. 中文学术期刊的评价指标体系

为全面、准确、公正、客观地描述、评价和利用学术期刊，同时结合中文学术期刊的实际情况，中文学术期刊评价指标体系力求从期刊发文和被引用两个方面定量反映期刊的学术质量和影响力，结合相关专家意见，选择了如下期刊测量指标：基金论文比、总被引频次、2年影响因子、5年影响因子、即年指标、Web即年下载率、二次文献转载情况（仅用于社会科学类学术期刊）和国际数据库收录情况（仅用于自然科学类学术期刊）。这些指标都能从一定程度上反映学术期刊的学术质量和影响力。而在定性方面，以专家评审意见作为学术期刊定量排名微调的依据。根据长期的研究经验和各方面专家的意见，建立“大”而“强”（即刊物的学科相对载文量大，刊物的学术质量和影响力强）的学术期刊出版形态是未来学术期刊特别是一流学术期刊的努力方向。为此，在定性的专家评审环节，该体系还设置了量效指标（JMI）和学科相对年载文量作为期刊的“质”与“量”的观察指标，为专家在定性评价阶段的量化打分环节提供信息支撑。中文学术期刊综合评价指标体系由相应的评价指标及其权重系数组成。《报告》（第6版）的评价指标体系是在前期版本研制的基础上，根据当下学术期刊出版传播的主流趋势及各大学科评审专家的意见和建议做出适当调整而得出的结果。最终构建的中文学术期刊综合影响力评价指标体系如表8-11所示。

表8-11　中文学术期刊综合影响力的评价指标体系

学科大类	指标权重							
	2年影响因子	5年影响因子	即年指标	总被引频次	Web即年下载率	基金论文比	二次文献转载/国际重要数据库收录	专家评审（其中量效指标、学科相对年载文量为辅助指标）
自然科学类	0.20	0.16	0.12	0.16	0.10	0.10	0.10	0.06
社会科学类	0.15	0.16	0.06	0.16	0.10	0.10	0.20	0.07

注：自然科学类权重适合于自然科学学科的学术期刊，社会科学类权重适合于人文和社会科学学科的学术期刊。

2. 高职高专成高院校学报的评价指标体系

该项评价工作在广泛调研高职高专成高院校管理和教育专家、一线学报编辑和主编的基础上，综合考虑数据的可获得性，最终确定了 2 年影响因子、5 年影响因子、即年指标、总被引频次、总下载频次、Web 即年下载率、基金论文比、二次文献转载（或国外重要数据库收录）8 个指标组成的定量评价和专家定性评价的综合评价体系。《报告》（第 6 版）高职高专成高院校学报综合影响力的评价指标体系在《报告》(2017—2018) 的基础上做了适度调整，具体如表 8-12 所示，其中需要说明的是，考虑到高职高专成高院校学报自然科学类期刊的学科综合性和国外数据库收录数据的学科局限性，研制小组适当调低了高职高专成高院校学报自然科学综合的国外重要数据库收录指标的权重；也考虑到高职高专成高院校学报社会科学类期刊的学术性尚达不到众多二次文献转载文摘或数据库的标准，研制小组也适当调低了社会科学综合的二次文献转载指标的权重；而对体现网络传播效率的 Web 即年下载率指标和体现对期刊内容“普遍使用”的总下载频次指标有所倾斜。整体上来讲，指标体系的调整均是基于对高职高专成高院校学报事业发展水平和发展环境的现实考虑而作出的，可以更符合或接近高职高专成高院校学报的发展实际。

表 8-12　高职高专成高院校学报综合影响力的评价指标体系

期刊类别	指标权重								
	2 年影响因子	5 年影响因子	即年指标	总被引频次	web 即年下载率	基金论文比	二次文献转载/国际重要数据库收录	总下载频次	专家评审
自然科学综合	0.16	0.12	0.08	0.16	0.10	0.15	0.05	0.12	0.06
社会科学综合	0.10	0.12	0.04	0.16	0.10	0.15	0.10	0.16	0.07

注：自然科学类权重适合于自然科学学科的学术期刊，社会科学类权重适合于人文和社会科学学科的学术期刊。

3. 中文 OA 学术期刊的评价指标体系

随着网络技术的飞速发展，开放存取（Open Access，OA）成为学术界传播学术信息及出版学术出版物的一种新方式。通过网络技术，任何人都可以免费获得各类文献，从而促进科学信息的广泛传播，推动学术信息的交流，提升科学研究的共利用程度，保障科学信息的长期保存。开放存取期刊是经由同行评审的电子期刊，以免费的方式提供给读者检索、阅读、下载和复制。近十多年，开放存取在全球范围内被学界和业界人士广泛呼吁和践行。由于OA学术期刊只通过在线网络方式传播，因此，评价OA学术期刊的影响力，一方面需要重点考察其在学术信息传递过程中的使用情况，另一方面则需要考察其在网络环境下的直接传播情况，在考察这两大方面的同时也需要兼顾学术内容本身的质与量、内容传播效果的深与广。研制小组在理论研究的基础上，通过多种渠道和方式对OA办刊专家、新闻传播学学者以及其他业界和学界的专业人士进行深度调研后，在《报告》（2017—2018）的基础上总结确定《报告》（第6版）中文OA学术期刊的综合影响力评价仍然采用定量评价和定性评价相结合的方式进行，其中定量评价部分采用"多指标"的综合评价法，定性评价部分采用专家打分法。作为中文OA学术期刊的首次评价研究，项目组确定了试行的定量评价指标，包括发文量、基金论文比、总被引频次、影响因子、即年下载率和即年浏览率6个定量评价指标，经过专家打分和层次分析法确定了各指标的权重如表8-13所示。需要说明的是，虽然发文量是一个数量指标，但是就当前的学术成果发表环境来看，学术成果的认定机构对于在OA学术期刊上发表的成果还存在一定偏见，特别是对于中文OA学术期刊，学术成果认定环境还不成熟。可见，学者在OA学术期刊上发表学术成果实际上存在一定的后期风险。当前与中文非OA学术期刊争夺优质稿源对中文OA学术期刊是一个不小的考验，将"发文量"作为当前中文OA学术期刊评价的一项指标是科学合理的，也会引入期刊的量效指标来监控部分期刊的不正常的超量发文行为。

表8-13 中文OA学术期刊综合影响力的评价指标体系

期刊类别	指标权重						
	发文量	基金论文比	即年下载率	即年浏览率	影响因子	总被引频次	专家评审
自然科学类	0.10	0.15	0.20	0.08	0.20	0.20	0.07
社会科学类	0.10	0.15	0.20	0.08	0.20	0.20	0.07

注：自然科学类权重适合于自然科学学科的学术期刊，社会科学类权重适合于人文与社会科学学科的学术期刊。

（三）数据来源

对于中文学术期刊的评价工作和高职高专成高院校学报的评价工作，其所采用的评价指标如基金论文比、总被引频次、影响因子、5年影响因子、Web即年下载率、即年指标、总下载频次这7项评价指标的数据主要来自《中国学术期刊综合引证报告》（2018版、2019版）和《中国期刊引证报告（扩刊版）》（2018版、2019版）。社会科学类期刊被二次文献（《新华文摘》《中国社会科学文摘》《人大复印报刊资料》）转载数据的统计时段为2017—2018年；自然科学类期刊被国外重要数据库收录的统计时段为2017—2018年。值得注意的是，对同一来源同一指标的两年数据取其平均值为统计数据；对于部分期刊只有一年数据的，以该年数据作为统计数据。其后，将多个数据库对应的期刊数据与最后确定的评价来源期刊比对，确定评价来源期刊中每一种期刊的评价指标数据。对于中文OA学术期刊的评价工作，其统计对象为2017—2018年各刊的出版论文，所采用的评价指标如发文量、基金论文比、即年下载率、即年浏览率、总被引频次和影响因子等指标数据均来自刊物OA期刊网站和Google Scholar网站检索后统计所得。所有指标数据收集、核查后均采用同一学科单一指标归一化处理。

（四）学科分类及评价结果分级方法

《报告》（第6版）的期刊学科分类工作按照《学科分类与代码》（GB/T 13745—2009）2016年的修订版本执行，课题组在62个一级学科的基础上增设4个综合性学科，最终按照66个学科实施期刊的学科分类工作。在同一学科的期刊评价中，按照集中与离散分布规律，根据综合评价得分排序并依次划分出6个或5个等级。在中文学术期刊的评价结果中，学术期刊按得分由高到低在同一学科下被分为A+、A、A－、B+、B、C共6个等级，其中A+（权威期刊）取得分前5%，A（核心期刊）取5%～20%之间的，A－（核心期刊）取20%～30%之间的，B+取30%～60%之间的，B取60%～90%之间的，C取90%～100%之间的。[①] 高职高专成高院校学报按照自然科学综合和社会科学综合两个综合大类划分，各大类下的期刊被分为A、A－、B+、B、C共5个等

---

① 此处给出的大致范围，不是绝对标准，不同学科会根据不同期刊和初评结果在该标准下作出微调。下同。

级，其中A取得分前20%的，A－取20%～30%之间的，B＋取30%～60%之间的，B取60%～90%之间的，C取90%～100%之间的。中文OA学术期刊分为OA01理学综合、OA02农林水产综合、OA03医学综合、OA04工学综合和OA05社会科学综合5个门类，各门类下的期刊被分为A、A－、B＋、B、C共5个等级，各等级的设置与高职高专成高院校学报等级设置一致。这三种评价体系中的数量划分均呈现中间大、两头小的正态分布，也与文献计量学的期刊文献的载文规律和引用规律相吻合。

（五）评价结果

《报告》（第6版）的评价工作获得了66个学科的中文学术期刊排行榜、2个大类综合学科的高职高专成高院校学报排行榜和5个门类综合学科的中文OA学术期刊排行榜。由于全部榜单覆盖面广，信息量大，篇幅长，因此下面仅列出前面部分学科的评价结果作为示例。如表8-14至表8-17所示。

1. 中文学术期刊排行榜

表8-14　数学（共29种）

排名	期刊名称	评价分级	排名	期刊名称	评价分级	排名	期刊名称	评价分级
1	计算数学	A＋	8	运筹学学报	A－	15	生物数学学报	B＋
2	中国科学：数学	A＋	9	工程数学学报	A－	16	数学建模及其应用	B＋
3	数学的实践与认识	A	10	数学通报	A－	17	高校应用数学学报A辑	B＋
4	数学学报（中文版）	A	11	应用数学学报	A－	18	纯粹数学与应用数学	B＋
5	应用数学和力学	A	12	应用数学	B＋	19	数学进展	B＋
6	数学物理学报	A	13	应用概率统计	B＋	20	大学数学	B＋
7	模糊系统与数学	A	14	数学杂志	B＋			

B（共7种）：应用泛函分析学报、高等学校计算数学学报、数学理论与应用、数学研究、高等数学研究、数学年刊A辑（中文版）、数学通讯；C（共2种）。

表 8-15　马克思主义（共 17 种）

排名	期刊名称	评价分级	排名	期刊名称	评价分级	排名	期刊名称	评价分级
1	马克思主义研究	A+	6	毛泽东邓小平理论研究	A−	11	毛泽东研究	B+
2	马克思主义与现实	A	7	科学社会主义	A−	12	当代世界社会主义问题	B+
3	中国特色社会主义研究	A	8	毛泽东思想研究	B+	13	高校马克思主义理论研究	B+
4	社会主义研究	A	9	马克思主义理论学科研究	B+			
5	当代世界与社会主义	A−	10	理论视野	B+			
B（3 种）：辽宁省社会主义学院学报、邓小平研究、知与行；C（1 种）。								

2. 高职高专成高院校学报排行榜

表 8-16　自然科学综合（高职高专成高院校学报类）（共 40 种）

排名	期刊名称	评价分级	排名	期刊名称	评价分级	排名	期刊名称	评价分级
1	继续医学教育	A	10	山西卫生健康职业学院学报	A−	19	安徽电子信息职业技术学院学报	B+
2	现代中药研究与实践	A	11	武汉工程职业技术学院学报	A−	20	浙江交通职业技术学院学报	B+
3	种子	A	12	国医论坛	A−	21	昆明冶金高等专科学校学报	B+
4	服装学报	A	13	建材技术与应用	B+	22	黄河水利职业技术学院学报	B+
5	湖南生态科学学报	A	14	江汉石油职工大学学报	B+	23	广东交通职业技术学院学报	B+

续表8-16

排名	期刊名称	评价分级	排名	期刊名称	评价分级	排名	期刊名称	评价分级
6	北京工业职业技术学院学报	A	15	电脑知识与技术	B+	24	江苏工程职业技术学院学报	B+
7	中国环境管理干部学院学报	A	16	浙江纺织服装职业技术学院学报	B+	25	黔南民族医专学报	B+
8	安徽卫生职业技术学院学报	A	17	河南医学高等专科学校学报	B+	26	重庆电力高等专科学校学报	B+
9	山东医学高等专科学校学报	A−	18	菏泽医学专科学校学报	B+			

B（11种）：广东水利电力职业技术学院学报、兰州石化职业技术学院学报、长江工程职业技术学院学报、安徽水利水电职业技术学院学报、南通航运职业技术学院学报、辽宁师专学报（自然科学版）、江西电力职业技术学院学报、石家庄铁路职业技术学院学报、承德石油高等专科学校学报、吉林水利、国网技术学院学报；C（3种）。

3. 中文OA学术期刊排行榜

表8-17　OA03医学综合类（共23种）

排名	期刊名称	评价分级	排名	期刊名称	评价分级	排名	期刊名称	评价分级
1	中医学	A	6	外科	A−	11	亚洲儿科病例研究	B+
2	亚洲兽医病例研究	A	7	生物医学	A−	12	眼科学	B+
3	世界肿瘤研究	A	8	国际神经精神科学杂志	B+	13	亚洲心脑血管病例研究	B+
4	临床医学进展	A	9	药物资讯	B+	14	医学诊断	B+
5	亚洲肿瘤科病例研究	A	10	护理学	B+			

B（4种）：亚洲外科手术病例研究、亚洲急诊医学病例研究、免疫学研究、亚洲麻醉科病例研究；C（5种）。

第四节　第三方学术期刊评价工作的发展建议

科学的学术期刊评价是学术期刊发展的重要指挥棒。面对当前的国际国内形势和新的学术期刊发展环境，我国的学术期刊评价研究与实践工作依旧面临许多挑战。2021年5月18日中共中央宣传部、教育部、科技部联合印发的《关于推动学术期刊繁荣发展的意见》（中宣发〔2021〕17号）中明确作出“完善学术期刊相关评价体系”的重要指示，并就改进完善学术期刊评价体系、科学引导和规范学术期刊评价成果的应用给出了相关意见。

学术期刊评价的创新发展与学术期刊出版、传播和服务的过程与环境的发展变化密切相关。在移动网络化—数字化—全媒体融合创新的时代，随着各类新兴技术的深入应用和办刊服务意识的不断提升，学术期刊再也不是传统意义上的纸质出版物，而更像是一个拥有专业内容和科学家资源的多维服务平台。随着一流学术期刊建设的不断推进，不久的未来，“一本学术期刊＋一个基于‘产学研用’交织的知名会议品牌＋一个专业的社会大众服务平台”的“一心两翼”模式必将成为定义一流学术期刊发展状态的标配——学术期刊是“中心”，知名的品牌会议和专业的社会大众服务平台是“两翼”。一流学术期刊的内容组织、出版与传播是“中心”工作，通过“中心”工作汇聚的专业内容和高水平科学家资源将为“产学研用”相结合的品牌会议的周期性组织和知名社会大众服务平台的健康运营提供源源不断的专业信息和专家人才保障。“中心”工作的激流勇进将为“两翼”的展翅飞翔提供持续的高能和动力，“两翼”的强力施展将使学术期刊出版的“中心”工作飞得更高、望得更远。由此，未来对学术期刊的评价，或将走向对一个以学术期刊出版服务为中心的学术—产业—大众服务平台的评价。新的学术期刊评价实践既需要坚持原有的评价原则，也需要应对新环境、新问题的挑战。相对于国家层面的学术期刊出版规范检查和质量评估，第三方学术期刊评价因其评价主体自身的特点，更具灵活性、多样性和探索性，其未来发展也充满无限可能。未来第三方的学术期刊评价应该从以下方面继续完善和发展。

（1）坚持以内容质量为中心的评价目标导向

未来的“学术期刊”将是一个平台概念，这个平台的核心是学术期刊的专业内容与其所紧密关联和为之服务的高水平科学家资源，有了一流的专业内容和一流的为之服务的科学家资源，由学术期刊出版传播所带动的品牌会议和社会大众服务平台将会得到更好的发展。因此，学术期刊评价也应该围绕这个特殊“平台”关键要素来展开。坚持以出版内容的质量评价为中心目标，以“一心两翼”服务平台的影响力、服务力和贡献量的评价为延伸目标，学术期刊出版工作的评价是基础评价，会议品牌和社会大众服务平台的评价是增值评价。

（2）坚持分类、分学科评价的基本原则

千刊千面，特色各异是学术期刊出版的基本特点。不同类型、不同学科、不同领域的内容和服务对学界、业界和社会大众产生作用和贡献的过程、方式等都会在表现、时效、强度上呈现出一定的差异。依据相同相近相似才可比较的原则，学术期刊评价工作必须坚持人文社会科学类与自然科学及工程技术类分开评价，根据不同的学科大类建立不同的评价模型；坚持偏人文科学与偏社会科学、偏基础性自然科学与偏应用性工程技术科学分类评价，根据不同的学科特点确立不同的评价指标和权重体系。

（3）辩证评价现有定量评价指标、方法和成果在学术期刊评价中的积极作用

定量评价是评价工作的主战场，当下“不唯 SCIE（SSCI、A&HCI、CSSCI 等）、不唯影响因子”的倡议，并不是主张完全摒弃现有的相关定量评价指标、方法和成果，而是需要在现有的基础上创新评价理论、拓展评价思路、完善评价体系和方法。在期刊评价历史的长河中，现有的定量评价体系同样是一种高水平的存在，同样具有统计学上的评估价值——同一学科下一本高影响因子的期刊同样能显示它吸引高水平论文的能力要高于一般影响因子的期刊，一本期刊被 SCIE、CSCD 等收录也能在一定程度上代表其有较为规范、严格的用稿流程和质量标准。随着对学术期刊及其期刊评价工作认识和理解的不断深化，多元化的评价理论、方法和指标体系的创新探索是当下以及未来学术期刊评价工作的重要努力方向之一。

（4）积极探索多元评价和开放评价的学术期刊评价新方向

随着学术期刊出版传播服务领域新兴技术应用的不断深入，学术期刊的社会作用和功能得到更加高效且深入的呈现，学术期刊评价视角、评价方法、评价数据更加多元和开放。为了全面体现学术期刊对整个社会科学、技术、经济、文化等领域的价值和贡献，应努力从多元视角、多元指标体系、多源数据中开展全生命周期性的内容评价、效果评价和贡献评价。此外，在全球开放数据、开放科学、开放服务共享政策的引导下，学术期刊作为全球最主要的学术资源

载体，未来将成为开放学术服务的最主要力量，努力探索开放环境下的学术期刊评价也是当下发展学术期刊评价事业的重要内容之一。

（5）积极提升同行评议在学术期刊评价中的参与度与可信度

因为学术期刊内容的专业性、学术性、创新性，通过定量指标和数据很难全面、真实、准确地评价学术期刊内容质量的水平，所以科学的学术期刊评价中专家同行评议的引入是非常有必要的。但是，当下的同行评议生态系统并不健全，不少同行评议工作过程和结果的可信度并不高，要想在学术期刊评价工作中大规模引入同行评议工作，首要的任务就是构建完善的同行评议生态系统：①构建科学严格的同行评议标准与流程、监督与评价、激励与惩罚制度；②构建基于大数据和区块链技术的同行评议专家认证、过程记录、贡献数量认定、贡献质量评估和基于数量与质量的贡献评级的开放智能服务云平台。让同行评议以较高的参与度和信任度协助学术期刊评价工作，实现定量和定性评价的完美结合。

（6）努力提升学术期刊相关评价理论、方法和成果的科学理解和正确使用水平

科学大众对学术期刊评价工作的正确理解和合理使用水平，对充分发挥学术期刊评价工作在学术期刊高质量发展中的积极作用具有重要的意义。多年以来，诸多研究者、科研管理者甚至是学术期刊办刊人，对于学术期刊评价工作的相关评价目的、方法、标准、使用范围、局限性等掌握不多，对一些评价指标、评价结果的错误认知、误用、混用、过度使用等比比皆是。希望各评价主体在努力开展适应新时代学术期刊平台发展的科学评价体系研究的同时，也需要在评价理论、评价方案、评价工具、评价过程和评价结果的宣传与培训上多加投入，努力做好“使用户了解透彻、理解准确、运用合理、乐于反馈”的学术期刊评价事业。

本章名词解释

发文量：这一评价指标属于来源期刊计量指标，即年发文量或者年载文量，是指来源期刊在某个年份中经过同行评议后公开出版的学术文献数量。也有用学科相对发文量这一指标的，指某一学科一种期刊的年发文量与该学科所有期刊的年发文量的平均值或中位值的比值。该指标是衡量期刊在该学科下专业学

术内容数量的贡献指标。

基金论文比：这一评价指标属于来源期刊计量指标，是指来源期刊中各类基金资助的论文占全部论文的比例。一般来讲，受到各类基金资助，特别是受国家级项目基金资助的科研论文往往具有更高的学术质量和影响力，因此，基金论文比例是衡量期刊论文学术质量的重要指标。

总被引频次：这一评价指标属于期刊引用计量指标，是指该刊自创刊以来所登载的全部论文在统计当年被引用的总次数。总被引频次是一个非常客观、实际的期刊评价指标，可以显示出期刊所刊载论文的学术质量和影响力，进而反映出期刊被研究领域研究者使用和重视的程度，以及期刊在科学交流中的重要地位和作用。

影响因子：影响因子属于期刊引用计量指标，是指某一期刊前两年发表的论文在统计当年的被引用总次数除以该期刊在前两年内发表的论文总数。这是一个国际上通行的期刊评价指标，由尤金·加菲尔德提出。由于影响因子是一个相对的统计量，因此可以较公平地评价和处理各类期刊。通常，学术期刊的影响因子越大，它的学术影响力和作用也越大。影响因子具体算法为

$$影响因子=\frac{该刊前两年发表论文在统计当年被引用的总次数}{该刊前两年发表论文总数}$$

5 年影响因子：5 年影响因子属于期刊引用计量指标，是指某一期刊前 5 年发表的论文在统计当年的被引用总次数除以该期刊在前 5 年内发表的论文总数。随着信息传播方式的不断拓展，科学交流和信息传播效率的不断提升，大多学科文献的引用峰值和半衰期不断拉长，致使 5 年影响因子成为表征学术期刊整体内容引证效果的重要指标。

即年指标：某一期刊统计年发表的论文在统计当年的被引用次数除以该期刊在统计年内发表的论文总数。

总下载频次：在统计当年下载该期刊全部文献的总次数。

Web 即年下载率：网络环境下反映期刊传播效率的评价指标，是指来源期刊统计当年出版并上网的文献在当年下载的总频次与该期刊当年出版并上网的文献数量之比。Web 即年下载率表征期刊在网络环境下的即年传播速度，是研究期刊在网络环境下传播效率的一个重要指标。Web 即年下载率具体算法为

$$\text{Web}\ 即年下载率=\frac{该刊当年出版并上网的文献在当年被下载的次数}{该刊当年出版并上网的文献数量}$$

Web 即年浏览率：网络环境下特别是移动网络环境下反映期刊传播效率的另一评价指标，是指来源期刊统计当年出版并上网的文献在当年被在线浏览的

总频次与该期刊当年出版并上网的文献数量之比。Web 即年浏览率从一定程度上反映了该期刊内容的即时关注程度。

量效指标（JMI）：某刊影响因子与该刊影响因子对应的发文量的比值，意义是平均每篇文献对该刊影响因子的贡献值。JMI 越小，表示发文规模很大而效用不高，也就是平均每篇文章对该刊影响因子的贡献值很小。（来自中国知网发布的《中国学术期刊影响因子年报》的定义）

参 考 文 献

[1] 袁亮.出版学概论[M].沈阳:辽宁教育出版社,1997.

[2] 罗紫初.出版学导论[M].武汉:武汉大学出版社,2014.

[3] 陈洁.数字化时代的出版学[M].北京:北京大学出版社,2014.

[4] 周洁.利用大数据优化科技期刊出版流程的实践与思考[J].中国科技期刊研究,2018,29(2):144-147.

[5] 吴敏.做好选题综合策划,提升学科教学期刊影响力——以《化学教学》期刊为例[J].传播与版权,2019(8):30-32.

[6] 王东.简谈期刊编辑的选题策划原则[J].出版发行研究,2009(6):36-38.

[7] 王敏,蒋铭敏,张伟.军队医学期刊策划系列性研究选题的实践与思考——以《人民军医》策划"外军卫勤系列研究"选题为例[J].人民军医,2021,64(6):576-581.

[8] 王政武.社科类学术期刊组稿方式选择及其对策探析——兼论名家约稿与会议组稿方式的比较[J].东北农业大学学报(社会科学版),2017,15(1):83-87.

[9] 王燕,姚蔚,杜敏,等.利用 InCites 新功能 Citation Topics 助力学术期刊编辑制定选题策划方案——以园艺学科研究领域为例[J].中国科技期刊研究,2021,32(6):777-785.

[10] 金东贤.新时代教育学术期刊选题热点解析——以《教育研究》为例[J].中国编辑,2020(8):70-75.

[11] 陈振英,何小军.如何利用 SciVal 辅助学术期刊选题及约稿[J].中国科技期刊研究,2020,31(7):809-815.

[12] 邹霞.学术期刊的选题策划与实现路径探究[J].河南社会科学,2020,28(4):119-124.

[13] 王海蓉.技术发展环境下学术期刊的选题策划、组稿和内容分发实践[J].中国编辑,2019(9):62-65.

[14] 贺颖.基于科学计量视角的同行评议专家遴选问题研究[D].天津:天津大学,2008.

[15] 贺颖,刘友存,刘慧,等.基于科学知识图谱的交叉学科同行评议专家遴选

方法研究[J].图书情报工作,2010,54(20):28-31,40.
[16] 默顿.科学社会学:理论与经验研究[M].鲁旭东,林聚任,译.北京:商务印书馆,2003.
[17] 马来平.科学的社会性和自主性——以默顿科学社会学为中心[M].北京:北京大学出版社,2012.
[18] 印波,唐淑丞,范林.科技期刊编辑执业中的刑事风险及其防范[J].编辑学报,2021,33(4):372-377.
[19] 冯长根.从主编的角度谈科技学术期刊建设[J].编辑学报,2021,33(1):1-3.
[20] 刘永芳,单凤娇,杨兰芝.中外地理学英文论文题名的结构及常用词比较分析[J].中国科技期刊研究,2015,26(12):1319-1324.
[21] 刘永芳.我国科技期刊英文复合式标题常见问题——基于中外对比与分析[J].中国科技期刊研究,2015,26(11):1205-1211.
[22] 梁福军.科技论文规范写作与编辑[M].4版.北京:清华大学出版社,2021.
[23] 王景周.规范著录作者贡献声明对科研评价及科研合作的促进作用[J].中国科技期刊研究,2020,31(7):770-775.
[24] 邬加佳,余菁,吴秋玲,等.科技期刊论文不当署名的特征分析及风险防范[J].编辑学报,2021,33(3):293-296.
[25] 黄颖.数学论文学术不端的表现形式及防范措施[J].编辑学报,2021,33(3):276-279.
[26] 李小玲,何书金.科技期刊地图插图的规范绘制和常见问题[J].中国科技期刊研究,2021,32(6):699-718.
[27] 刘海清.利用统计方法与规律发现论文数据造假[J].编辑学报,2018,30(6):617-620.
[28] 陈秀妍,张梦狄,韩向娣,等.图表数据学术不端案例调研与防范研究[J].中国科技期刊研究,2021,32(5):555-562.
[29] 李晶,刘天星.场景视阈下学术期刊知识服务的演进脉络及发展方向[J].中国科技期刊研究,2021,32(7):832-838.
[30] 沈锡宾,刘红霞,李鹏,等.数字化环境下中国科技期刊知识服务模式探析[J].编辑学报,2019,31(1):11-16.
[31] 盛怡瑾.可视化在科技期刊出版中的应用[J].中国编辑,2018(11):72-77.
[32] 马瀚青,杨小梅,侯春梅,等.数据论文联合出版模式及数据论文出版[J].中国科技期刊研究,2018,29(7):698-703.

[33] 刘天星,张晓义.如何理解科技期刊“把论文写在祖国的大地上”——对几种认识误区的辨析[J].中国科技期刊研究,2020,31(10):1244-1248.

[34] 安瑞,严谨,张莉.办一流中文学术期刊,促创新与科普两翼齐飞——以《科学通报》发展实践为例[J].科技与出版,2018(9):26-30.

[35] 王亚男,俞敏,刘德生.科技期刊与大众媒体的融合发展[J].科技与出版,2017(5):21-25.

[36] 中国科学技术协会.中国科技期刊发展蓝皮书(2018)[M].北京:科学出版社,2018.

[37] 中国科学技术协会.中国科技期刊发展蓝皮书(2019)[M].北京:科学出版社,2019.

[38] 中国科协学会服务中心.国外科技期刊典型案例研究[M].北京:科学出版社,2019.

[39] 中国科学技术协会.中外科技期刊服务能力比较研究[M].北京:中国科学技术出版社,2019.

[40] 冀芳.学术期刊媒体融合研究[M].北京:中国社会科学出版社,2021.

[41] 李宗刚,孙昕光.新世纪以来学术期刊研究资料[M].济南:山东人民出版社,2018.

[42] 武宝瑞.学术期刊创新与发展研究[M].北京:中国人民大学出版社,2015.

[43] 周金娉.开放存取期刊学术影响力研究[M].北京:中国社会科学出版社,2018.

[44] 刘建军.学术期刊编辑的探索与创新[M].北京:科学出版社,2017.

[45] 张耀铭.学术期刊与学术创新[M].郑州:大象出版社,2021.

[46] 曾建勋,郑昂.关于科技期刊分级目录的思考[J].编辑学报,2021,33(5):473-478.

[47] 张蕾,刘晓红.新形势下优秀编辑出版人才的培养——从《中国出版政府奖评奖章程》的修订谈起[J].传播与版权,2021(2):45-46,55.

[48] 于慈珂.总结经验 创新制度 完善管理——《报纸出版管理规定》《期刊出版管理规定》解读[J].中国科技期刊研究,2006,17(1):29-31.

[49] 李红.学术期刊审读中的伦理责任探析[J].淮北职业技术学院学报,2021,20(5):100-103.

[50] 杨呈祥.学术期刊编辑部印前审读机制探讨[J].今传媒,2021,29(7):72-74.

[51] 秦明阳,伍锦花,陈灿华,等.培育世界一流科技期刊背景下高校学报的发

展建议——基于高质量科技期刊分级目录分析[J].中国科技期刊研究，2021,32(5):613-620.

[52] 王康民,袁华.基于AHP分析法的高等院校学报社会效益评价体系研究[J].经济师,2021(4):234-235.

[53] 岳岭.人文社科学术期刊评价应侧重社会效益的考量[J].南阳理工学院学报,2021,13(1):124-128.

[54] 崔国平.高校主办期刊的效益评价[J].今传媒,2020,28(2):119-122.

[55] 刘斌,张海燕,王青青.编辑视角下的科技期刊出版后审读[J].科技传播，2019,11(19):4-6.

[56] 潘凤云,李无双.审读对于提升科技期刊质量与编辑水平的影响[J].天津科技,2018,45(6):104-106.

[57] 张泽青.关于期刊社会效益几个特点的思考[J].编辑之友,2016(11):5-6.

[58] 付一静,白薇,金春平.简论学术期刊的自主审读机制[J].出版发行研究，2016(2):94-96.

[59] 王新义.河南报刊审读理论与实践[M].郑州:河南人民出版社,2018.

[60] 朱夏炎.河南报刊审读报告精选(2000—2014)[M].郑州:大象出版社，2016.

[61] 陈卫静,张宇娥.改进Z指数的跨学科期刊评价[J].图书馆论坛,2021,41(4):102-109.

[62] 张业安.学术期刊评价真义的回归:以文评刊[J].中国科技期刊研究,2020,31(2):121-126.

[63] 张波,胡雪静.智媒时代科普期刊评价体系的症结与创新[J].中国科技期刊研究,2021,32(3):325-331.

[64] 杨春兰.我国人文社科期刊评价的现状、问题及对策建议[J].出版科学，2021,29(5):52-60.

[65] 胡绍君,郑彦宁,成颖.学术期刊评价方法研究进展[J].情报杂志,2020,39(2):169-175.

[66] 毛殊凡.人文学术期刊评价发展[M].北京:首都师范大学出版社,2019.

[67] 胡升华,朱蔚,周洲,等.新创办科技期刊的评价体系设计及其应用[J].科技与出版,2021(1):137-144.

[68] 赵均.编辑出版与期刊评价[M].北京:中国广播影视出版社,2018.

[69] 王泽龙.人文社科综合期刊评价与自我定位[J].首都师范大学学报(社会科学版),2020(6):11-13.

[70] 胡小洋，曹启花.科技期刊评价："认知-应用"误区思辨与未来发展方向[J].中国科技期刊研究，2021，32(10)：1246-1254.

[71] 胡绍君，郑彦宁，成颖.国外基于感知的学术期刊评价方法研究述评[J].情报科学，2021，39(1)：169-176.

[72] 中国新闻出版研究院课题组.我国哲学社会科学学术期刊评价体系对比研究[J].传媒，2020(4)：32-35.

[73] 王雅静.论质化研究在期刊评价中的应用[J].重庆大学学报(社会科学版)，2020，26(5)：130-142.

[74] 翁嘉敏.红点指标在医学期刊评价中的应用与研究[D].广州：南方医科大学，2020.

[75] 周媛，张平，李玲.浅谈科技期刊论文初审的步骤及要点——以《植物科学学报》为例[J].湖北科技学院学报，2017，37(6)：102-104，112.

[76] 赵金鑫，张筱，赵静姝，等.医学期刊编辑初审能力的培养[J].中华现代护理杂志，2016，22(20)：2959-2960.

[77] 陈培颖，陈倩，李娜，等.国内学术期刊同行评议现状的调研——基于国内自动化领域作者群和评审专家群[J].中国科技期刊研究，2016，27(1)：3-9.

[78] 刘大乾.学术期刊论文编辑初审浅析[J].中国科技期刊研究，2010，21(2)：193-196.

[79] 占莉娟，方卿，王涵，等.专家研究方向与稿件精准匹配的难点及原因分析[J].科技与出版，2020(11)：108-115.

[80] 占莉娟，张带荣.青年编委会：突破传统编委会困境的有效之策[J].中国科技期刊研究，2018，29(10)：1042-1047.

[81] 占莉娟.科技期刊审稿人的审稿动因分析[J].中国科技期刊研究，2015，26(4)：363-369.

[82] 治丹丹.区块链技术破解同行评议难题的全程多元应用——以 Decentralized Science、Orvium、Pluto Network、Katalysis 平台为例[J].中国科技期刊研究，2020，31(8)：851-858.

[83] 颜爱娟，陈爱华.一类滞审稿件的评审对高校学报审稿专家遴选工作的启示[J].编辑学报，2019，31(1)：67-70.

[84] 朱银周，唐虹.学术期刊审稿专家研究领域与稿件匹配度的优化[J].中国科技期刊研究，2019，30(2)：132-136.

[85] 柯文辉."大同行"审稿："小同行"审稿的必要补充[J].传播力研究，2017(10)：230-231.